रहना रहें हम

रहें न रहें हम

हिंदी फ़िल्म संगीत के सुनहरे दौर के संगीतकारों
के अमर गीतों की सुरीली दास्तान

मृदुला दाढे-जोशी

अनुवाद : चित्रा पिंपळे

MANJUL

मंजुल पब्लिशिंग हाउस

MANJUL

मंजुल पब्लिशिंग हाउस

कॉरपोरेट एवं संपादकीय कार्यालय

• द्वितीय तल, उषा प्रीत कॉम्प्लेक्स, 42 मालवीय नगर, भोपाल-462 003
विक्रय एवं विपणन कार्यालय

• सी-16, सेक्टर 3, नोएडा, उत्तर प्रदेश, 201301
वेबसाइट : www.manjulindia.com

वितरण केन्द्र

अहमदाबाद, बेंगलुरू, भोपाल, कोलकाता, चेन्नई,
हैदराबाद, मुम्बई, नई दिल्ली, पुणे

रोहन प्रकाशन द्वारा प्रकाशित मूल मराठी पुस्तक
रहें ना रहें हम का हिन्दी संस्करण

Rahein Na Rahein Hum by Mrudula Dadhe Joshi – Hindi Edition

कॉपीराइट © मृदुला दाढे-जोशी, 2018
रोहन प्रकाशन, पुणे के सहयोग से प्रकाशित

यह हिन्दी संस्करण 2021 में पहली बार प्रकाशित
ISBN 978-93-90924-92-9

हिन्दी अनुवाद : चित्रा पिंपले

मुद्रण व जिल्दसाज़ी : रेप्रो इंडिया लिमिटेड

मेरे पिता जी

आदरणीय डॉ. प्र.श्री. दाढे

और माता जी

आदरणीय सौ. सुचेता दाढे

के चरणों में यह प्रथम संगीत साहित्य कृति

आदरपूर्वक समर्पित

अनुक्रम

मन की बात

'वेन मेलोडी वॉज़ क्वीन...' किसी समय में हिंदी फ़िल्म संगीत के लिए ऐसा कहा जाता था। हिंदी फ़िल्म संगीत को इस समय में सुरीले, अर्थपूर्ण मधुर और भावनाप्रधान गीतों ने अमर कर दिया है। प्रौढ़ आयु के, मध्यम आयु के और युवा वर्ग पर जादू करता यह संगीत, इन सदाबहार गीतों में ऐसा क्या है, यही मैंने इस पुस्तक में विवरण देने का प्रयास किया है। कैसे मुझे ये लेख लिखने की प्रेरणा मिली और कैसे इन लेखों ने पुस्तक का रूप ले लिया, यह बात आप इस लेख में आगे जान जाएँगे, पर पहले यह बता दूँ कि कैसे मैंने फ़िल्म संगीत की इस दुनिया में प्रवेश किया और मैं इसकी गहराई में समाती गई...

जब से मैंने होश सँभाला है, फ़िल्म संगीत मेरे जीवन पर छा सा गया यह कहना अतिशयोक्ति नहीं होगी। बचपन में ही मेरे हाथ इस ख़ज़ाने की चाबी लग गई थी। मैं, मेरे माता-पिता, भाई बहन फ़िल्म संगीत रूपी धागे से एक साथ बँध गए थे। संगीत मेरे अस्तित्व के कण-कण में समा गया था और उसी ने मुझे समृद्ध किया। चलते-फिरते गीत सुनना और ध्यान से सुनना अलग अनुभव है, यह मैं जान गई थी। मेरे पिता जी को फ़िल्म संगीत का बहुत शौक था। *'ज़िंदगी देने वाले सुन'*, *'सुहानी रात ढल चुकी'* जैसे गीत घर पर अक्सर बजते ही रहते थे। सन् 1974-75 की बात है, मेरी आयु 5-6 वर्ष की रही होगी, डोम्बीवली के छोटे से घर में पिता जी रिकॉर्ड प्लेयर लाए, एक अनोखी ख़ुशबू से महकते काले रिकॉर्ड्स, उनके आकर्षक कवर्स आज भी मुझे याद हैं। पिता जी की तरह माता जी भी फ़िल्म संगीत में रुचि रखती थीं, अक्सर दोनों मिलकर युगल गीत गाया करते थे। ऐसे संगीतमय वातावरण में 'कान देकर' सुनने की आदत सी पड़ गई, ऐसे सुने गीत मन में गहराई तक प्रवेश कर जाते हैं। उनकी बारीकियाँ समझ आने लगती हैं।

धीरे-धीरे लता, आशा, रफ़ी, तलत, किशोर, मन्ना डे और शमशाद जैसे स्वर मेरे दोस्त बन गए। अनिल बिस्वास, शंकर जयकिशन, सी. रामचंद्र, सलिल चौधरी, एस.डी. बर्मन, जयदेव, मदन मोहन, और ख़ैयाम जैसे स्वरों के जादूगरों से स्नेह सा हो गया।

संगीत में मेरी रुचि देखकर माता जी ने मुझे शास्त्रीय संगीत की शिक्षा देने की व्यवस्था की, पर मुझे फ़िल्म संगीत ने अधिक मोहा। माता पिता दोनों ही अच्छा गाते थे । अतः संगीत के माहौल में मैं पली बढ़ी। आयु के साथ पसंद कुछ बदली। महाविद्यालय में प्रवेश के बाद गुलाम अली और पंचम दा अच्छे लगने लगे। 'अदालत', 'आवारा', 'अनारकली', 'फुटपाथ', 'प्यासा', 'गूँज उठी शहनाई', 'नया दौर', 'परख', 'गाइड', 'हम दोनों', 'तीसरी मंज़िल', 'अभिमान' और 'मिली' आदि फ़िल्मों के रिकॉर्ड इतनी बार बजाए कि घिस गए, कैसेट टूट गए।

जब मनोविज्ञान का अध्ययन किया तब पता चला कि इन गीतों का और हमारा कितना गहरा भावनात्मक संबंध होता है। जब संगीत विषय लेकर स्नातकोत्तर अध्ययन ज़ारी था। तब एक बार वरिष्ठ संगीतकार डॉ. अशोक रानाडे का व्याख्यान सुनने का अवसर मिला। उनका कथन था कि जो कलाकार महफ़िलों में गाते हैं, वे लिखते नहीं और जो कलाकार लिखते और व्याख्यान देते हैं, वे गाते नहीं। अभ्यासकर्ता और गायक के बीच की दूरी मिटाने का प्रयास किया जाना चाहिए। हिंदी फ़िल्म संगीत का युवा वर्ग को गहन अध्ययन करना चाहिए। मेरे दादा जी श्री गणेश दाढे जो कि संस्कृत के विद्वान थे, अक्सर मुझसे संगीत क्षेत्र के अनुभवों के बारे में लिखने को कहा करते थे। परंतु तब अनेक ज़िम्मेदारियों के चलते यह संभव नहीं हो सका। लेखन की दृष्टि से आवश्यक एकांत और फुरसत नहीं थी। लेकिन दादा जी की और रानाडे सर की बात मन में घर कर गई थी। शायद इसीलिए, जब मैंने शोध प्रबंध लिखने का विचार किया, तब हिंदी फ़िल्म संगीत को ही विषय के रूप में चुना। तब तक अनगिनत संगीत कार्यक्रमों के अंतर्गत इन गीतों को गाती रही थी। हर बार इन गीतों में नई ख़ासियत नज़र आती थी। वादकों से हुई चर्चाओं और इन गीतों के बारे में हुई बातचीत तो कभी विवादों में बहुत कुछ सीखने को मिला। दृष्टिकोण विकसित होता गया। ये गीत कैसे बने, कौन सा विचार था इनके सृजन के मूल में, ये स्वर संगीतकार के मन में कैसे आए, ये सब बातें मुझे शांत बैठने नहीं दे रही थीं। कोई प्यारी सी किताब पढ़ते हुए उसकी भावनाएँ रम जाएँ, ऐसे ही एक-एक गीत पर मैं कई बार ठहर सी जाती थी। गीत के बोल, अर्थ, श्रुति, बोलों की फेक आदि में मैं खो सी गई। गीतों ने मुझ पर जादू कर दिया था। संगीतकार का टेम्परामेंट क्या चीज़ है, मेरी समझ में आने लगा।

एक-एक संगीतकार के बारे में अध्ययन करते हुए अनेक रहस्य हाथ लगे। जैसे ये संगीतकार मेरे सामने अनजाने ही अपने मन के भेद खोलने लगे। उनसे आमने सामने भेंट तो नहीं हो सकती थी, पर मन के तार उनसे जुड़ गए। जब विश्वविद्यालय में शोध प्रबंध का प्रस्ताव रखा तभी पूछा गया था, कि बहुत से संगीतकार तो इस दुनिया में नहीं हैं, आप उनके बारे में अध्ययन कैसे कर पाएँगी? अगर मैं इन संगीतकारों से मिल सकती तो यह मेरा सौभाग्य होता। पर संगीतकार तो अपने गीतों

और धुनों में जीवंत होता है। उनके बारे में अध्ययन करना कठिन नहीं था।

केवल उनके गीतों का आनंद लेना था, उसकी थाह लेनी थी। संगीतकार के अंतरंग में प्रवेश करना था। कैसे उनका दर्द गीतों में अभिव्यक्त हुआ है, यह जानना था। उनके मन का विद्रोह कैसे गीतों के ज़रिए प्रकट होता है यह देखना था। कोई राग जैसा मुझे दिखाई देता है, क्या उन्हें भी वैसा ही दिखाई देता है? या वे कुछ और सोचते हैं? एक ही भावना को व्यक्त करने की हर संगीतकार की शैली अलग कैसे होती है? मन में यही सब गूँजता रहता था। इस शोध प्रबंध को लिखने के दौरान का समय मेरे जीवन का खूबसूरत समय रहा है। रोज़ एक एक संगीतकार को सुनना, उनके गीतों में खो जाना, अचंभे से भर जाना, खुश होना... एक नशा सा छाया था। इस मंथन से रोज़ ही कुछ न कुछ हाथ लगता।

जब एक कलाकार, ऐसे अलग विषय के बारे में शोधकार्य कर रहा हो तो दो स्तरों पर कुछ घटित होता है। एक ओर अपने काम के प्रति दीवानगी, संवेदनशीलता और समर्पण होता है तो दूसरी ओर ये सारे निरीक्षण अनुशासनबद्ध तरीक़े से दर्ज करने होते हैं, बौद्धिक और विश्लेषणात्मक निष्कर्ष निकालने होते हैं।

यथासमय, शोधकार्य पूरा हुआ। डॉक्टरेट का सम्मान प्राप्त हुआ। निश्चय ही यह प्रतिष्ठा और मान-सम्मान का द्योतक था। करियर की दृष्टि से भी यह लाभदायक था। नाम के आगे डॉक्टर लिखा जाना एक अलग ही संतुष्टि देता है। पर इस शोध कार्य के दौरान जो ख़ज़ाना मुझे मिला वह अधिक क़ीमती है। यह ख़ज़ाना फ़िल्म संगीत के अनगिनत रसिकों तक पहुँचाने के लिए लिखना ज़रूरी हो गया था।

मैंने संगीतकार जयदेव से लेखन का आरंभ किया। समाचारपत्र 'लोकसत्ता' में 'रहें ना रहें हम' नामक लेखमाला प्रसिद्ध हुई। उसी लेखमाला का विस्तृत रूप यह पुस्तक है। अब यह पुस्तक रसिक श्रोताओं को समर्पित है।

समाचार पत्र 'लोकसत्ता' में मैंने आठ संगीतकारों के बारे में लिखा। ये लेख समीक्षात्मक रसास्वादन हैं। लेख कुछ प्रशंसात्मक तरीक़े के बन पड़े हैं, क्योंकि मुझे संगीतकारों के गुण ही दिखाई देते हैं। मुझे उनके दोषों और कमियों की चर्चा करने का अधिकार नहीं है। इसलिए मैंने उनकी सीमाओं की चर्चा नहीं की। गीतों की माँग के अनुसार अधिक संख्या में गीतों की रचना करते हुए कभी-कभी संगीतकार को समझौते भी करने होते हैं, पर एक बार यदि संगीतकार की मूल प्रवृत्ति से आपका परिचय हो जाए, तो गीतों के रसास्वादन में समय कम लगने लगेगा। 'फ़िल्मी गीतों में सौंदर्य शास्त्र' इस लेखन का मूल है। गीत इतना मधुर कैसे बन पड़ा? यह जान लेना, जो गीत हम सदा से सुनते चले आ रहे हैं, उन गीतों को नई सौंदर्य दृष्टि से देखने की क्षमता विकसित करना इस लेखन का उद्देश्य है। अतः बहुत ही कम सुने गए गीतों को मैंने नहीं चुना। इन सभी संगीतकारों के सभी गीत मैंने सुन रखे हैं, यह

बात भी नहीं है। एक और बात, शायद जो गीत आपको बहुत पसंद है, हो सकता है, मैं उसका उल्लेख नहीं कर पाई हूँ। गीतों की फ़ेहरिस्त बनाना मेरा उद्देश्य था ही नहीं। आप खुद ही गीतों में सौंदर्य स्थानों को खोज सकते हैं। आपको यह क्षमता देना मेरा काम है। गीतों का आनंद लेते हुए कुछ तकनीकी बातों की चर्चा ज़रूरी होती है। किसी गीत में कोई स्वर ख़ास माधुर्य लिए होता है। तकनीकी चर्चा बोझिल और उबाऊ नहीं होने पाए, यह ध्यान रखा गया है। शास्त्रीय संगीत के बारे में जहाँ ज़रूरी था, वहीं चर्चा की गई है। फ़िल्मी गीतों में राग अक्सर मिश्र स्वरूप में होता है। राग फ़िल्मी गीतों की मूल आवश्यकता नहीं है। परदे पर प्रभावपूर्ण प्रस्तुतिकरण अधिक ज़रूरी है। कॉर्ड्स की भूलभुलैया में ना मैं खुद खोना चाहती थी ना पाठकों को! यदि सुधि पाठक स्वयं ही स्वरों की भाषा की जानकारी प्राप्त करने के लिए प्रेरित हों तो मुझे खुशी होगी।

एक बात मैं यहाँ स्पष्ट करना चाहूँगी, गीत और संगीत संयोजन के विषय में मेरे और संगीतकार के विचार और निरीक्षण एक ही हों, यह ज़रूरी नहीं। कई बार संगीतकार जानकर कोई चमत्कार नहीं करते, वे अपने आप हो जाते हैं। मेरा ऐसा कोई दावा नहीं है कि गीत में सौंदर्य तत्वों का समावेश किसी ख़ास विचार के तहत किया गया है। संगीतकार गीत के मूल भाव में लीन हो जाने पर विशेष, स्वर, राग या ठहराव अपने आप उनके मन में आते होंगे। मैंने केवल परदा उठाने का प्रयत्न किया है। मेरा पाठकों को सुझाव है कि पुस्तक में जिन गीतों का उल्लेख हुआ है उन्हें फिर से सुने या देखें, जिससे आप मेरे विचार का अनुभव कर सकेंगे।

जैसा कि मैं पहले ही निवेदन कर चुकी हूँ, इस पुस्तक के मूल में समाचार पत्र 'लोकसत्ता' के रविवाररीय लोकरंग में लिखी गई लेखमाला 'रहें ना रहें' हम है। यह स्तंभ बेहद लोकप्रिय हुआ। अनेक जानकारों और मान्यवरों के नाम इनमें शामिल हैं। पहले हर माह एक लेख और बाद में प्रति माह दो लेख आए। यह क्रम एक वर्ष चला। 'लोकसत्ता' के संपादक गिरीश कुबेर का मेरे लेखन पर विश्वास बहुत महत्त्वपूर्ण है। इसी की वजह से मैं अपनी पसंद के विषय की जानकारी पाठकों को दे सकी। 'लोकसत्ता' ने मुझे मेरी पहचान दिलाई। मैं वास्तव में गायिका हूँ, पर इन गीतों ने मुझे दीवाना बनाया, शोध करने और लिखने पर मजबूर किया। ये गीत आज भी मेरे दिलो-दिमाग़ पर छाए हैं। इस स्तंभ के माध्यम से ये गीत मैं पाठकों तक पहुँचा सकी। गिरीश कुबेर ने जो अवसर मुझे दिया, बहुत महत्त्वपूर्ण है। 'लोकसत्ता' के रविवासरीय लोकरंग से संबंधित रवींद्र पाथरे और लता दाभोलकर का सहयोग उल्लेखनीय है।

ख्याति प्राप्त संतूर वादक स्व. उल्हास बापट मेरे लेखों की मार्मिक समीक्षा किया करते थे, उनका आभार कैसे व्यक्त किया जाए! उनसे घंटों चर्चा होती थी। उन्होंने सदा मेरा उत्साहवर्धन किया। जब मैंने बारह संगीतकारों के विषय में

लेख लिखना तय किया, तब मेरे मित्र राहुल धोंगडे ने मेरी अमूल्य सहायता की। किसी गीत के संबंध में चर्चा करना, ज़रूरी रिकॉर्डिंग्स ढूँढ़कर लाना, पुस्तकों और ज़रूरी संदर्भों की व्यवस्था करना, यह सब उसने किया। मैं उसकी ऋणी रहूँ, यही उचित है।

अंत में, सृजन और लेख परिवार के सहयोग के बिना असंभव है। मेरे परिवार ने हमेशा मेरा साथ दिया है। मेरे बच्चों डॉ. रमणी और ऋत्विज, और मेरी सासू माँ स्व. माधवी जोशी ने लेखन के लिए आवश्यक एकांत की व्यवस्था की, सलाह और सूचनाएँ दीं, उनके लिए आभार प्रदर्शन औपचारिकता होगी। फिर भी मैं उन्हें धन्यवाद देना चाहूँगी। मेरे प्रशंसक पाठकों को भी अनेक धन्यवाद। मैंने समाचारपत्र 'लोकसत्ता' में 2014 में यह लेखमाला लिखी पर आज भी पुस्तक के प्रति उत्सुकता और प्रतीक्षा क़ायम है, यह सौभाग्य हर लेखक के भाग्य में नहीं होता।

इस पुस्तक में यद्यपि बारह ही संगीतकारों को समाहित किया जा सका है, फिर भी भविष्य में भारतीय फ़िल्म संगीत के पितामह अनिल विश्वास, नौशाद, पंडित रविशंकर, आर.डी. बर्मन जैसे दिग्गज और गुणी संगीतकारों के विषय में मैं निश्चित ही लिखूँगी और मुझे विश्वास है कि पाठक मेरी उस पुस्तक को भी उतना ही प्यार देंगे। मुझे लिखने की ऊर्जा देंगे।

'रहें ना रहें हम' का हिन्दी संस्करण प्रस्तुत हो रहा है, यह मेरे लिए बहुत ही आनंद देने वाली बात है। जबसे यह पुस्तक मराठी मे प्रकाशित हुई है, इसके हिन्दी संस्करण की निरंतर माँग हो रही थी। भारत भर से विद्वानों और विद्यार्थियों ने मुझे विनती की थी कि इसका हिन्दी अनुवाद कराया जाए ताकि पूरे भारत में यह पुस्तक पढ़ी जा सके, इसका अध्ययन हो सके। हिन्दी चित्रपट संगीत का गंभीरता से अध्ययन करना और उसका परिचय आम लोगों को कराना मेरा जीवित कार्य है। मेरे इस कार्य में अब अन्य भाषिक लोग जुड़ रहे हैं, इससे ज्यादा खुशी की बात और क्या हो सकती है! भारत में कई विश्वविद्यालयों में हिन्दी फिल्म संगीत में संशोधन हो रहा है। मुझे आशा है मेरी यह पुस्तक उन संशोधकों के लिए मददगार साबित होगी। मंजुल प्रकाशन ने इस पुस्तक के हिन्दी संस्करण की जिम्मेदारी उठाई, इसके लिए मैं उनकी आभारी हूँ और उनकी पूरी टीम को धन्यवाद देना चाहती हूँ।

मैं यह आनंदपूर्वक कहना चाहूँगी कि श्रीमती चित्रा पिम्पले ने बहुत ही गंभीरता के साथ इसका अनुवाद किया है। मराठी में मैंने जो भावनाएं व्यक्त की हैं उनका हिन्दी में अनुभव करना निश्चित ही एक कठिन काम था। लेकिन चित्राजी ने यह काम बहुत ही सुचारु रूप से किया है। मैं हृदय से उनकी आभारी हूँ।

इंदौर निवासी सुप्रसिद्ध लेखक, निवेदक तथा अभ्यासक श्री संजय पटेल का मैं यहाँ पर खास उल्लेख करना चाहती हूँ। हमारे स्नेह की वजह से, उन्होंने मेरी

विनती मान ली और मुझे मार्गदर्शन दिया। इस हिन्दी संस्करण के लिए हिन्दुस्तानी शास्त्रीय संगीत की मशहूर गायिका और मेरी सहेली श्रीमती शाश्वती मण्डल मुझे निरंतर प्रोत्साहित करती रहीं। मैं इन दोनों को ही औपचारिक रूप से धन्यवाद देना चाहती हूँ।

रसिक पाठकों... यह ख़ज़ाना आप सबका है। मेरी नज़र से इन गीतों को देखिए। सुनिए। आपको वे अधिक सुरीले मालूम देंगे। मेरी श्रुतियों की सहायता से ये गीत सुनिए। ज़्यादा मधुर लगेंगे। पर मेरे और आपके बीच यह द्वैत क्यों हो? एक दिन ऐसा होगा कि आपकी और मेरी श्रुतियाँ एक ही होंगी। ज़्यादा संवेदनशील और रसपूर्ण! क्योंकि अब आप भी उनमें शामिल हैं।

हिन्दी फिल्म संगीत प्रेमियों ने हमेशा मेरा हौसला बढ़ाया है। शास्त्रीय संगीत और फिल्म संगीत में कोई दीवार न हो, दोनों विधियाँ अपनी जगह पर श्रेष्ठ हैं। इस पुस्तक से मैं यही बात दोहराना चाहती हूँ। मेरी यह प्रार्थना है की यह प्रयास आपको पसंद आए। आपके प्रतिसाद की मुझे प्रतीक्षा रहेगी।

डॉ. मृदुला दाढे–जोशी

mrudulasjoshi@gmail.com

पुस्तक की प्रशंसा और आभार

मान्यवरों से प्राप्त प्रशंसा

'लोकसत्ता' में प्रकाशित लेखों को इन मान्यवरों ने सराहा...

डॉ. अश्विनी भिडे देशपांडे, पंडित सत्यशील देशपांडे, डॉ. जब्बार पटेल, शिरीष कणेकर, विजया राज्याध्यक्ष, दिलीप प्रभावलकर, सुधा मल्होत्रा, डॉ. अभय बंग, द्वारकानाथ संझगिरी, पंडित शंकर अभ्यंकर, भारती आमटे, डॉ.रवि बापट, स्नेहलता देशमुख, अनंत अमेम्बल, स्व. द. भि. कुलकर्णी, प्रदीप भिडे, डॉ. अलका मांडके, रेखा दिवेकर।

आभार

स्व. चारुशीला दिवेकर, माणेक प्रेमचंद, विश्वास नेरूरकर, मधु पोतदार, संगीतकार स्व. रवि, स्व. केरसी लॉर्ड, इनॉक डेनियल, स्व. आनंद मोडक, उत्तम सिंह, बहादुर नानजी, होमी मुल्ला, जयसिंह भोई, अविनाश ओक, श्रीमती जोशी ग्रंथपाल, फ़िल्म आर्काइव्स, श्रिया परलीकर, डॉ. प्रसाद दाढे, गिरीश प्रभु, श्री दादा नाइक, मनीष कुलकर्णी, अजित वैद्य, डॉ. नीरा ग्रोवर, शशिकांत किणीकर, सुलभा तेरणीकर, प्रकाश चांदे, दत्ताराम, अनिल मोहिले, श्याम राव काम्बले, प्रभाकर जोग, राजेश रोशन, सुराज साठे, मनोहारी सिंह, प्रो. सुहासचंद्र कुलकर्णी, नितिन जोशी, आरती कारखानीस, विनायक जोशी, रवि प्रकाश कुलकर्णी, प्रो. नितिन आरेकर, प्रसाद संवत्सरकर, डॉ. जिज्ञासा मुलेकर-जोशी, महेश खानोलकर, संदीप मयेकर, प्रो. उज्ज्वला करंडे, प्रदीप देसाई, स्व. दीपक जामखेडकर, अतुल फणसे, मुंबई विश्वविद्यालय का संगीत विभाग।

संगीत जानने वाले और ना जानने वाले सभी
रसिकों के प्रिय संगीतकार

सी. रामचंद्र

आना मेरी जान संडे के संडे

मस्ती, उत्साह, धमाल, स्फूर्ति के साथ ही गहरा दुख, विरह, उदासी और घायल हृदय की वेदना एक ही क्षमता के साथ व्यक्त कर पाने में समर्थ संगीतकार कैसा होगा? इस तरह के विरोधाभासी संगीतकार को चमत्कारी जादूगर की संज्ञा देना ही उचित होगा। किसी शरारती शैतान बालक को यदि डाँटकर चुप करा दिया जाए और वह अचानक ही एकदम शांत होकर गंभीरता के साथ इस नश्वर संसार के निर्माण के रहस्य के विषय में प्रवचन देने लगे, बिलकुल उसी तरह *'आना मेरी जान संडे के संडे'*, *'हम तो जानी प्यार करेगा'* जैसे मज़ाक़िया गीतों के बाद *'तुम क्या जानो तुम्हारी याद में'*, *'कटते हैं दुख में ये दिन'*, *'महफ़िल में जल उठी शमा'* और *'ये ज़िंदगी उसी की है'* जैसे गीतों की हृदय को चीर देने वाली धुनें बनाने का काम किसी चमत्कारी संगीतकार के अलावा और कौन कर सकता है? यह कौशल सीखने से नहीं आता अपितु ईश्वर प्रदत्त ही हो सकता है। संगीत शास्त्र और कला में क्या अंतर है? संगीत शास्त्र से संगीत कला की उत्पत्ति हुई या संगीत कला से संगीत शास्त्र उपजा। यह विवाद जिनके गीत सुनकर स्वतः ही समाप्त हो जाता है, वे महान संगीतकार हैं–अण्णा साहब चितलकर 'श्यामू' बनाम सी. रामचंद्र...

सी. रामचंद्र के गीतों में जो संगीत शास्त्र की खोज करना चाहते हैं, उन्हें भी संतोष हो जाएगा और जो मात्र संगीत की भाषा का आनंद लेना चाहते हैं, वे भी उनकी बनाई धुनों से यह निर्मल आनंद प्राप्त कर सकते हैं। उनकी बनाई धुनों में बेहद सरलता और सहजता है। सामान्य व्यक्ति भी उनके गीत सुनकर सोच सकता है कि 'मैं तो इस गीत को गा सकता हूँ।' दूसरी ओर ऐसी भी गीत की धुनें हैं जो अद्वितीय हैं और हम उन गीतों को सुनकर मंत्रमुग्ध हो जाते हैं कि यह संगीतकार किस क़दर विलक्षण प्रतिभा का धनी है। एक सच्चा, रंगीला और मासूमियत लिए भावप्रवण मनमौजी कलाकार...! सी. रामचंद्र स्वरमाधुर्य के बेताज बादशाह थे, जिन्होंने सुर से कभी वेवफ़ाई नहीं की। अपनी कला के प्रति उनका गुरूर ऐसे जँचता था मानो उनके सिर का मुकुटमणि हो। उनकी प्रतिभा किसी नाज़-नखरे की मोहताज नहीं थी। किसी भी गीत की धुन बनाने के लिए कई दिनों तक प्रयास करने की उन्हें ज़रूरत ही नहीं पड़ती थी। गीत की धुन मानो रसधारा सी बहने लगती थी... अपने आप, बिना किसी विशेष प्रयास के। मधुर गीतों की दुनिया में आज भी उनका नाम आदर के साथ लिया जाता है और उन्हें भुला देने का अपराध सच्चा संगीतप्रेमी कभी नहीं करेगा। ऐसे थे महान संगीतकार रामचंद्र चितलकर बनाम सी. रामचंद्र...

संगीत पाश्चात्य हो या भारतीय, अण्णा के लिए सुर और ताल सदा ही महत्त्वपूर्ण रहे हैं। संगीत के द्वारा की जाती भाव अभिव्यक्ति उनके लिए अधिक महत्त्वपूर्ण रही है। उन्होंने अपने संगीत में पश्चिमी धुनों और वाद्यों का उपयोग बिना किसी हिचक के किया। जिसके द्वारा वे अपने गीतों में एक अलग ढंग, अलग रंग और अलग तरंग ला सके। सरल और पूर्वाग्रह रहित मन होने पर ही इस तरह की धुनें बना पाना संभव हो सकता है। सारंगी, तबला, सितार, हार्मोनियम के साथ साथ ट्रम्पेट, कॉन्गो, बॉन्गो, गिटार, क्लेरिनेट, सैक्सोफ़ोन, हार्मोनिका आदि पश्चात्य वाद्यों का उन्होंने खुलकर उपयोग किया। उनका अलमस्त स्वभाव अनजाने में ही उनके संगीत को प्रभावित करता और नई-नई धुनें बनाने के लिए प्रेरित करता। बाद के वर्षों में जिस तरह के प्रयोग फ़िल्म संगीत में हुए, यदि हम पीछे पलट कर देखें तो सी. रामचंद्र उन्हें बरसों पहले ही कर चुके हैं। यदि हम स्वरमाधुरी या मेलोडी की चर्चा करें, उसे ही एक 'घराना' मान लें तो इसे अनिल बिस्वास ने आरंभ किया और इसे सर्वोच्च बिंदु तक ले जाने का श्रेय सी. रामचंद्र को जाता है। उनकी सुरीली और बेहतरीन रचना गुणों से युक्त धुनें आने वाले संगीतकारों के लिए प्रेरणा स्वरूप रहेंगी। उस ज़माने में भी अण्णा साहब के संगीत में जो ताल हुआ करती थी, उससे श्रोता अपने आप थिरकने के लिए मजबूर हो जाया करते थे। सी. रामचंद्र की सृजनशीलता से भारतीय स्वरमाधुरी में पाश्चात्य 'रॉक ऐंड रोल' बड़ी सहजता से समा गया।

अण्णा साहब चितलकर बनाम सी. रामचंद्र का जन्म 12 जून सन् 1915 को हुआ माना जाता है। कुछ लोगों का मत है कि सन् 1918 उनके जन्म का सन् है।

'पुणताम्बे' नामक गाँव में, कुछ लोगों के मतानुसार 'चितली' में जन्मे, रामचंद्र नरहर चितलकर संगीत की दुनिया में इतना बड़ा धमाका करें, इतिहास रचें, ऐसी सुरीली पारिवारिक पृष्ठभूमि उनकी नहीं थी।

माता-पिता का सुरों से कोई लेना-देना नहीं था, फिर भी उनके आँगन में यह सुरीला पौधा कैसे पनपा, यह आश्चर्य का विषय है। सी. रामचंद्र के पिता स्टेशन मास्टर थे और उनका तबादला डोंगरगढ़ मध्य प्रदेश में हो गया। अण्णा साहब ने ही बताया कि आदिवासी गोंड महिलाओं द्वारा गाए गीतों और प्रकृति के सान्निध्य ने उनके मन में संगीत के प्रति रुझान उत्पन्न किया। पाठशाला में तो उनका मन नहीं रमता पर लोक संगीत की समझ उन्हें बहुत जल्दी आ गई। जब पिताजी का तबादला नागपुर हो गया तो विद्यालय के साथ-साथ नन्हे राम को सप्रे बुवा के संगीत विद्यालय भी भेजा जाने लगा। सप्रे बुवा उनकी बहुत प्रशंसा किया करते और बड़े विश्वास से कहा करते कि यह लड़का एक दिन नाम कमाएगा। बुवा से संगीत शिक्षा लेने से स्वरों और 'नोटेशन' पर उनका आश्चर्यजनक रूप से अधिकार हो गया। शास्त्रीय संगीत की नींव मज़बूत हो गई और राम के सामने स्वरों का अद्भुत संसार अलीबाबा की गुफा की तरह खुल गया। पुणे आने के बाद उन्हें पंडित विनायक बुवा पटवर्धन जैसे दिग्गज गुरु से संगीत शिक्षा प्राप्त करने का अवसर मिला। चूँकि सी. रामचंद्र बड़े सजीले थे, सो फ़िल्म में अभिनय करने का अवसर भी आसानी से मिल गया। कोल्हापुर में 'प्रतिमा' नामक फ़िल्म का निर्माण हुआ था, पर फ़िल्म प्रदर्शित नहीं हो सकी। बाद में वामन राव सडोलीकर की फ़िल्म 'नागानंद' में उन्हें नायक की भूमिका निभाने का अवसर मिला, पर यह फ़िल्म भी पिट गई। पर इन सब संपर्कों का लाभ यह हुआ कि सोहराब मोदी की कंपनी मिनर्वा मूवीटोन में सी. रामचंद्र को नौकरी मिल गई। वे वहाँ हबीब खाँ और हूगन आदि संगीतकारों के सहायक के रूप में काम करने लगे। नोटेशन पर असामान्य अधिकार के कारण वे वादकों के सिरमौर बन गए और धीरे-धीरे संगीतकार के रूप में संगीत सृजन भी करने लगे। अभिनेता भगवान दादा से उनकी अच्छी मित्रता थी जिससे उन्हें एक तमिल फ़िल्म 'जयकोडी' के संगीतकार के रूप में काम करने का अवसर मिला। पहली हिंदी फ़िल्म भी भगवान दादा की थी। नाम था 'सुखी जीवन'। डॉ. इक़बाल की रचना *सारे जहाँ से अच्छा* की धुन पहली बार अण्णा साहब ने ही बनाई। इस फ़िल्म के बाद एक नया नाम सी. रामचंद्र रुपहले परदे पर चमकने लगा। इस तरह के नाम प्रायः दक्षिण भारतीयों के हुआ करते हैं । अतः इसे लेकर अनेक मज़ेदार क़िस्से प्रचलित हुए।

जब सी. रामचंद्र का नाम प्रसिद्धि पाने लगा तो निर्देशक गजानन जागीरदार ने कहा... ये कौन दक्षिण भारतीय संगीतकार धूम मचाए हुए है...! मराठी भाषी संगीतकारों को कुछ करना होगा अब... यह बात खुद सी. रामचंद्र से ही कही थी।

अण्णा साहब ने अपनी ख़ुद्दारी का पहली बार परिचय दिया जब फ़िल्म 'शहनाई' के लिए उन्होंने एक या दो गीतों को संगीतबद्ध करने से मना किया । उन्होंने पूरे गीत स्वयं ही संगीतबद्ध करने का निर्माता से आग्रह किया और फ़िल्म हथियाने में सफल रहे। उन्होंने तय किया कि धुनें ऐसी बनाई जाएँ जिन्हें सभी गुनगुनाना चाहें। उन्होंने सरल शब्दों में गीत रचना करने वाले गीतकार पी. एल. संतोषी को साथ लेकर 'आना मेरी जान संडे के संडे' गीत की धुन बनाई। इस गीत का आधार पाश्चात्य संगीत नहीं है जैसा कि आम तौर पर समझा जाता है। पर अण्णा साहब ने ख़ुद ही बताया कि इस गीत का आधार एक मराठी लोकगीत से मिलता-जुलता गीत 'माझी एकट्याची एकट्याची मजा झाली' है जो गोवा में काफ़ी लोकप्रिय हुआ। पुर्तगाली संगीत पर आधारित यह बहुत ख़ास धुन है। इस गीत में 'मेरी' शब्द ख़ास अंग्रेज़ी ढंग से गाने का प्रयास किया गया है। साथ में 'आओ हाथों में हाथ लिए वॉक करें हम' में अंग्रेज़ी शब्द इस्तेमाल करते हुए सिनेमा के परदे पर अंग्रेज़ियत का स्वांग दर्शकों को बरबस हँसा देता है। सी. रामचंद्र के गुरु अनिल बिस्वास को यह सब नापसंद था। पर अण्णा साहब ने तय कर लिया था कि जन सामान्य को प्रिय लगे, अपना सा लगे वही संगीत वे देंगे। यह गीत बेहद लोकप्रिय हुआ। अण्णा साहब के कथनानुसार गाँव में भैंस पर सवार पशु चराने वाले का बेटा तक यही गीत दोहराने लगा... 'आना मेरी जान संडे के संडे...'

सी. रामचंद्र की पहली फ़िल्म सन् 1942 में प्रदर्शित हुई। संगीतकार के रूप में अपने कार्यकाल के आरंभिक दिनों में अण्णा साहब ने नूरजहाँ, शमशाद बेग़म, मीना कपूर, वीणापाणि मुखर्जी, ललिता देउलकर, श्रीमती सुधीर फडके, अमीरबाई, जोहरा बाई आदि गायिकाओं से गीत गवाए। ललिता देउलकर के गाए 'साजन' और 'नदिया के पार' के गीत काफ़ी मक़बूल हुए। 'मोरे राजा हो, ले चलो नदिया के पार' रफ़ी और ललिता देउलकर और 'मार कटारी मर जाना' अमीर बाई आज भी श्रोताओं के मन को भाते हैं। '50 के दशक में लता जी की शैली विकसित हुई। उस ज़माने में सी. रामचंद्र का संगीत, उसकी बारीकियाँ, गीत के भाव प्रभावशाली ढंग से व्यक्त करने की लताजी की क्षमता और मधुर धुनों का सृजन सबने मिलकर संगीत के आनंद को चरम बिंदु तक पहुँचाया। संगीत का वह दौर, जब स्वर माधुरी मेलोडी संगीत का प्राण हुआ करती थी, अनिल बिस्वास, सी. रामचंद्र, मदन मोहन आदि संगीतकारों के सृजन ने अनमोल गीत रूपी रत्नों का निर्माण किया। लता जी की आवाज़, उनकी गायकी संगीतकारों को मधुर गीत बनाने की चुनौती देती तो इन संगीतकारों की धुनें गाते-गाते लता जी गायकी भी उन्नति के पथ पर अग्रसर होती गई। 'दिल से भुला दो तुम हमें' और 'इक ठेस लगी आँसू टपके' जैसे गीत मेलोडी युग के प्रतीक हैं।

अण्णा साहब के धमाल मज़ाक़िया गीतों में भी मेलोडी ने साथ नहीं छोड़ा। 'मेरे पिया गए रंगून' जैसा मज़ाक़िया और सिचुएशनल गीत भी बड़ा मधुर बन पड़ा है।

'गोरे गोरे ओ बाँके छोरे' की लय अद्भुत है। इस गीत की ताज़गी और लता जी और अमीरबाई की आवाज़ का संगम भुलाया नहीं जा सकता। 'रोज़ रोज़ मुलाकात अच्छी नहीं' में लतांजी का स्वर कितना सुकोमल है और 'घड़ी घड़ी, ओ बड़ी बड़ी, बतियाँ ना बनाया करो' में ज़रा मज़बूत सी, पुरुष कलाकार के लिए दी गई आवाज़ एकदम सटीक है। दो गायिकाओं की भिन्न-भिन्न टोनल क्वालिटी का बखूबी प्रयोग किया गया है। लता जी के स्वर में 'गोरे गोरे' गुदगुदाता है तो अमीर बाई की आवाज़ में दिया गया जवाब 'गोरी गोरी' अलमस्त कर देता है।

'निराला', 'अलबेला', 'परछाई' 'सुबह का तारा', 'नौशेरवान ए आदिल', 'शिन शिनाकी बूबला बू', 'आज़ाद' ' और 'अनारकली... ' इन सभी फ़िल्मों के गीत विविधता, मिठास और हर प्रकार के संगीत का अनोखा संगम है। इन गीतों में जो नज़ाकत है, जो लय है और जो शान है उसका अनुभव करते हुए हम मानो स्वरों के धनी होते जाते हैं। 'अनारकली' के गीतों में अभिजात्यपन है तो 'शोला जो भड़के' में नशा है। हर एक गीत बुद्धि और भावना का मेल है। इन्हीं गीतों ने इतिहास रचा।

अण्णा साहब ने ऐसे कई गीत दिए जो यह साबित करते हैं कि गीत के बेहतरीन होने के लिए काव्य बहुत स्तरीय हो, यह ज़रूरी नहीं। 'मेरे पिया गए रंगून'

सी.रामचंद्र

पार्श्वगायन, संगीत निर्देशन, ऑर्केस्ट्रेशन... तीनों का दुर्लभ मिलाप ध्लिए अनोखा व्यक्तित्व 'ऐ मेरे वतन के लोगों...'।

के आरंभ में बजती टेलीफ़ोन रिंग, *'हलो मैं रंगून से बात कर रहा हूँ'* यह संवाद आने वाले समय के अनेक यथार्थवादी और संवादात्मक गीतों के लिए प्रेरणा बना। *'तुम बिन साजन जनवरी फ़रवरी बन गए मई और जून'* शब्द मीटर में सही बैठते हैं। और *'जून'* शब्द का उच्चारण बड़ी अदा से किया गया है। इस गीत को बाज़ारू और सस्ता कहने वाले तथाकथित 'विद्वान' शायद यह गीत इतना मधुर नहीं बना पाते। अण्णा साहब का आग्रह हुआ करता था कि जहाँ अभिजात्यपन गीत की आवश्यकता है, वहाँ वैसा गीत हो पर जहाँ मनोरंजन और धमाल की सिचुएशन है, वहाँ वैसा ही पर मधुर गीत बनाया जाना चाहिए। अपना यह सिद्धांत उन्होंने 'बलमा बड़ा नादान' से 'ईना मीना डीका' हर तरह के गीत बनाकर सही सिद्ध किया।

अण्णा साहब का बेहद संवेदनशील और भावना प्रधान स्वभाव उनके गीतों में प्रतिबिंबित होता है। राग बागेश्री उनका प्रिय राग मालूम होता है (*'राधा ना बोले'*, *'जाग दर्दे इश्क़ जाग'*, *'तुम क्या जानो'*) तरी, भीमपलासी (*'ओ निर्दयी प्रीतम'*, *'मेरे मन का बावरा पंछी'*), जौनपुरी (*'जब दिल को सताए ग़म'*), भैरवी (*'कैसे आऊँ जमुना के तीर'*), पहाड़ी (*'गया अँधेरा हुआ उजाला'*) , दरबारी कान्हड़ा (*'कितना हसीं है मौसम'*), मालकौंस (*'तू छुपी है कहाँ'*), हेमंत (*'बलमा अनाड़ी मन भाए'*), रागेश्री (*'मुहब्बत ऐसी धड़कन है'*), खमाज (*'आ दिल से दिल मिला ले'*), पीलू (*'अपनी कहो कुछ मेरी सुनो'*) ऐसे अनेक रागों में उन्होंने अपने गीतों को बाँधा है। अण्णा साहब के संगीत को समझने के लिए पहले यह जान लेना आवश्यक है कि 'कॉम्पोज़िशन' या स्वर रचना क्या होती है। कोई एक राग आपको एक निश्चित स्वर समूह देता है। जब उस स्वर समूह को आधार बनाकर कोई धुन बनाई जाती है तो उस स्वर समूह से कोई रचना, किसी स्वरूप के निर्माण होने की जो यात्रा है, उसी में उस संगीतकार का कौशल प्रमाणित हो जाता है। सी. रामचंद्र के संगीत में मेलोडी किसे कहा जाएगा? उनकी रचनाओं में एक ख़ास आकार होता है। *'मुहब्बत ऐसी धड़कन है'* गीत राग रागेश्री पर आधारित है। इस गीत की अगली पंक्ति *'वो समझाई नहीं जाती'* में समझाई शब्द में जो समझाने का भाव है, वह 'ई' पर सा से ग और ध तक खींची गई मींड के कारण है। *'नहीं जाती'* पंचम तक जाकर एक हरक़त के साथ गंधार पर रुकना और *'मुहब्बत ऐसी धड़कन है'* की अंतिम पंक्ति सा पर विश्राम के कारण जो रसमाधुरी पैदा होती है वही मेलोडी है। धड़कन है इन शब्दों का षडज बहुत कुछ कह जाता है। गीत का भाव... प्रेम समझाया नहीं जा सकता, समझाने की बात ही नहीं है... इन स्वर लहरियों से स्पष्ट हो जाता है। इसी गीत में आगे... *'चले आओ चले आओ'* में धैवत का चमत्कार है। *'चले आओ'* में ऊँचा ध और फिर पंचम *'छोड़ के रे'* और फिर उसी षडज पर विश्राम बहुत ही आकर्षक है। *'तकाज़ा है'* दूसरी बार सा पर रुकती है। *'किसी की आरज़ू ऐसे तो ठुकराई नहीं जाती'* ये पंक्तियाँ उसी सा से मधुरतापूर्वक आरंभ हो जाती हैं।

इसे ही असली मेलोडी कहा जाता है। इस गीत का आरंभ एक शेर से होता है–

इस इंतेज़ारे शौक को जलवों की आस है
इक शमा जल रही है, सो वो भी उदास है

यह शेर पंचम स्वर पर आधारित है। प और सा के बीच संतुलित यह शेर एक स्वतंत्र बंदिश ही तो है। यही तो षडज पंचम भाव है। इस शेर के बाद 'मुहब्बत' शब्द जब सा से शुरू होता है तो कितना मीठा लगता है। जिस व्यक्ति ने संगीत को घोलकर पी लिया हो, वही ऐसी धुन बना सकता है। संगीत शास्त्र के ज्ञाता भी कई बार असली मधुरता से कोसों दूर रह जाते हैं। जिन्हें सैद्धांतिक संगीत के पार जाकर संगीत का आनंद लेने का मन है, उन्हें अण्णा साहब जैसा गुरु चाहिए अन्यथा गीत में सब कुछ है, पूरी तरह सही है पर 'संगीत' ही नहीं है, ऐसा हाल हो जाता है। इस प्रकार के गीत सुन-समझकर संगीत संबंधी काफ़ी गुत्थियाँ सुलझ सकती हैं।

ऐसा ही कुछ 'जारी जारी ओ कारी बदरिया' गीत के बारे में भी है। मेरे विचार से तो यह धुन शहद में डूबी हुई सी लगती है। यह मिठास ऐसे ही नहीं आ पाती। काफ़ी सोच-विचार के बाद ऐसी मधुर धुनें बन पाती हैं। 'जारी जारी' ये शब्द 'जारी जा...री' ऐसे गाए जाते हैं। दूसरी बार गाए गए 'जा...री' में ही असली मज़ा है। ये शब्द सा पर संतुलित हैं। ध पर 'मत बरसो री मेरी नगरिया' अनुरोध किस मधुरता से गूँथा गया है। 'मत बरसो री मेरी नगरिया' में पंचम को जैसे झूला झुलाया गया है। 'परदेस गए हैं सँवरिया' सीधे 'ग' पर ठहरता है जैसे कलेजे में तीर जा लगा हो। क्या समाँ बँध जाता है इस गीत से!

जारी जा... री ओ कारी बदरिया
मत बरसो री मेरी नगरिया

ये तो सिर्फ़ अनुरोध है। असली कारण तो 'परदेस गए हैं सँवरिया' है। शुद्ध गंधार के कारण भाव व्यक्त होते हैं। गीत बिलकुल सादा सरल है, पर धुन के कारण ख़ास बन जाता है। इस गीत में हिंदी लोक भाषा में प्रयुक्त 'कहियो' और 'जइयो' शब्द कितने मीठे लगते हैं। 'कहियो छम छम रोए, अँखिया ना सोए' में 'छम छम' शब्द में कितनी गूँज है। अंतरे की आख़िरी पंक्ति अलग ही तरह से धुन में बाँधी गई है जो अण्णा साहब की विशेषता है। 'हाय तक तक ये सूनी डगरिया' पंक्ति कोमल निषाद से निचले सप्तक के सा पर तबले के मस्त ठेके पर अंत तक बड़ी मस्ती में पहुँचती है। इस गीत में दोनों गंधारों का मज़ा है। इस पंक्ति को 'परदेस गए हैं' की धुन में बड़ी सरलता से बाँधा जा सकता था, पर तब वह सी. रामचंद्र का संगीत नहीं कहलाता। इसलिए यह पंक्ति अलग धुन में बद्ध की गई है। यह गीत फ़िल्म

'आज़ाद' से है। 'आज़ाद' फ़िल्म के सारे गीत एक ही रात में तैयार हुए हैं, इस बात पर विश्वास करना कठिन है। पर यह सच है।

बेहतरीन स्वर रचना मेलोडी में गीत के भावार्थ के अनुसार धुन की दिशा बदल जाती है। शास्त्रीय संगीत में राग की बढ़त में बंदिश का मुखड़ा, बंदिश का ढाँचा और बंदिश का रुख महत्त्वपूर्ण होता है पर भावसंगीत में यह और भी अधिक महत्त्वपूर्ण है। शब्द रचना के अनुसार धुन ऊर्ध्व ऊँची या अधोवदना नीची होना आवश्यक होता है। अण्णा साहब की अधिकांश करुण रचनाएँ नीचे के स्वर में हैं। देखिए... *'तुम क्या जानो तुम्हारी याद में हम कितना रोए'* इस धुन में *'तुम क्या जानो'* के बाद धुन नीचे के स्वरों में है। *'कटते हैं दुख में ये दिन'* गीत भी कटते के बाद नीचे के स्वरों में हैं। ये अधोवदना स्वरावलियाँ गीत को अधिक करुण बनाती हैं।

'आ जा... अब तो आ जा, मेरी क़िस्मत के ख़रीदार... अब तो आ जा...' यह करुण पुकार कलेजे को चीर देती है। 'आ

जा... ' पर एक सूक्ष्म तीखी हरक़त ली गई है। 'आ जा...' को भी अलग तरह से गाया गया है... कभी अर्ज़ है तो कभी अनमने भाव से बुलाया गया है... आओ और देखो कि तुम्हारे प्रेम का बाज़ार लगा है, तमाशा बन गया है प्यार... एक आक्रोश है।

'तुम क्या जानो तुम्हारी याद में हम कितना रोए।' रोए शब्द मानो स्वयं रो रहा है। अति कोमल निषाद में रुदन समाया है। 'हम कितना'... यह पंक्ति मंद्र गंधार तक जाकर कलेजा छू लेती है। यह गंधार इस तरह लगाया गया है, जन्मों का दुख और ज़माने भर की बेचैनी व्यक्त हो जाती है। आख़िर हर व्यक्ति को अपने दुख की सलीब ख़ुद ही उठानी होती है। वह पल सुनहरा रहा होगा जब अण्णा साहब को यह धुन मंद्र सप्तक में बनाने का ख़याल आया होगा! दुख के पलों जब हम अंतर्मुख हो जाते हैं, तो एक उदासी सी छा जाती है। तब हमें ज़ोर से ऊँचे स्वर में नहीं बोलने का मन होता है ना ही सुनने का। 'तुम क्या जानो' की पहली पंक्ति से ही हम जान जाते हैं कि दुख में आवाज़ डूब सी जाती है।

कुछ गीतों में अण्णा साहब ने अपनी अलग ही ख़ासियत दिखाई है... एक ही स्वर लंबा खींचकर, उसी स्वर के प्रभाव में पूरा गीत रोशन कर दिया है। *'दिल की दुनिया बसा के साँवरिया...'* गीत में स्थाई केवल गंधार में झुलाया है और *'खो गए... '* में ऊपरी सप्तक का म इस गीत को झिलमिला देता है। तबले का ठेका भी लाजवाब है इस गीत में। क्या शानदार गीत बन पड़ा है...!

प्रेम गीत कभी-कभी नीचे के स्वरों में, फुसफुसाहट में भी बड़ा मधुर लगता है। शर्मीली, लजाती आवाज़ में जब प्रेमिका अपने प्रेमी को बुलाती है तब *'देखो*

जी बहार आई, बागों में *खिली कलियाँ'* जैसे प्यारे गीत का जन्म होता है। प्रेमिका आने की ज़बरदस्ती नहीं करती... कहती है आना है तो आ जाओ... एक मीठा निमंत्रण है। मेंडोलिन और वायलिन की आरंभिक स्वरावलियों के तुरंत बाद 'देखो जी' से हम मंत्रमुग्ध हो जाते हैं। क्लीन बोल्ड हो जाते हैं। हम सोच में पड़ जाते हैं कि इस क़दर नाज़ुक अनछुई आवाज़ क्या मानवीय कंठ से निकल सकती है? यह कौन सी फ्रिक्वेंसी है, आवाज़ का कौन सा स्तर है? मेंडोलिन मानो आवाज़ की मधुरता से प्रतिस्पर्धा सा करता है। परदे पर इस गीत पर थिरकते मीना कुमारी के क़दम और उनका भावप्रवण चेहरा...! प्रेम की प्रतिमा साक्षात हो जाती है। प्रेम का यह अनछुआ पहलू अण्णा साहब के हाथ ही लग सकता है और श्रोता उसकी दाद देते हैं।

'*हम दिल से तुम्हारे हैं, ये कह भी नहीं सकते और तुमसे जुदा होकर हम रह भी नहीं सकते'* इन पंक्तियों में 'कह भी' अलग तरीक़े से गाया गया है और अगली पंक्ति का 'रह भी' जल्दी से गाना एक कौशल है। अण्णा साहब मीटर की उलझन आसानी से दूर कर देते हैं। शायद प्रतिभाशाली कलाकारों को ये उलझनें नहीं सतातीं। नीचे के धैवत से म, बस इतने ही स्वरों पर स्थाई बाँधी गई है। केवल '*आना है तो आ जाओ'* यह तान ही कुछ हिम्मत से कही गई है... बाक़ी पूरे गीत में एक मीठी सी लाज छाई है। यह गीत ही असंभव, अलौकिक सा लगता है।

एक मामले में सी. रामचंद्र सब संगीतकारों से अलग, सबसे बढ़कर हैं। कई गीतों में उन्होंने तीनों अंतरों के लिए अलग- अलग और तीनों ही बेहतरीन धुनें बनाई हैं । वे धुनें स्थाई में बड़ी सहजता से, शान से समा जाती हैं। यह करने के लिए संगीतकार में उच्चस्तरीय सृजन क्षमता और बुद्धि आवश्यक है। ये अंतरे अपने आप में स्वतंत्र बंदिशें हैं। कितने ही ऐसे उदाहरण दिए जा सकते हैं। '*कटते हैं दुख में ये दिन'* गीत ही लीजिए। इसमें तीन अंतरे हैं, तीन धुनें और तीनों एक से बढ़कर एक! पहला अंतरा '*तड़पाएगा कहाँ तक'* ऊपरी सप्तक के सा को छू कर झिलमिलाता है तो दूसरा बिलकुल अलग... नीचे के सा पर स्थिर होता है। तीसरा अंतरा दुख का चरम बिंदु है जो तार सप्तक के गंधार से शुरू होता है। '*उल्फ़त की ठोकरों से... आखिर ना बच सका दिल'* में व्यक्त व्यथा दिल छू लेती है। '*जितने क़दम उठाए... हमने सँभल सँभल के'* पंक्ति में लताजी 'सँभल सँभल के' कुछ इस तरह ताल की बीट छोड़ कर गातीं हैं कि हम हिल जाते हैं। कैसे अद्वितीय गीत हैं... लगता है यह दैवीय संगीत है।

लता नामक आवाज़ मन में और कानों में सँजो के ही ये धुनें बनाई गई हैं। परंतु '*देख हमें आवाज़ ना देना ओ बेदर्द ज़माने'* यह युगल गीत आशा भोंसले और मोहम्मद रफ़ी के स्वरों में है और इस गीत में आशा जी के स्वर की शहद में डूबी

मिठास और चाहत पूरी तरह व्यक्त हो जाती है। इस गीत में एक अजीब सा संतोष और परिपूर्णता का भाव है। सारे संघर्षों के पार जाकर एक अनुपम संतोष का भाव इस गीत में गहराई तक रचा बसा है। इस गीत के अंतरों के अंत में खंजरी बहुत मधुर बजाई गई है। शानदार लग्गी ने स्थाई को बहुत प्रभावशाली बनाया है। दुनिया को 'ओ बेदर्द ज़माने' कहा गया है, उसमें नफ़रत का भाव नहीं, मधुरता ही मुखरित होती है। 'मुझपे इल्ज़ामे बेवफ़ाई है... ए मुहब्बत तेरी दुहाई है'... गीत की धुन करुणा में डूबी माधुरता के कारण मन मोह लेती है। अण्णा साहब की किसी भी धुन में कहीं भी तीखे, कटु स्वर समूह नहीं होते। सारी की सारी धुन ही जैसे एक स्वर तर्क के आधार पर होती है। मूल स्वर को, धुन की आत्मा को आधार मानकर स्वर रचना की जाती थी तभी पूरा गीत एक सूत्र में बँधा लगता है। 'बेवफ़ा...ई' के ई को जिस तरह मींड लेकर खींचा गया है उसी में सारी करुणा और विफलता समाई है। राग आसावरी के स्वर पूरे गीत में व्याप्त हैं और तीव्र मध्यम जैसे बहता हुआ हृदय का घाव है। यहीं संगीतकार के रूप में सी. रामचंद्र की जीत होती है, वे कला श्रेष्ठ है या सिद्धांत इस विवाद का ही अंत कर देते हैं। राग आसावरी की इस मींड, म प ध सा ध प से सुधिजन परिचित हैं पर उसका उपयोग 'बेवफ़ा...ई' में करने के लिए ईश्वर से मिली प्रतिभा और सृजनात्मकता का होना आवश्यक है।

संसार की सारी मीठी वस्तुएँ एक कर दी जाएँ, फिर भी फीकी लगें ऐसी आवाज़, इतना प्यारा गीत, लता जी और चितलकर की आवाज़ में 'फिर वही चाँद, वही हम, वही तनहाई है' गीत मधुरता की सीमा है। लता जी ने 'वही' का उच्चारण किस खूबसूरती से किया है, शब्दों में वह मिठास पकड़ी ही नही जा सकती। तनहाई शब्द तो ऐसे बाँधा गया है मानो हवा के झोंके को बाँध लिया गया हो। 'उम्र हुई तुमसे मिले फिर भी जाने क्यूँ' ऐसा ही एक बहुत अलमस्त मधुर गीत है। लता जी और हेमंत दा के युगल स्वर कमाल के हैं, विशेषकर हेमंत दा के स्वर इस गीत में बेहद रोमान्टिक, भावप्रवण और कोमल हैं।

भिन्न षडज, रागेश्री से मिलते जुलते राग हेमंत में अण्णा साहब ने एक अद्वितीय गीत बनाया 'बलमा अनाड़ी मन भाए'। मुखड़ा बड़े गुलाम अली खाँ साहब की 'याद पिया की आए' की याद दिलाता है। राग पर आधारित होते हुए भी अंतरे की धुनें अलग-अलग हैं और सबसे ख़ास है 'हाए राम' की साफ़ दानेदार तान।

'दिल से भुला दो तुम हमें' तो एक अलग ही क़िस्सा है। लता जी की आवाज़ किस क़दर मुलायम है। 'हम दुनिया से रूठ जाएँगे' तो जैसे रूठकर ही कहा गया है। सारा का सारा गीत ही कोमलता से लबरेज़ है। भावनाओं, शब्दों और आवाज़ की कोमलता... 'तुमने दिए जो दिल को दाग़...' में दाग़ शब्द को इस क़दर मासूमियत से कहा गया है। यह सहज स्वाभाविक संगीत है, अभ्यास से महारत पा लेना अलग

बात है। शिरीष कणेकर को दिए साक्षात्कार में अण्णा साहब ने बताया था कि कई बार अत्यधिक अभ्यास से कलाकार मँज तो जाता है पर स्वर की मासूमियत खो जाती है। पूर्वाग्रह रहित मासूम आवाज़ सुनना हो तो इसी गीत 'दिल से भुला दो' में सुनिए। उच्चारण में जो भोलापन है, बार-बार सुनने के क़ाबिल है।

अण्णा साहब के संगीत की एक विशेषता है कि वे स्वरों के बीच के अंतर बड़ी ख़ूबसूरती से भर सकते थे। दो स्वरों को जोड़ने के इतने प्यारे स्वर समूहों का उपयोग किया करते कि बिना किसी झटके के, बाधा के बड़ी सहजता से दो स्वरों का मेल हो जाता। 'भूल जाएँ सारे ग़म, डूब जाएँ प्यार में... बज रही है धुन यही... रात के सितार में...' इस गीत में 'सितार' में से 'लेकर भूल जाएँ' तक सुनकर देखिए। इसमें एक मधुर स्वर समूह के ज़रिए 'किस तरह भूल जाएँ' को जोड़ा गया है। पूरा सप्तक एक स्वर समूह के द्वारा पार किया गया है। 'मेरे मन का बावरा पंछी,' में 'डोले से' फिर 'मेरे' तक आना कितना ख़ास है और कहीं भी जोड़ महसूस नहीं होता। सब एक ही सूत्र में बँधा है। 'देखो जी बहार आई' इस मधुर धुन में 'गलियाँ' शब्द पर बड़ा प्यारा दोलन है जिसके ज़रिए फिर 'देखो' पर लौटा जाता है।

मुझे एक बात बहुत ही चमत्कारपूर्ण लगती है। अंतरे की आख़िरी पंक्ति अण्णा कुछ तरह से फेरते हैं, वह सीधे स्थाई से जा मिलती है। स्थाई की धुन तो वही होती है पर अंतरा तो हर बार बदलता है, फिर भी यह मेल सहजता से हो जाता है। धुनों में इतनी विविधता देने वाले संगीतकार गिने-चुने ही हैं। इसीलिए अण्णा साहब को 'जीनियस' की श्रेणी में रखा जाता है। 'भूल जाएँ सारे ग़म' का उदाहरण लें। तीनों अंतरों की धुन अलग-अलग है। उनकी आख़िरी पंक्तियाँ ध्यान से सुनिए। हर पंक्ति में विविधता है। 'हम ना हैं' और 'जल भी जाए आशियाँ' दोनों पंक्तियाँ समान लगती हैं पर 'जल भी जाए में' कोमल धैवत का स्पर्श है। उसी से विविधता आती है।

सी. रामचंद्र ने अपने गीतों में, यहाँ तक कि ऐतिहासिक पृष्ठभूमि वाली फ़िल्मों में भी पश्चिमी वाद्यों का बड़ी ख़ूबी से प्रयोग किया है। भारतीय और पाश्चात्य वाद्यों का मेल आकर्षक रहा है। जैसे... 'तू छुपी है कहाँ शहनाई'- (नगाड़ा-गिटार), 'दुआ कर ग़मे दिल' (तबला-गिटार), 'आधा है चंद्रमा' (तबला-हवाइयन गिटार) आदि...

रफ़ी साहब और तलत महमूद की आवाज़ें अण्णा साहब के गीतों में अलग ही मालूम पड़ती हैं। 'तारों की ज़बाँ पर' में रफ़ी साहब की आवाज़ की मधुरता का जवाब नहीं! 'जा जा के पलट आती है फिर तेरी जवानी' में नी में जो कंपन है, वह दैवीय मालूम होता है। तलत महमूद की अनुपस्थिति में अण्णा साहब के गाए गीत 'कितना हसीं है मौसम' और 'कहते हैं प्यार जिसको' बेहद कर्णप्रिय बन पड़े

हैं। 'आँखों में समा जाओ' जैसे एक-एक गीत पर एक लेख लिखा जा सकता है। 'जाग दर्दे इश्क़ जाग' की शान, 'ज़माना ये समझा' का मज़ा, 'मुझसे मत पूछ' की अनूठी कविता, 'आधा है चंद्रमा' के लिए अपूर्णता का भाव महसूस कराने के लिए शायद पंचम विरहित मालकौंस का चुनाव, 'भोली सूरत' गीत के लिए ठेठ गँवई ठेका बजाना, 'शोला जो भड़के' के लिए आज की तारीख़ में भी सबको नाचने के लिए उद्यत करने वाली रिद्म देना, 'ओ निर्दयी प्रीतम' यह गीत ख़ास शांताराम स्टाइल में उनकी फ़िल्म के लिए रचना, सभी कुछ अनूठा अलग है। किस-किस पहलू के बारे में लिखा जाए!

सी. रामचंद्र ने संगीत निर्देशन के बारे अनेक नए-नए प्रयोग किए। उस ज़माने में वह सब बहुत अनूठा था। गीतकार के शब्द और परदे पर उसे किस तरह प्रस्तुत किया जाना है, इसका विचार करके उन्होंने हर गीत को जीवंत किया। गीत को एक चेहरा दिया।

'ओ चाँद जहाँ वो जाएँ' इस गीत में दो अद्वितीय आवाज़ें और दो अनुपम गायन शैलियाँ इस गीत में एक साथ प्रस्तुत की गई हैं। आशा जी और लता जी ने कई युगल गीत गाए हैं पर इस गीत की बात ही कुछ और है। गीत के तीनों ही अंतरे अलग-अलग धुनों में बाँधे गए हैं । इससे गीत बहुत ही रसपूर्ण बन पड़ा है। 'वो राह अगर भूलें, तू राह दिखा देना... परदेस में राही को मंज़िल का पता देना' इन पंक्तियों के बीच मधुर आलाप तो है ही पर 'है पहला सफ़र उनका' पंक्ति इस क़दर स्नेहपूर्ण, और चिंतायुक्त आवाज़ में गाई गई है कि चंद्रमा से किया गया अनुरोध जीवंत हो उठा है। धुन और आवाज़ दोनों ही परवाह से ओतप्रोत हैं। 'कहना मेरे होंठों' पर की तो बात ही निराली है। गायिका की आवाज़ की सारी मस्ती और नशा 'कहना मेरे होंठों पर रुकती हुई आहें हैं' में छलक आया है। तान भी इसीलिए बहुत ही नशीली लगती है। 'बेताब मुहब्बत का बेताब है अफ़साना' में रूपगर्विता नायिका की अभिव्यक्ति है। उसमें समर्पण नहीं बल्कि निमंत्रण है। आह्वान है। अनुरोध नहीं अपने आप को निछावर कर देने का भाव है। तीसरा अंतरा 'ए चाँद क़सम मेरी' भी दोनों नायिकाओं के स्वभाव प्रकट करता है। दोनों गायिकाएँ एक से स्वरों में तान लेती हैं। पर 'रे रे नी नी प प' ये स्वर लता जी के स्वर में एक आस प्रकट करते हैं तो आशा जी एक अलग ही खटके से लेती हैं। शब्द रचना भी ग़ौर करने लायक़ है। मीना कुमारी नायक की चिंता में व्यग्र है तो श्यामा अपनी ही चिंता में। इस तरह अलग अलग चरित्रों के लिए अलग अलग तरीक़े से 'आवाज़ लगाना', अलग शैली विकसित करना और धुन भी उतनी ही ख़ास होना जो परदे पर कलाकारों के अभिनय को निखारे, ये सब किस तरह संभव हुआ होगा? मुझे हमेशा ही आश्चर्य होता आया है कि अंतरे की धुनें एक दूसरे से मिलती-जुलती होती हैं, फिर भी नवीनतापूर्ण होती हैं। मैं इस प्रतिभा से चमत्कृत हो जाती हूँ।

अण्णा साहब की इस अलौकिक प्रतिभा से गीतकार के शब्द भी सजीव होकर परदे पर कलाकार के माध्यम से साकार हो उठते, सुरीले हो जाते। दुख और व्यथा को स्वरों का सौंदर्य प्राप्त हो जाया करता था। सी. रामचंद्र के ऐसे अनेक गीत हैं जो गहरा असर छोड़ते हैं।

'धीरे से आजा री अँखियन में' (अलबेला) से मधुर लोरी ना बनी है ना बनेगी। माँ की ममता से भरी धुन जैसे पलना झुलाती है। पूरी धुन में जैसे माँ के आँचल की खुशबू समाई है। परदे पर उसे किसी भी रूप में फ़िल्माया जाए पर हृदय से किया गया स्नेह, ममता ही लोरी है। *'धीरे से'* ये शब्द ही जैसे थपकी देते हैं। आलाप के साथ बजता वायलिन निचले गंधार को छू लेता है तो कितना अच्छा लगता है। उस गंधार के बाद *'लेकर सुहाने सपनों की कलियाँ'* में मध्य सप्तक का गंधार है। दूसरी पुनरावृत्ति में *'सपनों की कलियाँ'* की धुन में हलका सा बदलाव है। फिर मानो झूला सा झूलती धुन *'आ के बिछा दे पलकों की गलियाँ'* पर पहुँच जाती है। पूरी लोरी में ना कहीं खटका है ना झटका। शायद नींद नहीं टूटे इसीलिए... मुलायम दुलाई ओढ़कर सो जाने का मन करता है यह लोरी सुनकर। मुझे लोकप्रिय मराठी लेखक पी. एल. देशपांडे के एक लेख *'सात वारांची कहाणी'* में उल्लेखित *'बाल गुटी'* की याद आ गई। यह उनींदापन माँ की ममता के कारण से है। सारी चिंताएँ माँ की झोली में डालकर निश्चिंत सो जाने का मन करता है। ऐसी मासूम निरापद धुन वर्तमान के भागदौड़ भरे माहौल में कैसे बन सकेगी, कौन बनाएगा? *'हँसता है चंदा भी निंदियन में'* सुनकर नवजात शिशु भी मुस्करा उठेगा। शायद अपना पूर्वजन्म याद करके... ऐसी मान्यता है। हम भी मुस्करा उठते हैं। ऐसा लगता है कि हम शिशु रूप धारण करके इस गीत की गोद में सो जाएँ। आयु कितनी भी हो पर इस गीत में आप का शैशव लौटा लाने की क्षमता है। *'अँखियन'*, *'गलियन'*, *'निंदियन'*, *'बगियन'* जैसे नादमय शब्द हैं और स्वर्गलोक के लिए बनी सी धुन कभी भुलाई नहीं जा सकती। कुछ गीतों की धुनें तो वास्तव में अद्भुत ही हैं। फ़िल्म *'परछाईं'* का यह गीत देखिए...

मुहब्बत ही ना जो समझे,
वो ज़ालिम प्यार क्या जाने
निकलती दिल के तारों से,
जो है झनकार क्या जाने

प्रेम की भावना नादान, आकर्षक और चंचल है परंतु जब तक प्रेम हो नहीं जाए तब तक यह जख़्म, यह दर्द और टीस समझ में नहीं आ सकती। नायिका कहती है... *'माफ़ कीजिए, मैंने कभी मुहब्बत नहीं की।'* तब नायक कहता है... *'मुहब्बत की*

नहीं जाती, हो जाती है। काश... आपको हो जाए।' उसके बिना आप यह तड़प नहीं समझ सकते। 'उसे तो क़त्ल करना और तड़पाना ही आता है... गला किसका कटा, क्यों कर कटा तलवार क्या जाने!' मुहब्बत चंचल है तो प्यार गहरी, चिरस्थायी और प्रेमी की परवाह करने वाली भावना है। जो मुहब्बत नहीं समझ पाए उसे प्यार कैसे समझ आ सकता है। मुहब्बत कलेजा छलनी कर देती है पर प्यार कलेजे से लगा लेता है। यदि प्रेमी पहली पायदान पर ही अटक गया तो प्रेम सोपान कैसे चढ़ पाएगा? क्या ही अलग ख़याल है, क्या ही निराला गीत है। 'दवा से फ़ायदा होगा के होगा ज़हरे क़ातिल से' यह अंतरा तो बहुत ख़ास धुन में बाँधा गया है। जो खुद ही बीमार है उसे दवा की क्या ख़बर होगी?

करो फ़रियाद सर टकराओ
अपनी जान दे डालो
तड़पते दिल की हालत
हुस्न की दीवार क्या जाने

जवानी की मस्ती में प्रेम की तड़प समझ में आती ही नहीं। यह गीत प्रेम की ओर देखने का दृष्टिकोण ही बदल देता है। तलत महमूद की मखमली आवाज़ तो जैसे हृदय से निकलती है। एक टीस उठाती है दिल में। मुझे इस गीत का 'जाने...' को लंबा खींचकर किया गया अंत बहुत अच्छा लगता है।

सी. रामचंद्र का संगीत नियोजन बहुत ख़ास हुआ करता था और इसीलिए उनके अनेक गीतों ने धूम मचा रखी थी। एक गीत का यहाँ उल्लेख बहुत ज़रूरी है।

वह गीत है फ़िल्म 'निराला' का 'महफ़िल में जल उठी शमा परवाने के लिए।' ऐसा कहा जाता है कि इस फ़िल्म के विज्ञापन में लिखा जाता था कि अगर यह गीत देखे बिना कोई दर्शक चला गया तो टिकट के पैसे वापस! 'महफ़िल में जल उठी शमा परवाने के लिए, प्रीत बनी है दुनिया में मर जाने के लिए' यह कटु सत्य बड़े स्पष्ट शब्दों में व्यक्त करते हुए 'प्रीत बनी है' पंक्ति की धुन कुछ ख़ास खटके लेकर बनाई गई है। रे सा नी, सा नी ध, नी ध प, ये तीन टुकड़े इस तीव्रता से आते हैं कि प्रेम का कड़वा अनुभव गायिका की आवाज़ से स्पष्ट हो जाता है। आम तौर पर अण्णा साहब स्वरों का संयोजन बड़ी कोमलता से करते हैं, परंतु यह तीव्रता सिचुएशन की आवश्यकता है। प्रेम का अंत मौत ही तो होता है। ना प्रेम रहेगा ना प्रेमी, सब ख़त्म हो जाएगा यह भाव गीत में स्पष्ट हो जाता है। सत्य यही है और कोई चारा नहीं है। प्रेमी जीव असहाय हैं। स्थाई के आरंभ में बाँसुरी की धुन बेहद मधुर है। 'परवाने के लिए' में लताजी 'लिए' शब्द के उच्चारण में दिल निकाल कर रख देती हैं। ऐसे गायक-गायिकाएँ और संगीतकार विधाता ने ना जाने किस

साँचे में ढाले थे! *'पत्थर दिल हैं सुनने वाले, कहने वाला आँख का पानी'* पंक्ति में पानी शब्द का उच्चारण ऐसे किया गया है मानो आँसू ही टपका हो। अगली पंक्ति में *'आँसू आए आँखों में, गिर जाने के लिए'* में आँसू की गति माटी में मिल जाना है, यह टीस पूरी शिद्दत से व्यक्त होती है। 'पानी' शब्द का उच्चारण बार–बार सुनकर भी दिल नहीं भरता। सुनकर हमारी आँख भर आए तो यही कलाकार का सच्चा सम्मान होगा।

अण्णा साहब के एक और गीत में करुणा जीवंत हो उठी है। वह गीत है फ़िल्म 'अनारकली' का *'वफ़ाओं का मजबूर दामन बिछा कर, दुआ कर ग़मे दिल ख़ुदा से दुआ कर।'* सलीम की ज़िंदगी के लिए निर्मल मन से माँगी गई दुआ है, प्रार्थना है। जब सरल मन से इतनी निश्छल आवाज़ दुआ माँगी जाए और ऐसा देवोपम संगीत हो, यदि यह दुआ क़बूल नहीं हुई तो ख़ुदा का अस्तित्व ही संकट में पड़ सकता है। फ़िल्म की पृष्ठभूमि ऐतिहासिक है फिर भी गीत में बजता गिटार प्यारा लगता है, खटकता नहीं। बल्कि गिटार गीत का 'टेम्पो' बनाए रखता है। बिना अंतराल के *'ख़ुदा से दुआ कर ग़म ए दिल'* गाया जाता है तो दुआ बहुत ही स्वाभाविक मालूम पड़ती है। दूसरी बार *'ग़म ए... दिल'* बड़ी शिद्दत से गाया गया है। शैलेंद्र क़माल के कवि थे। *'करूँगी मैं क्या चंद साँसें बचाकर'* इस एक पंक्ति में वे बहुत बड़ी बात कह जाते हैं। आख़िरी बार जब लता जी एक श्रुति कम लगाकर *'बिछा'* गाती हैं तो लता जी और अण्णा साहब दोनों का क़माल गीत का सार है।

इस गीत की ही तरह 'दिल दिल से कह रहा है' की गहराई अथाह है।

'दिल दिल से कह रहा है, जो तू है वो ही मैं हूँ' की धुन अण्णा साहब ने जब बनाई होगी तो उस समय उनकी मानसिकता क्या रही होगी? इस धुन को सुनकर हम चकित हो जाते हैं। इस गीत की टोन और रंग अलग ही तरह का है। तुम और मैं एक ही हैं। हम एक दूसरे के प्रतिरूप हैं। *'तसवीरें देखने में दो हैं ज़रूर लेकिन'* इन पंक्तियों को जब दूसरी बार दोहराया जाता है तो वही पंक्तियाँ तलत महमूद कॉन्ट्रा स्टाइल कुछ निचले स्वर में गाते हैं, तब ऐसा लगता है मानो प्रतिबिंब ही गा रहा हो। बड़ा अद्भुत लगता है। यह गीत स्वप्नलोक का गीत है। एक अलग ही दुनिया है इस गीत की। दूसरे अंतरे को लता जी कॉन्ट्रा स्टाइल में गाती हैं तब भी यही अद्भुत अनुभव होता है। हमिंग गुनगुनाहट की आवाज़ और मानो मयूर पंख से निकली वायलिन की धुन से लगने लगता है कि हम हवा में तैर रहे हैं। लता जी और तलत साहब के कोमल स्वर एक होकर अद्वैत का निर्माण करते हैं।

अब मैं जिस गीत के बारे में चर्चा करने जा रही हूँ। वह गीत ना सुना हो ऐसा कोई भारतवासी नहीं होगा। इस गीत के बारे में, इसके निर्माण के बारे में अनेक किस्से प्रचलित हैं। यह गीत है – *'ए मेरे वतन के लोगों!'*

कवि प्रदीप द्वारा रचित यह गीत देशभक्ति, सैनिकों के प्रति कृतज्ञता और वीरों के अभिवादन का गीत है। गीत के आरंभ में 'ए मेरे वतन के लोगों...' पुकार इतनी प्रभावशाली है कि कोटि-कोटि भारतीय स्तब्ध हो जाते हैं। 'लहरा लो तिरंगा प्यारा' के बाद 'पर मत भूलो' पर कोमल गंधार से अण्णा साहब माहौल बदल देते हैं। उत्सव हों पर वीरों ने अपने प्राण गँवाए हैं, इस बात का ध्यान रखना बहुत महत्त्वपूर्ण है। अंत में 'ए मेरे वतन के लोगों' में पद संचलन की धुन सेना के और अनुशासन के प्रति आदरभाव व्यक्त करती है। ताल भी यहाँ थम जाती है। इस गीत को राष्ट्रगीत की तरह देशवासियों ने सम्मान दिया है। यह गीत जवानों की वीरता, और उनकी शहादत के प्रति कृतज्ञता व्यक्त करने का गीत है। सैनिकों की तकलीफ़ों के बारे में सुनकर श्रोताओं के आँसू नहीं रुकते। हम सभी ने यह अनुभव किया है। यह गीतकार, संगीतकार और गायिका का चमत्कार है। 'ख़ुश रहना देश के प्यारों, अब हम तो सफ़र करते हैं' में लता जी की क़ातर आवाज़ और विदाई की धुन सुनकर हम स्तब्ध हो जाते हैं।

मराठी फ़िल्म 'घरकुल' और 'श्री संत निवृत्ति ज्ञानदेव' के लिए सी. रामचंद्र का संगीत भी एक अलग ही छाप छोड़ गया। सुरेश भट द्वारा रचित मराठी गीत 'मलमली तारुण्य माझे' को अण्णा साहब के संगीत ने चार चाँद लगा दिए हैं। आशा जी ने इस मराठी गीत को बेहद रोमान्टिक और मादक आवाज़ में गाया है। 'लागुनी थंडी गुलाबी, शिरशिरी यावी अशी' के बाद जो तान आशा जी ने ली है वह 'जानलेवा' है। 'पप्पा सांगा कुणाचे' अलग ही ताल में निबद्ध है। 'नंबर फ़िफ़्टी फ़ोर' पर पाश्चात्य संगीत की छाप है। गीत बिलकुल ही अलग ढंग का है पर मराठी और पश्चिमी संगीत का मेल ताज़गी लाया। 'बाम्बू' शब्द में अपनी ही एक लय और ताल है जिसका उपयोग अण्णा साहब ने बख़ूबी किया है। दूसरी ओर 'नवल वर्तले गे माये' की धुन सात्त्विक और पवित्र है। प्रसिद्ध मराठी कवि ग. दि. माडगूलकर द्वारा रचित कविता 'चैत वार या ची वाहणी' जो संत ज्ञानेश्वर की रचनाओं से मेल खाती है, को चैत्र मास के मंद झोंके और पलाश के फूलों जैसी प्रवाहमय धुन में बाँधा गया है। यह गीत अपने साथ श्रोताओं को भी उड़ा ले जाता है। हमें विश्वास करना कठिन हो जाता है कि 'मि. जॉन' और 'नवल वर्तले' दोनों ही गीतों का संगीतकार एक ही है, क्योंकि दोनों गीत बिलकुल ही अलग ढंग के हैं। ऐसे संगीतकार को जादूगर नहीं कहा जाए तो क्या कहा जाए?

और अब अण्णा साहब के बनाए गीतों के सरताज गीत की चर्चा करें। वह गीत है 'ये ज़िंदगी उसी की है' (अनारकली)।

यह गीत एक खंडकाव्य के समान है। कवि और संगीतकार की प्रतिभा की जुगलबंदी है। ख़ुशी और दुख, प्रेम और विरह नहीं चिर विरह की हृदयग्राही

अभिव्यक्ति है यह गीत। अनारकली कह रही है कि इस संसार की हर वस्तु ('ये समाँ, ये बहार') अपने हृदय में एकत्रित प्रेम को निछावर कर देने का आग्रह कर रही है। हृदय की धड़कनें क्या कभी गिनी जा सकती हैं? *'मस्तियों में डूब जा'* पंक्ति में *'डूब'* शब्द का उच्चारण जितनी भी बार सुना जाए, मन नहीं भरता। *'किसी की आरज़ू में अपने दिल को बेक़रार कर'* एक ख़ास अंदाज़ में गाया गया है। उच्चारण किस क़दर असर छोड़ सकते हैं! *'धड़क रहा है दिल तो क्या...'* में धड़क शब्द के बाद एक पल का विराम लिया गया है। यह विराम मानो कह रहा है कि किसी का हो जाने, किसी को अपना बनाने में ही जीवन की सार्थकता है।

और गीत का अंत... *'मैं ना रहूँ फिर भी मेरी मज़ार, यह प्रेम का महल तुम्हें मेरी याद दिलाता रहेगा। हम यहाँ ना मिल सके तो क्या हुआ, उस जहाँ में ज़रूर मिलेंगे। 'ये ज़िंदगी चली गई तो प्यार में तो क्या हुआ?'* मौत को मुस्कराकर गले लगाती सुंदरी अनारकली और एक-एक ईंट चुनते कारीगर...! *'मुझे तुम्हारी एक नज़र के अलावा और कुछ नहीं चाहिए... मैं तो चली। अनारकली का आख़िरी सलाम... अलविदा... अलविदा...'*

अण्णा साहब की प्रतिभा ने सुरों का महल बना दिया। प्रतिभा और सृजन जब एक हो जाएँ तो ऐसी धुन की रचना होती है। गीत के अंतिम हिस्से में तो आख़िरी अंतरे से अंतिम अलविदा तक एक सुसंगत स्वर सूत्र है। उन चढ़ती जाती ईंटों की तरह सुर चढ़ता जाता है। *'जहाँ को भूल जाऊँ मैं'* में आवाज़ तार सप्तक तक पहुँचकर *'बस इक नज़र'* में नीचे आ जाती है। यहाँ से लता जी की क़ातर आवाज़ में अलविदा गूँजने लगता है। एक अंत का आग़ाज़ होता है। ऐसे 'क्लायमैक्स' वाले गीत गिने-चुने हैं। वो आख़िरी पुकार... एक बार देख लेने का शांत अनुरोध... आख़िरी सलाम.... तार सप्तक के गंधार पर स्थित 'अलविदा' हमें अंतर्मुख कर देता है। हृदय को हिला देता है, उदास कर देता है। लगता है मानो सुंदर सुरों की लड़ियों को, नाज़ुक फ़िलर्स से जोड़कर गहना गढ़ा गया हो। हर कड़ी अगले स्वर की कड़ी से सहजता से जुड़ी है। ऐसे गीत बहुत कम हैं जिन्हें सुनने के बाद ना कुछ कहने का मन होता है ना सुनने का! हम भी यहीं विराम लेते हैं...

5 जनवरी 1982 को लिवर की बीमारी ने अण्णा साहब के नश्वर शरीर को हम से छीन लिया। धुनों की मधुरता और चंचल लय हमसे छिन गई। ज़िंदादिली और मस्ती छिन गई। संगीत का एक घराना समाप्त हो गया। विरासत में हैं तन-मन पर छा जाने वाले गीत...

अलविदा

अध्याय में उल्लेखित गीतों की जानकारी

गीत / फ़िल्म / गायक-गायिका / गीतकार / वर्ष

आना मेरी जान संडे के संडे/ शहनाई /सी. रामचंद्र मीना कपूर/ पी.एल. संतोषी/ 1947

मोरे राजा हो / नदिया के पार मोहम्मद / रफ़ी, ललिता देउलकर / मोती बी.ए. / 1948

दिल से भुला दो / पतंगा / लता मंगेशकर / राजेंद्र कृष्ण / 1949

इक ठेस लगे / नमूना / लता मंगेशकर / नक़्शब / 1949

मेरे पिया गए रंगून / पतंगा / शमशाद बेग़म, सी.रामचंद्र / राजेंद्र कृष्ण / 1949

गोरे गोरे ओ बाँके छोरे / समाधि / लता मंगेशकर अमीर बाई कर्नाटकी / राजेंद्र कृष्ण / 1950

राधा ना बोले / आज़ाद / लता मंगेशकर / राजेंद्र कृष्ण / 1955

जाग दर्द ए इश्क़ जाग / अनारकली / लता मंगेशकर, हेमंत कुमार / राजेंद्र कृष्ण / 1953

तुम क्या जानो / शिन शिनाकी बूबला बू / लता मंगेशकर / पी.एल. संतोषी / 1952

ओ... निर्दयी प्रीतम / स्त्री / लता मंगेशकर/ भरत व्यास / 1961

मेरे मन का बावरा पंछी / अमरदीप / लता मंगेशकर / राजेंद्र कृष्ण / 1958

जब दिल को सतावे ग़म / सरगम / लता मंगेशकर / पी.एल. संतोषी / 1950

कैसे आऊँ जमुना के तीर / देवता / लता मंगेशकर / राजेंद्र कृष्ण / 1956

गया अंधेरा हुआ उजाला / सुबह का तारा / लता मंगेशकर, तलत महमूद / नूर लखनवी / 1954

कितना हँसीं है मौसम / आज़ाद / लता मंगेशकर, सी. रामचंद्र / राजेंद्र कृष्ण / 1955

तू छुपी है कहाँ / नवरंग / आशा भोंसले, मन्ना डे / भरत व्यास / 1958/59

हाय... बलमा अनाड़ी / बहूरानी / लता मंगेशकर / साहिर लुधियानवी / 1963

मुहब्बत ऐसी धड़कन है / अनारकली / लता मंगेशकर / राजेंद्र कृष्ण / 1953

आ दिल से दिल मिला ले / नवरंग / आशा भोंसले / भरत व्यास / 1958/59

अपनी कहो, कुछ मेरी सुनो / परछाई / लता मंगेशकर, तलत महमूद / नूर लखनवी / 1952

जारी जा री ओ कारी बदरिया / आज़ाद / लता मंगेशकर / राजेंद्र कृष्ण / 1955

तुम क्या जानो / शिन शिनाकी बूबला बू / लता मंगेशकर / पी.एल. संतोषी / 1952

कटते हैं दुख में ये दिन / परछाई / लता मंगेशकर, तलत महमूद / नूर लखनवी / 1952

आ जा अब तो आ जा / अनारकली /लता मंगेशकर / शैलेंद्र / 1953

दिल की दुनिया बसा के / अमरदीप / लता मंगेशकर / राजेंद्र कृष्ण / 1958

देखो जी बहार आई / आज़ाद / लता मंगेशकर / राजेंद्र कृष्ण / 1955

देख हमें आवाज़ ना देना / अमरदीप / आशा भोंसले, मोहम्मद रफ़ी / राजेंद्र कृष्ण / 1958

मुझपे इल्ज़ाम ए बेवफ़ाई है / यास्मीन / लता मंगेशकर / जाँ निसार अख़्तर / 1955

फिर वही चाँद वही हम / बारिश / लता मंगेशकर, चितलकर / राजेंद्र कृष्ण / 1957

उम्र हुई तुमसे मिले / बहूरानी / लता मंगेशकर, हेमंत कुमार / साहिर लुधियानवी / 1963

धीरे से आजा री / अलबेला / लता मंगेशकर, सी. रामचंद्र / राजेंद्र कृष्ण / 1951

मुहब्बत ही ना जो समझे / परछाई / तलत महमूद / नूर लखनवी / 1952

महफ़िल में जल उठी शमा / निराला / लता मंगेशकर / पी.एल. संतोषी / 1950

आजा रे परदेसी

तर्क से परे, अतिमानवीय, अनंत अमूर्त, अथाह जैसे अनेक विशेषणों का प्रयोग किया जाए फिर भी उनकी रचनाओं की थाह नहीं मिले, आदि और अंत ना मिले, उनके रचे स्वर गायन और श्रवण के परे लगें, जिनके स्वर सुनकर तन-मन पर नशा छा जाए, एक अनोखी सांगीतिक तृमि मिले, बुद्धि को संतोष मिले ऐसे विलक्षण संगीतकार हैं सलिल चौधरी! सलिल दा की संगीत की दुनिया की यात्रा उनकी अँगुली पकड़ कर ही करनी होती है, वरना आप संगीत के जानकार हों, विद्वान हों, आप राह भटक सकते हैं, क्योंकि उनकी रचनाएँ अनोखी हैं। ये रचनाएँ किसी बंधन को नहीं जानतीं फिर भी वे 'आवारा' नहीं हैं। अगर आप सलिल दा की अँगुली पकड़ कर चलें तो उनके इस संगीत-संसार में आनंद ही आनंद है। आप इन रचनाओं की भूल-भुलैया में भटक सकते हैं पर अगले ही पल सलिल दा फिर आपको उस भटकाव से धीरे से बाहर ले आते हैं। हमें उनकी नज़र से संगीत की दुनिया को देखना होगा। आप बुद्धिमान की संज्ञा किसे देंगे? जो बात हम पहले कभी महसूस नहीं कर सकें और जो हमें उसका अनुभव करा दे! हम अपना नज़रिया एक पल के लिए अलग रख दें, अपना चश्मा उतार कर रख दें और सलिल दा के संगीत सागर में गोता लगाएँ तभी हम सलिल दा जैसे बुद्धिमान संगीतकार के संगीत को समझ पाएँगे।

हम ये सोचना बंद कर दें कि अमुक स्वर के बाद यह स्वर कैसे आ सकता है? यहाँ तो राग बदल जाएगा। यह कॉर्ड यहाँ कैसे आ गई? अभी तो हम तार सप्तक के मध्यम पर थे, अचानक मंद्र सप्तक पर कैसे आ गए? अचानक ये वायलिंस ऐसे बजने लगे जैसे बादल छा गए हों, कलेजे को सहमा देने वाला रहस्यमय समूह स्वर कोरस क्या कह रहा है? लता जी की आवाज़ इतनी सौम्य कैसे? इन प्रश्नों की ओर से ध्यान हटाकर केवल गीत का अनुभव करें। इस अलौकिक संगीत का सृजनकर्ता कोई और ही है। हम भाग्यशाली हैं कि बिना सृजन का दर्द सहे हमें ऐसा संगीत सुनने को मिल रहा है, हमारी संगीत संबंधी प्यास बुझ रही है, हमारे मन को शांति मिल रही है। हमें देवोपम संगीत का बार-बार अनुभव कराने वाले संगीतकार का नाम है सलिल चौधरी!

स्वरों का उलटफेर या ताल के साथ कुश्ती लड़ना संगीत की दुनिया में क्रांति करना नहीं है ना ही एक सप्तक से अचानक दूसरे सप्तक में जाना क्रांति कहलाएगी। पर संगीत क्षेत्र की इस असामान्यता को भी जो हमें समझा दे, और उसे समझने का तर्क दे उसे ही हम सृजनात्मक क्रांतिकारी संगीतकार कहेंगे। भले ही हम सैद्धांतिक रूप से नहीं समझ सकें फिर भी इस तरह का संगीत होता है, हम उसे पसंद करते हैं यह अनुभव हमें सलिल चौधरी करवाते हैं। संगीत के जानकार उनके गीतों की 'हार्मोनी' पर मोहित हैं, संगीत के विद्वान उनकी स्वर संगति में मगन हैं, पाश्चात्य संगीत के जानकार उनके संगीत में प्रयुक्त कॉर्ड्स का गणित सुलझाने में व्यस्त हैं, उन्हें छोड़कर हम तो मात्र उनके संगीत का आनंद लेंगे। हमें संगीत सिद्धांत की चिंता करने की ज़रूरत नहीं है। सलिल दा की अँगुली पकड़ कर संगीत यात्रा पर चलें। कभी अनुभव होगा कि रास्ता ख़त्म हो गया है, कभी कोई तीखा मोड़ आ जाएगा तो कभी गहरी खाई! पर सलिल दा की अँगुली पकड़े रहें और तब आपको उनके संगीत से सिर से पैर तक सिहरन का अनुभव होगा। आप चमत्कृत हो जाएँगे और फिर से उनकी संगीत की दुनिया में जाने को आतुर हो उठेंगे।

सलिल दा के संगीत में यह विशेषता क्यों कर आई होगी? शास्त्रीय संगीत, असम और कुमाऊँ का लोक संगीत पाश्चात्य सिम्फनीज़, रशियन और ज़ेकोस्लोवकी संगीत, बांग्ला संगीत और भक्ति संगीत सारी धाराएँ उनके संगीत में कैसे समा गईं? संगीत की एक विधा सीखने में ज़िंदगी पर्याप्त नहीं होती । वहीं यह संगीतकार हर तरह का संगीत घोलकर पी चुका था। भौगोलिक, ऐतिहासिक और सांस्कृतिक विविधताओं से भरे संगीत को जानना, सीखना, पूरी तरह आत्मसात कर लेना और फिर उसके आधार पर अपनी तरह के संगीत का सृजन करना, संगीत की विविध धाराओं के ताने-बाने से नई कलाकृति बनाना कितना अद्भुत है! सलिल दा के संगीत में कुछ अपवाद छोड़ दें तो शास्त्रीय संगीत और सिम्फ़नी को हम अलग-अलग करके नहीं देख सकते, क्योंकि गीत के रूप में हम तक जो रचना पहुँचती

है, वह सांगीतिक मिश्रण इतना क़माल का होता है कि तन मन की सुध खो जाती है। इसीलिए सलिल दा को रचनाकारों का रचनाकार कहा जाता है।

सलिल दा पर कभी भी किसी विशेष प्रकार की शैली अपनाने का ठप्पा नहीं लगा। उनके अद्भुत सृजन का परिणाम सर्वविदित है। यह विश्वास करना कठिन है कि उन्हीं 12 स्वरों की सहायता से इस तरह की अलौकिक संगीत रचनाएँ जन्म ले सकती हैं। इन अद्भुत स्वर रचनाओं को गाने के लिए उतनी ही सामर्थ्यशाली आवाज़ भी होना चाहिए, जैसी लता जी की है। यह कहना अतिशयोक्ति नहीं होगी कि सलिल दा की रचनाओं को गाने के लिए वैसे ही लोकोत्तर स्वर की आवश्यकता है। अगर लता जी नहीं होतीं तो सलिल दा को लोग 'दीवाना संगीतकार' क़रार देते, क्योंकि उनकी रचनाएँ गाना आसान नहीं था। जो स्वर वाद्य से भी नहीं बजाए जा सकते उन्हें कंठ से निकलना कितना कठिन है? एक सच्चा संगीतकार बेहतरीन संगीत की रचना करने के लिए किस हद तक मेहनत करता है! लता जी को अपने स्वरों में ढालने के लिए, अपने संगीत के अनुकूल उनकी प्रवृत्ति बनाने के लिए, सलिल दा लता जी की व्यस्तता के बावजूद उन्हें बेहतरीन पाश्चात्य संगीत सुनाया करते थे। शायद इसीलिए सलिल दा की संगीत रचनाओं में लता जी का स्वर अलग

सलिल चौधरी

एक ओर उन्हें देश विदेश के संगीत में महारत हासिल थी, तो दूसरी ओर पश्चिमी संगीत की सिम्फनी, कॉर्ड प्रोग्रेशन के साथ सृजन की प्रक्रिया का जादू।

ही मालूम होता है। शायद इसीलिए यदि लता जी कोई सुझाव देतीं तो सलिल दा उस पर विचार किया करते थे अन्यथा लता जी कभी संगीतकार के काम में दख़ल नहीं देती थीं। लेकिन यह सब तभी हो पाता है जब संगीतकार और गायक का मानसिक स्तर समान हो। इस तरह की एकरूपता के फलस्वरूप बने गीत समय, समाज और इतिहास के परे होते हैं। ऐसे संगीतकारों की कमी नहीं है जो फ़िल्म की आवश्यकतानुसार गीतों की टकसाल खोल लेते हैं। इस स्थिति में गीतों की संख्या में तो वृद्धि होती है पर संगीत का स्तर क़ायम नहीं रह पाता। ज़बरदस्ती गढ़े गए गीत और 'आ जा रे परदेसी...' में यही अंतर है।

किसी 'जीनियस' व्यक्ति के मस्तिष्क से निकली रचनाएँ आसान कैसे हो सकती हैं? हमारे अपने विचार और भावनाएँ ही समझने में आसान कहाँ होती हैं? मन की उलझनों को तो स्वरों की एक दूसरे में गुँथी लड़ियाँ ही सही तरीक़े से व्यक्त कर सकती हैं। सलिल दा के संगीत के बारे में आप पहले से अंदाज़ा नहीं लगा सकते और सलिल दा ने भी गीत में स्थाई अंतरे का पारंपरिक तरीक़े से होना ज़रूरी नहीं समझा। अंतरे की आख़िरी पंक्तियों को किसी अबूझ सी जगह पर छोड़कर फिर स्थाई पर लौट आना उनकी तरह के 'जीनियस' ही कर सकते हैं! यही कारण था कि सलिल दा पहले धुन बना लेते थे, फिर शब्दों की रचना की जाती थी। उनके जैसे 'जीनियस' संगीतकार के लिए यही सही था। उनके हिसाब से संगीत अपने आप में भाषा है। जन सामान्य के लिए उसे शब्दों से सजाना पड़ता है। अन्यथा उनकी धुनें ही अभिव्यक्ति के लिए पर्याप्त हैं। योगेश जैसे कवि-गीतकार प्रशंसा के पात्र हैं जो उनकी धुनों को आत्मसात करके सटीक शब्दों की रचना कर सके। सलिल दा जैसे संगीतकार की धुनों पर कविता लिखना वैसे भी कठिन काम था। *'निस दिन निस दिन मेरा जुल्मी सजन ऐसी बतियाँ बनाए हाँ'* इस धुन में ही उत्कट शारीरिक आकर्षण का आभास है। प प प प ध धा सा नी स्वरावलि की दो बार की गई आवृत्ति, रे से फिर प पर आना यही इस भाव को व्यक्त करता है। यदि आप बिना शब्दों के इस धुन को वैसे ही गुनगुनाएँ, तब भी भाव स्पष्ट हो जाते हैं। कवि योगेश ने इस धुन का सही तार पकड़कर

'जले बैरी मन, सुलगे बदन,
आग सी लग जाए हाँ'

शब्दों से इस धुन को सजाया है। *'लग जाए हाँ'* में *'जा'* एकदम सही रिषभ पर जा लगता है जिससे गीत का भाव स्पष्ट हो जाता है। गीत के दौरान पृष्ठभूमि में वायब्रोफ़ोन और गिटार पर जो कॉर्ड्स बजते हैं, वे अनुपम हैं। *'जुल्मी सजन'* शब्द पर जो कॉर्ड्स लगे हैं, उससे दिल बाग़-बाग़ हो जाता है। वादक कनु घोष और सबेस्टियन के कौशल की दाद देनी पड़ेगी। अंतरे की आख़िरी पंक्ति है और मुखड़ा

'सा' पर है। परंतु अंतिम पंक्ति और 'सा' के बीच के छोटे से अंतराल को म प ध नी नी स्वर कोमल ध, कोमल नी और और शुद्ध नी लेकर मेंडोलिन की स्वरावलि कुछ इस तरह जोड़ती है कि हम चमत्कृत हो जाते हैं। यह संगीतकार के असामान्य रूप से प्रतिभाशाली होने का प्रमाण है।

यदि विचारों का हृदय की गति की भाँति आलेख लिया जा सके तो सलिल दा की रचनाएँ उनके विचारों का ही आलेख होंगी। मुझे सलिल दा के गीतों में प्रणय निवेदन बुद्धिमति स्त्री का प्रणय निवेदन प्रतीत होता है। परदे पर *'मद भरी ये हवाएँ...'* अनोखा गान गाती या *'रजनीगंधा फूल तुम्हारे'* गाती नायिका, ऐसा लगता है कि उच्च बौद्धिक स्तर की होंगी। *'ना जाने क्यूँ होता है ये ज़िंदगी के साथ'* की स्वरावलियाँ नायिका का हाथ थाम कर उसे एक विशेष स्थान पर विराजित करती हैं।

सलिल दा के गीतों में पश्चिमी हार्मोनी, सिम्फ़नी और कॉर्ड प्रोग्रेशन जन सामान्य की समझ से परे है। इसकी चर्चा संगीत के जानकारों का विषय है। कई बार धुन में मात्र एक आधार स्वर के बदल जाने से गीत को एक अलग ही आयाम प्राप्त होता है। *'ना जाने क्यूँ होता है ये ज़िंदगी के साथ'* या *'रातों के घने साए'* गीत हर कोई नहीं गा सके पर बार-बार सुनना ज़रूर चाहता है। इन धुनों में एक अजीब सा आकर्षण है। सलिल दा की धुनों में नवीनता का रोमांच है। कुछ हटकर होने से, अलग होने के कारण ही धुनें हमें खींच लेती हैं।

सलिल दा ने लता जी के स्वर का जिस तरह से उपयोग किया है, यह एक स्वतंत्र अभ्यास का विषय हो सकता है। उनकी आवाज़ की धार, उसके सभी पहलुओं, उनका संगीत ज्ञान और कौशल का दूसरे संगीतकारों ने उपयोग नहीं किया हो ऐसी बात नहीं है। पर कभी-कभी महसूस होता है कि सलिल दा की बनाई धुनों को लता जी ख़ास आवाज़ में गाया करती थीं। बेहद सुरीली, मीठी, कोमल और स्वरों के अंदर तक पैठ जाने वाली आवाज़...! इसी आवाज़ में वे सलिल दा की बनाई धुनों को गाया करती थीं। *'ओ सजना'* गीत इसका बहुत आम उदाहरण है। कभी *'चाँद रात तुम हो साथ'* गीत सुनिए। उसका अंतरा है *'सुनिए ज़रा, मैंने कहा मत सताइए'*। इस गीत में *'सुनिए'* शब्द किस कोमलता से गाया गया है। *'दिल का एतबार क्या, क्या करोगे जी कल जो ये बदल बदल गया'* का स्वर और दो बार *'क्या'* की आवृत्ति में दोनों बार क्या अलग-अलग स्वर में गाया जाना अलौकिक है। *'आहा रे मगन मेरा चंचल मन'* गीत में *'आहा'* बड़ी नज़ाकत से गाया गया है। इसी गीत में *'ना जाने मुझे क्या हो जाता है'* पंक्ति में *'हो जाता है'* जिस तरह से गाया गया है, वह लाजवाब है। *'हो जाता है'* पर दिल फ़िदा हो जाता है। *'अब और ना कुछ भी याद रहा'* में *'दिल प्यार में ऐसा डूब गया'* *'डूब'* हर बार अलग तरह से गाया गया है। ऐसा मुलायम मखमली और गहराई से किया गया उच्चारण...! लगता है सुनते ही रहें। *'ये मेरे अंधेरे उजाले ना होते'* गीत में *'ना जाने मेरा दिल*

क्यूँ कह रहा है' यह पंक्ति लता जी जब दोहराती हैं तो आवाज़ को कुछ नीचे ले आती हैं। उस आवाज़ की श्रुतियाँ हमें रोमांचित कर देती हैं। ऐसा ही अलौकिक उच्चारण 'अपनी कहानी छोड़ जा, कुछ तो निशानी छोड़ जा' में भी सुना जा सकता है। 'अपनी' शब्द का उच्चारण इतनी सही, पक्का और लयबद्ध है, अगली पंक्ति में 'तेरी राह में गलियों में नैन बिछाए' में 'नैन' का स्वर अति कोमल गंधार है जो मानवीय कंठ से निकल पाना कठिन है। 'ख़ुश हो रहे थे पहले' गीत में 'अब ढूँढ़ते हैं देखो घबरा के ज़िंदगी को' में 'को' शब्द पर कठिन बुनावट की हरक़त है। 'को' शब्द से मुखड़ा बहुत दूर, दूसरे ही सप्तक में है पर सलिल दा के लिए यह अंतर पार करना आसान है। 'आ जा रे परदेसी' गीत में लता जी की आवाज़ रहस्यमय, धूमिल, किसी दूसरी दुनिया की सी लगती है। 'मैं तो कब से खड़ी इस पार' में युगों का समय है। यह वर्तमान है ही नहीं। लता जी अपनी रहस्यमय आवाज़ में 'आ जा रे' में रे को कुछ नीचे ले जाकर फिर ऊपर उठाती हैं। 'मैं तो' के बाद हल्का सा विराम लेती हैं। गायन के इस कौशल की तारीफ़ के लिए शब्द कम पड़ जाते हैं। ऐसा ही एक गीत 'रिमझिम रिमझिम बदरवा बरसे' रिमझिम का उच्चारण आपको भिगो देगा इस मधुरता से इसे गाया गया है। सलिल दा की कुछ धुनें तो लता जी के कंठ स्वर तक के लिए चुनौती बन जाती हैं। 'हाफ़ टिकट' फ़िल्म का 'वो एक निगाह क्या मिली' क्या आसानी से गाया जा सकने वाला गीत है? लता जी और किशोर दा इस गीत को क़माल का गाते हैं। इस गीत के माध्यम से श्रोताओं को पता चला कि गीत ऐसे भी गाया जा सकता है और ऐसा भी संगीत दिया जा सकता है। कमज़ोर गायकी से यहाँ काम चल ही नहीं सकता था। 'आ जा री आ, निंदिया तू आ' लोरी किस क़दर ममत्वपूर्ण स्वर में गाई है लता जी ने...! इस संगीत रचना में आसपास के स्वरों को दुलरा कर, थपकियाँ देकर लता जी ने गाया है। बल्कि यूँ कहना अधिक सही होगा कि स्वरों को सहलाया है। लता जी ने 'निंदिया' शब्द का जिस कोमलता से उच्चारण किया है, 'दी...' को कुछ लंबा खींचकर झुलाया है, वह लाजवाब है।

'ए दिल कहाँ तेरी मंज़िल' गीत में लता जी के आलाप कठिनता की सारी सीमाएँ पार कर जाते हैं। यहाँ केवल 'रेंज' का महत्त्व ना था बल्कि श्रुतियों पर क़ाबू होना, सुरीलापन, स्वरों में अंतर स्पष्ट कर पाना और साँस का दम यह सभी आवश्यक था। संगीत के विद्यार्थियों को इसका अभ्यास करना चाहिए। लता जी के गाए 'आ अब लौट चलें' गीत का आलाप काफ़ी प्रसिद्ध हुआ। वह आलाप स्वर की 'रेंज' का अच्छा उदाहरण है पर यह आलाप अधिक चुनौतीपूर्ण है फिर भी सुरीला है, मधुर है।

सलिल दा के गीतों में मुकेश की आवाज़ कुछ अलग ही मालूम पड़ती है। 'ज़िंदगी ख़्वाब है, ख़्वाब में झूठ क्या' गीत में मुकेश की आवाज़ में जो नशा है,

वह वास्तविक सा लगता है। जीवन की सच्चाई सुनाते मोतीलाल पर अन्य किसी पार्श्वगायक का स्वर इस क़दर नहीं सजता। *'ख़्वा...ब है, झू...ठ क्या, औ...र भला'* में स्वरों को झूला सा झुलाया गया है। परदे पर मोतीलाल इन स्वरों पर संयत अभिनय करते दिखाई देते हैं। गीत के आरंभ में एक शेर है *'...रंगी को नारंगी कहे...'* मुकेश का स्वर इस शेर में भी नशीला सा है। गीत अलग ही टोन में गाया गया है। *'एक प्याली भर के मैंने ग़म के मारे दिल को दी'* के बाद *'हाय'* का उच्चारण तो लगता है कि सुनते ही रहें। पहले के अंतरे में *'फिर कभी...'* में आवाज़ कितनी स्वाभाविक लगती है।

अभिनेता मोतीलाल के लड़खड़ाते क़दम, राज कपूर का भोला चेहरा, यहाँ तक कि *'क्या'* कहता भिखारी और कुत्ते तक का इस गीत में महत्त्वपूर्ण रोल है। प्रतिभाशाली कलाकार किस क़दर लाजवाब कलाकृति का निर्माण कर जाते हैं, उन्हें खुद पता नहीं होता! संगीत के जानकारों ने मुकेश के स्वर की सीमाओं की बहुत चर्चा की पर सलिल दा जैसा विद्वान संगीतकार उनके स्वर के दर्द, भाव और मासूमियत का अपने गीतों में उपयोग करता रहा। सलिल दा ने कठिन समझे जाने वाले गीत, सांगीतिक अंतर वाली रचनाएँ बड़ी आसानी से मुकेश से गवा लीं। *'ये दिन क्या आए, लगे फूल हँसने, देखो बसंती बसंती...'* गीत में ना कोई मीटर है, ना छंद। मुक्त सी धुन है इस गीत की। परदे पर अमोल पालेकर और विद्या सिन्हा के मध्यमवर्गीय प्रेम पर एकदम *'फ़िट'* बैठी है। सलिल दा को विश्वास था कि मुकेश इस गीत के साथ पूरा न्याय कर सकेंगे। बिलकुल उसी तरह *'कई बार यूँ भी होता है'* गीत का उतार-चढ़ाव भी मुकेश के स्वर में सही तरह से व्यक्त होता है। नायिका के मन की उथल-पुथल मुकेश की आवाज़ में व्यक्त करना एक अलग क़िस्म का प्रयोग है। *'मैंने तेरे लिए ही सात रंग के सपने चुने'* में मुकेश की आवाज़ सकारात्मकता से भरपूर है। *'भोले भाले दिल को बहलाते रहे, तनहाई में...'* को दोहराते समय मुकेश *'में'* को ज़रा नीचे के स्वर में गाते हैं तो बहुत भला लगता है। मुकेश के अलावा इस गीत के लिए हम किसी और आवाज़ के बारे में सोच भी नहीं सकते। वह कशिश, वे सपने, मुकेश जी वह मीठी उलझन पूरी तरह व्यक्त कर देते हैं। अर्थ भरे शब्द और तरल सी धुन! *'दिल तड़प तड़प के'* गीत में दिलीप कुमार का संयत अभिनय और मुकेश की आवाज़ से प्रेम की गहराई दर्शकों के दिल तक पहुँच जाती है। *'सुहाना सफ़र और ये मौसम हसीं'* पहले महमूद को गाना था पर वे उपलब्ध नहीं थे इसलिए यह गीत मुकेश के हिस्से आया और उन्होंने इस गीत में जादू सा कर दिया।

मन्ना डे की परिपक्व आवाज़ का उपयोग करके सलिल दा ने उनसे *'ज़िंदगी... कैसी ये पहेली'* गवाया। सामने अथाह सागर...! जीवन एक पहेली ही तो है! कभी हँसाती तो कभी रुलाती...! फिर मन मानता नहीं। सपनों के पीछे भागता है। और एक दिन सपनों का राही गुब्बारों की तरह अनंत आकाश में विलीन हो जाता है।

'यूँ ही चला जाए अकेले कहाँ' और 'चला जाए सपनों के आगे कहाँ' में मन्ना दा आवाज़ को कुछ धीमा कर देते हैं। कई बार सलिल दा की धुन गीत पर भारी पड़ जाती है। पर यहाँ ऐसा नहीं हो पाता। बेहतरीन गीत के अर्थपूर्ण शब्द सलिल दा की धुन के उतार-चढ़ाव में खोने नहीं पाते। हमें अंतर्मुख कर देते हैं। धुन में एक स्थान पर विराम है । वहाँ राजेश खन्ना की भावपूर्ण आँखें बहुत कुछ कह जाती हैं।

फ़िल्म 'मधुमती' के गीत में लता जी के स्वर में अजर अमर 'ओय ओय ओय ओय' के बाद मन्ना दा की प्रभावपूर्ण आवाज़ में 'दैया रे दैया चढ़ गयो पापी बिछुआ' एक स्वर्गोपम अनुभव है। फ़िल्म 'दो बीघा ज़मीन' के गीतों 'धरती कहे पुकार के' और 'हरियाला सावन ढोल बजाता आया' में मन्ना दा की आवाज़ में ग्रामीण लहज़ा है। परंतु मन्ना दा के स्वर की करुणा, आर्त पुकार, और कशिश दिल को छू जाती है फ़िल्म 'काबुलीवाला' के गीत 'ए मेरे प्यारे वतन' में...!

किशोर कुमार की स्वर के चुलबुलेपन का भरपूर उपयोग सलिल दा ने फ़िल्म 'हाफ़ टिकट' के गीतों में किया। रोमान्टिक गीतों को किशोर दा ने एक अलग ही टोन में गाया है। 'चाँद रात तुम हो साथ' में किशोर कुमार के स्वर का 'टेक्स्चर'

'हाफ टिकट'
सलिल दा किशोर दा के चुलबुलेपन को कैसे संगीत का हिस्सा बना लेते थे,
इस का बेहतरीन उदाहरण

और भी अलग है। *'आपका क्या गया, फूल सा दिल मेरा कुचल कुचल गया'* में किशोर कुमार गया शब्द को हौले से छोड़ देते हैं जो बहुत ही प्यारा लगता है। *'आके सीधी लगी'* तो किशोर कुमार ही गा सकते हैं। किशोर कुमार की संगीत यात्रा में *'कोई होता जिसको अपना'* और *'गुज़र जाए दिन दिन'* मील के पत्थर हैं। *'कोई होता'* में किशोर कुमार की आवाज़ बहुत भारी और व्यथित है। *'होता'* शब्द पर हलका सा घुमाव है। *'हम'* शब्द का उच्चारण किस गहराई को व्यक्त करता है...! *'गुज़र जाए'* गीत की धुन ज़रा जटिल सी है। इस गीत की रिकॉर्डिंग के समय किशोर कुमार ने गीत गाने में असमर्थता जताते हुए काफ़ी धमाल मचाने का नाटक किया था। पर सलिल दा को पूरा विश्वास था और किशोर दा इस कठिन गीत को बड़ी सरलता से गा सके। अन्तरे के अंत में चौथाई मात्रा में 'आहा' का उच्चारण तो बड़ा प्यारा लगता है। गीत की सप्तक बदलें, कॉर्ड्स बदलें, गीत के शब्द कितने ही कठिन हों, किशोर दा सुरीले थे तो थे। आशा जी को सलिल दा के गीत गाने का अवसर कम मिला है। *'मेरी वफ़ाएँ तुम्हारी जफ़ाएँ'* और *'बाग में कली खिली'* गीतों में आशा जी की आवाज़ सलिल दा के रंग में रंग गई। गीत *'मेरी वफ़ाएँ'* में *'हाय रे हाय, जान क्यूँ ना जाए'* का उच्चारण हर बार अलग है। *'मेरा सिसकना'* का उच्चारण आशा जी ने कितना प्यारा किया है! *'बाग में कली खिली'* में परदे पर थी तनूजा...! अल्हड़पन और चुलबुलापन गीत में भरा है। *'बेवजह ये दिल घबराया'* के बाद *'हाय रे'* में शुद्ध गंधार किस सहजता से लगाया गया है। इसे 'की नोट' कहा जा सकता है। 'घबराया' में कोमल गंधार है और तुरंत बाद शुद्ध गंधार एकदम अलग जान पड़ता है।

महमूद के गाए *'आँखों में मस्ती शराब की'*, *'ये मेरे अंधेरे, सावन की रातों में'*, *'आँसू समझ के, इतना ना मुझसे तू प्यार बढ़ा'*, *'आहा रिमझिम के ये'*, *'रात ने क्या क्या ख़्वाब दिखाए'* आदि सुंदर गीत सलिल दा की बनाई उतार-चढ़ावों से भरी धुनों को भी एक प्रवाह देते हैं। 'आँसू समझ के' गीत एक अवरोही, उतार के स्वरों से परिपूर्ण रचना है। *'डूब चला था नींद में, अच्छा किया जगा दिया'* किस मखमली कोमलता से नीचे के सुरों पर विराम लेता है! ऊपरी सप्तक के सा से धीरे-धीरे यह धुन बड़ी कोमलता से नीचे के सुरों पर आती है। मेरी बहार ने मुझे भुला दिया, मैं एक अभागा फूल हूँ। मेरे प्रेम के मोती मिट्टी में क्यों मिला दिए? मैं क़िस्मत की एक भूल हूँ। यह हृदयस्पर्शी भाव व्यक्त करने में तलत साहब की आवाज़ पूरी तरह सक्षम है।

गीता दत्त और रफ़ी साहब से सलिल दा ने कम ही गीत गवाए। पर रफ़ी साहब का गाया फ़िल्म 'मधुमती' का *'टूटे हुए ख़्वाबों ने'* यह एक ही गीत सब गीतों पर भारी है। *'दिल ने... जिसे चाहा था, आँखों ने गँवाया है'* में *'दिल ने...'* मींड बहुत हृदयस्पर्शी है। यह गीत सलिल दा के दूसरे गीतों से बिलकुल अलग

है। उतार-चढ़ाव कम हैं और शब्दों को अधोरेखित किया गया है। रफ़ी साहब की आवाज़ का दर्द गीत के भाव सही तरीक़े से व्यक्त करता है।

सलिल दा की रचनाओं में संगीत का विचार कुछ विस्तृत है। उनके गीतों का मुखड़ा कुछ लंबा, चार-पाँच पंक्तियों का भी होता है। धुन का स्वराकार, उसके पीछे जो मूल विचार होता है, वह काफ़ी स्पष्ट होता है। यह मूल विचार विस्तृत होने के कारण मुखड़ा बिना किसी 'मीटर' का, चार-पाँच पंक्तियों का लिखा गया है। *'हरियाला सावन ढोल बजाता आया'* या *'आहा रिमझिम के प्यारे प्यारे गीत लिए'* और *'कहीं दूर जब दिन ढल जाए'* हो, गीत के प्रवाह में हम भूल ही जाते हैं कि मुखड़ा ही चल रहा है। योगेश, शैलेंद्र और गुलज़ार जैसे कवियों ने ऐसे गीत लिखने की चुनौती को भलीभाँति निभाया है।

अन्य संगीतकारों से सलिल दा को जो बात अलग स्थापित करती है वह है गीत के एक ही शब्द में सप्तकों का अंतर पार करने की जादू...! *'मिला है किसी का झुमका'* गीत के अंतरे में *'जीवन भर का नाता परदेसिया से जोड़ा'* में परदेसिया एक ही शब्द है, इसमें 'दे' शब्द नीचे के सा पर है तो सि ऊपर से सप्तक के सा पर है। उसी प्रकार 'परख' फ़िल्म का ही गीत *'बंसी क्यूँ गाए'* के मुखड़े में *'नींद ना आए, हाय, मुझको बुलाए हाय'* में नीचे के सप्तक के सा से ऊपर के सप्तक के सा तक मात्र एक चौथाई सेकेंड में पहुँच जाता है। सप्तकों के ऐसे अंतर कई बार देखे जाते हैं पर मात्र एक या दो शब्दों में यह अंतर पर कर लेना ख़ास बात है। *'तसवीर तेरी दिल में'* गीत में भी इस तरह कई बार होता है। ऐसे सप्तक का अंतर पार करने से कई बार शब्द टूटे से लगते हैं और काव्य का रसभंग होता है। परंतु जब लता जी गाती हैं तो 'मिला है किसी का झुमका' के अंतरे में *'हाय रे प्रीत की है रीत जाने कैसी'* में 'रीत' शब्द का उच्चारण इस तरह से करती हैं कि सप्तक का अंतर पता ही नहीं चलता। आख़िर अंतर तो मन का ही विचार है, उसे मन से दूर कर दें तो सब कुछ एकाकार ही तो है।

सलिल दा नाट्य संस्था 'इप्टा' से जुड़े हुए थे, अतः समूह स्वर कोरस के प्रभाव से वाकिफ़ थे। सलिल दा के गीतों में कोरस का ख़ास प्रयोग हुआ है। कोरस के कारण गीत को एक वज़न, अस्तित्व प्राप्त होता है। सलिल दा ने कोरस का विविधतापूर्ण प्रयोग किया जैसे... कोरस को प्रभावपूर्ण बनाने के लिए विशेष धुन बनाना, कोरस को अलग-अलग स्तरों पर गवाना कोरस का उपयोग दो अंतरों के बीच करना, आदि। गीत *'जागो मोहन प्यारे'* में समूह स्वर एक सांगीतिक रचना के रूप में है। *'जागो रे जागो सब कलियाँ जागीं, नगर नगर सब गलियाँ जागीं'* के समूह स्वर के कारण गीत भव्यता को प्राप्त कर सका है। समूह स्वर की पृष्ठभूमि के कारण लता जी का आलाप बहुत ही प्रभावशाली बन पड़ा है। रात भर की उथल-पुथल,

गुनाह, बदमाशी, अनेक मानव प्रवृत्तियाँ, और अंत में नरगिस के रूप में साकार सात्विकता... कितना विरोधाभास है...! सलिल दा ने भैरव के स्वरों का आधार लेकर गीत को एक अलग ही मक़ाम तक पहुँचा दिया है।

'धतिंग धतिंग बोले' गीत में कोरस पुर्तगाली तरीक़े का है। 'हाय झिल मिल शाम के साए' गीत में 'कोई जतन कर अब ये शाम ना जाए' गाकर लताजी विराम लेती हैं और धूमिल और तरल समूह स्वर में 'झिल मिल हाय झिल मिल' आरंभ हो जाता है। ऐसा जैसे शाम के धुंधले साए हों। फ़िल्म 'मधुमती' के गीत 'जुल्मी संग आँख लड़ी' पर कुमाऊँनी लोक संगीत का प्रभाव है। स्त्री स्वर में 'आहाहाहा' से गीत आरंभ होता है जो बेहद लुभावना लगता है। जब लता जी अंतरा गाती हैं तो वही शब्द समूह स्वर दोहराता है पर कुछ अलग धुन में। 'बातों बातों में रोग बढ़ा जाए रे' में रे इतना मधुर है...! उसके बाद विराम है और धीरे से कोई मन में छुपी बात कही जाए ऐसे 'फेरी मन पे जादू की छड़ी' लता जी गाती हैं तो इतना प्यारा लगता है। यह धुन, स्वर समूह, बाँसुरी हमें असम, कुमाऊँ के पर्वतीय प्रदेश में खींच ले जाती है। यही संगीत की शक्ति है...! सलिल दा के गीतों का कोरस बहुत ख़ास है। कई अवसरों पर ये स्वर लगातार नहीं होते, स्वर खुले-खुले से होते जिन्हें स्टक्टो कहा जाता है। इस तरह के कोरस में स्वर की मधुरता क़ायम रखना बहुत कठिन भी है और ज़रूरी भी।

सलिल दा के गीतों का कोरस ग्रामीण मिठास लिए है। संगीत की दृष्टि से परिष्कृत परंतु उच्चारण का लहज़ा मासूमियत भरा होता है।

फ़िल्म 'दो बीघा ज़मीन' का गीत 'धरती कहे पुकार के' एक रूसी संचलन गीत की धुन पर आधारित है लेकिन उसका कोरस शुद्ध भारतीय देशी है। इसी फ़िल्म का गीत 'हरियाला सावन ढोल बजाता आया' का कोरस तो जैसे अनेक रेशमी लड़ों से बुने हुए रंग-बिरंगे वस्त्र जैसा है। 'इक अगन बुझी, इक अगन लगी, मन मगन हुआ, इक लगन लगी' स्त्री-पुरुष स्वरों का खेल जैसा है। मानो ताने-बाने का खेल हो।

सलिल दा के संगीत संयोजन को समझना तो इस क्षेत्र के जानकारों का ही काम है। बाँसुरी, क्लेरिनेट, वायोलिन, मेंडोलिन और गिटार का विशेष टोन हमें सलिल दा के संगीत में सुनने को मिलता है। सलिल दा के संगीत पर पश्चिमी प्रभाव के बारे में काफ़ी कुछ कहा सुना गया है। परंतु सलिल दा का मानना था कि तानपूरे को छेड़ने से जो संगीत का मूलाधार प्राप्त होता है उसमें हर तरह का संगीत समाया हुआ है। बीथोवन की आठवीं सिम्फ़नी के आधार पर 'इतना ना मुझसे तू प्यार बढ़ा' सलिल दा ने कितने परिष्कृत रूप में रचा है। तलत और लताजी के स्वर, वायलिन और बाँसुरी के विलक्षण मिलाप ने इस गीत को एक स्वतंत्र रचना का दर्जा दिया है।

'मैं तब तक साथ चलूँ तेरे, जब तक ना कहे तू मैं हारा' पंक्ति में 'कहे', 'तू' और 'मैं' इन तीनों ही शब्दों में तीन-तीन स्वरों के समूह हैं जो बहुत सटीक लगे हैं। रे सा नी, सा नी ध, नी ध प का उच्चारण एकार उकार हर तरह से सुरीला है। तलत साहब 'बढ़ा' का उच्चारण बहुत ख़ूबसूरती से करते हैं। मुझसे इतना प्यार नहीं करो, मैं तो खुद आवारा बादल हूँ, तुम्हें क्या सहारा दे सकूँगा... ये सारे भाव 'बढ़ा' शब्द के उच्चारण से व्यक्त हो जाते हैं। तलत साहब की आवाज़ इस गीत में किस क़दर मासूम है। 'इसलिए तुझसे मैं प्यार करूँ' पंक्ति में 'प्यार' शब्द का उच्चारण संगीत की दृष्टि से बहुत ख़ास है। बीथोवन की सिम्फ़नी और और इस परिष्कृत गीत में यही अंतर है। 'है नाम मेरा जल की धारा' धुन किस मधुरता से बदलती है...! 'जनम जनम से हूँ साथ तेरे' में तेरे शब्द के साथ धुन की दिशा बदलती है जिसे सुनना एक सुखद अनुभव है।

शास्त्रीय संगीत पर आधारित गीतों में भी पश्चिमी सिम्फ़नी गूँथने में सलिल दा महिर थे। 'जा रे जा रे उड़ जा रे पंछी' गीत भैरवी पर आधारित है, परंतु अंतराल में कॉर्ड्स के प्रयोग के कारण यह गीत ख़ास बन पड़ा है। 'आँसू समझ के क्यूँ मुझे' राग यमन पर आधारित है, परंतु वायलिन और बाँसुरी के स्वरों में पश्चिमी कॉर्ड्स का उपयोग है। सलिल दा ने राग हंस ध्वनि ('जा तो से नहीं बोलूँ'), बसंत बहार ('छम छम नाचत आई बहार'), बागेश्री ('आजा रे मैं तो कब'), दरबारी ('टूटे

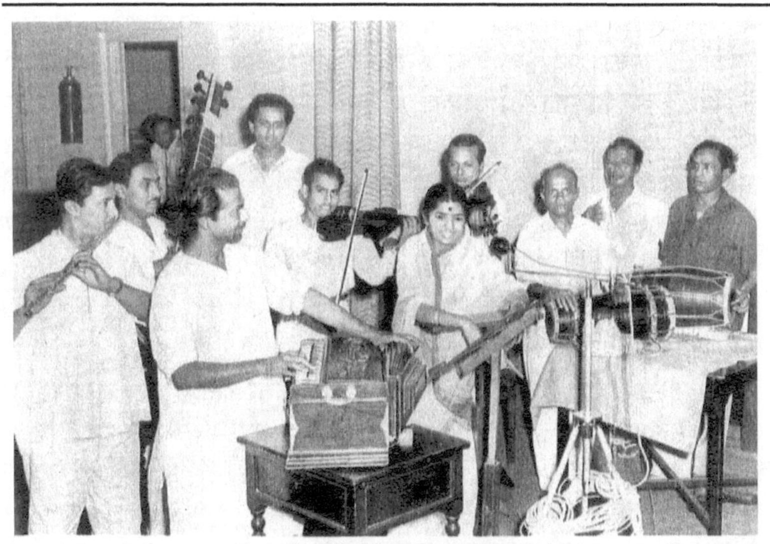

सलिल दा – लता दीदी
कोमल तरल भावाभिव्यक्ति का अनोखा चमत्कार

हुए *ख़्वाबों ने*'), मालगुंजी ('*ना जिया लागे ना*'), खमाज ('*ओ सजना*'), भैरवी ('*जा रे जा रे उड़ जा रे*', '*तसवीर तेरी दिल में*') आदि कई गीत दिए हैं। साथ ही उन्होंने लोक संगीत की मस्ती का भी भरपूर उपयोग अपनी धुनों में किया है। बाउल शैली ('*क्या हवा चली*'), हीर ('*मैं लुट गई दुनियावालों*'), पंजाबी बोलियाँ ('*देखो मेरा तांगा निराला*'), असमी लोकधुन ('*जुल्मी संग*', '*हो जबसे मिली*'), गोवा का लोक संगीत और लावणी के मिश्रण से ('*धितंग धितन बोले*'), भोजपुरी बिरहा ('*ठंडी ठंडी सावन की फ़ुहार*'), माँझी गीत ('*माँझी रे*'), नेपाली लोकधुन ('*छोटा सा घर होगा*'), पूरबी लोकधुन ('*ग़ज़ब तेरी दुनिया*'), पूरबी रसिया शैली ('*दिन होली का आया*'), भटियाली बंगाल ('*गंगा आए कहाँ से*'), गरबा ('*बाबा तेरी सोनचिरैया*') आदि गीत दिए हैं।

हमारे देश के अलावा अन्य देशों की संगीत शैलियाँ सलिल दा के रंग में किस तरह घुल-मिल गईं यह देखना भी रोचक है। फ़िली हार्मोनिक प्रोग्रेशन '*आहा रिमझिम के*', चर्च का कॉयर '*मेरे मन के दिए*', रॉक ऐंड रोल '*फिर वही दर्द है*', हंगेरियन-चेकोस्लोवाकियन '*दिल तड़प तड़प के*', अफ़गानी '*ए मेरे प्यारे वतन*', पोलका रशियन '*वो इक निगाह क्या मिली*', कुछ गीत हैं जो विदेशी शैलियों पर आधारित हैं।

सलिल दा और बाँसुरी का अटूट नाता था। सलिल दा के गीतों में बाँसुरी अनेक रूप लेकर अवतरित होती है। बाँसुरी का महीन, कुछ तीखा सा पर सुरीला स्वर सलिल दा के गीतों को अलग ही स्थान पर पहुँचा देता है। गीत '*मिला है किसी का झुमका*' में झुमका शब्द के बाद किसी पंछी के मंजुल स्वर जैसी बाँसुरी का स्वर बजता है। गीत '*ओ सजना*' में '*ऐसी रिमझिम में ओ सजन, प्यासे प्यासे मेरे नयन, तेरे ही ख़्वाब में खो गए*' के बाद बाँसुरी का फ़िलर एक सप्तक से दूसरे सप्तक में ले जाता है। '*जा रे जा रे उड़ जा रे पंछी*' गीत का पथॉस आरंभ में बजती बाँसुरी के स्वरों से और भी गहरा हो जाता है। एक बांग्ला गीत '*ना जोदि बारोण कोरो*' बाँसुरी के लिए अवश्य ही सुना जाना चाहिए। लता जी की गाई '*पापी पपीहा पियु पियु गा ना शोना*' पंक्तियों के बाद बाँसुरी जिस लय और वज़न से बजाई गई है वह शब्दों में व्यक्त नहीं किया जा सकता।

खुद के ही बनाए गीतों का एक भाग किसी दूसरे गीत में बड़ी खूबी से गूँथ देने की सलिल दा की ख़ास शैली रही है। ये टुकड़े बड़ी सरलता से दूसरे गीत में मिल जाते थे। फ़िल्म '*मधुमती*' के गीत '*आ जा रे परदेसी*' में '*घड़ी घड़ी मोरा दिल धड़के*' और '*तुझ बिन जिया उदास रे*' में '*बाग में कली खिली*' इसके नमूने हैं। गीत का सप्तक बड़ी सरलता से बदलना और बिना किसी झटके से आसानी से फिर पहले ही स्थान पर आ जाना सलिल दा की विशेषता थी।

सलिल दा के गीत मुखड़े और अंतरे के बंधन से मुक्त थे वे गीत चाहे 'आ जा री आ निंदिया तू आ' हो या फ़िल्म 'परख' का 'ओ सजना, बरखा बहार आई' हो, 'तुमको पुकारे मेरे मन का पपीहरा' के बाद दूसरा अंतरे की पंक्तियाँ बिलकुल ही अलग धुन में सजी हैं परंतु बाद की पंक्तियाँ पहले अंतरे की तरह ही है कुछ फ़िल्म 'आनंद' के गीत 'ना जिया लगे ना' में भी किया गया है। पहला अंतरा 'जीना भूले थे कहाँ' है और दूसरा अंतरा 'पिया तेरी बावरी से रहा जाए ना' बिलकुल ही अलग ढंग का है। बाद की पंक्तियाँ पहले जैसी ही हैं। इस तरह के नए-नए प्रयोग हमें विस्मित कर देते हैं। मराठी गीत में अशोक पत्की ने ऐसे प्रयोग किए हैं 'सपनों में मेरे कोई आए जाए, झलकी दिखाए' इस गीत में 'देखो मेरी मन हाए रे हाए वो लेके चला जाए' पंक्तियाँ लता जी और उषा मंगेशकर ने बेहद सुरीले और प्रभावशाली और जोश भरे ढंग से गाई हैं। 'धपम, पमग, मगरे, गरेसा' सुंदर आलाप के बाद गीत फिर 'सपने में मेरे' पर आ जाता है। बहुत धीमे से पर ऊर्जा से भरकर। यह ऊर्जा 'देखो मेरा मन' से प्राप्त होती है। 'मेरे ख़्वाबों में ख़्यालों में बसे' बिलकुल ही अलग तरह का गीत है। मुखड़े के बाद लता जी का आलाप ऐसा लगता है मानो सपनों की परी धीमे से धरती पर उतर आई है। गीत एक अलग ही टोन में गाया गया है। लता जी का आलाप 'ए दिल कहाँ तेरी मंज़िल' के आलाप से मिलता-जुलता है, समानांतर है। धुन कितने विविध प्रकार से बनाई जा सकती है यह इस बात का उदाहरण है।

सलिल दा के कुछ गीत तो हमें सोचने पर बाध्य कर देते हैं।

फ़िल्म 'परख' का 'मेरे मन के दिये' में बिना किसी वाद्य की संगत के लता जी का कोमल और धीमा अस्फुट का स्वर...! उसे क्या उपमा दी जाए? इतनी निर्मल और मासूम आवाज़ में गाने के लिए सलिल दा ने लता जी को किस तरह निर्देशित किया होगा हम समझ ही नहीं पाते। इस गीत में एक भी ताल वाद्य नहीं है। चर्च के कॉयर के मेल से जो धुन बनी है, उसका आनंद लेने के लिए भोर के एकांत में इस गीत की मधुरता में कभी खोकर देखिए...!

धीमी, मृदुल स्वरों से युक्त फिर भी बेहद असरदार धुनें सलिल दा की विशेषता हैं। उनके गीतों की 'हार्मोनी' हमें मोह लेती है। फ़िल्म 'परख' का गीत 'ओ सजना' की चर्चा के बिना क्या सलिल दा की बात पूरी हो सकती है?

'ओ सजना' की पुकार के बाद जयराम आचार्य द्वारा बजाए गए सितार को सुनकर श्रोता विभोर हो जाते हैं। मोक्ष के क़रीब पहुँचने का सा अहसास है यह...! अंतरे के पहले सितार खर्ज के स्वरों में बजता है तो लगता है कि वर्षा की बूँद हथेली पर आ गिरी हो...! तबले के ठेके का क्या कहना...! सिनेमा के पर्दे पर अपनी कजरारी आँखों से प्रकृति का यह रूप निहारती अभिनेत्री साधना...! 'निंदिया ना आई' में 'आई' में इस क़दर ख़ूबसूरत 'हरक़त' ली गई है...!

लता जी ने यह गीत बड़े मृदुल स्वरों में गाया है वहीं फ़िल्म 'उसने कहा था' का गीत 'मचलती आरज़ू खड़ी बाँहें पसारे' सुरीली पर ज़ोरदार आलाप से आरंभ होता है। यह गीत, यह स्वर और बाँसुरी ऐसी लगती है जैसी शीत ऋतु की ठंडी हवा का झोंका हो...! यह गीत किसी पहाड़ी पर होने का अनुभव देता है। सीमेंट के जंगल, शहर में इसे सुनना तो गीत का अपमान करना है। *'मेरा आँचल पकड़ के कह रहा है मेरा दिल, ज़माने की निगाहों से यहाँ छुप छुप के मिल, यहीं तनहाई में दिल की कली जाएगी खिल'* आख़िरी शब्द किस-किस चढ़ाई को पार कर कैसे, कहाँ से नीचे उतर जाते हैं, उन्हीं के साथ हम भी आराम से उतर आएँ...! मचलती आरज़ू गीत में भरी ऊर्जा चमत्कृत कर देती है। वर्षा ऋतु में, किसी हरी भरी पहाड़ी पर, ठंडी भीगी हवा में तन को भिगोते यह गीत आँखें मूँद कर सुनें तो मोक्ष प्राप्ति का अहसास हो सकता है।

ऐसा नहीं है कि सलिल दा के साथ केवल मृदुल स्वर ही जुड़े हैं।

फ़िल्म 'सपन सुहाने' का गीत *'नाम मेरा निम्मो'* तो धमाल है। परदे पर थे हेलन, भगवान और एक अनाम अभिनेता और स्वर हैं लता जी, मन्ना डे और द्विजेन मुखर्जी के। पंजाबी शैली और मस्त ठेका और अलग ही रचना है यह गीत। *'यही रे यही है मेरा ठिकाना'* के बाद लता जी *'आहा रे'* को जैसे फेंकती हैं उसका जवाब नहीं। लता जी ने जिस लहज़े और उच्चारण के साथ गाया है, अवर्णनीय है। परदे पर हेलन के लटके-झटके और नखरे भी देखने के क़ाबिल हैं।

और *'ए मेरे प्यारे वतन'* (काबुलीवाला) तो अलग ही शैली का गीत है। अपने देश की याद में व्याकुल संवेदनशील पिता का चिंतन है यह! मन्ना दा के सांगीतिक कार्यकाल का यह गीत एक मील का पत्थर है। काबुलीवाले के जन्मभूमि से दूर, विदीर्ण हृदय की करुण पुकार है यह। मन्ना दा की आवाज़ बेहद भावुक है इस गीत में *'तू ही मेरी आरज़ू... तू ही मेरी आबरू...'* की थरथराहट तो कलेजा पानी-पानी कर देती है।

'तेरे दामन से जो आए उन हवाओं को सलाम, चूम लूँ मैं उस जुबाँ को जिसपे आए तेरा नाम, सबसे प्यारी सुबह तेरी सबसे रंगीं तेरी शाम।' हे मातृभूमि, मैं तुम्हें छोड़ तो आया पर आख़िरी साँस तो मैं तुम्हारी माटी में ही लूँगा। यह रचना दिल को छू लेती है। बलराज साहनी के जीवंत अभिनय ने गीत में चार चाँद लगा दिए हैं। उनकी आँखें बिना कहे बोलती हैं।

सलिल दा की धुनें परदे पर कलाकार का अभिनय जीवंत कर देती थीं। उदाहरण के लिए *'जा रे जा रे उड़ जा रे पंछी'* इस गाने को लिया जा सकता है।

'मैं बीना उठा ना सकी, तेरे संग गा ना सकी, ढले मेरे गीत आहों में' उद्वेग, निराशा, हताशा और पराजय का भाव आवाज़ में भरा है या कहें आवाज़ ही इन

भावों से ओतप्रोत है। इस धुन में एक अजीब सी उदासी भरी है। बाँसुरी और वायलिन के स्वरों से लगता है जैसे उदासी का अँधेरा घिर आया हो। सैक्सोफ़ोन के आर्त स्वरों से ऐसा माहौल बन जाता है कि बरबस आँखें भर आती हैं, रोने को जी चाहता है।

> ना डाली रही ना कली,
> अजब ग़म की आँधी चली,
> उड़ी दुख की धूल राहों में

इस सुंदर धुन पर ऐसे अर्थपूर्ण शब्दों की रचना करना कितना कठिन है। अँसुअन, बिरहन जैसे नाद मधुर शब्द और वह आवाज़ जो लगे कि इस लोक की है ही नहीं... इस गीत को अमर बना गई है।

धुन और शब्दों के सही मेल से गीत किस तरह जीवंत हो उठता है इस बात का उदाहरण है फ़िल्म 'नौकरी' का गीत 'छोटा सा घर होगा'।

यह सुंदर कविता, अर्थपूर्ण शब्द, माँ, बहन, भाई के स्नेहपूर्ण संबंधों के धागे बुनती खोलती सी है। बहुत सकारात्मक और चुलबुला गीत है यह। किशोर दा के अलावा हम अन्य किसी गायक की यहाँ कल्पना भी नहीं कर सकते। छोटी बहन से की गई चुहलबाज़ी, ख़ुद के ब्याह की बात, बिना मेक अप के सीधे-सादे कलाकार और प्यारा सा घर... यह सब अब दुर्लभ हो चला है। धुन तो प्यारी है ही पर रचना भी उतनी ही प्यारी है।

> कहेगी माँ दुल्हन ला बेटा घर सूना सूना है
> मन में झूम कहूँगा मैं, माँ इतनी जल्दी क्या है?
> गली गली में तेरे राजदुलारे की चर्चा है
> आख़िर कोई तो आएगा इन नैनों के दाँव में

कम से कम शब्दों में कितना कुछ कह दिया गया है। *पाँव में, छाँव में, गाँव में* आदि हिंदी बोलचाल के शब्द कितने मीठे लगते हैं।

सलिल दा के गीतों की मधुरता ही तो सब कुछ है। तलत महमूद की आवाज़ में *'आँखों में मस्ती शराब की'* गीत भी बेहद मीठा, कर्णमधुर है।

तलत साहब की आवाज़ में खुशी, उल्लास से भरे गीत इने-गिने हैं। उन्हीं में से यह गीत बहुत प्यारा है। 'टूटके' पर तलत छोटा सा विराम लेते हैं जो बहुत कुछ कह जाता है। गीत के मुखड़े के बाद भी एक विराम है और फिर बाँसुरी वादन का एक 'पीस' है जैसे सचमुच गुलाब की पंखुड़ी अंजुलि में आ गिरे और गुलाब की

पंखुड़ी से कोमल जलतरंग उसका साथ देता है। 'सोचता हूँ इस शौक को मैं क्या कहूँ' पंक्ति को तलत साहब ख़ास सलिल दा की स्टाइल से नीचे ले आते हैं। सप्तक का अंतर निमिष में पार करना सलिल दा की ख़ासियत रही है।

सलिल दा ने केवल हिंदी और बांग्ला के ही नहीं, मलयालम, गुजराती और तेलुगु आदि अनेक भाषा के गीतों को संगीतबद्ध किया।

उनके कार्यकाल की अंतिम कुछ फ़िल्में हैं 'कुहासा', 'तृषाग्नि', 'स्वामी विवेकानंद' और 'अग्नि परीक्षा'। 'आज कोई नहीं अपना' गीत उस समय भी ख़ास था। फ़िल्म 'तृषाग्नि' का रहस्यमय गीत 'ऐसा लगे कहीं दूर से' बेचैन कर देता है। एक बहुत ही प्यारा गीत 'नी सा ग म ध नी सारेगा आ आ रे मितवा' जो फ़िल्म 'आनंद महल' से है, परंतु फ़िल्म प्रदर्शित नहीं हो सकी।

कुछ बांग्ला गीत इतने मीठे हैं कि उन्हे अवश्य सुना जाना चाहिए। 'प म ग रे सा ओ झर झर झरना' इस गीत के साथ हम झरने की तरह बहते चले जाते हैं। सलिल दा के अनेक हिंदी गीतों का आधार बांग्ला गीत हैं। पर मूल बांग्ला गीतों को सुनने का मज़ा कुछ और है। एक बांग्ला गीत 'ना जोदि बारोण कोरो' को उसकी सांगीतिक विशेषता के लिए सुना जाना चाहिए भले ही अर्थ समझ में नहीं आए। बाँसुरी और लता जी के स्वर के चमत्कार का अनुभव करना है तो 'पापी पपीहा पियु पियु गा ना शोना' गीत अवश्य सुनें। यह गीत लय और स्वर लहरियों से झिलमिलाता सा लगता है।

आख़िर सलिल दा का संगीत क्या है? वे हमारे हाथ ऐसी दुनिया छोड़ गए हैं जो हमारे लिए दुर्लभ है। सलिल दा हमारे हाथ आया ऐसा रत्न हैं जिसकी बदौलत हम सुरीले गीत गुनगुना सकते हैं। उनकी हर धुन हमें विस्मय से भर देती है। अंत तक संगीत के नए नए प्रयोगों में कार्यरत यह ज्ञानी संगीतकार 5 सितंबर 1995 के दिन अज्ञात राह पर चल दिया। हमें उनकी रचनाओं को सुनना, समझना और उनसे सीखना है, आनंदित होना है। सलिल दा ख़ुद ही संगीत का 'घराना' थे। गीतकार योगेश ने ये पंक्तियाँ शायद सलिल दा के लिए ही रची थीं...

तो भी देखो मन नहीं जागे
पीछे पीछे सपनों के भागे
एक दिन सपनों का राही
चला जाए सपनों के आगे कहाँ...

आप हमारे लिए कितनी पहेलियाँ छोड़ गए सलिल दा...

♪

अध्याय में उल्लेखित गीतों की जानकारी

गीत / फ़िल्म का नाम / गायक-गायिका / गीतकार / वर्ष

निस दिन निस दिन / अन्नदाता / लता मंगेशकर / योगेश / 1972

मद भरी ये हवाएँ / अनोखा दान / लता मंगेशकर / गुलज़ार / 1972

रजनीगंधा फूल तुम्हारे / रजनीगंधा / लता मंगेशकर / योगेश / 1974

ना जाने क्यों / छोटी सी बात / लता मंगेशकर / योगेश / 1975

चाँद रात तुम हो साथ / हाफ़ टिकट / लता मंगेशकर, किशोर कुमार / शैलेंद्र / 1962

आहा रे मगन / हनीमून / लता मंगेशकर / शैलेंद्र / 1960

अब और ना कुछ भी / प्रेमपत्र / लता मंगेशकर / राजेंद्र कृष्ण / 1962

ये मेरे अंधेरे उजाले / प्रेमपत्रलता मंगेशकर, तलत महमूद / राजेंद्र कृष्ण / 1962

धरती कहे पुकार के / दो बीघा ज़मीन / मन्ना डे / शैलेंद्र / 1953

ख़ुश हो रहे थे पहले / प्रेमपत्र / लता मंगेशकर / राजेंद्र कृष्ण / 1962

आ जा रे परदेसी / मधुमती / लता मंगेशकर / शैलेंद्र / 1958

रिमझिम रिमझिम बदरवा बरसे / ताँगेवाली / लता मंगेशकर / प्रेम धवन / 1955

वो इक निगाह क्या मिली / हाफ़ टिकट / लता मंगेशकर, किशोर कुमार / शैलेंद्र / 1962

आजा री आ निंदिया / दो बीघा ज़मीन / लता मंगेशकर / शैलेंद्र / 1953

ए दिल कहाँ तेरी मंज़िल / माया / द्विजेन मुखर्जी / मजरूह सुलतानपुरी / 1961

ज़िंदगी ख़्वाब है / जागते रहो / मुकेश / शैलेंद्र / 1953

ये दिन क्या आए / छोटी सी बात / मुकेश / योगेश / 1975

कई बार यूँ भी देखा है / रजनीगंधा / मुकेश / योगेश / 1974

मैंने तेरे लिए ही / आनंद / मुकेश / योगेश / 1971

दिल तड़प तड़प के / मधुमती / लता मंगेशकर, मुकेश / शैलेंद्र / 1958

सुहाना सफ़र और ये / मधुमती / मुकेश / शैलेंद्र / 1958

ज़िंदगी कैसी ये पहेली / आनंद / मुकेश / योगेश / 1971

ओ दैया रे दैया / मधुमती / लता मंगेशकर, मन्ना डे / शैलेंद्र / 1958

हरियाला सावन / दो बीघा ज़मीन / मन्ना डे, लता मंगेशकर / शैलेंद्र / 1953

आके सीधी लगी दिल पे / हाफ़ टिकट / किशोर कुमार / शैलेंद्र / 1962

कोई होता जिसको अपना / मेरे अपने / किशोर कुमार / गुलज़ार / 1971

गुज़र जाए दिन दिन / अन्नदाता / किशोर कुमार / योगेश / 1972

मेरी वफ़ाएँ तुम्हारी ज़फाएँ / अमानत / आशा भोंसले / शैलेंद्र / 1955

बाग़ में कली खिली / चाँद और सूरज / आशा भोंसले / शैलेंद्र / 1965

आँखों में मस्ती शराब की / छाया / तलत महमूद / राजेंद्र कृष्ण / 1961

सावन की रातों में / प्रेम पत्र / लता मंगेशकर, तलत महमूद / राजेंद्र कृष्ण / 1962

आँसू समझ के क्यूँ मुझे / छाया / तलत महमूद / राजेंद्र कृष्ण / 1961

इतना ना मुझसे तू प्यार बढ़ा / छाया / तलत महमूद, लता मंगेशकर / राजेंद्र कृष्ण / 1961

आहा रिमझिम के ये / उसने कहा था / तलत महमूद, लता मंगेशकर / शैलेंद्र / 1960

रात ने क्या क्या ख़्वाब / एक गाँव की कहानी / तलत महमूद / शैलेंद्र / 1957

टूटे हुए ख़्वाबों ने / मधुमती / मोहम्मद रफ़ी / शैलेंद्र / 1958

कहीं दूर जब दिन ढल जाए / आनंद / मुकेश / योगेश / 1971

मिला है किसी का झुमका / परख / लता मंगेशकर / शैलेंद्र / 1960

ये बंसी क्यूँ गाए / परख / लता मंगेशकर / शैलेंद्र / 1960

तसवीर तेरी दिल में / माया / लता मंगेशकर, मोहम्मद रफ़ी / मजरूह सुलतानपुरी / 1961

जागो मोहन प्यारे / जागते रहो / लता मंगेशकर / शैलेंद्र / 1956

धितन धितन बोले / आवाज़ / लता मंगेशकर / प्रेम धवन / 1956

हाय झिलमिल झिलमिल / लाल बत्ती / लता मंगेशकर / मजरूह सुलतानपुरी / 1957

जुल्मी संग आँख लड़ी / मधुमती / लता मंगेशकर / शैलेंद्र / 1958

जा रे जा रे उड़ जा रे / माया / लता मंगेशकर / मजरूह सुलतानपुरी / 1961

जा तो से नहीं बोलूँ / परिवार / लता मंगेशकर, मन्ना डे / शैलेंद्र / 1956

छम छम नाचत आई बहार / छाया / लता मंगेशकर / राजेंद्र कृष्ण / 1961

ना, जिया लागे ना / आनंद / लता मंगेशकर / गुलज़ार / 1971

क्या हवा चली / परख़ / मन्ना डे / शैलेंद्र / 1960

मैं लुट गई दुनियावालों / ताँगेवाली / लता मंगेशकर / प्रेम धवन / 1955

देखो मेरा ताँगा निराला / ताँगेवाली / मोहम्मद रफ़ी / प्रेम धवन / 1955

ठंडी ठंडी सावन की फुहार / जागते रहो / आशा भोंसले / शैलेंद्र / 1956

माँझी रे ए माँझी रे / बांग्ला-एलबम / श्यामल मित्र रातभोर / सलिल चौधरी / 1956

छोटा सा घर होगा / नौकरी / हेमंत कुमार, किशोर कुमार, शैला बेल / शैलेंद्र 1954

अजब तोरी दुनिया / दो बीघा ज़मीन / मोहम्मद रफ़ी / शैलेंद्र / 1953

दिन होली का आ गया / एक गाँव की कहानी / लता मंगेशकर, मन्ना डे / शैलेंद्र / 1957

गंगा आए कहाँ से / काबुलीवाला / हेमंत कुमार / गुलज़ार / 1961

बाबा तेरी सोनचिरैया / आवाज़ / लता मंगेशकर / शैलेंद्र / 1956

ओ सजना बरखा बहार आई / परख़ / लता मंगेशकर / शैलेंद्र / 1960

सपनों में मेरे कोई आए जाए / पूनम की रात / उषा मंगेशकर, लता मंगेशकर, मुकेश / शैलेंद्र / 1965

मेरे ख़्वाबों में ख़यालों में / हनीमून / मुकेश / शैलेंद्र / 1960

मेरे मन के दिये / परख़ / लता मंगेशकर / शैलेंद्र / 1960

मचलती आरज़ू, खड़ी बाँहें पसारे / उसने कहाँ था / लता मंगेशकर / शैलेंद्र / 1960

नाम मेरा निम्मो मुकाम / सपने सुहाने / लता मंगेशकर, द्विजेन मुखर्जी, मन्ना डे / शैलेंद्र / 1961

ए मेरे प्यारे वतन / काबुलीवाला / मन्ना डे / प्रेम धवन / 1961

तेरा जलवा जिसने देखा

प्रतिभा की नाप-जोख करना आसान नहीं होता। बेहतरीन धुन बनाना और उसे समुचित वाद्यवृंद से सजाना भी प्रतिभा का एक रूप माना जा सकता है, परंतु उसके भी कई आयाम हैं। हिंदी फ़िल्म संगीत एक ऐसी विधा है जिसमें बहुत कुछ समाहित किया जा सकता है। शास्त्रीय संगीत, लोक संगीत और दुनिया के हर कोने का संगीत फ़िल्म संगीत में समा सकता है। संगीतकार देश के कोने-कोने से आए और साथ में लाए उनके प्रदेश के संगीत का रंग, ढंग, शैली यहाँ तक कि वाद्य यंत्र। परंतु एक संगीतकार जोड़ी ऐसी भी थी जिसकी ना कोई परंपरा या घराना था ना सांगीतिक पृष्ठभूमि थी। गीत को जो कुछ भी मधुरता प्रदान करे, सुंदरता दे, वह शैली, वह नुस्खा, वह ढंग, सभी कुछ आत्मसात करने में वे माहिर थे। वे लगातार धुनें बनाते रहे, बड़ी संख्या में धुनें बनाते रहे फिर भी, संगीत का स्तर बनाए रखने में सफल रहे। उनकी अपना एक घराना, एक शैली बनी जो अन्य कई संगीतकारों को प्रेरणा देती रही। इस संगीतकार जोड़ी के पास एक ऐसा 'पारस' था जिसे छूकर सामान्य कलाकार भी परदे पर असामान्य नज़र आने लगते थे। उनकी धुनों से लता जी की आवाज़ की असामान्य 'रेंज' मुखरित हुई, राज कपूर की निर्देशकीय प्रतिभा पर बहार आई। हिंदी फ़िल्म संगीत को उन्होंने एक नया आयाम, नया अर्थ दिया।

अपने संगीत से वे 'कला और व्यावसायिकता' दोनों का समन्वय साधने में सफल रहे। उन्हीं के संगीत के कारण संगीतकारों का ग्लैमर और स्टारडम से परिचय हुआ। इस संगीतकार जोड़ी का नाम है ...शंकर-जयकिशन...

केवल हिंदी फ़िल्म संगीत ही नहीं, संसार भर में कहीं भी फ़िल्म संगीत का इतिहास लिखा जाए, शंकर-जयकिशन का नाम भुलाया नहीं जा सकता। यह जोड़ी अपने कार्यकाल में ही किंवदंती बन गई थी। संगीत का ऐसा एक भी रंग, ढंग, विधा या भाव नहीं जिस पर इस जोड़ी ने काम नहीं किया हो।

शंकर-जयकिशन नाम का यह जादू है क्या? वे किसी ख़ास स्टाइल में बँधे हुए नहीं थे यही थी उनकी विशेषता... हम इस झंझट में ना पड़ें कि धुन शंकर ने बनाई है या जयकिशन ने। हमारे लिए मात्र 'एस.जे.' यह सूत्र ही काफ़ी है। 'एस. जे.' फ़िल्म संगीत का महत्त्वपूर्ण अध्याय है। मेलोडी, रिद्म, गीत के बोलों को लय में झूला झुलाना, सदा सुहागन रागिनी भैरवी को मनचाही धुन में बदलना, किसी वाद्य विशेष को प्रमुखता से बजाना और 'अयय्या सुकु सुकू' से लगाकर 'बड़ी देर भई नंदलाला' हर प्रकार की धुन बनाना शंकर-जयकिशन की विशेषता रही है। वे गीत के आरंभ, मध्य और अंत का बारीकी से ध्यान रखते थे। ताल को अलग-अलग वज़न की धुनों में बाँधने में वे माहिर थे। गीत के परदे पर प्रस्तुतीकरण के अनुसार वे धुन बनाया करते थे। इन सभी विशेषताओं को सम्मिलित रूप से शंकर-जयकिशन का नाम दिया जा सकता है।

किसी ख़ास तरह का संगीत प्रस्थापित करने में संगीतकार को जीवनकाल भी कम मालूम देता है, वहीं इस संगीतकार जोड़ी ने अनगिनत गीतों के माध्यम से अनेक तरह के संगीत को प्रस्थापित किया। 'जिया बेकरार है' या 'हवा में उड़ता जाए' जैसी हलकी-फुलकी धुनें हों, या भैरवी का प्रयोग हो, एकॉर्डियन का प्रयोग हो या 'मुड़ मुड़के ना देख' जैसा अलग ही गीत हो, शंकर-जयकिशन को हम एक ही ढाँचे में बंद करके उनकी प्रतिभा का अनुमान नहीं लगा सकते। बड़े वाद्यवृंद का उपयोग करके लता जी से ऊँचे स्वर में पश्चिमी संगीत पर आधारित गीतों के विषय में बात करें तो दूसरी तरफ़ उन्होंने फ़िल्म 'बसंत बहार' के गीत अलग ही तरीक़े से संगीतबद्ध किए हैं। वे दोनों ही तरह का संगीत देने में माहिर थे।

उनके गीतों का आधार एक ही हुआ करता था... पकड़। गीत सुनने वाले के मन को पकड़ ले, धुन ऐसी हो। गीत के आरंभ के संगीत से लगाकर गीत के अंत के कोडा म्यूज़िक तक श्रोता गीत की धुन के अलावा और कोई विचार मन में ला ही नहीं पाता। श्रोता गीत सुनते ही गुनगुनाना आरंभ कर देता है। रोमानियन, जिप्सी, रशियन और इतालवी संगीत से वे प्रेरणा लेते थे। हर प्रकार के संगीत का मानो एक विस्फोटक कैप्सूल सा बनकर श्रोताओं के सम्मुख आता। फिर उस धुन में आकर्षक

लय में बजती ढोलक भी हो सकती है, मस्तिष्क के तार झनझनाते वायलिन और गिटार भी हो सकते हैं। पियानो और एकॉर्डियन आपको झूम कर नाचने पर मजबूर कर देते हैं। कुछ ही पलों में आप इन सब से मंत्रमुग्ध हो जाते हैं।

जोड़ियाँ स्वर्ग में बनती हैं, ऐसा कहा जाता है। शंकर-जयकिशन के बारे में यह उक्ति सच जान पड़ती है। दोनों की पारिवारिक पृष्ठभूमि बिलकुल अलग थी। फिर भी दोनों एक नाटक कंपनी में मिले और हिंदी फ़िल्मों में बेहतरीन संगीतकार के रूप में प्रस्थापित हुए यह निश्चय ही विधि का विधान रहा होगा। शंकर रामसिंह सूर्यवंशी का जन्म 15 अक्टूबर सन् 1922 को मध्य प्रदेश में हुआ तो जयकिशन डाह्याभाई पांचाल नामक मस्तमौला का जन्म 4 नवंबर 1932 को गुजरात के बासंदा नामक ग्राम में हुआ। दोनों के बीच दस वर्ष का अंतर तो था ही, वैचारिक और भावनात्मक अंतर भी था। यह अंतर ही एक दूसरे के लिए पूरक सिद्ध हुआ। शंकर सत्यनारायण और हेमावती की नाटक कंपनी में तबलावादक के रूप में काम किया करते थे और साथ-साथ छोटी-मोटी भूमिकाएँ भी किया करते। तब उनकी मुलाक़ात काम की तलाश करते जयकिशन से हुई। वह एक शुभ घड़ी रही होगी, जब जयकिशन को वहाँ हार्मोनियम वादक के रूप में काम मिल गया। फिर दोनों मित्रों ने संगीतकार जोड़ी हुस्नलाल भगतराम के सहायक के रूप में काम करना आरंभ किया। हुस्नलाल भगतराम की शैली का प्रभाव *हवा में उड़ता जाए* और *जिया बेक़रार है* में झलकता है। पहली संगीतकार जोड़ी का इस दूसरी संगीतकार जोड़ी को गढ़ने में बड़ा हाथ है।

शंकर बेहतरीन तबला वादक थे तो जयकिशन हार्मोनियम और एकॉर्डियन बजाने में माहिर थे। दोनों ही के मन में शास्त्रीय संगीत के प्रति आदर भाव था। शंकर शिव भक्त थे और पहलवानी का शौक़ रखते थे। उनकी जीवनचर्या अनुशासनबद्ध हुआ करती थी, वहीं जयकिशन मनमौजी और अलमस्त स्वभाव के थे। वे मनमाने तरीक़े से जीवन जीते, शानो-शौक़त से रहना पसंद करते। उनकी कई महिलाओं से मित्रता थी और दोस्तों के गले का वे हार थे। उनके भिन्न-भिन्न स्वभावों का उनके संगीत पर भी प्रभाव पड़ा और संगीत में एकरसता नहीं आने पाई।

आर. के. बैनर की पहली फ़िल्म के संगीत निर्देशन की ज़िम्मेदारी राम गांगुली को सौंपी गई थी। तब शंकर-जयकिशन उनके साथ वादक के रूप में काम करते थे। अगली फ़िल्म 'बरसात' जब बनना तय हुआ तो राम गांगुली और राज कपूर में अनबन हो गई और इस जोड़ी को संगीत निर्देशन का अवसर मिल गया। समय के परदे पर 'बरसात' अमिट स्याही से लिखा गया। जी-जान से संगीत निर्देशन करना, बजाना और गाना कैसा होता है, यह इस जोड़ी ने सिद्ध कर दिया। सन् 1949 की बात है... फिर तो संगीत की लगातार रिमझिम बरसात होती ही रही।

शंकर-जयकिशन के गीतों में एक विशेष लय है, प्रवाह है। गीत की धुन में कहीं भी ढील नहीं आने पाती। यहाँ तक कि दुख भरा गीत भी लयबद्ध उतार-चढ़ावों के संतुलन से युक्त होता है। शायद शंकर का नृत्य ज्ञान इसका कारण हो। पियानो के कॉर्ड्स का भी इसमें महत्त्वपूर्ण योगदान है। दुख के भाव से युक्त गीतों की धुन भी एस.जे. मध्य या तेज़ लय में बाँध सकते थे जैसे *'आ जा के इंतज़ार में जाने को है बहार भी', 'राजा की आएगी बारात'* या *दिल का ना करना एतबार कोई'* जैसी फ़रियाद हो। *'ओ बसंती पवन पागल', 'दोस्त दोस्त ना रहा'* जैसे दुखभरे गीत सुनिए, वे रोतले या उबाऊ नहीं हैं। इन गीतों में एक 'प्रेस' है, आन-बान है। इसका कारण एस.जे. की लय की गहरी समझ थी। वाद्य निर्जीव है। पर वे ही वाद्य एस.जे. के साथ मानो जी उठते हैं। लाला सत्तार जैसे औलिया वादक और उन्हें संतुलित तरीक़े से निर्देशित करते जयकिशन ही इन वाद्यों में जीवन भर देते। वाद्य वही, पर एस.जे. की धुनों पर अलग ही स्वर में बजते मालूम पड़ते हैं। एस.जे. के संगीत में ठेका या ताल बहुत महत्त्वपूर्ण है। जब ढोलक का ठेका, गीत के शब्दों की

शंकर जयकिशन
सामान्य जन और संगीत के जानकार सभी को इन का संगीत लुभाता था।
प्रभावशाली और जबरदस्त ऑर्केस्ट्रेशन

लय और लता जी के आवाज़ की लय एकसाथ मिलकर गीत का रूप लेते हैं तब श्रोताओं के रोंगटे खड़े हो जाते हैं। गीत सुनकर इस स्थिति का आनंद उठाएँ कभी।

तालप्रधान गीत में गायक की गायकी के लिए या मेलोडी के लिए ज़्यादा गुंजाइश नहीं होती यह बात एस.जे. ने झूठ साबित की। उनकी कई धुनें ऐसी हैं कि कभी केवल ठेके का आनंद लेने के लिए तो कभी गायकी का आनंद लेने के लिए बार-बार सुनने को जी चाहता है और हम संगीतकार को दाद दिए बिना नहीं रहते। एस.जे. ने ऐसी कई धुनें बनाई हैं। ऐसे गीतों को सुनकर जो खुशी होती है उसकी क़ीमत नहीं लगाई जा सकती।

गीत *'मैं पिया तेरी तू माने या ना माने'* सुनिए। लेखक राजू भारतन ने कहा है कि इस गीत को दो गायिकाओं ने गाया है। एक लता जी और दूसरी पन्नालाल घोष बाबू की बाँसुरी... कृष्ण जी की बाँसुरी मानो इस बाँसुरी की सखी हो। *'मैं पिया'* इन शब्दों से ही स्वरों की कंपित लय स्पष्ट हो जाता है। वास्तव में सा रे ग ये तीन ही स्वर हैं पर हर स्वर को सारेनीसा, रेमसारे, आगे और पीछे के कण स्वरों से झुलाकर मधुर लय बन जाती है और साथ में है अलौकिक ठेका... *'दुनिया जाने'* के बाद *'काहे को सुनाए'* ऊँचे स्वरों में है पर ध कानों पर आघात नहीं करता। ध को छूकर लता जी फिर *'मीठी मीठी तानें'* गाकर फिर *'मैं पिया तेरी'* के उतार-चढ़ाव को गाने लगती हैं। वे साँस कब लेती हैं पता भी नहीं चलता। श्रोता उलझन में पड़ जाते हैं कि ढोलक के ठेके का आनंद लें या गायकी का... या गीत के शब्दों के भावों का... तभी बाँसुरी ग से अचानक नीचे आने लगती है, उसे सुनकर दिल बाग-बाग हो जाता है। *'नैन मिले चैन कहाँ'* गीत में एक मात्रा में दो शब्द हैं, पर अचानक *'ये क्या किया सैयाँ साँवरे'* में एक सुरीला परिवर्तन है। *'ये क्या किया'* में लता जी आसपास की श्रुतियों को भी शामिल कर लेती हैं। आगे *'नटखट नैना'* के बाद *'हरदम चाहें'* में एक मात्रा छोड़ के *'हरदम'* शब्द का उच्चारण करती हैं। *'दिल है वहीं'* में अनुस्वार का उच्चारण कितना सही है।

'दिल का ना करना एतबार कोई, भूले से भी नहीं करना प्यार कोई' वैसे देखा जाए तो सीधा-सपाट सारेगरेसा नीधसा, कथन सा लगता है, उतार-चढ़ाव नहीं हैं पर अगले *'दिल का ना करना एतबार कोई'* पर सुरीली तान है, स्वरों के आंदोलन हैं उनका वर्णन नहीं किया जा सकता। साथ ही ढोलक का ठेका और वायलिन का *'फ़िलर'* है जो लता जी और रफ़ी साहब की पंक्तियों का दोहराव है, काग़ज़ पर स्वरावलि लिख कर वादक को देने मात्र से यह प्रभाव तब तक नहीं आ सकता जब तक वादक जी जान से इसे नहीं बजाए।

ऐसे ही आंदोलित स्वर गीत *'तेरा जाना'* में हैं ख़ास कर *'कोई देखे'* में। आँखों में आँसू लिए गाया गया यह गीत है पर लय तेज़ है। परंतु ढोलक की लय कहीं

भी गीत के भाव को हानि नहीं पहुँचाती बल्कि उसे और भी उत्कट बना देती है, क्योंकि साथ है ज़बरदस्त मेलोडी... 'तेरा जाना' मात्र चार ही अक्षर हैं। सा ग म प इन चारों स्वरों को श्रुतियों से आपस में नहीं जोड़ा जाता तो हृदय का दुख व्यक्त ही नहीं हो पाता। फिर वे स्वर भी लता जी एक समान नहीं गातीं, फ़ेड इन फ़ेड आउट तरीक़े से गाती हैं। ऐसा ही स्वरों का आंदोलन गीत 'ओ बसंती पवन पागल' में भी देखा जा सकता है। 'रोको कोई...' को विलंबित तरीक़े से जिस तरह लता जी ने खींचा है, हमें विस्मित कर देता है।

फ़िल्म 'पतिता' का गीत 'किसी ने अपना बनाके मुझको मुस्कराना सिखा दिया' तेज़ लय का गीत है। इस तेज़ लय में बोल सुरीले ढंग से गूँथना बहुत मुश्किल होता है। अगर गीत सामान्य गति का होता तो कैसा लगता? इस गीत की दो पंक्तियाँ एस.जे. और लता जी ने ऐसे कुछ जोड़ीं कि मधुरता की सीमा पार हो गई। पहली पंक्ति का बोल 'दिया' ऊँचे स्वर में हैं और उसी के साथ 'अंधेरे घर में' उतनी ही मधुरता से एक साँस में गाना आसान नहीं था। अगली पंक्ति 'नज़र ने परदा गिरा दिया' तो किसी फिरकनी की तरह गोल-गोल घूम कर नीचे आती है। 'सुनी थी लेकिन कहानियाँ' में 'सुनी' महीन सी मींड है और लेकिन में मुरकी है। पर लता जी ये सब परिवर्तन इतनी आसानी से कर लेती हैं कि हम जान भी नहीं पाते। फ़िल्म सीमा का गीत 'बात बात में रूठो ना' गाना आसान नहीं है, क्योंकि एक तो लय बहुत तेज़ है, दूसरे ढोलक की तेज़ लय के साथ 'लाज की लाली आग बनी है' में बनी है की तान तेज़ लय की ढोलक के साथ लेना कठिन है। 'तुम जो हँसो तो हँस देगी दुनिया' पंक्ति पर ग़ौर कीजिए। बोलों के हिसाब से ढोलक कैसे बजाई जाती है, आप जान जाएँगे।

शंकर-जयकिशन के संगीत के लिए लता जी का स्वर बहुत महत्त्वपूर्ण रहा है। फ़िल्म 'बरसात' से लेकर ही इस स्वर ने 'जिया बेक़रार है' और 'हवा में उड़ता जाए' से एक नया इतिहास रचा बल्कि एक नया अध्याय आरंभ किया। लता जी के व्यक्तिगत कार्यकाल में भी इन गीतों का महत्त्व है। 'जिया बेक़रार है' में है पर जो मुरकी है वह दिल लुभा लेती है। 'आ जा' का उच्चारण और 'हवा में उड़ता जाए' में 'जाए' जिस नज़ाकत से गाया गया है, बेमिसाल है। अब तक की गायिकाओं के स्वर कुछ भारी से रहे थे पर लता जी की महीन और नाज़ुक आवाज़ की कारीगरी श्रोताओं के लिए नई थी। गीत 'बरसात में हम से मिले तुम सजन तुम से मिले हम' में 'हम' के उच्चारण की गूँज ओंकार ध्वनि से मिलती-जुलती है। हालाँकि तब उनकी गायकी पर नूरजहाँ का हलका सा प्रभाव मालूम पड़ता है, परंतु साँस का दम, गायकी और भाव प्रदर्शन में लता जी बहुत आगे थीं। हवा, जाए, लहराए आदि बोलों के उच्चारण कितने प्रभावपूर्ण हैं... गीत 'बरसात में' की आख़िरी तान में लता जी की आवाज़ की फिरत, ताक़त और भावों उत्कट प्रदर्शन दिल हिला देता

है। गीत की भी एक चरम स्थिति होती है और इस चरम स्थिति के कारण परदे पर जो दृश्य होता है वह बेहद प्रभावशाली हो जाता है, यह तथ्य इस आलाप से सिद्ध हो जाता है। 'मिल ना सके हाय मिल ना सके हम' में लता जी का तीव्र स्वर और खर्ज के समूह स्वर का विरोधाभास कलेजा चूर-चूर कर देता है। तभी श्रोता जान गए थे कि शंकर-जयकिशन क्या चीज़ हैं। उन दिनों फ़िल्म 'अंदाज़' में नौशाद का संगीत धूम मचा रहा था पर शंकर-जयकिशन का संगीत एक अलग ही असर छोड़ रहा था। फिर तो 'आवारा', 'आह', 'दाग़', 'पूनम' और 'शिकवा' में यही ताज़गी भरा संगीत फिर श्रोताओं के सम्मुख था। यह संगीतकार जोड़ी अब तक जान गई थी कि लता जी की आवाज़ के सहारे से वे अद्भुत रचनाओं का सृजन कर सकेंगे और तब अनेक सुनहरे गीतों का जन्म हुआ। 'मिट्टी से खेलते हो बार-बार किसलिए, टूटे हुए खिलौने से प्यार किसलिए?' यह दिल हिला देने वाला सवाल लता जी की आवाज़ ही पूछ सकती है। 'मेरी उम्मीद का जहाँ उजाड़ने से क्या मिला' और 'आई थी दो दिनों की ये बहार किस लिए' ये फ़रियाद और सवाल लता जी की आवाज़ में कलेजा हिला देते हैं।

लता जी के साथ

संगीतकार और गायक दोनों के तालमेल से गीत में निखार आ जाता

गीत *'मिट्टी से खेलते हो'* छोटे-छोटे विराम, निश्वास और हिचकियों की हलकी आवाज़ें आदि सब इस जोड़ी ने लता जी पर छोड़ दिया था और लता जी ने अवसर का सही उपयोग करके गीत को अमर बना दिया। *'टूटे हुए खिलौनों से प्या...र किस लिए'* में प्या...र शब्द का उच्चारण कितना ख़ास है... और खेलते शब्द पर हलका सा विराम है जो गीत को बहुत प्रभावशाली बना गया है। जब लता जी *'ए मेरे दिल कहीं और चल'* गाती हैं तो *'औ...र'* को कुछ लंबा खींचती हैं जिससे दूरी का अहसास होता है। गीत *'सुनते थे नाम हम'* का *'हम'* और *'बरसात'* में गीत का *'हम दोनों'* में *'हम'* का उच्चारण अलग-अलग है। *'सुनते थे नाम हम'* का हम कितना उल्लसित, उत्साहपूर्ण है। हम पर खींची गई मींड से पिया मिलन की आशा झलकती है। गीत *'राजा की आएगी बारात'* में *'आएगी'* को जिस तरह आंदोलित किया गया है, लगता है रुलाई को किसी तरह रोका गया है। गीत *'रसिक बलमा...'* की करुण पुकार... राग शुद्ध कल्याण का धैवत, ऊपरी श्रुति, सा को छू के वापस धैवत पर ठहरना... बलमा पत्थर दिल ना हो तो ज़रूर ही रुक जाएगा पुकार सुनकर... शुद्ध कल्याण के ध का ऐसा प्रयोग... और हाए पर सा, विरह भाव को पूर्णता से प्रकट करते हैं। *'दिल क्यूँ लगाया'* में सूक्ष्म सी हरक़त है फिर खरज के ध पर विराम है। *'नेहा लगा के हारी'* के बाद आलाप के लिए जगह है, आलाप मात्र शास्त्रीय आलाप नहीं विरह रस में डूबकर गाया गया है जो आसान काम नहीं है। आलाप गीत के बोलों से अलग नहीं लगता बल्कि विरह वेदना को शिद्दत से व्यक्त करता है। गीत के अंत में *'रसिक बलमा'* की पुकार ऊपरी सप्तक के रिषभ तक जाकर भावाभिव्यक्ति की चरम सीमा को छूती है। कैसे इस धुन को बनाया होगा और कैसे लता जी ने गाया होगा। गीत नहीं खरा सोना है... गीत *'मोरा नादान बालमा ना जाने जी की बात'* में तो जैसे लता जी और ढोलक का आपस में संवाद होता है। *'ना जाने जी की बात'* में क़रीम साहब की प्रसिद्ध लग्गी है। उसी से जुड़ा लता जी का स्वर है *'हो मोरा।'* यह गीत स्वर लय और बोलों का चमत्कार है।

फ़िल्म 'जिस देश में गंगा बहती है' के बहुचर्चित गीत *'आ अब लौट चलें'* में लता जी के आलाप और स्वर ने हिमालय की ऊँचाइयाँ छू लीं। 'आ जा रे...' की पुकार किसी तलवार की तरह आरपार हो जाती है। जब जी जान से पुकारा जाता है तो हृदय की पुकार ऐसी ही होती है। ऐसी आर्त पुकार के लिए स्वरों और बोलों की सीमा नहीं होती। एस.जे. की यही ख़ासियत रही है कि आलाप गीत के बोलों में पूरी तरह घुल मिल जाते हैं। गीत *'जा जा रे जा बालमवा'* में भी तान का कब अंत होता है और कब मोती की तरह आभायुक्त बोल आरंभ हृदय में घाव कर जाते हैं पता ही नहीं चलता। वाद्यवृंद और समूह स्वरों के बीच यह आलाप गायिका और संगीतकार दोनों की सृजनशीलता दर्शाता है। मन में जब एवरेस्ट पर चढ़ने की तीव्र इच्छा हो, तभी वह ऊँचाई नापी जा सकती है। उसी तरह संगीतकार की कल्पना

की उड़ान ऊँची हो तभी ऐसी संगीतिक उपलब्धियाँ प्राप्त की जा सकती हैं।

फ़िल्म 'दिल एक मंदिर' का गीत 'रुक जा रात ठहर जा रे चंदा' में रुक शब्द का दृढ़तापूर्वक किया गया उच्चारण, 'ठहर जा' पर लिया गया अल्प विराम, ताल भी तब आरंभ नहीं होता। 'बीते ना मिलन की बेला' के बाद ताल आरंभ होता है। अस्फुट से स्वर में ये बोल गाये गए हैं। 'जीवन सीमा के आगे भी, आऊँगी मैं संग तुम्हारे' बोलों से एक आस्था व्यक्त होती है। इन बोलों के बाद शहनाई का स्वर तो आँखें नम कर देता है। यहाँ शहनाई में मंगल ध्वनि नहीं विरह का विलाप है। यह गीत मिश्र भावों की अभिव्यक्ति है। विवाह बंधन टूटने की आशंका है, मृत्यु की तलवार सी टँगी है... एक नारी के मन के भावों की अभिव्यक्ति एक गीत के द्वारा व्यक्त करना संगीतकार और गायिका दोनों की प्रतिभा की परीक्षा है। अंत में जब 'रुक जा' दोहराया जाता है तो मन द्रवित हो जाता है। इस गीत का अनुभव करके देखिए।

फ़िल्म 'आरज़ू' का गीत 'बेदर्दी बालमा तुझको मेरा मन याद करता है' में 'बेदर्दी' शब्द के उच्चारण का सटीक समय और श्रुति बार-बार सुनने के बाद भी समझ में नहीं आती। सा से सीधे ध पर जाना, बे शब्द हलका सा पीछे रखकर 'दर्दी' को मुखरित करना... इसी से विरह का भाव पूरी तरह व्यक्त होता है। 'बरसता है जो आँखों से' में अभिनेत्री साधना की आँसू भरी आँखें और दुख व्यक्त करते सामूहिक वायलिन ने क्या समा बाँधा है... 'तुझे इस झील का ख़ामोश दर्पन...' जैसे शांत नदी का बहाव हो... और फिर उसके बाद फिर 'बेदर्दी' का उच्चारण... यह एक सुंदर दादरा है... गीत का समाँ बँधे तो ऐसा बँधे...

लता जी की आवाज़ की ऊँचे स्वरों में सफलता पूर्वक गाने की क्षमता का उपयोग इस संगीतकार जोड़ी ने अनेक बार किया है। फ़िल्म 'आरज़ू' के गीत 'अजी रूठ कर अब कहाँ जाइएगा' का अंतरा 'अजी लाख परदों में छुप जाइएगा' अति तार स्वर में है। गीत 'दिल तेरा दीवाना है सनम' गीत हो या 'याल्ला याल्ला दिल ले गई' गीत हो, इनको लता जी ने अति तार स्वर में गाया है जिसे संगीत के जानकारों ने नापसंद किया है। जानकारों की दृष्टि में इस जोड़ी ने लता जी को चीख़ने पर मजबूर किया। परंतु एस.जे. के संगीत की शैली एक ख़ास तीव्र रेंज और पेस लिए है जो नीचे स्वरों में मन को नहीं भाती। लता जी की साँस के दम की क्षमता परख़ने वाले अनेक गीत इस जोड़ी ने दिए। ये गीत सुनकर श्रोताओं की साँस फूल जाती है पर लता बड़े आराम से गाती हैं। उदाहरण के लिए 'मेरे सपने में आना रे' और 'उनसे प्यार हो गया' अंतरे के अंत में 'आग बुझाई मैंने आग लगा के, उनसे प्यार हो गया' ये दोनों पंक्तियाँ लता जी एक साँस में गा लेती हैं। इसी तरह 'जान के मैं चुप रहूँगी नींद के बहाने, मुझे छेड़ के जगाना रे' इस लंबी पंक्ति में लता जी साँस

तक नहीं लेती और आराम से गाती जाती हैं। और कोई गायिका होती तो 'नींद के बहाने' के बाद विराम लेती पर लता जी तो लता जी हैं... लाजवाब...

शंकर-जयकिशन ने लता जी की आवाज़ की मधुरता और टोन का परदे पर अभिनय करती नायिका की सुंदरता का मेल करके धुनें बनाईं। मधुबाला की सुंदरता और लता मंगेशकर के आवाज़ की मधुरता के मेल से 'मेरे सपने में आना रे' जैसे मधु से भी मधुर गीत का सृजन होता है। इस गीत के लिए मधुबाला के अलावा अन्य किसी नायिका की कल्पना भी नहीं की जा सकती। फ़िल्म 'नई दिल्ली' के गीत 'तुम संग प्रीत लगाई रसिया' में वैजयंती माला का भावाभिनय और चकरघिन्नी की सी फुर्ती से नाचते क़दमों पर नज़र नहीं ठहरती। उनका नृत्य देखें या 'बारा बरसी खटन गया सी' में लता जी की मधुर दिव्य आवाज़ सुनें इस ऊहापोह में दर्शक फँस जाता है। 'तुझे मैं जान गई पर तू ना मुझे पहचाना' के बाद जो शोर-शराबा है, पूरा गीत ही अद्भुत है। वैजयंतीमाला के लिए श्रृंगार रस से परिपूर्ण गीत की धुन बनाने के लिए इस संगीतकार जोड़ी ने ख़ास धुन की योजना की। फ़िल्म 'आम्रपाली' के 'कसक ये दिन रात की' और 'तुम्हें याद करते करते' गीत अलग ही हैं।

'कसक ये दिन रात की, तड़प ये बिन बात की, भला ये रोग है कैसा, सजन अब तो बता दो' ये पंक्तियाँ नीचे के सुर में हैं। जैसे जैसे तड़प बढ़ती जाती है वैसे-वैसे गीत में ऊँचे स्वर लगते जाते हैं। 'सजन अब तो बता दो' को अस्फुट से स्वर में गाया गया है तो उत्कट भाव सहजता से खिलते जाते हैं।

> तुम्हें याद करते करते, जाएगी रैन सारी
> तुम ले गए हो अपने, संग नींद भी हमारी

इस गीत को लता जी ने बहुत सुकुमार आवाज़ में गाया है। 'तुम ले... गए... हो...' के उतार-चढ़ाव अति सुंदर हैं और नीं...द का उच्चारण भी बड़ा प्यारा है। शंकर-जयकिशन जी का बनाया श्रृंगार रस से परिपूर्ण गीत भी किस क़दर उत्कट फिर भी संयमित हो सकता है ये दो गीत इस बात के उदाहरण हैं।

फ़िल्म 'सीमा' का गीत 'मनमोहना बड़े झूठे' गीत जयजयवंती राग पर आधारित है। लताजी का मधुर स्वर और नूतन जी का लाजवाब अभिनय... राग स्वयं इस गीत के कारण धन्य है। कहानी की नायिका गौरी जो क्रोध में उत्पात मचाती है, शांत हो जाने पर सुंदर षडज लगाकर गीत आरंभ करती है तो वातावरण ही बदल जाता है। केवल राग जयजयवंती में प्रयुक्त रिषभ से आता मंद्र पंचम, उस पंचम में हम घुल से जाते हैं। एकताल में निबद्ध गीत में मात्र दो अंतरे हैं। अनाड़ी खिलाड़ी से रार-तकरार करते जब गीत द्रुत लय पर आता है तो तानों की लड़ियाँ सी खुलने लगती हैं। परदे पर नूतन ने तानें लेते समय जो स्वाभाविक अभिनय किया

है, देखते ही बनता है। अभिनय और गायन ने जयजयवंती राग को खरा सोना बना दिया है।

'इतने बड़े जहाँ में ए दिल, तुझको अकेला छोड़ूँ कैसे' गीत का कोई मीटर नहीं है, छंद नहीं है। शायद गीतकार शैलेंद्र ने धुन के हिसाब से बोल लिखे होंगे। सामान्य संगीतकार नहीं कर पाएँ ऐसे कुछ चमत्कारों से यह गीत सजा है। 'तुझको' के बाद आने वाला हर शब्द तीन तीन मात्रा का है। कैसे यह विचार संगीतकार के दिमाग़ में आया होगा? लता जी भी इन तीन अक्षरों को बड़े स्टाइल से गातीं हैं... जैसे मन की कोई बात बता रहीं हों वह भी सधे स्वरों में... इस गीत में समूह स्वर हुंकार के रूप में है जो कम ही सुनने में आता है। गीत का इंट्रोडक्शन पीस तो ख़ास है ही, वायलिन गीत को तेज़ गति प्रदान करते हैं। 'तुझको' के बाद एक ख़ास वाद्य चोंडके गीत को खिला देता है।

ऊँचे स्वरों में बँधे अंतरे और मुखड़े एस.जे. की ख़ासियत रही है परंतु उन्होंने अनेक धुनें नीचे के स्वरों में भी बनाई हैं। इन गीतों की सुंदरता निखारने के लिए उनके पास मुकेश का स्वर था। 'रात अंधेरी दूर सवेरा, बरबाद है दिल मेरा' गीत देखिए। फ़िल्म यहूदी के गीत 'ये मेरा दीवानापन है या मुहब्बत का सुरूर' की गंभीरता मुकेश के खर्ज के कारण परिलक्षित होती है। 'ऐसे वीराने में एकदिन घुट के मर जाएँगे हम' पंक्ति तो कलेजा हिला देती है। मैं दूर निकल जाऊँगा और वापस नहीं आऊँगा यह भाव इतनी पुरदर्द आवाज़ में मुकेश के अलावा और कौन व्यक्त कर सकता था? 'दिल से तुझको बेदिली है, मुझको है दिल का गुरूर' इन्हीं आरंभिक पंक्तियों से गीत श्रोताओं को जीत लेता है। मैं दिल की बात पर ग़ौर करता हूँ और मुझे मेरे भावनात्मक अस्तित्व का गुरूर है। तुम तो दिल की बात नहीं सुनती। 'तू ये माने के ना माने लोग मानेंगे ज़रूर' में जब मुकेश की आवाज़ खर्ज तक पहुँचती है तो श्रोता हिल जाते हैं। 'हम तुझसे मुहब्बत करके सनम, रोते भी रहे हँसते भी रहे' गीत में 'रोते' शब्द पर खर्ज धैवत लाजवाब है। मुकेश तो राज कपूर की आवाज़ कहलाते थे। 'चोरी चोरी' जैसी कुछ फ़िल्में अपवाद हैं पर आम तौर पर मुकेश ही राज कपूर की आवाज़ बने हैं। शंकर-जयकिशन ने मुकेश की आवाज़ में छिपी मासूमियत को पहचान लिया था। तभी तो 'सच है दुनिया वालों के हम हैं अनाड़ी' गाते राज कपूर बनावटी नहीं, असली लगते हैं। 'तीसरी क़सम' के गीत में 'चिठिया... हो तो हर कोई बाँचे' गाते मुकेश भावविह्वल होकर गाते हैं। 'मुझे तुमसे कुछ भी ना चाहिए, मुझे मेरे हाल पे छोड़ दो' गीत का दर्द मुकेश और सरोद के स्वर संवाद से सजीव हो उठता है। एस.जे. को स्वरों के चुनाव का सही ज्ञान था। 'ए मेरे दिल कहीं और चल' गीत के लिए उन्हें महमूद की ही दरकार थी। बेचैनी और उद्वेग तलत साहब की आवाज़ में प्रभावशाली तरीक़े से व्यक्त हो सका है। 'अंधे जहाँ के अंधे रास्ते, जाएँ तो जाएँ कहाँ, दुनिया तो दुनिया, तू भी पराया, हम

यहाँ ना वहाँ' यह विदारक सत्य, दाहक व्यथा कवि शैलेंद्र गीत के द्वारा व्यक्त करते हैं। प्रेम, वात्सल्य सब अपनी जगह सही हैं पर सभी रिश्ते-नाते अंधेरे में लगाई गई छलाँग हैं। अविश्वसनीय हैं। दुनिया के रास्तों को अंधा कहने की सच्चाई शैलेंद्र की विशेषता रही है। 'जलते रहे हैं, जलते रहेंगे, ये ज़मीं आसमाँ' यह व्यथा वही कवि व्यक्त करने की क्षमता रखता है जिसने यह सब झेला हो। यह भाव और तलत की बेचैन कर देने वाली आवाज़ गीत को सच्चाई के क़रीब ले जाती है और यह कटु सत्य हृदय को विदीर्ण कर देता है।

एस.जे. के अधिकतर गीतों को मुख्यतः लता जी ने गाया है परंतु आशा जी, मुबारक बेग़म और सुमन कल्याणपूर की आवाज़ में भी बहुत से मधुर गीतों ने जन्म लिया है। 'मोरे अंग लग जा बालमा' जैसा कामभावना से युक्त गीत केवल आशा जी की ही आवाज़ में सही लगता है। गीत इस तरह गाया गया है कि केवल गीत सुनकर ही अभिनेत्री परदे पर आसानी से अभिनय कर सकती है। 'पान खाए सैयाँ हमार' में कितने खटके और पेंच हैं? यह गीत आशा जी कितनी सहजता से गाती हैं। 'मुझको अपने गले लगा लो ए मेरे हमराही' में मुबारक़ बेग़म की अलग सी टोन कितनी भली लगी... गायिका शारदा की आवाज़ विवाद का विषय रही है पर एस.जे. की मधुर धुनों की वजह से उनकी आवाज़ भी चल गई। कुछ समय के लिए लता जी ने मोहम्मद रफ़ी साहब के साथ गाना बंद कर दिया था। तब सुमन कल्याणपूरकर और रफ़ी साहब के गाए युगल गीत 'तुमने पुकारा' और 'अजहुँ ना आए बालमा' सुमन जी के कार्यकाल में मील के पत्थर साबित हुए। सुमन जी की नाज़ुक आवाज़ में 'जूही की कली मेरी लाड़ली' बहुत ही मधुर बन पड़ा है। 'दिल एक मंदिर है, प्यार की जिसमें होती है पूजा वो प्रीतम का घर है' गीत में तो सुमन कल्याणपूर की आवाज़ चरम उत्कर्ष पर पहुँच गई।

किशोर कुमार से एस.जे. ने नखरे वाली जैसे ख़ास शैली के गीत गवाए। पर 'ज़िंदगी एक सफ़र है सुहाना' ने किशोर कुमार को शिखर पर पहुँचा दिया।

मन्ना दा की गायकी और आवाज़ पर एस.जे. को गहरा विश्वास था। 'तेरे बिना आग ये चाँदनी' फ़िल्म 'आवारा' के इस गीत का एक हिस्सा मन्ना दा ने गया था। परंतु 'लपक झपक तू आ रे बदरिया' गीत से मन्ना दा का शास्त्रीय संगीत का अभ्यास, राग मल्हार के टुकड़े, साथ में मज़ाक़िया ढंग सब कुछ निखर कर सामने आया। मन्ना दा की आवाज़ की गंभीरता, संगीत का गहरा ज्ञान 'तू प्यार का सागर है' गीत में बेहद प्रभावशाली रहा। इसको गीत प्रार्थना कहें या कृतज्ञता या फिर दया की याचना। जीवन के गणित में कब कहाँ चूक हो गई, दिशाहीन होकर इंसान रास्ता भटक गया? जीवन के संघर्षों से तंग आ चुकी नूतन को यह प्रार्थना, आदर्शवाद भी शांति नहीं दे पाता। परंतु धीरे-धीरे इस गीत के स्वर उसके घुटन

भरे मन की गाँठें खोलने में कामयाब हो जाते हैं। यह प्रार्थना उसके दुख को बाहर निकलने पर मजबूर करके उसके स्वत्व को जगाती है। उसने अपने चारों ओर एक जाल सा बुन लिया था, उस जाल से बाहर निकालती है। 'इधर झूम के गाए ज़िंदगी, उधर है मौत खड़ी, कोई क्या जाने कहाँ है सीमा, उलझन आन पड़ी' शैलेंद्र की कविता के निर्मल, सहज बोल सत्य को उद्घाटित करते हैं। घायल पाखी सा मन ईश्वर से प्रार्थना करता है कि मैं कहाँ जाऊँ, क्या करूँ? पंख कोमल हैं और सामने कोहरा सा छाया है। चेलो की गंभीर ध्वनि, कॉन्ट्रा मेलोडी में बजती वायलिन और मन्ना दा की आश्वासक, मज़बूत आवाज़... अगर बलराज साहनी गाते तो इसी स्वर में... बलराज साहनी का संयत अभिनय और गौरी के रूप में नूतन की बेचैनी... अभिनय और गीत दिव्यत्व की अनुभूति प्रदान करते हैं। आँखें भर आती हैं और मन भारी हो जाता है।

इन्हीं मन्ना दा ने फ़िल्म 'चोरी चोरी' के प्रेम गीत भी बखूबी गाए हैं। उन्हें शास्त्रीय संगीत पर आधारित गीतों का गायक माना जाता रहा था पर इन गीतों ने यह छाप धो डाली। सब जान गए कि मन्ना डे सर्वगुण संपन्न गायक हैं और हर तरह के गीत वे कुशलता पूर्वक गा सकते हैं। निर्माता मुकेश से गीत गवाना चाहते थे पर एस.जे. की ज़िद के कारण ये गीत मन्ना दा से गवाए गए। 'चोरी चोरी' फ़िल्म के गीत 'आजा सनम' और 'ये रात भीगी भीगी' मन्ना दा ने कितने रोमान्टिक अंदाज़ में गाए हैं...

इठलाती हवा नीलम सा गगन
कलियों पे ये बेहोशी की नमी
ऐसे में भी क्यूँ बेचैन है दिल
जीवन में ना जाने क्या है कमी

मन्ना दा ने बड़ी शिद्दत से बेचैनी को व्यक्त किया है। 'क्या' शब्द पर हलका सा ज़ोर दिया है जिससे बेचैनी पूरी तरह व्यक्त हो जाती है। उस प्रेम भरे वातावरण में सब कुछ होकर भी किसी कमी का खलना, बहुत तरल भाव है इस गीत में। मन्ना दा ने जिस कुशलता से, डूब कर इस गीत को गाया है कि क्या कहने... अगर ये गीत उन्होंने ना गाए होते तो उन्हें सदा के लिए शास्त्रीय संगीत पर आधारित गीतों की चौखट में क़ैद हो जाना पड़ता। मन्ना दा की आवाज़ में शांतिदायक, आश्वासक भाव है जिसे एस.जे. के सही पहचाना। इसी विशेषता के कारण ही एस.जे. ने उन्हें 'दिल का हाल सुने दिल वाला' गाने की ज़िम्मेदारी सौंपी होगी। मन्ना दा ने बताया था कि इस गीत में ढपली के बोलों के हिसाब से गीत के बोल गाने के लिए राज साहब ने सुझाव दिया था। जब इस तरह का फ़िल्म की सिचुएशन के हिसाब से एस.जे.

गीत की धुन बनाते हैं तो वह सीधी सी बात होती है। श्रमजीवी घड़ी दो घड़ी दिल बहला रहे हैं, थके शरीर को भी विश्राम दे रहे हैं। मुख से चुक चुक करके ताल दे रहे हैं। ऐसी स्थिति में शैलेंद्र लिख जाते हैं 'भूख ने है बड़े प्यार से पाला'। कैसा कटु व्यंग्य है... प्रसिद्ध मराठी लेखक पी. एल. देशपांडे का कथन है कि 'ग़रीबी हास्य से डरती है'। अति सामान्य ग़रीब लोगों का अपने पर, अपनी स्थिति और ग़रीबी पर हँसने का हक़ कोई नहीं छीन सकता। एस.जे. के इस गीत के माध्यम से अशक्त जन दिल खोल कर अपनी बात कह सकते हैं। शैलेंद्र आडंबरहीन शब्दों में कहते हैं... 'टाँग अड़ाता है दौलत वाला' क्योंकि यह सीधी सच्ची बात थी। केवल मनोरंजन ही नहीं एक गहरी बात भी गीत में है...

ग़म से अभी आज़ाद नहीं मैं,
खुश हूँ मगर आबाद नहीं मैं...

यह सिचुएशनल गीत था इसलिए इसमें भारी-भरकम वाद्यवृंद आवश्यक नहीं था। सीधी-सादी ताल है। 'वरना पकड़ लेगा पुलिसवाला' के बाद पुलिस की सीटी... इन्हीं बातों से गीत सच्चाई के क़रीब पहुँच पाता है। राज जी की छवि ऐसे ही गीतों से बनी है। एस.जे. के संगीत ने फ़िल्म की हर फ्रेम को जीवंत किया है। एस.जे. के संगीत ने कहानी को आगे बढ़ाने में, भूमिका बाँधने में सशक्त योगदान दिया है। यह संगीतकार जोड़ी का अद्भुत कौशल है कि उन्होंने अपनी शैली क़ायम रखते हुए गीत के पात्रों को अपने आपको सिद्ध करने का अवसर दिया। 'चलत मुसाफ़िर मोह लिया रे' जैसा ठेठ देसी गीत जब एस.जे. के साँचे में ढलता है, तो ताल हार्मोनियम की धौंकनी की होती है। हार्मोनियम की टोन भी अलग क़िस्म की होती है। 'मुनिया...' के उच्चारण में मन्ना दा और साथियों के समूह स्वर रिकॉर्डिंग स्टुडियो के नहीं लगते, ठेठ देहाती लगते हैं। मन्ना दा के स्वर की सर्वगुण सम्पन्नता एस.जे. ने परखी। 'केतकी गुलाब जूही' और 'भय भंजना' जैसे शास्त्रीय गीत गाने में मन्ना दा को महारत हासिल थी पर 'मेरी भैंस को डंडा क्यूँ मारा' और 'ए भाई, ज़रा देख के चलो' जैसे धमाल गीत भी एस.जे. ने उनसे गवाए। शम्मी कपूर के लिए रफ़ी साहब की आवाज़ तय थी फिर भी 'झूमता मौसम मस्त महीना' और 'सूरज ज़रा पास आ' जैसे गीत गाने के लिए उन्होंने मन्ना दा के स्वर का चुनाव किया जो सफल रहा।

रफ़ी साहब की आवाज़ नए-नए अंदाज़ में, अलग-अलग टोन में श्रोताओं के सम्मुख एस.जे. ने पेश की है। फ़िल्म 'राजहठ' के गीत 'आए बहार बन के लुभा कर चले गए' का प्रणय वर्णन रफ़ी साहब की आवाज़ में राजसी लगता है। 'कहने को वो हसीन थे आँखें थीं बेवफ़ा' गाते हुए रफ़ी साहब तार सप्तक का गंधार कितने सुंदर तरीक़े से लगाते हैं। इस से पहले भी एस.जे. रफ़ी साहब की आवाज़ की

ऊँची रेंज का उपयोग फ़िल्म 'बसंत बहार' के गीतों *'बड़ी देर भई'* और *'दुनिया ना भाए मोहे'* में कर चुके थे। 'मेरी बात बने ना बने, हो जाओगे तुम बदनाम' पंक्ति में साक्षात ईश्वर को 'अल्टिमेटम' देते हुए वे कोमल गंधार से तार सप्तक के मध्यम को छूकर धी...रे से नीचे आते हैं और 'हे राम हे राम' के व्यथित उद्गार से पूरे गीत को ऊँचाई पर पहुँचा देते हैं। इस गीत की धुन *'बड़ी देर भई'* पर षडज से आरंभ होती है और तार सप्तक के मध्यम तक पहुँचकर चरम सीमा को छू जाती है। भक्त का संयम समाप्त हो चुका है, प्रतीक्षा की हद हो चुकी है, जीवन के संध्याकाल में तो हे प्रभु मेरी ओर नज़र फेरो... परदे पर मनमोहन कृष्ण इस व्यथा को जीवंत करते हैं। यह गीत राग गुजरी तोड़ी पर आधारित है जो वैसे ही हृदय छू लेता है। उस पर 'चरणों में' सही सम पर पड़ता कोमल रिषभ... एस.जे. को शास्त्रीय संगीत का ज्ञान था केवल इतना कहना काफ़ी नहीं होगा, उन्हें स्वरों की श्रुतियों की बारीकियों का भी ज्ञान था। इस गीत में बाँसुरी का एक महीन सा 'फ़िलर' है। दूसरी बार जब चरणों में दोहराया जाता है, तब षडज पर विराम लेने के बाद। बाँसुरी तार सप्तक के षडज को छूकर आती है। *'दिल के ये टुकड़े कैसे बेच दूँ दुनिया के बाज़ार में'* गाते हुए रफ़ी साहब का स्वर तीखा हो उठता है। गीत में रफ़ी साहब ने मानो पूरा ही अभिनय कर दिया है जिससे अभिनेता भारत भूषण का काम आसान हो गया है। परदे पर उनकी अँगुलियाँ तानपूरे पर तेज़ी से चलती हैं जिसे अनदेखा करके इस

शंकर-जयकिशन ने लता और रफी की जोड़ी से विभिन्न भावों के युगल गीत गवाए। रफी साहब की आवाज़ के अनेकों पहलू उजागर हुए

गीत का आनंद उठाना होता है। '*मैंने तुझे कोई सुख ना दिया, तूने दया लुटाई दोनों हाथों से*' में गीत किसी दूसरी ही दुनिया में पहुँच जाता है। '*जीना नहीं आया मोहे*' पंक्ति में 'नहीं' पर जो ज़ोर दिया गया है वह कलेजा हिला देता है। उसका अनुभव कीजिए और गीत में अपने आपको भुला दीजिए।

एस.जे. ने मज़ाक़िया लहज़े के छेड़-छाड़ भरे कई गीत रफ़ी साहब की आवाज़ में दिए। '*चेहरे पे गिरी ज़ुल्फें, कह दो तो हटा दूँ मैं*' गीत में '*गुस्ताख़ी माफ़*' कितनी ही बार अलग-अलग तरीक़े से गाया है। '*गुस्ताख़ी*' में 'ख़' का उच्चारण बिलकुल स्पष्ट और सही है। प्यार भरी छेड़-छाड़ रफ़ी साहब की आवाज़ में साफ़ झलकती है। '*तकीला*' ताल ठेका एस.जे. का प्रिय रहा है। इस ताल में गीत के बोल छोटे-छोटे वाक्यों में बिलकुल फ़िट बैठे हैं। '*ये रूप, हसीं धूप, बहुत ख़ूब है लेकिन, उल्फ़त के बिना फीका, चेहरा तेरा रंगीन*' इस तरह के छोटे-छोटे वाक्य एस.जे. ही जाने कैसे धुन में बाँध पाते थे... '*ए गुलबदन ए गुलबदन*' गीत में रफ़ी साहब जिस तरह ए... पुकारते हैं, कोई उनकी नक़ल नहीं करे तो ही बेहतर है...'*मैं तुम्हीं से यूँ आँखें मिलाता चला हूँ*' पंक्ति एक ही स्वर पर है जिससे सचमुच ही एकटक देखने का अहसास होता है। '*मैं तु...म्हीं से यूँ आँ...खें*' शब्द लय के साथ गाए गए हैं हालाँकि वे एक ही स्वर पर हैं। फ़िल्म '*सूरज*' के गीत '*बहारों फूल बरसाओ मेरा मेहबूब आया है*' में प्रियतमा के स्वागत का कितना तामझाम किया गया है। शहनाई और अनेक वायलिन की धुन से ही प्रिय के आने का शुभ समाचार मिल जाता है। अंतरे में शहनाई गीत की शान में इज़ाफा करती है।

रफ़ी साहब की आवाज़ का रोमान्टिक टोन '*नज़र बचाकर चले गए वो*' और '*रुख़ से ज़रा नक़ाब हटा दो मेरे हुज़ूर*' गीतों में और भी मुखरित हो उठता है। '*रुख़ से*' के बाद रफ़ी साहब विराम लेते हैं मानो नक़ाब हटने का इंतज़ार कर रहे हों। उन्हीं की आवाज़ '*अकेले अकेले कहाँ जा रहे हो*' गाते हुए और भी मादक और बेबाक हो जाती है ख़ास कर जब '*अकेले अकेले*' नीचे के सुर में आवाज़ को कुछ कँपा कर गाया जाता है। नायिका का दिल जीतने के ये लटके-झटके रफ़ी साहब कैसे अपनी आवाज़ में उतार लेते हैं... गिटार और एकॉर्डियन इस अनुनय को और भी प्रभावशाली बना देते हैं। फ़िल्म '*ससुराल*' के गीत '*तेरी प्यारी प्यारी सूरत को*' गीत में '*चश्मेबद्दूर*' शब्द ख़ास है। जयकिशन जी को ऐसा कोई ख़ास शब्द भा जाता था और फिर उसी को आधार बनाकर गीत तैयार किया जाता था। चश्मेबद्दूर शब्द को ख़ास बनाने के लिए '*किसी की नज़र नहीं लगे*' के बाद छोटा सा विराम है। बद्दूर के दू अक्षर पर सम है और तभी मेंडोलिन आरंभ हो जाता है। इस तरह शब्द से आते स्वर एस.जे. की विशेषता रही है।

ख़ासकर शम्मी कपूर को ध्यान में रखकर बनाई गई धुनें हो सकता है संगीत और मेलोडी के मापदंड पर खरी नहीं उतरती हों, पर सिचुएशन के हिसाब से

बिलकुल सही थीं। 'आसमान से आया फ़रिश्ता', 'अजी ऐसा मौक़ा फिर कहाँ मिलेगा', 'तुमसे अच्छा कौन है', 'चाहे कोई मुझे जंगली कहे' आदि मस्ती भरे गीतों ने धमाल मचा दिया। एस.जे. के प्रशंसकों को कुछ नाराज़ी भी हुई, क्योंकि लोग तो उनके 'बरसात' जैसे संगीत के दीवाने थे। परंतु इन गीतों ने शम्मी कपूर को नायक के रूप में उनकी ख़ास शैली के साथ स्थापित कर दिया। इस तरह के कई मस्ती भरे गीत रफ़ी साहब ने गाए। शम्मी कपूर के लिए ऐसे ही मस्ती भरे गीत आवश्यक थे। एस.जे. का विश्वास था कि गीत आकर्षक हो और कहानी की सिचुएशन के हिसाब से हो। ना तो वे शास्त्रीय संगीत की धारा में पूरी तरह डूबे ना ही उन्होंने अनावश्यक रूप से पाश्चात्य संगीत का सहारा लिया। हालाँकि ऐसा कहा जाता रहा है कि उन्होंने 'भैरवी' को प्रमुख आधार बनाया पर फिर भी भैरवी की अनेक छटाएँ उनकी धुनों में दिखाई देती हैं। वे केवल सिचुएशन को महत्त्व देते थे फिर चाहे वहाँ शास्त्रीय, पाश्चात्य या अन्य किसी शैली के संगीत की आवश्यकता हो, वैसी ही धुन बनाते थे। पहले से कुछ तय करके नहीं रखते थे, कहानी को महत्त्व देते थे। इसीलिए उनके संगीत की कोई विशेष शैली नहीं बन पाई। अगर गीत कहानी के हिसाब से फ़िट बैठता हो, वाद्यवृंद से सही तरीक़े से सजा हो, धुन आकर्षक हो, आप उसे बरबस गुनगुनाना चाहें तो वह गीत निश्चय ही एस.जे. के द्वारा संगीतबद्ध किया गया होगा, इस तरीक़े से भी आप अनुमान लगा सकते हैं।

रफ़ी साहब के गाए गीतों में फ़िल्म 'दिल एक मंदिर' के गीत 'याद ना जाए' का स्थान अमर है। अनेक लोगों का मन और यादें इस गीत से जुड़ी हैं। हाथ से फिसल गए सुख के पल, पिंजरे में पाखियों की तरह हम रख पाते तो कितना अच्छा होता... बीता समय और खो गए इंसान अब नहीं लौटने वाले यह जानकर भी मन उन्हें पुकारता रहता है। आरंभ का हार्मोनियम का पीस, वे बोल और रफ़ी साहब की आवाज़... कितनी करुणा भरी है... राग किरवाणी पर आधारित इस गीत के कोमल धैवत से पंचम पर धीरे से विराम लेते 'याद ना जाए' के स्वर कलेजा हिला देते हैं। रफ़ी साहब की आवाज़ 'दिल क्यूँ बुलाए' में तार सप्तक के रिषभ तक जाकर फिर पंचम पर लौट आती है। साथ बजते वायलिन भी धीरे से षडज पर आ कर रुकते हैं। वायलिन के स्वर रफ़ी साहब का साथ नहीं छोड़ते। जहाँ तक रफ़ी साहब के स्वर जाते हैं, वायलिन के स्वर भी साथ जाते हैं। बीच के अंतरे के बाद के विराम में मेंडोलिन का एकमात्र तीन स्वरों का टुकड़ा बड़े सुंदर तरीक़े से दो अंतरों को जोड़ देता है। इस गीत की याद कभी भुलाई नहीं जा सकती। शैलेंद्र ने किस क़दर करुण शब्दों से गीत रचा है... इस गीत को सुनकर जिसकी आँख नहीं भर आए, फूट-फूट कर रोने को जी नहीं चाहे ऐसा शायद ही कोई होगा, भले ही बीते दिनों की यादें जुदा-जुदा हों।

एस.जे. ने कुछ बहुत ही प्रायोगिक, सिचुएशनल क़िस्म के गीत दिए हैं। फ़िल्म संगीत के इतिहास में फ़िल्म 'आवारा' का स्वप्न गीत मील का पत्थर माना जाता है जो उन्हीं में से एक है। एक दुनिया है जो बहुत सुंदर, सभ्य, सुसंस्कारित, सत्य और शिव का प्रतीक है। नायिका उस दुनिया से ताल्लुक रखती है। वह पवित्र प्रेम की मंगल मूर्ति है। नायक राज उसकी अँगुली थामकर उस दुनिया में प्रवेश करना चाहता है। वह अपना अतीत भुला देने के लिए बेचैन है। वह नए जीवन की शुरुआत करना चाहता है पर पिछले जीवन की बुराई उसका पीछा नहीं छोड़ती। काली अशुभ परछाइयाँ कह रही हैं कि हम तुम्हें नहीं जाने देंगे। तुम पाप के कीचड़ में ही रहो। एक विरोधाभास का द्वंद्व है। राज कपूर ने सिचुएशन समझाई और एस.जे. उनके मन की बात समझ गए। उन्होंने राज कपूर की कल्पना को संगीत से हू ब हू सच कर दिखाया। सेट के हिसाब से संगीत के उतार-चढ़ाव रचे गए। वायलिन और मेंडोलिन के पीस कभी लहराते, तो कभी चढ़ते-उतरते... मुझे इस नरक की नहीं, बहार, प्रेम, सृजन, संगीत और 'तुम्हारी' ज़रूरत है। यह गाते हुए मन्ना दा का स्वर चरम सीमा छू लेता है... और फिर उसके बाद मेंडोलिन का पीस शुभ संकेत देता सा बजता है और मन हिलोरे लेने लगता है... फिर है ढोलक का नाज़ुक सा ठेका... 'घर आया मेरा परदेसी, प्यास बुझी मेरी अँखियन की' राह भटक गया मेरा साथी लौट आया है, मेरी नज़रों की प्यास बुझ गई है। मेरे आँसुओं की क़सम, अब मुझे छोड़कर मत जाना। देखो सारा मार्ग प्रकाशमय है, कलुषित जीवन को तज दो। यहाँ पवित्रता तेज और सात्विकता है। पर एक ही पल में बुराई रूपी राक्षस सब कुछ तहस-नहस कर देता है। सात्विकता और पवित्रता की प्रतिमाएँ भंग हो जाती हैं। सपने चूर-चूर हो जाते हैं। यह सारा प्रसंग बाँसुरी और वायलिन की सहायता से सजीव करना शंकर-जयकिशन की करामात है। गीत के आरंभ में *'तेरे बिना बेसुरी बाँसुरी'* में एक बेसुरा सा बाँसुरी का पीस भी मौजूद है। गीत के आरंभ में लता जी का आलाप धीरे-धीरे नीचे आकर कोमल धैवत पर विराम लेता है, बाँसुरी प म ग रे नी, एक ख़ास फ्रेज़ के बाद शुद्ध नी पर विराम लेती है। यदि एफ़ शार्प को सा मान लें, तो शुद्ध और कोमल स्वरों को साथ-साथ, बारी-बारी से बजाने का यह अद्भुत उदाहरण है। इस तरह के क्रोमेटिक स्वर अद्भुत, भीषण वातावरण का निर्माण बहुत अच्छी तरह कर सकते हैं। बड़ी चतुराई से संगीतकारों ने इन स्वरों के उपयोग से अद्भुत वातावरण का निर्माण किया है। वाद्यों के उपयोग से चमत्कारपूर्ण स्वप्न दृश्यों और फ़ंतासी का वातावरण का निर्माण करना आसान नहीं होता। लता जी शुद्ध और कोमल नी इस कुशलता से लगा लेती हैं कि चाँदनी में व्यास दाहकता का हम अनुभव कर पाते हैं। ऐसी अनेक बारीकियों से एस.जे. का संगीत सजा है। चेलो, वायलिन, ढोल, ढोलक, बाँसुरी और मेंडोलिन के उपयोग से, इस प्रकार का स्वप्न दृश्य रुपहले परदे पर पहली बार साकार हुआ था।

एस.जे. गीत केवल सुनने के लिए ही नहीं परदे पर भी प्रभावशाली दिखने के हिसाब से बनाते थे। आश्चर्य होता है कि सिचुएशंस के हिसाब से गीत की धुन बनाने के उनके बनाए पैटर्न्स का आज भी अनुकरण किया जा रहा है। फ़िल्म 'आवारा' का 'एक दो तीन आ जा मौसम है रंगीन' गीत की धुन असलियत के कितने क़रीब है... गीत एक बाज़ारू से क्लब में फ़िल्माया गया है, तो उसी हिसाब से शोरगुल, हल्लागुल्ला और सस्ता बाज़ारूपन गीत से झलकता है। 'रात को छुपछुप के मिलना दुनिया समझे पाप रे' के बाद पुरुष समूह स्वर चिल्ला के कहता है 'बाप रे...' इस शोरगुल के बिना भी इस गीत की धुन बनाई जा सकती थी और तब वह केवल एक क्लब सॉन्ग होता, वास्तविक सिचुएशन के क़रीब नहीं होता। कभी शोरगुल तेज़ हो जाता है, तो शमशाद बेग़म की आवाज़ धीमी हो जाती है, सब कुछ बिलकुल असली सा लगता है। बाद में इसी पैटर्न पर आधारित बहुत से गीत बने और हिट हुए। 'मुंग्ला मुंग्ला' से लगाकर 'चिकनी चमेली' तक कई गीत बने पर 'एक दो तीन' का ठसका अलग ही है। लाजवाब है।

एस.जे. के बनाए गीतों से फ़िल्म की कहानी प्रकट हो जाती है, कहानी के चरित्रों को चेहरा मिल जाता है और हम उनमें खो जाते है। राज कपूर की फ़िल्मों की कहानी में गीतों की सिचुएशन इतनी सटीक होती थी कि गीत ज़बरदस्ती जोड़े गए नहीं लगते थे। उस पर एस.जे. कहानी और पात्रों के चरित्र विकास में गीत सहायक हो इसका सदा ध्यान रखते थे। 'आवारा हूँ' यह जुमला गीत में बार-बार दोहराया जाता है। पूरे गीत में एक बेफ़िक्री सी छाई है। अगर कोई सामान्य संगीतकार होता तो 'आवारा हूँ' में आ पर सम रख सकता था। परंतु यहाँ 'वा' पर ठेका है। जिससे नायक सबसे जुदा है, बेफ़िक्र है, अपनी मनमर्ज़ी से जीना चाहता है, वह आवारा है यह स्पष्ट हो जाता है। उसकी जीवनशैली सामने आ जाती है। फ़िल्म की कहानी आगे बढ़ती है। नायक राज, नर्गिस को चुराया हुआ गले का हार उपहार में देते हैं। यह पता लगते ही नर्गिस का चेहरा मुरझा जाता है। दर्शक भावनात्मक रूप से इस प्रसंग से जुड़ने लगते हैं तभी 'एक बेवफ़ा से प्यार किया' गीत आरंभ हो जाता है। नायिका का दुख, पछतावा और विफलता गीत से स्पष्ट हो जाती है। ऐसे कितने ही उदाहरण हैं।

फ़िल्म 'श्री 420' का गीत 'मुड़ मुड़ के ना देख मुड़मुड़के' बहुत ही ख़ास गीत है। गीत के मुखड़े का भी एक अजीब वाक़या है। जयकिशन एक ख़ूबसूरत लड़की को बार-बार मुड़के देख रहे थे। गीतकार शैलेंद्र ने उन्हें इस बात के लिए छेड़ा तो जयकिशन ने यह शब्द उठा लिया ऐसा क़िस्सा है। आशा जी की तीखी आवाज़ अभिनेत्री नादिरा पर फ़िट बैठी है। यह गीत आशा जी के अलावा और कौन गा सकता था? 'मुड़ मुड़ के ना देख' इन शब्दों की अपनी ही लय है और आशा जी की गायकी से लय और स्पष्ट हो जाती है। एस.जे. जैसे जादूगर इन शब्दों की लय

को संगीत की स्वर लहरियों सजाते हैं तो ऐसा गीत बन जाता है। माया और स्वार्थ रूपी नादिरा के तीखे कटाक्ष नायक से कहते हैं वापस उस दुनिया की ओर मुड़कर नहीं देखो। वहाँ रखा ही क्या है? तुम्हें सीधी-सादी ग़रीब 'विद्या चाहिए या धन की चमक से झिलमिलाती माया चाहिए? पगले क़िस्मत तुम्हारा साथ दे रही है, उस निर्धन दुनिया को त्याग दो, भूल जाओ। *'मुड़ मुड़ के ना देख, ज़िंदगानी के सफ़र में तू अकेला ही नहीं है, हम भी तेरे हमसफ़र हैं'।* हम स्वार्थ सिद्ध होने तक तुम्हारा साथ देंगे। विद्या नर्गिस अपमानित होकर वहाँ से चली जाती है। नायक राज उसके जाने से एक पल को विचलित होकर उसके पीछे जाने की कोशिश करता है पर तभी गीत की लय तेज़ हो जाती है और गीत के बोल तेज़ हो जाते हैं। वह लौट आता है। एक नई ज़िंदगी की शुरुआत होती है।

दुनिया के साथ जो बदलता जाए
जो उसके साँचे में ही ढलता जाए
दुनिया उसी की है जो चलता जाए

नायक इस सत्य को स्वीकार कर लेता है। नादिरा और उसके साथी नायक को यह समझाने में क़ामयाब हो जाते हैं कि 'दुनिया उसी की है जो आगे देखे'। इस प्रसंग में नायक के भावनात्मक और मानसिक जीवन में उथल-पुथल मच जाती है। जिन नैतिक मूल्यों का वह आदर करता था उन्ही का गला घोंटने की नौबत आ गई है। और यह सब इस गीत के द्वारा व्यक्त हो जाता है। गीत इस प्रकार से कहानी को आगे बढ़ाता है। आपसे मुलाक़ात हुई। अब बस फ़ायदा ही फ़ायदा है। सेठ सोना चंद और राज की अभद्र दोस्ती यहीं से आरंभ होती है। अंत में गीत की गति तेज़ हो जाती है। उन मदमस्त लक्ष्मी पुत्रों का नृत्य अधिकाधिक उन्मत्त होता जाता है। तभी 'मुड़ मुड़ के' को विरोधाभासी प्रत्युत्तर 'ओ जाने वाले मुड़ के ज़रा देखते जाना' गीत से मिल जाता है। एक स्त्री कह रही है... मुड़ मुड़ के ना देख... और दूसरी ओर नायिका पुकार रही है... मुड़ के ज़रा देखते जाना... तुम क्या थे... यह अधःपतन कैसे हो गया?... वह दृढ़तापूर्वक खड़ी है। अपना स्वाभिमान लिए अविचल है। उसका दिल भोले नायक के लिए रो रहा है। ये दो स्त्रियाँ दो संस्कृतियों का प्रतीक हैं। दोनों का अंतर स्पष्ट हो जाता है और दर्शक कहानी में रम जाते हैं। फ़िल्म 'राजू बन गया जेंटलमैन' में नायिका अमृता सिंह एक गीत गाती हैं जो 'मुड़ मुड़ के ना देख' की याद दिलाता है... *'तू मेरे साथ साथ आसमाँ से आगे चल'।* दोनों फ़िल्में अलग-अलग स्तर की हैं पर श्रोता समझ सकते हैं कि दोनों गीतों का उद्देश्य एक ही है।

एस.जे. के बनाए कुछ ख़ास गीतों में से एक है *'दिल की गिरह खोल दो'।* इस गीत की ग्रेस ही कुछ अलग है। *'महफ़िल में अब कौन है अजनबी'?...* अब

संकोच कैसा? जो कुछ मन में है कह डालो... गीत में एक अजीब सा प्रवाह है। लता जी जिस तरीक़े से आलाप के बाद महफ़िल शब्द पर पहुँचती हैं वह लाजवाब है। पहले ताल वाल्ट्ज़ पर चल रहा होता है लेकिन आलाप से बाद तबला आ जाता है जो बहुत ही सुखद लगता है। अंतरे के पहले गुँथे हुए वायलिन, उनका धीरे से फ़ेड आउट होना, तबले की उठान के साथ अंतरा आरंभ होना, यह निश्चय ही संगीतकारों का कमाल है। *'मिलने दो अब दिल को दिल से, मिटने दो मजबूरियों को... शीशे में अपने डुबो दो... सब फ़ासलों दूरियों को...'* पूरा गीत एक अलग ही प्रवाह में बहता सा लगता है। लता जी की आवाज़ का प्रभाव पूरे गीत पर छाया है।

एक और गीत है जिसमें तबले की ध्वनि कुछ ख़ास कहती है... वह गीत है... *'मेरे तुम्हारे बीच में अब तो ना परबत ना सागर'* जो फ़िल्म 'झुक गया आसमान' से है। 'सागर' शब्द के बाद तबले का पीस क्या शानदार है... इस गीत की स्थायी भी कुछ अलग हट के है। *'अब आन मिलो सजना....अब आन मिलो...'* में आन शब्द तान के साथ नीचे आता है। बड़ी ही आसानी से, सहजता से। गीत की रचना कुछ मुश्किल सी है... गाने के लिए मुश्किल लेकिन सुनने में आसान, सहज सी है।

फ़िल्म 'रात और दिन' का गीत *'आवारा ए मेरे दिल'* का ग्राफ़ कुछ निराला सा है। यह भटका हुआ मन मुझे कहाँ ले जा रहा है? मैं कब तक इसके इशारों पर नाचती रहूँ...? 'आ... वा... रा...' ये तीन शब्द प ग सा इन तीन स्वरों पर हैं और 'ऐ मेरे दिल' भी प ग सा पर हैं परंतु नीचे के सप्तक में हैं, एक ही कॉर्ड का प्रयोग अलग-अलग कोण से किया गया है। *'जाने कहाँ... है तेरी मंज़िल'* म प ध..., रे ग म प... जैसे भिन्न-भिन्न स्वरों में किया गया है जिससे अनगिनत राहें, मन का भटकाव और संभ्रम, ये सभी भाव धुन से, बड़ी सरलता से व्यक्त हो जाते हैं।

> *रात और दिन के, ये दो चेहरे...*
> *कब तक पहनूँ, कुछ तो कह रे...*

इस अवस्था को शब्दों और स्वरों में बाँधना और व्यक्त करना कठिन है पर एस.जे. ने इसे सफलता पूर्वक कर दिखाया है। फ़िल्म आम्रपाली का गीत *'नील गगन की छाँव में, दिन रैन गले से मिलते हैं...'* अपने आप में निराला है। इस गीत में पखावज के बोल और सितार का पीस कितनी चतुराई से गूँथा गया है। इस तरह की स्थायी की धुन बनाना ही सरल नहीं है। 'दिन रैन गले से मिलते हैं...' यह कौन सा समय है? यह वह समय है जिसे हम संधिकाल कहते हैं। नीलिमा और संध्या की लालिमा के एक होने का समय... मनपाखी उड़ान भर चुका है... और मैं खोई सी प्रतीक्षा कर रही हूँ... *'दिल पंछी बन उड़ जाता है...'* षडज छूकर धैवत पर विराम इस

अवस्था को कितनी सरलता से व्यक्त करता है। 'हम खोए खोए रहते हैं...' पर तार सप्तक का गंधार और षडज... *'नील गगन की छाँव में...'* का मध्य गंधार... और... *हम खोए खोए रहते हैं* का तार गंधार... कितनी रोमांचक यात्रा है स्वरों की... यहाँ फिर क्रोमेटिक स्वरों का जादू है... कोमल और शुद्ध गंधार एक के बाद एक लगातार आलाप लेकर गाए गए हैं। साथ में पखावज... कुछ ही पलों में, सितार के एक मधुर से पीस के साथ नीचे के सा पर गीत स्थिर हो जाता है। तबला फिर कहरवा ताल पर लौट आता है जैसे कुछ हुआ ही नहीं हो, पर संगीत की दृष्टि से बहुत कुछ हो चुका है, यह गीत हमारा हृदय चुरा ही चुका है।

कहता है समय का उजियारा
इक चंद्र भी आने वाला है
इन ज्योत की प्यासी आँखियन को
आँखियों से पिलाने वाला है

'आने वाला' का उच्चारण कितने दृढ़ विश्वास के साथ किया गया है। यह अनोखा संधि प्रकाश कह रहा है कि चंद्रमा ज़रूर आएगा और नयनों को प्रकाश किरणों का अमृत अवश्य पिलाएगा। अंतरे में पहली पंक्ति ऊपर के सा पर तो दूसरी पंक्ति नीचे के सा पर है। यह संवाद निरंतर जारी रहता है। गीत में राग भूप का दरबार सा लगा है पर आलाप में कोमल गंधार जैसे अतिथि हो... नायक सुनील दत्त की तरह... जो युद्ध में व्यस्त है।

एस.जे. गीत के आरंभ का संगीत सोच-समझकर ऐसा बनाते थे कि श्रोता का मन और ध्यान पूरी तरह गीत में रम जाए और इसीलिए आरंभिक संगीत काफ़ी चर्चित रहा। फ़िल्म 'अनाड़ी' का गीत *'सब कुछ सीखा हमने'* में आरंभिक संगीत प्रभावशाली था हालाँकि गीत सौम्य शांत क़िस्म का था। कुछ गीतों का आरंभिक संगीत बहुत विस्तृत है और ताल ठेका अलग ढंग का होने से श्रोताओं को आकर्षित कर लेता है। फ़िल्म 'शिकार' का गीत 'परदे में रहने दो' का ठेका अरब शैली का है। तबले का दायाँ बायाँ, ढोलक और कॉन्गो का मेल बहुत संतुलित हुआ है साथ में क्लेरिनेट और वायलिन हैं, और इस फ़िलर के बाद एक विराम है। हाँ तो *'अल्ला मेरी तौबा'* में आशा जी 'अल्ला' शब्द का उच्चारण स्वर यंत्र के किस हिस्से से करती हैं, पता लगाना मुश्किल है। इस उच्चारण में जो मादकता और उत्कटता है वह लिख-बोल कर समझाना असंभव है। 'हुस्न जब बेनक़ाब होता है' पंक्ति में 'होता' का उच्चारण भी ऐसा ही ख़ास है।

फ़िल्म 'दिल अपना और प्रीत पराई' का गीत *'अंदाज़ मेरा मस्ताना'* का आरंभिक संगीत भी बहुत विस्तृत है। बहुत सी बारीकियाँ हैं उस पीस में। इस

आरंभिक संगीत और गीत के बीच एकॉर्डियन का एक पीस है और एक विराम के बाद गीत *'अंदाज़ मेरा मस्ताना'* आरंभ होता है। यह एक नृत्य गीत है। नायक नायिका की नज़रें मिलती हैं। 'तेरे मेरे प्यार की ये क्या अजीब दास्ताँ है' में लता जी की क़ातर आवाज़ और मीना कुमारी का भावप्रवण चेहरा... इस प्रेम का अंत क्या होगा? यह भाव गीत से स्पष्ट होता है। यह गीत सिचुएशनल है और संगीतकारों ने इस बात का पूरा ध्यान रखा है कि इससे चरित्रों और कहानी के विकास में सहायता मिले। फ़िल्म 'ब्रह्मचारी' के गीत 'दिल के झरोखे में तुझको बिठाकर' का आरंभिक संगीत बहुत ही ख़ास है। क़िस्सा है कि एक बार जयकिशन अहमदाबाद गए थे तब उन्हें *'झरोखा'* शब्द भा गया और उसी को लेकर उन्होंने इस पंक्ति की रचना की। परदे पर शम्मी कपूर किसी दूसरे जहाँ में खोए से पियानो बजाते हैं। यह बेख़ुदी का आलम पियानो के पीसेस में भी दिखाई देता है। कितनी तरह के कॉम्बिनेशन्स और कितनी ही तरह के फ़्रेज़ेस हैं...

कई बार एस.जे. गीत का आरंभ आलाप से करते हैं जैसे 'राजा की आएगी बारात' या कभी मुक्त छंद में कुछ पंक्तियाँ गाकर *'ये मेरा प्रेम पत्र पढ़कर'*, *'दम भर जो उधर मुँह फेरे'* केवल तीन स्वरों के वायलिन के पीस से नायिका के भाव विश्व को उजागर करता *'तेरा जाना'* गीत का इंट्रो, ये सभी गीत एस.जे. की सृजन शक्ति के शानदार उदाहरण हैं।

'किसी की मुस्कराहटों पे हो निसार' गीत का आरंभिक पीस मानो एक घटना की तरह है। राज कपूर जो भूमिका निभा रहे हैं उसका स्वभाव उस संगीत के पीस से उजागर हो जाता है। अनेक संवाद जो काम नहीं कर पाते, वह आरंभिक संगीत कर दिखाता है। आरंभिक संगीत के दौरान राज कपूर का अपनी मस्ती में घूमना-फिरना, कवायद कर रहे सैनिकों को साथ रम जाना, किसी छोटे से जीव पर उनका पैर पड़ते-पड़ते बच जाता है उस जीव को उठाकर बगीचे में छोड़ना, जियो और जीने दो का संदेश उस संगीत द्वारा श्रोताओं को अपने आप मिल जाता है।

इटालियन, जिप्सी, ब्लूज़ और स्पेनिश आदि अनेक संगीत शैलियों को एस.जे. ने अपनाया। एस.जे. के बनाए ऐसे कई गीत हैं जो अपनी ख़ासियत लिए हैं जैसे *'रासा सायांग रे'* और *'दिलरुबा दिल पे तू'*। रविराज प्रणामी के अनुसार कठपुतलियों के नाच पर आधारित *'जहाँ मैं जाती हूँ वहीं चले आते हो'* पर चेकोस्लोवाकियन संगीत का प्रभाव है। *'जहाँ मैं जाती हूँ'* एक ही स्वर पर है और *'वहीं...'* को लंबा खींचा गया है। जिसे संगीत का गहरा ज्ञान हो वही ऐसी धुन बना सकता है।

एस.जे. के गीतों में कोरस अर्थात समूह स्वरों का महत्त्वपूर्ण स्थान है। कोरस केवल समूह का स्वर ही नहीं होता, पात्र की गहरी भावनाओं को व्यक्त करने का

साधन भी हो सकता है। *'इस पार साजन, उस पार धारे, ले चल ओ माँझी किनारे'* बहुत ही मधुर गीत है उस पर लता जी की आवाज़... *'ओ टिमका टिमा टिम्बा काहे करे अचंभा'* पंक्ति में समूह स्वर के बीच भी लता जी की आवाज़ साफ़ झिलमिलाती है। यह समूह स्वर इस गीत को एक 'कैनवास' प्रदान करता है। कुछ गीतों में तो समूह स्वर का विशेष स्थान है जैसे *'नी बलिये रुत है बहार की'* तो आरंभ ही समूह स्वर से होता है। *'हम भी हैं, तुम भी हो'*, *'रमैया वस्ता वैया'*, *'चलत मुसाफ़िर मोह लिया रे'* आदि गीतों को समूह स्वर ने दमदार बनाया है। कभी-कभी नज़र को भ्रम हो जाता है, उसी तरह कानों के भ्रम का अनुभव करना हो तो *'पंछी बनूँ उड़ती फिरूँ'* ध्यान से सुनिए। मन्ना दा दो बार *'हिल्लोरी'* पुकारते हैं। दोनों ही बार स्वर अलग हैं। कोरस दोनों बार एक ही स्वर में प्रतिध्वनि करता है। जब हम सुनते हैं तो पहली बार *'हिल्लोरी'* का कोरस ऊपर के स्वर पर और दूसरी बार कोरस नीचे के स्वर पर मालूम पड़ता है। यह है श्रुतिभ्रम...

एस.जे. का वाद्यवृंद ऑर्केस्ट्रेशन स्वतंत्र रूप से चर्चा का विषय है। सेबेस्टियन, रामसिंह, दत्ताराम, इनॉक डेनियल्स, धीरज कुमार, उत्तम सिंह, सनी, किशोर शर्मा, वाय.एस. मुलकी, अमर हलदीपूर जैसे कुशल अरेंजर्स, सहायक और माहिर वादक

रफी, आशा, राज, शंकर-जयकिशन
ऐसा माहौल हुआ करता था तब... खिले चेहरे,
मधुर पल और कलाकारों की एकरूपता से जन्मे कई चिरयुवा गीत

उनकी टीम में शामिल थे। दत्ताराम का ठेका तो अजर-अमर है। दत्ताराम ने फ़िल्मों में संगीत भी दिया। सेबेस्टियन बेहतरीन अरेंजर रहे हैं। कॉन्ट्रामेलोडीज़ और कॉर्ड्स से सजे वायब्रोफ़ोन, एकॉर्डियन और मेंडोलिन के फ़िलर से उन्होंने कई गीत सजाए। कई बार एस.जे. बड़ी कुशलता से एक छोटे से टेलपीस की सहायता से इंटरल्यूड को अंतरे से जोड़ दिया करते थे। 'तेरा जाना' गीत में यह टेल पीस सारंगी के रूप में है। वायलिन के पीसेस और अंतरे को इस नज़ाकत से सारंगी के पीस की सहायता से जोड़ा गया है कि श्रोताओं के दिल के तार झनझना उठते हैं। 'परदे में रहने दो' गीत में भी अंतरे के पहले वायलिन के पीस हैं जिसके अंत में कोमल निषाद अपनी चमक दिखाता है जो 'मेरे परदे में लाख जलवे हैं' का आरंभिक स्वर है। 'याद किया दिल ने' के इंटरल्यूड के अंत में एकॉर्डियन, 'रसिक बलमा' के इंटरल्यूड के अंत में सितार ऐसे कई उदाहरण दिए जा सकते हैं। कुछ 'फ़्रेज़ेस' का बार-बार प्रयोग करने से गीत को एक प्रवाह मिल जाता है और गीत को अपनी पहचान मिल जाती है। 'प्यार हुआ इक़रार हुआ' में बाँसुरी या 'रमैया वस्ता वैया' के आरंभ में वायलिन के फ़्रेज़ेस को दोहराया गया है। 'प्यार हुआ' गीत के साथ बजते वायलिन की कॉन्ट्रा मेलोडी से इस गीत की मधुरता में चार चाँद लग गए हैं।

कई बार वाद्यवृंद की अधिकता से गीत की नाजुक भावनाओं को नुक़सान पहुँचने का भय होता है। इस संगीतकार जोड़ी ने कुछ बेहद मधुर और कोमल गीत भी दिए हैं जिनमें ऑर्केस्ट्रेशन के बावजूद गीत के कोमल भाव बरक़रार रहे। 'तुम ही तुम हो मेरे जीवन में, 'दिल की नज़र से', 'मुझे कितना प्यार है तुमसे', 'महताब तेरा चेहरा' 'आ... नीले गगन तले प्यार हम करें' आदि गीत बहुत ही मधुर हैं। एक एक गीत मानो एक कहानी है। प्रेम की अनुभूतियों के अलग-अलग पहलुओं को व्यक्त करते हैं। 'कितना है तुमसे प्यार' और 'तुम बिन सजन, बरसे नयन' में संगीत, बोल या वाद्यवृंद के लटके-झटके ज़रा भी नहीं हैं, गीत सीधे-सीधे भावनाओं को व्यक्त करते हैं।

एस.जे. का सर्वाधिक लोकप्रिय युगल गीत 'प्यार हुआ इक़रार हुआ' सचमुच पीढ़ी दर पीढ़ी गाया जा रहा है और रहेगा। प्रेमीजन इस गीत को लेकर अपनी यादें बुनते रहेंगे। सूरज, चाँद-सितारे निस्वार्थ प्रेम के साक्षी बनने के लिए दसों दिशाओं से चले आएँगे। ग़रीब राज और भोली मासूम विद्या... यदि मन का मिलन हो जाए तो बाक़ी दुनियादारी मायने नहीं रखती। दिल ने दिल की बात समझ ली पर मुँह से कैसे कहें? वर्षा की अविरल धाराओं सा प्रेम उमड़ रहा है और वायलिन की धुन लहरों की तरह उस प्रेम का साथ दे रही है। 'तुम भी कहो इस राह का मीत ना बदलेगा कभी,' अगर दुर्भाग्यवश ऐसा हुआ तो चाँद को दोबारा चमकने की हिम्मत नहीं होगी। किस क़दर विश्वास है... वह भोलापन, संकोच, छाते का आदान-प्रदान और फिर दोनों का एक ही छाते में समा जाना। अब दो जानें एक हो गईं और

ज़िंदगी का सफ़र अब एक साथ ही तय होगा। दिल ने तो यह बात तय कर ली पर मुँह से कहना मुश्किल हो रहा है। पूरे गीत इज़हार, विश्वास और संकोच के भाव व्यक्त करता है। अपने बाद भी अपना प्यार किसी रूप में जीवित रहेगा यह विश्वास प्रेमीजनों के मन में है।

और जब कुछ बातें कहना संभव नहीं रह जाता तो वे बातें वायलिन कह देते हैं। किस नशे में, किस मूड में ऐसे गीतों की रचना हुई होगी हम समझ ही नहीं पाते। कहते हैं इस गीत की रिकॉर्डिंग के समय राज कपूर ने छाता मँगवा लिया था... ज़रूर मँगवाया होगा। इस तरह के गीत सुनते हुए मन में सुरों की वर्षा होने लगती है और ऐसे में सचमुच बारिश हो जाए तो सोने पे सुहागा... और फिर आँखों से खुशी की बारिश होने लगती है। गीत ही अद्भुत है... होने दीजिए अँखियों से बारिश... यह खुशी आपको भीतर तक भिगो देगी।

लता जी और आशा जी इन दो दिव्य आवाज़ों को एकरूप होकर, एक ही श्रुति में दोनों की आवाज़ों को एक हो जाते सुनना चाहें तो 'कर गया रे', 'मनभावन के घर जाए गोरी', 'अजी चले आओ' जैसे गीत सुनें दोनों की आवाज़ें इस क़दर एकरूप हो जातीं हैं यहाँ तक कि 'अजी चले आओ' में 'बुलाया...' की तान तक एक समान है। दो सोने के तार एक साथ गूँथ दिए जाएँ फिर भी वे अलग-अलग झिलमिलाएँ ऐसी दोनों आवाज़ों की एकरूपता है।

एस.जे. के गीतों काव्य अर्थात अर्थपूर्ण बोलों का बहुत महत्त्व रहा है। शैलेंद्र और हसरत जयपुरी इन दो गीतकारों ने उनका साथ दिया। दोनों गीतकार भिन्न-भिन्न प्रवृत्तियों के थे सो शैलेंद्र और शंकर की जोड़ी बन गई और हसरत जयपुरी और जयकिशन के मन के तार जुड़ गए। जयकिशन रोमान्टिक प्रवृत्ति के थे सो उन्हें हसरत जयपुरी की शैली दिल के क़रीब लगी। गंभीर और वैचारिक प्रवृत्ति के शंकर को शैलेंद्र अधिक अच्छी तरह समझ सके। ये चारों और राज कपूर एक दूसरे के लिए पूरक थे, इसकी गवाही उनके गीत देते हैं। शैलेंद्र के 'आवारा हूँ' और 'मेरा जूता है जापानी' गीतों से राज कपूर की एक ख़ास छवि बन गई। शैलेंद्र फ़िल्मों के लिए गीत लिखने के लिए राज़ी नहीं थे पर उनके जैसे कवि के तार राज कपूर और एस.जे. से जुड़ गए यह एक शुभ संयोग था। 'ओ बसंती पवन पागल' गीत में शैलेंद्र कितनी सहजता से अहल्या के पौराणिक संदर्भ का उपयोग करते हैं...

बन के पत्थर हम खड़े थे
सूनी सूनी राह में
जी उठे हम जब से तेरी
बाँह आई बाँह में

शैलेंद्र के गीत बेहतरीन कविताएँ ही थीं। शैलेंद्र इस बात को नहीं मानते थे कि पहले धुन बनाकर फिर बोल लिखने से कवि की प्रतिभा को बाधा पहुँचती है। 'जीना यहाँ मरना यहाँ इसके सिवा जाना कहाँ' और 'कुछ लोग जो ज़्यादा जानते हैं इनसान को कम पहचानते हैं' जैसे गीत ऊँचे दर्ज़े का काव्य है। एस.जे. ने इन बेहतरीन कविताओं को मीठे गीतों में बदलकर चार चाँद लगा दिए। हसरत जयपुरी का लिखा गीत सुनते थे 'नाम हम जिनका बहार से' आप सुनें तो पता चलता है कि हम शब्द कितनी खूबसूरती से गूँजता है। धुन पर बोल लिखते समय हसरत जी ने किस समझदारी से सही जगह पर यह शब्द चुना है। उस मींड में 'हम' शब्द की योजना से गीतकार की प्रतिभा झलकती है। जयकिशन के पसंदीदा बोल जैसे 'शाहेखुबाँ', 'चश्मेबद्दूर', 'झरोखा' आदि शब्दों को हसरत जी ने बड़ी खूबसूरती से गीत में पिरोया है।

एस.जे. ने भैरवी रागिनी को बेहद पसंद किया, पर अन्य रागों को भी अपने स्वर प्रांगण में सम्मानजनक स्थान दिया। बागेश्री ('जा जा रे जा बालमवा'), दरबारी ('तू प्यार का सागर है', 'झनक झनक तोरी बाजे पायलिया'), यमन ('रै मन सुर में गा'), शिव रंजनी ('ओ मेरे सनम'), गारा ('इस पार साजन'), जोगिया ('दिल एक मंदिर है'), रामकली ('मेरे नयन बावरे'), बसंत बहार ('केतकी गुलाब जूही'), मांड ('अजी रूठकर अब'), बैरागी ('आए बहार बन के') आदि गीत विभिन्न रागों पर आधारित हैं। सरोद के स्वरों का उपयोग फ़िल्म संगीत में करना एक चुनौती था। फ़िल्म 'सीमा' के गीत 'सुनो छोटी सी गुड़िया की लंबी कहानी' में सरोद के स्वर गीत के भाव से एकरूप हो गए हैं। सरोद की 'टोन' सितार के स्वरों से अधिक गंभीर और भरी-भरी सी है। इस गीत की धुन तो मानो सरोद के स्वरों के लिए ही बनी है। इस तरह का अद्वैत देखने-सुनने का अवसर बहुत कम आता है। बीस वर्ष तक लगातार मधुर, लोकप्रिय, और ऐसा संगीत देना जो एक नई राह स्थापित करे, आसान काम नहीं था। एस.जे. ने 'आर.के.' फ़िल्म्स के अलावा भी बहुत सी फ़िल्मों में सशक्त संगीत निर्देशन किया। एस.जे. स्वयं प्रतिभा के धनी थे, फिर भी उन्होंने पश्चिमी, अरबी और अफ्रीकी धुनों का ज्यों का त्यों अपने संगीत में प्रयोग किया। यहाँ बात नक़ल की नहीं प्रस्तुतीकरण की है। इस तरह धुनों को उठाकर, चमका कर, उसे अपने तरीक़े के संगीत से सजाकर पेश करना भी कम महत्त्वपूर्ण नहीं है। 'रागा...' जाज स्टाइल और अनेक ग़ैर फ़िल्मी रचनाएँ उनके सृजन का नमूना हैं। एक मराठी फ़िल्म 'तो मी नव्हेच' का गीत 'हिरव्या हिरव्या रंगा ची झाडी घनदाट' में एक अलग ही रंग, अलग ही ढंग दिखाई दिया। उन्होंने कुछ तमिल और तेलुगु फ़िल्मों के लिए भी संगीत दिया।

शंकर-जयकिशन की जोड़ी ने संभवतः रस निर्माण के सारे तत्व घोलकर पी लिए थे। विरोधाभास, विस्मय, चमत्कार, उत्कंठा, तनाव और समर्पण भाव,

सभी कुछ तो है उनके गीतों में। जिन्हें काव्य की, अच्छे बोलों की तलाश है, वे भी निराश नहीं होते और जिन्हें ताल और ठेके पर डोलना पसंद है, बोलों में रुचि नहीं है वे इन गीतों को सुनकर झूम उठते हैं। लय, ताल और बोल, दोनों के चाहने वाले एस.जे. के संगीत से संतुष्ट हैं। जिन भाग्यशाली लोगों का सुरों से नाता है उन्हें रोमांचकारी अनुभव की प्राप्ति होती है, जिन्हें हार्मनी, वाद्यवृंद की भव्यता आकर्षित करती है वे भी प्रसन्न हो सकते हैं ऐसा ही कुछ आकर्षक मायाजाल है एस.जे. का संगीत...

हर श्रोता को एस.जे. के संगीत से संतुष्टि मिलती है। संगीत का एक भी पहलू अधूरा, अनछुआ नहीं रहने पाए ऐसी धुनें बनाने के लिए असाधारण प्रतिभा की आवश्यकता होती है। वह सीखने से नहीं आती, सीखने से सरलता और सहजता नहीं रह जाती। एस.जे. संगीत के नोटेशन पढ़ना नहीं जानते थे, अच्छा ही हुआ। वे स्वरों के भी पार की अमूर्त दुनिया की हमें यात्रा करा सके। इस तरह का संगीत मौन की भाषा हुआ करता है। मन के अंदर जो हलचल है, तूफ़ान है, जो भाव हैं वे शैलेंद्र या हसरत के हाथों में सौंप दिए, सेबेस्टियन को समझा दिए तो फिर पूरी टीम मिलकर गीत को अंजाम देती थी। इन दोनों के मन के भाव उन दोनों के मन तक सही-सही पहुँच जाते थे।

हज़ारों गीत, भाव भावनाओं के ना जाने कितने पहलू, वाद्यों के विभिन्न मेल... कितनी बातों की चर्चा की जाए... वे अनंत हैं क्योंकि एस.जे. का काम अनंत है। उनके संगीत में इतनी विविधता है कि उस पर किसी तरह का ठप्पा नहीं लगाया जा सकता क्योंकि दोनों संगीतकारों के अंतरंग में भी विविधता थी। 12 सितंबर, सन् 1971, सबके प्यारे जय ने पीलिया की बीमारी के चलते इस दुनिया से विदा ली... और शंकर अकेले रह गए। एक शानदार व्यक्तित्व का अस्त हुआ। बाद के सोलह वर्ष शंकर ने जैसे-तैसे काटे। कुछ फ़िल्मों में शंकर-जयकिशन के नाम से संगीत भी दिया। पर फिर वह 'जलवा' वह जादू नहीं रह गया था। कहते हैं लव बर्ड्स नामक पक्षी बिना जोड़े के नहीं जीते। एक की मृत्यु दूसरे की भी मृत्यु का कारण बन जाती है। शरीर मात्र रह गया था शंकर का, संगीत रूपी आत्मा तो जय के साथ ही चली गई थी। शंकर ने यह नश्वर संसार छोड़ा वह दिन था 26 अप्रैल 1987...

आख़िर किसी के 'होने' और 'ना होने' में फ़र्क़ ही क्या है? एस.जे. का जादू आज इतने साल बाद भी क़ायम है। जो काम वे कर गए हैं उसी की नक़ल आज भी हो रही है। उन्हीं का एक गीत है... स्वयं सृजन शक्ति से समृद्ध होना और आने वाली नस्लों के लिए ख़ुशियों का ख़ज़ाना छोड़ जाना यही जीवन है...

के मरके भी किसी को याद आएँगे
किसी के आँसुओं में मुस्कराएँगे
कहेगा फूल हर कली से बार बार
जीना इसी का नाम है...
जीना इसी का नाम है...

अध्याय में उल्लेखित गीतों की जानकारी

गीत / फ़िल्म / गायक-गायिका / गीतकार / वर्ष

आ जा के इंतज़ार में / हलाकू / लता मंगेशकर, मोहम्मद रफ़ी / शैलेंद्र / 1956

राजा की आएगी बारात / आह / लता मंगेशकर / शैलेंद्र / 1953

ओ बसंती पवन पागल / जिस देश में गंगा बहती है / लता मंगेशकर / शैलेंद्र / 1960

दोस्त दोस्त ना रहा / संगम / मुकेश / शैलेंद्र / 1964

मैं पिया तेरी / बसंत बहार / लता मंगेशकर / हसरत जयपुरी / 1956

नैन मिले चैन कहाँ / बसंत बहार / मन्ना डे, लता मंगेशकर / शैलेंद्र / 1956

दिल का ना करना / हलाकू / लता मंगेशकर, मोहम्मद रफ़ी / शैलेंद्र / 1956

तेरा जाना / अनाड़ी / लता मंगेशकर / शैलेंद्र / 1959

किसी ने अपना / पतिता / लता मंगेशकर / शैलेंद्र / 1953

बात बात में रूठो / सीमा / लता मंगेशकर / हसरत जयपुरी / 1956

जिया बेक़रार है / बरसात / लता मंगेशकर / हसरत जयपुरी / 1947

हवा में उड़ता जाए / बरसात / लता मंगेशकर / रमेश शास्त्री / 1947

बरसात में तुम से / बरसात / लता मंगेशकर / शैलेंद्र / 1947

मिट्टी से खेलते हो / पतिता / लता मंगेशकर / शैलेंद्र / 1953

ए मेरे दिल / दाग़ / तलत महमूद / शैलेंद्र / 1952

सुनते थे नाम हम / आह / लता मंगेशकर / हसरत जयपुरी / 1953

रसिक बलमा / चोरी चोरी / लता मंगेशकर / हसरत जयपुरी / 1956

मोरा नादान बालमा / उजाला / लता मंगेशकर / हसरत जयपुरी / 1959

रुक जा रात / दिल एक मंदिर / लता मंगेशकर / शैलेंद्र / 1963

बेदर्दी बालमा / आरज़ू / लता मंगेशकर / हसरत जयपुरी / 1965

आ अब लौट चलें / जिस देश में गंगा बहती है / मुकेश, लता मंगेशकर / शैलेंद्र / 1960

जा जा रे जा / बसंत बहार / लता मंगेशकर / शैलेंद्र / 1956

अजी रूठ कर अब / आरज़ू / लता मंगेशकर / हसरत जयपुरी / 1965

दिल तेरा दीवाना / दिल तेरा दीवाना / लता मंगेशकर, मोहम्मद रफ़ी / शैलेंद्र / 1962

उनसे प्यार हो गया / बादल / लता मंगेशकर / शैलेंद्र / 1951

मेरे सपने में आना रे / राजहठ / लता मंगेशकर / शैलेंद्र / 1956

तुम संग प्रीत लगाई / नई दिल्ली / लता मंगेशकर / शैलेंद्र / 1956

तड़प ये दिन रात की / आम्रपाली / लता मंगेशकर / शैलेंद्र / 1966

तुम्हें याद करते / आम्रपाली / लता मंगेशकर / शैलेंद्र / 1966

मन मोहना / सीमा / लता मंगेशकर / शैलेंद्र / 1955

इतने बड़े जहाँ में / कठपुतली / लता मंगेशकर / शैलेंद्र / 1957

रात अंधेरी, दूर सवेरा / आह / मुकेश / हसरत जयपुरी / 1953

ये मेरा दीवानापन है / यहूदी / मुकेश / शैलेंद्र / 1958

सब कुछ सीखा हमने / अनाड़ी / मुकेश / शैलेंद्र / 1959

सजनवा बैरी हो गए / तीसरी क़सम / मुकेश / शैलेंद्र / 1966

मुझे तुमसे कुछ / कन्हैया / मुकेश / शैलेंद्र / 1959

अंधे जहाँ के अंधे रस्ते / पतिता / तलत महमूद / शैलेंद्र / 1953

मोरे अंग लग जा / मेरा नाम जोकर / आशा भोंसले / हसरत जयपुरी / 1970

पान खाए सैयाँ हमारो / तीसरी क़सम / आशा भोंसले / शैलेंद्र / 1966

मुझको अपने गले लगा ले / हमराही / मुबारक़ बेग़म, मोहम्मद रफ़ी / हसरत जयपुरी / 1963

तुमने पुकारा / राजकुमार / मोहम्मद रफ़ी, सुमन कल्याणपूर / हसरत जयपुरी / 1964

बेदर्दूँ ना आए बालमा / साँझ और सवेरा / मोहम्मद रफ़ी, सुमन कल्याणपूर / हसरत जयपुरी / 1964

जुही की कली मेरी / दिल एक मंदिर / सुमन कल्याणपूर / शैलेंद्र / 1963

दिल एक मंदिर है / दिल एक मंदिर / मोहम्मद रफ़ी, सुमन कल्याणपूर / हसरत जयपुरी / 1963

नखरेवाली / नई दिल्ली / किशोर कुमार / शैलेंद्र / 1956

ज़िंदगी एक सफ़र / अंदाज़ / किशोर कुमार / हसरत जयपुरी / 1971

लपक झपक तू / बूटपॉलिश / मन्ना डे / शैलेंद्र / 1954

तू प्यार का सागर है / सीमा / मन्ना डे / शैलेंद्र / 1955

आ जा सनम / चोरी चोरी / लता मंगेशकर, मन्ना डे / हसरत जयपुरी / 1956

ये रात भीगी भीगी / चोरी चोरी / लता मंगेशकर, मन्ना डे / हसरत जयपुरी / 1956

दिल का हाल / श्री 420 / मन्ना डे / शैलेंद्र / 1955

चलत मुसाफ़िर मोह / तीसरी क़सम / मन्ना डे / शैलेंद्र / 1966

केतकी गुलाब जूही / बसंत बहार / भीमसेन जोशी, मन्ना डे / शैलेंद्र / 1956

भय भंजना / बसंत बहार / मन्ना डे / शैलेंद्र / 1956

मेरी भैंस को डंडा / पगला कहीं का / मन्ना डे / हसरत जयपुरी / 1970

ए भाय ज़रा देख के / मेरा नाम जोकर / मन्ना डे / नीरज / 1970

झूमता मौसम मस्त महीना / उजाला / मन्ना डे, लता मंगेशकर / हसरत जयपुरी / 1959

सूरज ज़रा पास आ / उजाला / मन्ना डे / शैलेंद्र / 1959

आए बहार बन के / राजहठ / मोहम्मद रफ़ी / हसरत जयपुरी / 1956

बड़ी देर भई / बसंत बहार / मोहम्मद रफ़ी / शैलेंद्र / 1956

दुनिया ना भाए मोहे / बसंत बहार / मोहम्मद रफ़ी / शैलेंद्र / 1956

चेहरे पे गिरी जुल्फें / सूरज / मोहम्मद रफ़ी / हसरत जयपुरी / 1966

ए गुलबदन / प्रोफ़ेसर / मोहम्मद रफ़ी / हसरत जयपुरी / 1962

बहारों फूल बरसाओ / सूरज / मोहम्मद रफ़ी / हसरत जयपुरी / 1966

रुख़ से ज़रा नक़ाब / मेरे हुज़ूर / मोहम्मद रफ़ी / हसरत जयपुरी / 1968

अकेले अकेले / एन इवनिंग इन पेरिस / मोहम्मद रफ़ी / हसरत जयपुरी / 1967

तेरी प्यारी प्यारी / ससुराल / मोहम्मद रफ़ी / हसरत जयपुरी / 1961

आसमान से आया फ़रिश्ता / एन इवनिंग इन पेरिस / मोहम्मद रफ़ी / हसरत जयपुरी / 1967

ऐसा मौक़ा फिर / एन इवनिंग इन पेरिस / मोहम्मद रफ़ी / हसरत जयपुरी / 1967

तुमसे अच्छा कौन है / जानवर / मोहम्मद रफ़ी / हसरत जयपुरी / 1965

चाहे कोई मुझे जंगली / जंगली / मोहम्मद रफ़ी / शैलेंद्र / 1961

याद ना जाए / दिल एक मंदिर / मोहम्मद रफ़ी / शैलेंद्र / 1963

घर आया मेरा परदेसी / आवारा / लता मंगेशकर, मन्ना डे / शैलेंद्र / 1951

एक दो तीन / आवारा / शमशाद बेग़म / शैलेंद्र / 1951

आवारा हूँ / आवारा / मुकेश / शैलेंद्र / 1951

इक बेवफ़ा से प्यार / आवारा / लता मंगेशकर / हसरत जयपुरी /1951

मुड़ मुड़ के ना देख / श्री 420 / आशा भोंसले / शैलेंद्र / 1955

ओ जाने वाले मुड़के / श्री 420 / लता मंगेशकर / हसरत जयपुरी / 1955

दिल की गिरह / रात और दिन / लता मंगेशकर, मन्ना डे / शैलेंद्र / 1967

मेरे तुम्हारे बीच / झुक गया आसमान / लता मंगेशकर / शैलेंद्र / 1968

आवारा ए मेरे दिल / रात और दिन / लता मंगेशकर / शैलेंद्र / 1967

नील गगन की छाँव में / आम्रपाली / लता मंगेशकर / हसरत जयपुरी / 1966

पर्दे में रहने दो / शिकार / आशा भोंसले / हसरत जयपुरी / 1968

अंदाज़ मेरा मस्ताना / दिल अपना और प्रीत पराई / लता मंगेशकर / शैलेंद्र / 1960

दिल के झरोखे में / ब्रह्मचारी / मोहम्मद रफ़ी / हसरत जयपुरी / 1968

ये मेरा प्रेम पत्र / संगम / मोहम्मद रफ़ी / हसरत जयपुरी / 1964

दम भर जो उधर / आवारा / लता मंगेशकर, मुकेश / शैलेंद्र / 1951

किसी की मुस्कराहटों / अनाड़ी / मुकेश / शैलेंद्र / 1959

रासा सायांग रे / सिंगापुर / लता मंगेशकर, मोहम्मद रफ़ी / हसरत जयपुरी / 1960

दिलरुबा, दिल पे तू / राजकुमार / आशा भोंसले, मोहम्मद रफ़ी / शैलेंद्र / 1964

जहाँ मैं जाती हूँ / चोरी चोरी / लता मंगेशकर, मन्ना डे / शैलेंद्र / 1956

इस पार साजन / चोरी चोरी / लता मंगेशकर / हसरत जयपुरी / 1956

नी बलिए, रुत है / कन्हैया / मुकेश, लता मंगेशकर / शैलेंद्र / 1959

हम भी हैं, तुम भी हो / जिस देश में गंगा बहती है / मुकेश, गीता दत्त, महेंद्र कपूर, लता मंगेशकर, मन्ना डे / शैलेंद्र / 1960

रमैया वस्तावैया / श्री 420 / लता मंगेशकर, मोहम्मद रफ़ी / शैलेंद्र / 1955

पंछी बनूँ उड़ती फिरूँ / चोरी चोरी / लता मंगेशकर / हसरत जयपुरी / 1956

तुम ही तुम हो / एक दिल सौ अफ़साने / मोहम्मद रफ़ी, लता मंगेशकर / शैलेंद्र / 1963

कितना है तुम से / सूरज / सुमन कल्याणपूर, मोहम्मद रफ़ी / हसरत जयपुरी / 1966

मेहताब तेरा चेहरा / आशिक़ / लता मंगेशकर, मुकेश / शैलेंद्र / 1962

आ नीले गगन तले / बादशाह / हेमंत कुमार, लता मंगेशकर / हसरत जयपुरी / 1954

तुम बिन सजन, बरसे नयन / ग़बन / लता मंगेशकर, मोहम्मद / रफ़ी शैलेंद्र 1966

प्यार हुआ इकरार हुआ / श्री 420 / लता मंगेशकर, मन्ना डे / शैलेंद्र / 1955

सुनो छोटी सी गुड़िया की / सीमा / लता मंगेशकर / हसरत जयपुरी / 1955

दर्द लिए भटकता एक अश्वत्थामा

मदन मोहन

जाना था हम से दूर

हमारे चारों ओर किस क़दर शोर-शराबा और कोलाहल है और हमारी रोज़मर्रा की ज़िंदगी इसी शोर-शराबे में डूबी है। परंतु इसके परे भी एक दुनिया है। वह दुनिया है उत्कट भावनाओं की। यह दुनिया है सुनहरे कोमल दुख की। इस मीठे दर्द की दुनिया में वही प्रवेश कर सकते हैं जो शिव की तरह हलाहल विष को पीकर भी मुस्कराने की हिम्मत रखते हैं। ऐसे ही दीवानों के बेताज बादशाह हैं मदन मोहन... श्रोताओं के दिल के तार हिला देने वाला, दुख और करुणा की भावना को समृद्ध कर देने वाला संगीत ही मदन मोहन का संगीत है। जो लोग किसी दूसरे के दुख से उदास नहीं होते, जो लोग भावनात्मक रूप से तटस्थ रह सकते हैं । वे मदन मोहन जी के संगीत से दूरी बनाए रखें तो बेहतर है, क्योंकि हर लफ़्ज़ से फूट कर निकलती बेचैनी, बेकली और उत्कटता को समझने के लिए मन की संवेदनशीलता ज़रूरी है। उनके संगीत का आनंद लेने के लिए पांडित्य की नहीं, मन की तरलता की आवश्यकता है।

25 जून 1924 को बगदाद शहर में मदन मोहन का जन्म हुआ। उनके पिता रायबहादुर चुन्नीलाल उस ज़माने में अंग्रेज़ों के पुलिस विभाग में कमिश्नर थे। अपने देश लौटकर कुछ समय वे बॉम्बे टॉकीज़ में कार्यरत रहे। फिर 'फ़िल्मिस्तान' स्टुडियो के भागीदार हो गए।

खुद मदन मोहन सेना में कुछ समय के लिए कार्यरत थे। कहा जाता है कि 'युनियन जैक' को सलामी देने में देरी हो जाने की वजह से उनका लेफ्टिनेंट के पद से प्रमोशन नहीं हुआ, लिहाज़ा उन्होंने सेना की नौकरी को राम-राम कर दिया। वे लखनऊ आकाशवाणी में संगीत प्रमुख के रूप में काम करने लगे। वहाँ उनका बेग़म अख़्तर, मज़ाज़ लखनवी जैसे दिग्गज ग़ज़ल कलाकारों से संपर्क हुआ। निर्माता देवेंद्र गोयल ने सन् 1950 में फ़िल्म 'आँखें' के लिए पहली बार उन्हें संगीत निर्देशन का अवसर दिया। फ़िल्म 'आँखें' के गीत *'मोरी अटरिया पे कागा बोले'* और *'प्रीत लगा कर मैंने ये फल पाया'* गीत काफ़ी लोकप्रिय हुए। गुलाम हैदर की एक रिकॉर्डिंग के समय उनका लता जी से परिचय हुआ। लता जी के साथ एक गीत मदन मोहन ने गाया था। गीत बहन भाई का था। फिर तो दोनों ने आजीवन बहन भाई का रिश्ता निभाया। गहरे परिचय और अनुरोध के बावजूद लता जी ने फ़िल्म 'आँखें' के लिए पार्श्वगायन नहीं किया। बाद में ग़लतफ़हमियों की धुंध से राह निकालकर दोनों ने इतिहास रच दिया। कुछ लोगों का अतिशयोक्तिपूर्ण कथन है कि लता मंगेशकर नहीं होती तो मदन मोहन भी नहीं होते। पर संगीतकार के रूप में मदन मोहन का अव्वल दर्ज़ा तर्कों से परे है, उनकी योग्यता पर शक करने की गुंजाइश ही नहीं है। मदन जी की संगीत रचनाओं ने लता जी को असीम ऊँचाई पर विराजमान कर दिया। उन्होंने जिस प्रतिभा के बल पर अद्वितीय रचनाओं का सृजन किया, उस प्रतिभा को सलाम किया जाना चाहिए।

मदन मोहन को ग़ज़ल सम्राट कहकर नवाज़ा जाता रहा है। अनेक समयातीत ग़ज़लों की उन्होंने रचना की है। पर ये गीत बानगी के तौर पर पेश हैं जो संगीत की दृष्टि से बेहद मधुर, स्तरीय और मदन जी की प्रतिभा का लोहा मनवाते हैं। राग-रागिनियों पर आधारित गीतों की चर्चा फ़िलहाल नहीं की जा रही। *'नैना बरसे रिमझिम रिमझिम'*, *'शोख नज़र की बिजलियाँ,'* *'ऐ दिल मुझे बता दे'*, *'दिल ढूँढ़ता है'*, *'आपकी नज़रों ने समझा'*, *'रंग और नूर की'*, *'साँवरी सूरत मन भाई रे पिया'* आदि ग़ज़लें नहीं कही जा सकती परंतु बेहद सुंदर और सशक्त रचनाएँ हैं। बेहतरीन काव्य शायद गीत की अपेक्षा ग़ज़लों में अधिक प्रभावशाली महसूस होता है, इसीलिए मदन मोहन को दिल के अधिक क़रीब लगा होगा।

मदन जी के गीतों का अस्तित्व चिरस्थायी है। फ़िल्म चाहे आप नहीं देखें पर आप उस गीत का अनुभव कर सकते हैं। कई बार तो ऐसा भी होता है कि गीत पहले सुन लेते हैं और वह मन को भा जाता है। उस रचना के बोल, संगीत की कारीगरी दिल छू लेती है। हमारे मन के ही भाव ही गीत के रूप में होते हैं, उन्हें परदे पर देखना ज़रूरी नहीं रह जाता। कई बार तो गीत के फ़िल्मीकरण से निराशा ही हाथ लगती है। ऐसी क़िस्मत कम ही गीतों की होती है जिन्हें केवल सुनना ही काफ़ी होता है, देखने की ज़रूरत ही नहीं रह जाती। संदर्भ बदल जाते हैं पर भावनाएँ तो सदा वही रहती हैं।

मदन मोहन को बेहतरीन 'कंपोज़र' क्यों कहा जाए? इसलिए कि उनकी रचनाओं का एक सुंदर आकार होता है। स्थायी मुखड़ा अंतरा, मुखड़े से सहजता से मेल खाती अंतरे की पहली पंक्ति और इन सबको एक दूसरे से जोड़ती एक सुंदर लय, सभी इतना सुखद होता है कि मन प्रसन्न हो जाता है। स्थायी में एक ऐसी विशेष 'जगह' अवश्य होती थी जिस पर पूरी रचना का भार होता है। कभी-कभी किसी शब्द विशेष को लंबा खींचा जाता है। उस पर 'ठहराव' होता है जो बहुत मधुर होता है। किसी-किसी गीत में गायक के गले की फिरत को कसौटी पर कसने वाली हरक़त होती है। मदन जी ने जब संगीत देना आरंभ किया ही था तब का गीत 'साँवरी सूरत मन भाई रे पिया' देखिए। दूसरी पंक्ति में 'अरमानों ने ली अँगड़ाई' में 'अँगड़ाई' शब्द पर जैसी फिरत है, और फिरत के बाद फिर से 'साँवरी सूरत' पर धीरे से लाकर उसे छोड़ा गया है, वह लाजवाब है। 'अँगड़ाई' मानो जीवंत हो जाती है। संगीतकार की बुद्धि और प्रतिभा के हम क़ायल हो जाते हैं। 'मेरे पिया से कोई जाके कह दे' गीत में को...ई...शब्द गीत का श्रृंगार है। 'नैना बरसे रिमझिम' गीत में 'पिया तोरे आवन की आस' में 'आ...स' कितना स्वर समृद्ध है। लय का चमत्कार भी है 1, 2 – 1 , 2, 3, 4 द्रुत लय है। स्वरों के कारण आस और भी गहरी हो

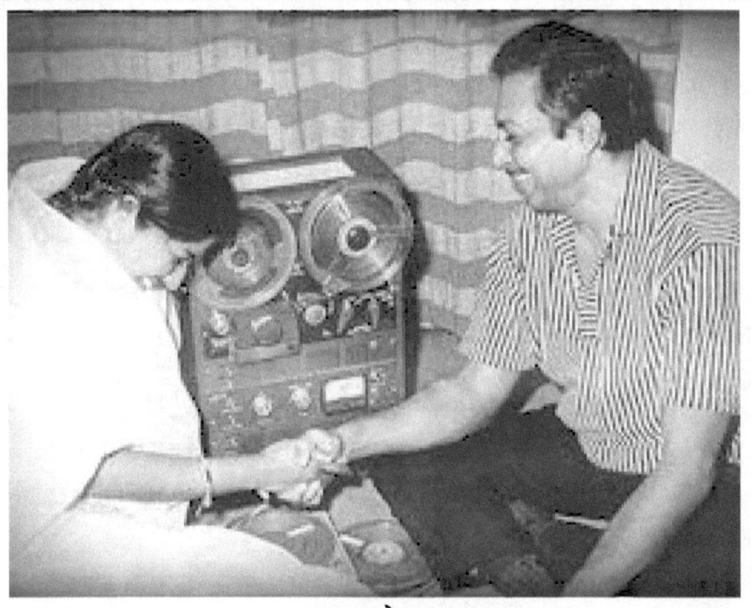

मदन मोहन

अनुपम संगीत और लता जी की दिव्य आवाज़ से गज़ल ने नई ऊँचाइयों को छुआ

गई है। *'बेताब दिल की तमन्ना यही है'* गीत में *'बेता...ब'* को लंबा खींचा गया है जिससे दिल की बेताबी साफ़ झलकती है। *'ज़रा सी आहट होती है तो दिल सोचता है'* गीत में *'सो...च...ता'* शब्द की धुन बहुत सोच-समझ कर बनाई गई है। किसी के इंतज़ार में दिल का जो हाल होता है साफ़-साफ़ बयाँ हो जाता है। *'ना तुम बेवफ़ा हो'* गीत में जब यह पंक्ति दोहराई जाती है तो दूसरी बार लिए गए *'बेवफ़ा'* की स्वर रचना अलौकिक है। *'बदली से निकला है चाँद'* गीत में *'निकला'* के क पर हलका सा खटका है, उसे याद कीजिए। चाँद का निकलना सही मायने में सामने आ जाता है। फ़िल्म देख *'कबीरा रोया'* के गीत *'मेरी बीना तुम बिन रोए'* में बीना शब्द की स्वररचना अद्वितीय है। उस पर *'सजना सजना सजना'* की करुण पुकार की जिस प्रकार चढ़ते स्वरों में रची गई है, वह केवल एक श्रेष्ठ रचनाकार ही कर सकता है। मदन जी को तीसरे दर्ज़े की फ़िल्में मिलती रहीं, लोकप्रिय कलाकारों पर उनके रचे गीत ना फ़िल्माए गए, उन्हें अवार्ड्स मिले या ना मिले इन बातों के लिए दुखी होने की अपेक्षा उनकी बनाई धुनें चिरस्थायी हैं, उनका संगीत समृद्ध है यह बात अधिक महत्त्वपूर्ण है। उनकी बनाई धुनें अलौकिक हैं।

मदन जी जब ग़ज़लों की धुनें बनाते हैं तो उनकी अपनी शैली झलकती है। ग़ज़लें आम तौर पर दो पंक्तियों के शेरों से निर्मित होती हैं। *'यूँ हसरतों के दाग़'* ग़ज़ल को ही लीजिए। *'घर से चले थे हम तो ख़ुशी की तलाश में'* के बाद *'ग़म राह में खड़े थे'* यह पंक्ति स्थायी की है। पर *'ख़ुशी की तलाश में'* इन पंक्तियों को दो बार अलग-अलग ढंग से गाकर *'ग़म राह में खड़े थे'* इन पंक्तियों से जिस मधुरता से जोड़ा गया है, संगीतकार की बुद्धि का परिचायक है। *'है इसी में प्यार की आबरू'* ग़ज़ल में *'मुझे ग़म भी उनका अजीज़ है, के उन्हीं की दी हुई चीज़ है'* को नीचे के स्वरों में, अवरोह में लाना संगीतकार की प्रतिभा का परिचायक है।

मदन जी से संगीत में *'हरक़तें'* या ख़ास जगहें चर्चा का विषय है। *'वो चुप रहें तो मेरे दिल के दाग़ जलते हैं,'* गीत में *'वो बात कर लें तो बुझते चिराग़ जलते हैं'* में *'बुझते'* और *'चिराग़'* गाने के लिए कंठ स्वर बेहद सुरीला और तीखी फिरत का होना आवश्यक है अन्यथा गायक की असफलता निश्चित है। केवल स्वर ही नहीं भाव और आवेग का प्रदर्शन भी गायक की कसौटी है। बिलकुल ऐसी ही *'जगह'* गीत *'मेरी आँखों से कोई नींद लिए जाता है'* में है। *'दूर से प्यार का पैग़ाम दिए जाता है'* में *'पैग़ाम'* भी ऐसी ही मुश्किल हरक़त है। *'चिराग़'* और *'पैग़ाम'* दोनों में ही जगहें एक ही तरह की हैं।

गीत की बंदिश को मदन जी एक सुंदर आकार प्रदान करते हैं। अंतरे की धुन बाँधते समय मदन जी अपनी सौंदर्य दृष्टि का पूरा उपयोग करते हैं। *'ज़रा सी आहट'* का अंतरा ज़रा ध्यान से सुनिए। *'छुप के सीने में'* के बाद छोटा सा आलाप है, पर दोनों ही अंतरों में अलग है। *'छुप के सीने में कोई जैसे सदा देता है, शाम के पहले*

दिया दिल का जला देता है' ये पंक्तियाँ नीचे के स्वरों में, मंद्र सप्तक में हैं। *'है उसी की ये सदा, है उसी की ये अदा'* ये पंक्तियाँ अदा पर एक सुंदर हरकत लेकर फिर *'कहीं ये वो तो नहीं'* से मिल जाती हैं। एक सुंदर रचना का सृजन होता है। फ़िल्म 'मनमौजी' का गीत *'मैं तो तुम संग'* के गीत की पंक्तियाँ भी इसी तरह स्थायी से जा मिलती हैं। *'क्यूँ आँधी में दीप जलाया'* का अंत जिस स्वर पर होता है वहीं से *'मैं तो तुम संग'* आरंभ हो जाता है। ऐसी धुनें श्रोताओं को बाँध लेती हैं और अंतर्मन में समा जाती हैं। आजकल गीत की यह सुंदर बुनावट भुला दी गई है। अब अंतरे बहक गए हैं। धुनें भी ऐसी होती हैं जिन्हें रसिकों की संगीत बुद्धि गवारा नहीं करती।

मदन मोहन का संगीत करुण रस का अक्षय निर्झर है। महाभारत का चरित्र अश्वत्थामा जिस तरह माथे पर एक रिसता घाव लेकर जीता रहा, उसी तरह मदन जी भी दिल में दर्द लिए जीते रहे। *'ज़िंदगी में मज़ा नहीं आ रहा यार,'* कहकर उदास होते मदन मोहन जब 'माई री मैं कासे कहूँ' जैसे गीत की धुन बनाते हैं तो वह मात्र बौद्धिक सृजन नहीं होता, उनके अंतर्मन में चल रहे भावनात्मक संघर्ष का फल होता है। एक अद्वितीय स्वर शिल्प जन्म होता है।

कलाकार का खुद अपने से, अपनी कला से, सारी दुनिया से लगातार मानसिक संघर्ष ज़ारी रहता है। इस संघर्ष का प्रभाव संगीतकार की रचनाओं में साफ़ झलकता है। तभी तो *'ये दुनिया ये महफ़िल मेरे काम की नहीं'* स्वयं मदन जी का जीवन गीत मालूम होता है। वे फ़िल्मी दुनिया में होकर भी यहाँ के नहीं थे। वे ताउम्र दुख झेलते रहे और सुखों से लड़ते रहे।

मदन जी के असंख्य गीतों में स्वरों के 'लगाव' का, स्वर को एक ख़ास स्तर से लगाने का अभ्यास विशेष रूप से देखने में आता है। किसी स्वर की विशेष श्रुति का प्रयोग केवल शास्त्रीय संगीत में ही किया जाए, यह तथ्य मदन जी ने आवश्यक नहीं माना। मदन जी ने इन श्रुतियों के प्रयोग से गीत के बोलों को गहरा अर्थ प्रदान किया। शास्त्रीय संगीत में रागों के अनुसार स्वरों को ख़ास तरह से लगाया जाता है। स्वरों का ख़ास लगाव होता है। उसी की सहायता से राग का साक्षात्कार होता है। राग का भाव स्पष्ट होता है। किसी स्वर के कोमल, अति कोमल या चढ़े सुर में होने से राग पर इसका बहुत प्रभाव पड़ता है।

आज सोचा तो आँसू भर आए
मुद्दतें हो गई मुस्कुराए

इस ग़ज़ल में 'आज' शब्द कोमल निषाद है जिसे अति कोमल और कुछ सपाट स्वर में लगा कर जीवन का अधूरापन बहुत ही प्रभावशाली तरीक़े से व्यक्त किया गया है। 'वो भूली दास्ताँ' में दास्ताँ शब्द का रिषभ भी अति कोमल है जो श्रोता को हिला देता है।

ठेठ स्वर लगाने से रचना का सौंदर्य कुछ अलग ही हो जाता है। किसी अन्य स्वर के आधार के बिना लगाया गया स्वर श्रोता के हृदय में तीर की तरह जा घुसता है। इस बात का अनुभव 'वो चुप रहें तो मेरे दिल के दाग़ जलते हैं' में लिया जा सकता है।

कहो बुझें कि जलें ?
हम अपनी राह चलें या तुम्हारी राह चलें ?

कहो शब्द के बाद हलका सा विराम बहुत अर्थ पूर्ण है। 'या तुम्हारी राह चलें' इस सवाल के बाद *'बुझें तो ऐसे कि जैसे किसी ग़रीब का दिल'* सीधे कोमल निषाद पर आता है जैसे किसी ज़हरीले तीर का घाव हो। दोहराने के बाद किसी ग़रीब का दिल पर ख़ास मदन मोहनी शैली की हरक़त है और अंत शुद्ध निषाद पर आकर होता है। दो निषादों का यह चमत्कार पूरे गीत में ज़ारी रहता है और श्रोताओं को बेचैन किए रहता है।

बोलों की रचना, किसी ख़ास बोल पर ज़ोर देना या विराम लेना, इस विशेषताओं से मदन जी की शैली सजी थी।

दिल की नाज़ुक रगें टूटती हैं
याद इतना भी कोई ना आए

'मैं पागल मेरा मनवा पागल'
मदन मोहन की दर्दभरी रचना और तलत की मखमली आवाज़ की
कातरता मन में गूँजती है

ये पंक्तियाँ कलेजा चीर के रख देने वाली विरह व्यथा का वर्णन करने में पूरी तरह सक्षम हैं।

मदन मोहन का अलौकिक संगीत श्रोताओं के सामने हर पल नई-नई सुंदर कल्पनाएँ उद्घाटित करता है। गीत के सुंदर बोल, स्वरों की कभी गंभीर तो कभी हलकी-फुलकी अलौकिक स्वर रचनाएँ, कभी शास्त्रीय संगीत का आधार तो कभी किसी राग की हलकी सी छाया से बनी गीत की धुन...

मदन मोहन का संगीत शास्त्रीय संगीत के उत्तम संस्कारों से सुसंस्कारित है तभी वे 'मेलोडी' या मधुरता को बहुत महत्त्व दिया करते थे। यही कारण है कि राग संगीत मदन जी की धुनों में बहुतायत से देखा जाता है।

हालाँकि उन्होंने राग के चलन से ज़्यादा धुन की मधुरता को महत्त्वपूर्ण माना। इसीलिए मालगुंजी ('उनको ये शिकायत है'), नंद ('तू जहाँ जहाँ चलेगा'), मधुवंती ('रस्मे उल्फ़त को निभाएँ'), बागेश्री कानडा ('बैरन नींद ना आए') रागेश्री ('कौन आया मेरे मन के द्वारे'), बागेश्री ('हमसे आया ना गया') आदि गीत रागों की पृष्ठभूमि में सजाए गए हैं। इन गीतों में शास्त्रीय राग की बंदिश से परे जाकर गीत की धुन को सजाने का प्रयास साफ़ दिखाई देता है। परंतु 'बैयाँ ना धरो...' (चारुकेशी), 'जा रे बदरा बैरी...' (यमन), 'प्रीतम दरस दिखाओ...' (ललत), आदि गीतों में राग की बंदिश और रागस्वरूप को बरक़रार रखा गया है।

मदन मोहन और सितार का अटूट संबंध रहा है यह बात सर्वविदित है। परंतु उनकी धुनों में सितार का उपयोग मात्र वाद्य के तौर पर नहीं किया गया। 'सितार अंग' मदन जी की धुनों में मौजूद है। उनके गीतों की अनेक धुनों में सितार की तरह मींड लेकर गोलाई से बोलों से घुमाया गया है। 'आज सोचा तो आँसू भर आए' गीत के हर बोल में सितार की तरह हिलोर है। 'बैयाँ ना धरो' में वाद्य के रूप में तो सितार मौजूद है ही पर हर बोल में सितार के अंग की गोलाई है। 'जा जा रे जा साजना' में जा की मींड, 'छाई बरखा बहार' में 'छाई' पर स्वर को लंबा खींचकर सितार की मींडकारी का सुंदर प्रदर्शन किया गया है।

मदन जी को दो बोलों, दो पंक्तियों के बीच छिपे भावों को अपनी धुन की सहायता से उजागर करने की अद्भुत महारत हासिल थी। वे बोलों पर अलग अलग ढंग से ज़ोर देने की जादू अपनी धुन में ही कर दिया करते थे।

जो हमने दास्ताँ अपनी सुनाई, आप क्यूँ रोए?
तबाही तो हमारे दिल पे आई, आप क्यूँ रोए?

फ़िल्म 'वह कौन थी?' के इस गीत में पहली पंक्ति में 'आप' शब्द पर ज़ोर है तो दूसरी पंक्ति में 'हमारे' शब्द पर ज़ोर है। मेरी दुनिया बरबाद है तो तुम्हारी आँखों

में आँसू क्यों हैं? दूसरी बार दोहराते हुए क्यूँ पर भी ज़ोर है। मराठी व्याकरण में सिखाया जाता है कि मराठी प्रश्नवाचक आकारांत होता है तो हिंदी-उर्दू का प्रश्नवाचक ऊकारांत होता है क्यूँ। बचपन में सीखी हुई व्याकरण से अचानक मुलाक़ात हो गई। प्रीतम 'मेरी दुनिया में दो दिन तो रहे होते' गीत में 'रहे' शब्द पर ज़ोर है जो अनुनय और बेबसी दोनों ही व्यक्त करने में सफल है। हमारे दिन-प्रतिदिन के संवाद के दौरान आवाज़ में जैसे उतार-चढ़ाव आते हैं, गीत में उन्हें इस तरह प्रतिबिंबित करना आसान नहीं है।

कई दिन से जी है बेकल
ए दिल की लगन अब ले चल
मुझे भी वहाँ, मेरे पिया हैं जहाँ

यह गीत फ़िल्म 'दुल्हन एक रात की' से है। इस गीत को भी उस दृष्टि से सुनें। इस गीत में 'ले चल' शब्द को जिस तरीक़े के ऊपर उठाया है, उससे प्यार भरा अनुनय और प्रेम की उत्कटता सहजता से व्यक्त हो जाती है। 'ले चल' का उच्चारण उस पंक्ति का सारा अर्थ मानो बाहर निकाल देता है।

गीत का अर्थ प्रकट करने के लिए आरोही-अवरोही ऊपर चढ़ते और उतरते स्वरों की रचनाओं का उपयोग मदन जी ने किस प्रकार किया है यह देखना बहुत रुचिकर है। फ़िल्म 'चिराग़' का यह गीत देखिए।

तेरी आँखों के सिवा दुनिया में रक्खा क्या है
ये उठे सुबह चले, ये झुकें शाम ढले
मेरा जीना मेरा मरना इन्हीं पलकों के तले

ध्यान दीजिए, 'ये उठे सुबह चले' सा, रे, नी, सा, ग, गंधार की ओर बढ़ती आरोही धुन है, 'ये झुकें' ग, ग, ग, रे, सा, सा की ओर लौटती अवरोही धुन, 'मेरा जीना मेरा मरना इन्हीं पलकों के तले', धीरे-धीरे ऊपर जाकर फिर नीचे उतरकर 'तले' पर धुन विराम लेती है। श्रोता इस दृष्टि से गीत को सुनें। बहुत अनोखा अनुभव है यह।

'हम हैं मता-ए-कूचा-ओ बाज़ार की तरह' ग़ज़ल में भी 'उठती है हर निगाह ख़रीदार की तरह' में 'उठती' नीचे से ऊपर की ओर उठता है। निगाह भी कैसी? बाज़ारू चीज़ को देखने वाली, प्यार भरी निगाह नहीं है वह। यह भाव आरोही धुन से पूरी तरह स्पष्ट हो जाता है। 'नैना बरसे' की 'रिमझिम' भी अवरोही है। श्रोता भी इस तरह के अन्य गीतों का अनुभव कर सकते हैं।

ज़मीं से हमें आसमाँ पर, बिठा के गिरा तो ना दोगे?
अगर हम ये पूछें के दिल में, बसा के भुला तो ना दोगे?

यह फ़िल्म 'अदालत' का गीत है जो इसी तरह की अनुभूति देता है। 'ज़मीं से' शब्द नीचे है, तो 'आसमाँ' शब्द हलके से ऊपर उठाया गया है। 'गिरा तो ना दोगे' में 'गिरा' धीरे से फिसलता सा नीचे आता है। 'वो भूली दासताँ लो फिर याद आ गई' गीत में 'कहाँ थी ज़िंदगी मेरी कहाँ पर आ गई' में दोनों 'कहाँ' बिलकुल अलग हैं और बेहद असरदार हैं। एक 'कहाँ' उच्च स्वर पर है तो दूसरा नीचे के स्वर पर होने से जीवन का अधःपतन पलक झपकते ही व्यक्त हो जाता है। 'कहाँ थी और अब कहाँ आ गई है यह ज़िंदगी...' यह अंतर निमिष मात्र में व्यक्त करने की क्षमता इस आरोही अवरोही धुन में है।

नैनों में बदरा छाए, बिजली से चमके हाए
ऐसे में बलम मोहे गरवा लगा ले

इस गीत में गरवा शब्द पर एक छोटी सी तान है। पूरे स्थायी में केवल यही एक शब्द जलद तान लेकर गाया गया है। क्या ऐसा नहीं लगता कि जैसे दौड़कर कोई किसी के गले से लिपट गया हो...

ना तुम बेवफ़ा हो, ना हम बेवफ़ा हैं
मगर क्या करें अपनी राहें जुदा हैं

अगर गीत के बोल इस तरह के हों तो मदन मोहन जी का अपना जख़्म और भी गहरा होकर रिसने लगता है। दोष किसे दिया जाए? एक दूसरे की वफ़ा पर शक करने से क्या फ़ायदा जब रास्ते ही अलग-अलग हैं?

ज़माना कहे मेरी राहों में आ जा
मुहब्बत कहे मेरी बाँहों में आ जा
वो समझे ना मजबूरियाँ अपनी क्या हैं

कम से कम लफ़्ज़ों में दर्द और बेचैनी बयाँ करना और इन शब्दों को उतनी ही असरदार धुन में पिरोना दोनों ही मुश्किल है... दुनिया के दस्तूर निबाहें या कि प्रियतम के दिल की पुकार सुनें? दुनिया की राह चलें या तुम्हारे दिल तक आती काँटों भरी दिलकश पगडंडी पर चलें? मुझे तो दोनों ही राहें पुकार रही हैं। *'वो समझे ना मजबूरियाँ अपनी क्या हैं'*? वो मेरी मजबूरी नहीं समझता। यहाँ पर 'वो' शब्द का प्रयोग किसके लिए हुआ है यह राज़ है... प्रियतम के लिए या दुनिया के लिए?

जब 'बेवफ़ा' शब्द दोहराया जाता है तो वे स्वर बहुत ख़ास हैं। 'मगर क्या करें' तार सप्तक के रिषभ पर है और 'अपनी राहें' गंधार पर है। और 'जुदा'? वह मात्र स्वर नहीं है... जुदाई का दुख, छलनी हुआ कलेजा, दिल की बेचैनी सभी कुछ एक ही लफ़्ज़ में समा गया है। नोटेशन में स्वर लिखे जा सकते हैं पर भावनाएँ लिखी नहीं जा सकतीं।

'मदन मोहन जी जब धुन बनाया करते थे तब स्वरों के अनगिनत डिज़ाइन से बन जाया करती थीं और वे स्वराकृतियाँ जैसे उन्हें इशारे किया करती थीं'। लता जी ने एक साक्षात्कार में बताया था कि मदन जी से धुन सीखते समय समझ में ही नहीं आता था कि कौन सी 'जगह' उठा लें और कौन सी छोड़ दें। वह सृजन क्या क़माल का रहा होगा... पर एक बात ध्यान देने की है। स्वरों की रचनाओं से मुश्किल 'फ्रेज़' बनाना, स्वर समूह बनाना मदन जी का स्थायीभाव रहा है। पर यदि बोलों और 'सिचुएशन' की माँग हो तो वे बिलकुल सादे स्वरों से भी असर पैदा करने में माहिर थे। मिसाल के तौर पर फ़िल्म 'मेरा साया' का गीत 'तू जहाँ जहाँ चलेगा मेरा साया साथ होगा' यह वादा, यह वचन हमारा मन आसानी से गवारा कर लेता है, क्योंकि इन स्वरों में कहीं भी वक्रता नहीं है। यहाँ है तो एक पक्का निश्चय... मैं सदा तुम्हारे साथ हूँ यह विश्वास जगाता एक ठहराव है। धुन में एक प्रकार की स्थिरता है। 'तू जहाँ जहाँ' तक सा है। फिर म का ठहराव 'चलेगा' शब्द पर है। मेरा साया शब्द पर तो पंचम सा अविचल स्वर है। सिर्फ़ 'होगा' पर एक हलकी सी हरकत है। बाक़ी पूरी धुन में एक स्थिरता व्याप्त है। रिश्ते की गुनगुनी सी सुरक्षा का अहसास है। 'कभी मुझको याद करके' या 'तू अगर उदास होगा' पंक्तियों को दोहराते हुए तान है वह 'करके' और 'होगा' शब्दों को और भी गहरा अर्थ प्रदान करती है। यह रचना राग नंद पर आधारित अवश्य है पर श्रोताओं को राग से भी पार जाने का आनंद देती है।

वास्तव में देखा जाए तो मदन मोहन के संगीत के बारे में एक पूरी पुस्तक लिखी जा सकती है। इतने विचार मंथन के बाद भी हम मदन जी के संगीत का पार नहीं पा सकते। उन के संगीत की बारीकियों की चर्चा करें तो अनगिनत पहलू उजागर होते चले जाते हैं। शास्त्रीय संगीत के जानकार उनके राग मिश्रण को लेकर आश्चर्य में पड़ जाते हैं तो पाश्चात्य संगीतज्ञ उनके द्वारा किए गए मेजर मायनर कॉर्ड्स के सम्मिश्रण से विस्मित हैं। सोनिक ओमी और केरसी लॉर्ड ने वाद्यवृंद संयोजन में कई अनोखे प्रयोग किए हैं। रईस ख़ाँ द्वारा बजाया गया सितार भी चर्चा का विषय है।

फ़िल्म 'मौसम' के गीत 'दिल ढूँढ़ता है फिर वही' और 'रुके रुके से क़दम' गीतों के बोल रचना की दृष्टि से बहुत ख़ास हैं। हमारे हाथ से फिसल गया समय, वे पल जब हम पीछे मुड़ के ढूँढ़ते हैं तो एक पल को ठिठक जाते हैं। फिर चलने लगते हैं क्योंकि चलना ही ज़िंदगी है।

दिल ढूँढ़ता है। फिर वही। फुरसत के। रात दिन।

बोलों की रचना इस तरह की गई है कि उसमें ठिठकना और पीछे मुड़ कर देखना लाज़मी है। इस पूरी कविता में प्रयुक्त प्रतीक 'जाड़ों की नर्म धूप', 'गरमियों की रात जो पुरवाइयाँ चलें,' 'वादी में गूँजती हुई ख़ामोशियाँ' का अनुभव मराठी कवि सुधीर मोघे के अनुसार 'हिलोरें लेता' मन ही कर सकता है या कहिए अति संवेदनशील मन ही इसके बारे में सोच सकता है। इस गीत के दोनों ही रूप उत्कट और गंभीर हैं। युगल गीत में भूपेंद्र की आवाज़ केवल गीत के स्थायी में है। पर उनकी आवाज़ के घन गंभीर टोन और वज़न के कारण अंतरे में कहीं भी उनकी कमी महसूस नहीं होती। इस गीत से पहले पुरुष स्वर का केवल स्थायी तक सीमित रहना 'आँखों ही आँखों में इशारा' 'सी.आई.डी.' में ही देखा गया है। 'रुके रुके से क़दम' गीत की रचना 'रुक के। बार बार। चले।' में क़दमों के ठिठकने का अहसास है। परंतु अगली पंक्ति 'क़रार दे के' में 'क़रार' शब्द पर दृढ़ता और संयम व्यक्त होता है।

'दिल ढूँढ़ता है, फिर वही' गीत के ताल में एक अजीब सी जादूगरी है। ताल के ज्ञाताओं ने बताया कि यह 'उलटी' दादरा ताल है। इस गीत में लता जी ताल के साथ नहीं, ताल पर हावी होकर गाती हैं। वे ताल के अनुसार नहीं गातीं, ताल ही उनके अनुसार बजती है। आख़िरी अंतरे में 'किसी भी पहाड़ पर' बोल ताल के अनुसार कुछ जल्दी आ जाते हैं। पर लता जी का करिश्मा देखिए, लय के ख़ास अंदाज़ के साथ 'लम्हे' शब्द बड़ी ख़ूबसूरती से नीचे रिषभ तक ले आती

मदन मोहन, रफी, भूपेंद्र, मन्ना दा और तलत... सहयोगी कलाकारों की संगीत चर्चा और उस से निखरता गीत

हैं। बोलों को ताल की चौखट में ज़बरदस्ती 'फ़िट' करने का प्रयास नहीं है। बस एक स्वच्छंदता है, एक मस्ती है गायकी में। ताल की फ़िक्र नहीं है। उसे तो गीत के पीछे आना ही है। इस तरह की गायकी को आत्मसात करने का प्रयास किया जाना चाहिए।

मदन मोहन जी की बनाई धुनों में तेज़ लय के गीतों की संख्या कम है। इन्हीं गीतों में एक चैतन्यमय गीत है 'चला है कहाँ'। चला... है... कहाँ... की पुकार के बाद हलका सा विराम है, फिर तबले के साथ 'दुनिया इधर है तेरी...' आरंभ हो जाता है। 'आ जा,' 'आ जा' की पुकार के साथ 'हो' कितना नाजुक सा है। अंतरे के अंत में हर बोल पर छोटी-छोटी दानेदार तानें हैं। हर स्वर से तेज़ सा फूटता है। हर पंक्ति के साथ मेंडोलिन और बाँसुरी की संगत है। किसी को पुकार कर कहा गया है कि देखो कितना प्यारा समाँ है। अब कली फूल में रूपांतरित हो चुकी है। अगर तुम रसविहीन रह गए तो यह बहार मुझ पर हँसेगी। अभी तो पायल ने छनकना शुरू किया है और तुम चले...? सच ही घुँघरू बजने लगते हैं हर बार तान के सा पर पहुँचते ही तुरंत ही 'चला है कहाँ' निषाद पर आ जाता है। इस तरह की धुन बनाना आसान नहीं होता।

मदन मोहन जी की सभी धुनों को शांति से, इत्मीनान के साथ सुना जाना चाहिए। जल्दबाज़ी में सुनने का उनका संगीत है ही नहीं। धुन से एक भी प्यारी जगह नज़र अंदाज़ नहीं होना चाहिए।

फ़िल्म 'रेलवे प्लेटफ़ॉर्म' का गीत 'चाँद मद्धम है आसमाँ चुप है, नींद की गोद में ये जहाँ चुप है' अलग ही तरह का गीत है। धुन कुछ गूढ़, रहस्यमय सी है। 'जहाँ चुप है' में 'जहाँ' ऐसे गाया गया है जैसे किसी माला से मोती नीचे सरसराए। गीत में वाद्य बहुत कम हैं। मात्र स्पेनिश गिटार की संगत है। सौम्य से वायलिन हैं। दूसरा अंतरा बिलकुल ही अलग ढंग का है। अब तक कोमल गंधार वातावरण को गंभीर बनाए हुए था अचानक शुद्ध गंधार शुक्र तारे की तरह दमक उठता है।

इन बहारों के साए में आ जा
फिर मुहब्बत जवाँ रहे ना रहे
ज़िंदगी तेरे ना मुरादों पर
कल तलक मेहरबाँ रहे ना रहे

'ज़िंदगी' शब्द की मध्य सप्तक के गंधार से तार सप्तक के गंधार तक की बढ़त श्रोताओं को बेचैन कर देती है। 'चाँद' शब्द के उच्चारण में लता जी एक ख़ास श्रुति का इस्तेमाल करती हैं जिसे काग़ज़ पर नहीं लिखा जा सकता। किसी उदास सी रात के समय इस गीत को कानों से होकर दिल के पार उतर जाने दीजिए।

रोज़ की तरह आज भी तारें
सुबह की गर्द में ना खो जाएँ
आ तेरे ग़म में जागती आँखें
कम से कम एक रात सो जाएँ

मदन मोहन जी के गीत हमें यह अनुभव देते हैं कि उदासी भी कितनी लुभावनी हो सकती है और बेचैनी मन भर देने के बाद छलकती है। पौराणिक कथा के अनुसार राजा मिडास जिस चीज़ को भी छू देता था वह सोना बन जाती थी, उसी तरह मदन जी का स्वर्ण स्पर्श पाकर विरह गीत और भी गहरा असर करते हैं। फ़िल्म 'हीर राँझा' का गीत *'दो दिल टूटे, दो दिल हारे'* दुखी प्रेमिका का करुण आक्रंदन है। उसके दिल की बेचैनी और दर्द को बेहद असरदार तरीक़े से व्यक्त करता है। गीत एक दुखी प्रेमिका के फड़फड़ाते हुए प्राणों की अभिव्यक्ति है तभी तो गीत का आरंभ ही एक गहरे उच्छ्वास से होता है। *'दुनिया वा...लों'* में लता जी की पुकार श्रोताओं का कलेजा चीर कर रख देती है। दो दिलों के टुकड़े करके तुमने क्या पाया? यही उस करुण पुकार से साफ़-साफ़ प्रतिध्वनित होता है। सितार और अशुभ का संकेत देती शहनाई इस विलाप में वृद्धि करते हैं और हर पंक्ति के बाद बाँसुरी दिल के जख़्म पर फूँक मारकर राहत देती सी लगती है।

तीसरा अंतरा तो और भी अलग है। *'प्यार तुम्हारा देखा'* में स्वर मध्य सप्तक के शुद्ध धैवत तक पहुँच जाते हैं। *'दिल का तोड़ना'* में *'तो'* पर हलका सा ज़ोर दिया गया है। *'तड़पोगे तुम भी साथ हमारे'* की शापवाणी एक दर्द भरे दिल से निकला उद्गार है जो श्रोता को दिल की गहराई तक घायल कर देती है।

हालाँकि विरह गीतों में मदन जी को महारत हासिल थी पर उनके बनाए हर तरह के गीत कभी भुलाए नहीं जा सकते। उनका संगीत अभिरुचि संपन्न रहा है और यह विशेषता उनके हर गीत की धुन से झलकती है। *'सपनों में अगर मेरे'* फ़िल्म *'दुल्हन एक रात की'* का बहुत प्यारा सा गीत है। गीत में मासूम, सुंदर और संयत प्रेम की अभिव्यक्ति है। कहीं भी नाटकीयता नहीं है। *'तुम आओ'* पर तीखा सा षडज है और वहीं ताल आरंभ होती है। *'सो जाऊँ'* इतनी प्यारी तान है कि आश्चर्य होता है कि संगीतकार के मन में आई कैसे होगी? इसी तान को दोहराते समय *'तुम'* का उच्चारण कितना ख़ास है। ग, रे, सा, ग मात्र इतने ही स्वरों का यह चमत्कार है। दोनों अंतरों की धुन अलग-अलग है जो निश्चय ही संगीतकार की प्रतिभा का परिचायक है। लता जी *'सो जाऊँ'* का उच्चारण हर बार इस तरह से करती हैं कि हर बार उससे अलग-अलग अर्थ प्रतिध्वनित होता है। यह गीत ऐसी मासूम युवती का गीत मालूम होता है जिसका इस दुनिया के दुखों और संघर्ष से दूर-दूर तक कोई संबंध नहीं है। वह अपनी ही दुनिया में मगन इतरा रही है। वह तभी सोना चाहती है

जब प्रियतम उसके सपने में आए और अपनी बाँहों की माला पहनाए।

जब मदन मोहन द्वारा बनाई गई धुनों में शास्त्रीय संगीत पर आधारित धुनों की चर्चा की जाती है तो फ़िल्म 'दस्तक' के गीत *'माई री... मैं का से कहूँ'* की बात सबसे पहले की जाती है। यह तय करना मुश्किल कि यह गीत है, बंदिश है, भजन है या लोकगीत है? यह एक अलग ही स्वरूप की रचना है जिस में शास्त्रीय संगीत और लोक संगीत का मिलाप है। एक ख़ास बात और... ऐसे श्रोताओं की संख्या कम नहीं जिन्हें यह गीत मदन मोहन की आवाज़ में ज़्यादा पसंद है। उनकी आवाज़ की एक अलग ही धार है, आवाज़ में एक ख़ास भाव है जो माटी की सुगंध लिए है। *माई, मैया* ये शब्द कितने मीठे, मधुर हैं। *'पा कर भी नहीं उनको मैं पाती'* पंक्ति विलक्षण तरीक़े से नीचे आकर *माई री* से मिल जाती है। इतना सुंदर मेल, जैसे एक तन एक मन हो बहुत कम देखने में आता है। तीसरे अंतरे में 'दुख ये मिलन का ले के' का कोमल गंधार हलके से सहला जाता है।

'तुम जो मिल गए हो' में भव्य, प्रयोगशील वाद्यवृंद है। गीत के पहले ही बोल पर हलका सा खटका है। शायद इस तरह का यह एकमात्र गीत है। 'आपकी नज़रों ने समझा' मूलतः ग़ज़ल है, उस का क़व्वाली में किया गया रूपांतरण 'कभी ए हक़ीक़ते मुंतज़र', आशा जी की आवाज़ में *'शोख नज़र की बिजलियाँ'* जो श्रोताओं में ठंडी सिहरन भर देता है। *'सबा से ये कह दो'* कितना अनोखा है। *'झुमका गिरा रे'* की ठसक अलग ही है। मदन जी ने कितनी अलग-अलग तरह की धुनें बनाई हैं।

कुछ गीत ताल के बंधन से मुक्त, मुक्त छंद से हैं... *'मुझे ले चलो'* और *'मैं ये सोच कर'* गीत से परे एक कथन है। आशा जी और रफ़ी साहब का उदास, अनमनी सी आवाज़ में गाया *'हम सफ़र साथ अपना छोड़ चले'* तो जैसे चिर विरह की चरम परिणति है। *'जाना था हम से दूर'* गीत के हर बोल को इस ख़ास ढंग से गाया गया है कि कलेजा हिल जाता है। *'ठिका...ने बना... लिए'* का विलंबित कोमल निषाद दूरी का अहसास कराने में पूरी तरह सक्षम है।

मदन मोहन जी ने अपने गीतों के लिए स्त्री स्वर को प्रमुखता दी, पर उन्हें ग़ज़लों का बादशाह बनाया महमूद की मखमली आवाज़ में गाए गए तरल भावोत्कट गीतों ने। *'फिर वही शाम'*, *'हम से आया ना गया'* गीत नहीं रत्न हैं जिन्हें मखमल की डिबिया में सहेज कर रखा जाए। मन्ना डे का गाया *'कौन आया'* और रफ़ी साहब का गाया *'आपके पहलू में'* गीतों का इन गायकों के कार्यकाल में बहुत महत्त्व है। शायद कोई बिरला ही होगा जिसका मन 'आपके पहलू' को सुनकर भर नहीं आए।

मदन जी ने 'देख कबीरा रोया' और 'ग़ज़ल' फ़िल्मों में तीन-तीन गीतों की लड़ियाँ दी हैं। तीनों गीत इतने मधुर हैं जैसे दानेदार मोतियों की माला हो। *'मेरी बीना तुम बिन रोए'*, *'अश्कों से तेरी हमने'* और *'तू प्यार करे या ठुकराए'* ये

रचनाएँ पहाड़ी, अहीर भैरव और भैरवी पर आधारित हैं। राग-रागिनियों का स्वतंत्र अस्तित्व तो नहीं है पर ये रचनाएँ एक दूसरे से गुँथी सी लगती हैं। फ़िल्म 'ग़ज़ल' में 'नग़मा ओ शेर', 'रंग और नूर की', 'इश्क़ की गर्मिए' इन तीनों ग़ज़लों को साहिर साहब ने 'पेश करूँ' जुमले से इस क़दर नफ़ासत से सजाया है और मदन मोहन ने तीनों ग़ज़लों को अलग-अलग धुनों में बाँधकर अपनी प्रतिभा का परिचय दिया है। गीतकार और संगीतकार की मानो जुगलबंदी हो। संगीत प्रतिभा का भंडार भरा हो तो धुनों के लिए यहाँ-वहाँ ताक-झाँक करनी ही नहीं पड़ती। फिर भी मदन जी ईमानदारी से क़बूल करते हैं सज्जाद हुसैन की धुन 'ये हवा ये रात ये चाँदनी' से वे बहुत प्रभावित थे और उसी से प्रेरणा लेकर उन्होंने 'तुझे क्या सुनाऊँ मैं दिलरुबा' की धुन बनाई थी। बहरहाल, मदन मोहन तो मदन मोहन ही थे...

मदन मोहन जी ने 14 जुलाई 1975 को इस दुनिया को आख़िरी सलाम किया। यूँ भी उन का मन इस दुनिया में नहीं लगता था। दिल में ना जाने कितनी फाँसें थीं। फ़िल्मी दुनिया की गंदी राजनीति और प्रतिभा का हनन, गलाकाट प्रतिस्पर्धा, स्वयं अपने बच्चों को पिकनिक आदि के दौरान दूसरे संगीतकारों के गीत गाते हुए देखना... शायद वे कभी नहीं जान पाए कि उनके पिता ने जो संगीत रचनाएँ दी हैं वे समय से परे ही नहीं, वे कालातीत हैं। यह संगीतकार इस दुनिया का था ही नहीं। सजीले मदन जी की क्रिकेट में और खाने-खिलाने में बेहद रुचि थी और यह शानदार व्यक्तित्व एक दिन ख़ामोशी से 'यह' दुनिया छोड़कर 'अपनी' दुनिया में समा गया। हमेशा के लिए खो गया। कल-परसों की ही तो बात है... 'वीर ज़ारा' में मदन मोहन द्वारा बनाई गईं धुनें बेहद सराही गईं... पर हमारे मदन मोहन, खो गए तो फिर हमें नहीं मिले।

जाना था हम से दूर, बहाने बना लिए
अब तुमने कितनी दूर ठिकाने बना लिए

भीगी पलकों से आप को सलाम, मदन मोहन जी...

♪

अध्याय में उल्लेखित गीतों की जानकारी

गीत / फ़िल्म / गायक-गायिका / गीतकार / वर्ष

साँवरी सूरत मन भाई / अदा / लता मंगेशकर / प्रेम धवन / 1951

मेरे पिया से कोई / आशियाना / लता मंगेशकर / राजेंद्र कृष्ण / 1952

नैना बरसे रिमझिम / वह कौन थी / लता मंगेशकर / राजा मेहँदी अली ख़ान / 1964

बेताब दिल की तमन्ना / हँसते ज़ख़्म / लता मंगेशकर / कैफ़ी आज़मी / 1973

ज़रा सी आहट होती है / हक़ीक़त / लता मंगेशकर / कैफ़ी आज़मी / 1964

ना तुम बेवफ़ा हो / एक कली मुस्काई / लता मंगेशकर / राजेंद्र कृष्ण / 1968

बदली से निकला है / संजोग / लता मंगेशकर / राजेंद्र कृष्ण / 1961

मेरी बीना तुम बिन / देख कबीरा रोया / लता मंगेशकर / राजेंद्र कृष्ण / 1957

यूँ हसरतों के दाग़ / अदालत / लता मंगेशकर / राजेंद्र कृष्ण / 1958

वो चुप रहे तो मेरे / जहाँआरा / लता मंगेशकर / राजेंद्र कृष्ण / 1964

मैं तो तुम संग / मनमौजी / लता मंगेशकर / राजेंद्र कृष्ण / 1962

माई री मैं का से / दस्तक / लता मंगेशकर / मजरूह सुलतानपुरी / 1970

ये दुनिया ये महफ़िल / हीर राँझा / मो. रफ़ी / कैफ़ी आज़मी / 1970

आज सोचा तो आँसू / हँसते ज़ख़्म / लता मंगेशकर / कैफ़ी आज़मी / 1973

उनको ये शिकायत है / अदालत / लता मंगेशकर / राजेंद्र कृष्ण / 1958

तू जहाँ जहाँ चलेगा / मेरा साया / लता मंगेशकर / राजा मेहँदी अली ख़ान / 1966

रस्मे उल्फ़त को निभाएँ / दिल की राहें / लता मंगेशकर / नक़्श लायलपुरी / 1973

बैरन नींद ना आए / चाचा ज़िंदाबाद / लता मंगेशकर / राजेंद्र कृष्ण / 1959

कौन आया मेरे मन के द्वारे / देख कबीरा रोया / मन्ना डे / राजेंद्र कृष्ण / 1957

हम से आया ना गया / देख कबीरा रोया / तलत महमूद / राजेंद्र कृष्ण / 1957

बैयाँ ना धरो ओ बलमा / दस्तक / लता मंगेशकर / राजेंद्र कृष्ण / 1970

जा रे बदरा बैरी जा / बहाना / लता मंगेशकर / राजेंद्र कृष्ण / 1960

प्रीतम दरस दिखाओ / चाचा ज़िंदाबाद / लता मंगेशकर, मन्ना डे / राजेंद्र कृष्ण / 1959

जा जा रे जा साजना / अदालत / लता मंगेशकर / राजेंद्र कृष्ण / 1958

छाई बरखा बहार / चिराग़ / लता मंगेशकर / मजरूह सुलतानपुरी / 1969

जो हमने दास्ताँ हमने सुनाई / वह कौन थी / लता मंगेशकर / राजा मेहँदी अली ख़ान / 1964

प्रीतम मेरी दुनिया में / अदा / लता मंगेशकर / राजा मेहँदी अली ख़ान / 1951

कई दिन से जी है बेकल / दुल्हन एक रात की / लता मंगेशकर / राजा मेहँदी अली ख़ान / 1966

तेरी आँखों के सिवा / चिराग़ / मो. रफ़ी / मजरूह सुलतानपुरी / 1969

हम हैं मता-ए-कूचा-ओ बाज़ार / दस्तक / लता मंगेशकर / मजरूह सुलतानपुरी / 1970

ज़मीं से हमें आसमाँ / अदालत / आशा भोंसले, मो.रफ़ी / राजेंद्र कृष्ण / 1958

नैनों में बदरा छाए / मेरा साया / लता मंगेशकर / राजा मेहँदी अली ख़ान / 1966

ना तुम बेवफ़ा हो / एक कली मुस्काई / लता मंगेशकर / राजेंद्र कृष्ण / 1968

दिल ढूँढ़ता है फिर वही / मौसम / लता मंगेशकर, भूपेंद्र सिंह / गुलज़ार / 1975

रुके रुके से क़दम / मौसम / लता मंगेशकर / गुलज़ार / 1975

चला है कहाँ / संजोग / लता मंगेशकर / राजेंद्र कृष्ण / 1961

चाँद मद्धम है / रेलवे प्लेटफ़ॉर्म / लता मंगेशकर / साहिर लुधियानवी / 1955

दो दिल टूटे, दो दिल हारे / हीर राँझा / लता मंगेशकर / कैफ़ी आज़मी / 1970

सपनों में, अगर मेरे / दुल्हन एक रात की / लता मंगेशकर / राजा मेहँदी अली ख़ान / 1966

अब क्या मिसाल दूँ

ठेठ देसी, भारतीय ख़ुशबू लिए धुनें, भावनाओं को परत दर परत खोलने की क्षमता रखती हैं। रोशन साहब की धुनें कभी बेहद नाज़ुक तो कभी बेबाक अभिव्यक्ति, कभी सारंगी और सितार के स्वरों के झूले पर आपको झूला झुलाती सी तो ढोलक की ताल को बड़ी ख़ूबी से आपके सामने पेश करती हैं। विविध प्रकार की धुनों के रचनाकार... रोशन... रोशनलाल नागरथ... मात्र पचास वर्ष की आयु के धनी रहे, पर सदा अपनी प्रवृत्ति के अनुकूल ही रचनाएँ उन्होंने कीं। उच्चस्तरीय काव्य को उन्होंने उसी स्तर के संगीत से सजाया जिसे ज़रा भी इधर-उधर करने की गुंजाइश ही नहीं होती थी। उसमें कोई नुक्स निकाला ही नहीं जा सकता था। तीनों सप्तकों में लहराती, रोशन जी की धुनें श्रोताओं को समृद्ध संगीत का अनुभव कराती थीं। जैसे 'रहें ना रहें हम' हो या फिर 'अब क्या मिसाल दूँ' हो। 'सारी सारी रात तेरी याद सताए' हो या 'जो बात तुझमें' हो। महीन हरक़तें, आवाज़ को ख़ास ढंग से 'लगाना', बेहतरीन वाद्यवृंद और अभिजात्य शास्त्रीय संगीत का उस वाद्यवृंद के साथ सही मेल रोशन के संगीत की विशेषता रही है। रोशन ने सचमुच ही संगीत की दुनिया को 'रोशन' कर दिया। राग यमन में क़व्वाली बनाना और उसी राग के स्वरों में आध्यात्मिक गीत की रचना करने के लिए उस राग का गहन ज्ञान होना तो आवश्यक है ही साथ-साथ स्वयं की स्वर रचना पर गहन विश्वास होना भी उतना ही ज़रूरी है।

राग यमन के स्वरों में *'मन रे, तू काहे ना धीर धरे'* और *'निगाहें मिलाने को जी चाहता है'* बनाते समय शायद यही विश्वास रोशन के मन में भी रहा होगा। रफ़ी साहब की आवाज़ *'अब क्या मिसाल दूँ'* में पूरी तरह प्रेम रस में डूबी हुई है और *'मन रे'* गाते हुए कितनी आश्वासक, मन को दिलासा देती सी लगती है। यह रोशन की धुनों का ही क़माल है। उनकी धुन ही गायक का पथ प्रदर्शन करती उसे नई राह पर ले जाती है।

रोशनलाल नागरथ का जन्म 14 जुलाई 1917 को पंजाब के गुजराँवाला ज़िले में, भटिया नाम के ग्राम में हुआ था। उनका स्वभाव कुछ अंतर्मुखी और मन की बात मन में रखने वाला था। उनका परिवार सम्पन्न था। बचपन से ही उन का उर्दू काव्य और साहित्य की ओर रुझान था जो उनके गीतों में प्रतिबिंबित होता रहा। यही कारण है कि अपने गीतों की धुनों में भी उन्होंने एक ही शब्द की अनेक अर्थ छटाओं को व्यक्त किया है। उन्हें पंडित रातंजनकर, पंडित मनोहर बर्वे, उस्ताद अलाउद्दीन ख़ाँ जैसे दिग्गजों का मार्गदर्शन प्राप्त हुआ जिससे राग संगीत की अनदेखी राहें आसान होती चली गईं। जब वे 28 वर्ष के थे, लखनऊ के आकाशवाणी केंद्र से उनका जलतरंग वादन प्रसारित हुआ जिसे निर्माता-निर्देशक केदार शर्मा ने सुना। केदार शर्मा ने उनके सामने फ़िल्म में संगीत देने का प्रस्ताव रखा, पर रोशन का रुझान शास्त्रीय संगीत की ओर था, इसलिए उन्होंने इनकार कर दिया। अनेक फ़िल्मों में संगीत देने के बाद भी उनका यह विचार क़ायम रहा। उनकी प्राथमिकता शास्त्रीय संगीत ही रहा। आकाशवाणी में ही उनका परिचय गायिका इरा मोइत्रा से हुआ जिनसे बाद में उन्होंने विवाह कर लिया। वे उनकी सहायक भी रहीं। शुद्ध शास्त्रीय संगीत के बजाए फ़िल्मों में संगीत देने की टीस उन के मन में हमेशा ही बनी रही। फ़िल्मों में शास्त्रीय संगीत पर आधारित संगीत देने वाले संगीतकारों की शैली में भी काफ़ी अंतर है, ऐसा मेरा अनुभव है। नौशाद, वसंत देसाई, जयदेव और रोशन का नाम इन संगीतकारों में प्रमुखता से लिया जा सकता है। पर हर एक की शैली भिन्न-भिन्न है। नौशाद और वसंत देसाई ने राग की अँगुली थाम कर, राग की सुंदरता और वातावरण निर्माण की शक्ति पर पूरा विश्वास रखकर धुनें बनाईं। रोशन और जयदेव ने राग संगीत से परे जाकर उसमें जो इम्प्रोवाइज़िंग तत्व थे, उस पर ध्यान देकर, उसका उपयोग अपनी धुनों में किया। एक ही पंक्ति को अलग-अलग तरह से गाना, बोल आलाप का ही एक प्रकार है। इससे गीत की सुंदरता में वृद्धि होती है। ऐसे कई उदाहरण हैं। *'जुल्मे उल्फ़त पे हमें लोग सज़ा देते हैं'* (ताजमहल), *'सलामे हसरत क़बूल कर लो'* (बाबर), *'तुम अगर मुझ को ना चाहो'* (दिल ही तो है) जैसे कई गीत हैं, उनके अंतरे इस दृष्टि से सुनकर देखिए। *'जुल्मे उल्फ़त'* में *'हमने दिल दे भी दिया'*, *'सलामे हसरत'* में *'तुम्ही मेरे वास्ते ख़ुदा हो'*, *'तुम अगर मुझको ना चाहो'* में *'तुम जो मुझसे ना निबाहो तो कोई बात नहीं'* ये पंक्तियाँ ध्यान

से सुनिए। हर पंक्ति में महीन परिवर्तन किए गए हैं। ये पंक्तियाँ गुनगुनाकर देखें, हम जान जाते हैं कि संगीत की दृष्टि से ये धुनें कितनी समृद्ध हैं।

रोशन जी की पहली फ़िल्म 'नेकी और बदी' 1949 बिलकुल भी नहीं चली। वे सोच में पड़ गए कि केदार शर्मा के आमंत्रण पर मुंबई आकर उन्होंने कहीं भूल तो नहीं की। तभी 1950 की फ़िल्म 'बावरे नैन' के संगीत ने पूरे फ़िल्म उद्योग को तूफ़ान की तरह झकझोर कर रख दिया। *'तेरी दुनिया में दिल लगता नहीं'* (मुकेश), *'ख्यालों में किसी के'* (मुकेश-गीता), *'सुन बैरी बलम'* (राजकुमारी), *'मुझे सच सच बता दो'* (राजकुमारी-मुकेश), आदि सभी गीत बेहद मक़बूल हुए। हर एक के होंठों पर यही गीत गूँज रहे थे। यह संगीत कुछ ख़ास है, अलग है यह बात संगीत प्रेमी जान गए थे। आज भी हम ये गीत सुनते हैं तो रोशन की प्रतिभा के क़ायल हो जाते हैं। *'ख्यालों में किसी के'* को दुनिया श्रेष्ठ युगल गीतों की श्रेणी में रखा जा सकता है, इस बात पर शायद ही किसी को आपत्ति हो। राज कपूर और विजयलक्ष्मी का चुलबुला अभिनय, राज कपूर की शरारत से भरी आँखें, झूठी शिकायत दर्शाता विजयलक्ष्मी का प्यारा चेहरा और इस गीत का ऐसा कुछ मेल बन पड़ा है कि आज 64 वर्ष बीत चुके हैं फिर भी इस गीत का जादू कम नहीं हुआ है। याद कीजिए, *'चाँदनी चार दिन की है'* इस बात की पुष्टि करता विजयलक्ष्मी का मासूम चेहरा और गीता दत्त की आवाज़, *'दिलों को रौंद कर दिल अपना बहलाया नहीं करते'* की कैफ़ियत देती मुकेश की आवाज़... ईश्वर ने सुंदरता बख्शी है तो क्या हुआ? *'मिली है चाँद सी सूरत तो इतराया नहीं करते'*, *'मुझे सच सच बता दो'* गीत में *'क्या...'* हर बार अलग-अलग भाव व्यक्त करता है बहुत ही स्वाभाविक लगता है। गीत में प्रश्न जिस ढंग से है उसी के अनुरूप 'क्या' का उच्चारण है। अगर एक ही सवाल दो बार दोहराया जाता है तो 'क्या' और भी अधिक सार्थक हो उठता है।

'तेरी दुनिया में दिल लगता नहीं' गीत में मुकेश की आवाज़ से प्रकट होती करुणा ने इस गीत को खरा सोना बना दिया है। जब रोशन की पहली फ़िल्म असफल हुई थी तो उसी उदासी भरे मूड में इस गीत की धुन की रचना की गई थी। असफलता से निराश होकर वे सागर के किनारे टहल रहे थे और सोच में डूबे थे कि क्या सामान समेटकर वापस दिल्ली लौट जाएँ। तभी इस धुन का ख़्याल उन के मन में आया था। *'मैं सजदे में गिरा हूँ मुझ को ए मालिक उठा ले... वापस बुला ले...'* कितनी निराशा भरी अवस्था होगी उनकी...

शास्त्रीय संगीत के अनेक राग रोशन की संगीत रचनाओं में अपना अस्तित्व बड़ी खूबसूरती से प्रकट करते हैं। इन रागों को प्रस्तुत करने की रोशन जी की अपनी ख़ास शैली रही है।

गौड़ मल्हार ('गरजत बरसत सावन आयो रे'), मल्हार ('बरसात की रात'), दो अलग-अलग गीत ('शराबी शराबी', 'जुल्मे उल्फ़त पे हमें लोग सज़ा देते हैं'– ताजमहल), यमन ('निगाहें मिलाने को जी', 'मन रे तू काहे ना धीर', 'तुम अगर मुझको', 'सलामे हसरत', 'छुपा लो यूँ दिल में प्यार', 'ज़िंदगी भर नहीं भूलेगी', 'ए री आली पिया बिन') (बंदिश पर आधारित) 'संसार से भागे फिरते हो'... एक राग यमन से रोशन जी ने इतनी धुनें बनाई हैं, इतने रंग और इतने 'मूड' प्रस्तुत किए हैं कि उनकी प्रतिभा को कैसे नवाज़ा जाए... कलावती ('काहे तरसाए जियरा'), भीम पलासी ('एरी मैं तो प्रेम दिवानी'), कामोद ('एरी जाने ना दूँगी'), भैरवी ('लागा चुनरी में दाग़'), कितने ही उदाहरण हैं। अनेक गीत संगीत के कार्यक्रमों को 'लागा चुनरी में दाग़' ने ऊँचाइयों तक पहुँचाया। मन्ना डे का कार्यकाल 'लागा चुनरी में दाग़' के बिना अधूरा है। फ़िल्म 'दूज का चाँद' का गीत 'फूल गेंदवा ना मारो' हास्य गीत के रूप में फ़िल्माया गया है। स्वाभाविक स्थिति जन्य हास्य गीत बनाना आसान नहीं रहा होगा। परदे पर कलाकार का इस गीत को गाते हुए हकलाना, अटकना कितना स्वाभाविक लगता है।

'बावरे नैन' के बाद 'बेदर्द', 'मल्हार', 'हमलोग', 'अनहोनी' और 'रागरंग' जैसी फ़िल्मों में अनेक अविस्मरणीय गीत रोशन जी ने दिए। 'मल्हार' के गीतों ने सही मायनों में रोशन का नाम रोशन कर दिया। रोशन के संगीत को समझने के लिए

रोशन
अनोखा व्यक्तित्व और संगीत का अनोखा जानकार।
रोशन जी बहुत सरल स्वभाव के धनी थे

उनकी शैली की नज़ाकत, को समझना ज़रूरी है। रोशन जी के गीत में विराम इतनी ख़ास जगह होता है कि श्रोता तुरंत ही जान लेता है कि गीत का रुख़ किस ओर है। ख़ासकर जो प्रश्नार्थक गीत हैं उन गीतों में यह बात विशेष रूप में परिलक्षित होती है। 'अब क्या मिसाल दूँ मैं तुम्हारे शबाब की' फ़िल्म 'आरती' में 'अब क्या' के बाद विराम है, या 'दुनिया करे सवाल तो हम क्या जवाब दें' (बहू बेग़म), गीत में 'सवाल तो हम' के बाद भी ऐसा ही विराम है। इस विराम के कारण 'क्या' को एक ख़ास स्थान प्राप्त होता है। 'जुल्मे उल्फ़त पे हमें लोग सज़ा देते हैं, कैसे नादान हैं, शोलों को हवा देते हैं' ग़ज़ल में भी पहली पंक्ति के बाद ताल थम जाता है। 'बार–बार तोहे क्या समझाए पायल की झनकार' के बाद एक विराम के बाद 'क्या' आता है। इस विराम के कारण ही यह गीत एक सुंदर संवाद में बदल जाता है।

उस ज़माने में गीतों के मुखड़े ऊँचे स्वरों में बाँधने की शैली लोकप्रिय थी पर उसके विपरीत रोशन ने नीचे स्वरों में मुखड़े बाँधने की हिम्मत की। 'बहे आँखियों से धार' (हम लोग), 'मन रे तू काहे ना धीर धरे' (चित्रलेखा), 'पाँव छू लेने दो' (ताजमहल) आदि कई उदाहरण हैं।

रोशन जी ने लता मंगेशकर, मुकेश, रफ़ी साहब, तलत, मन्ना डे, सुधा मल्होत्रा और आशा भोंसले आदि सभी गायकों में नई संभावनाओं की तलाश की। लता जी की आवाज़ की विशेषताओं का अनेक संगीतकारों ने अनेक तरह से उपयोग किया है। किसी संगीतकार ने उनके गले की अद्वितीय फिरत का तो किसी ने उनकी आवाज़ की विशाल रेंज का उपयोग किया। किसी संगीतकार ने उनकी आवाज़ को कम–ज़्यादा फ़ेड इन फ़ेड आउट करने की क्षमता का तो किसी ने आवाज़ को कुशलता पूर्वक किसी भी शैली को अपना लेने की क्षमता का दोहन किया। पर रोशन जी ने लता जी की आवाज़ की कोमलता, मुलायम तरलता को नया आयाम दिया। आवाज़ को तार सप्तक तक ना ले जाकर, मंद्र और मध्य सप्तक में गीत के बोलों को मधुरता पूर्वक कोमलता से 'घुमा' कर आवाज़ और गीत की सुंदरता को उजागर किया। बेहद मीठे 'टेक्स्चर' की आवाज़ को, ज़्यादा ऊँचे स्वरों का उपयोग नहीं करके भी ख़ूबसूरत आयाम दिया। 'बड़े अरमानों से' या फिर 'चली जा चली जा' गीतों में श्रोता लता जी की मधुर आवाज़ सुनें। 'समा के दिल में हमारे' गीत में उनकी आवाज़ का जवाब नहीं। एक बहुत ही मीठा गीत ज़ेहन में आ रहा है जो कम सुनने में आता है... 'मेरे लाड़ले है मेरी दुआ' गीत ज़रूर सुनें। लता जी की मुलायम आवाज़ और गीत की धुन सुनते ही श्रोता की आँखों के सामने एक ममतामयी माँ के अपने छौने को दुलारने का दृश्य सजीव हो जाता है। तलत जी के साथ गाए युगल गीत 'मेरे दिल की धड़कन क्या बोले' में 'क्या बोले' के उच्चारण में कितनी मिठास है... शब्दों में उसे व्यक्त करना असंभव सा लगता है। मुकेश की गायकी की हर संभावना को रोशन जी ने तराशा है। मुकेश अपनी दर्द भरी आवाज़ के लिए जाने जाते रहे हैं। 'तेरी दुनिया

में दिल लगता नहीं' की खर्ज की नीचे सुरों वाली धुन सटीक है। 'मैं सजदे में गिरा हूँ,' बोल नीचे के स्वरों में अधिक सजते हैं। श्रोता को गहराई में जाने का अनुभव पहली पंक्ति में ही हो जाता है। गीत 'अपनी नज़र से उनकी नज़र तक' में मुकेश की आवाज़ उल्लास से भरी है। गीत 'ख़यालों में किसी के' में 'दिलों को रौंद कर दिल अपना बहलाया नहीं करते' गाते हुए 'दिलों को' में मुकेश जी ने जो ख़ूबसूरत हरक़त ली है, उसे सुनकर लगता है कि दूसरे संगीतकारों ने मुकेश जी के गले की 'फिरत' का बहुत कम उपयोग किया। मुकेश की आवाज़ का दर्द, टोन आदि की काफ़ी चर्चा हुई पर उनकी आवाज़ की फिरत को संगीतकारों ने कम तवज्जो दी।

मुझे हमेशा से लगता रहा है कि सुधा मल्होत्रा की आवाज़ सबसे मीठी 'सलामे हसरत क़बूल कर लो' (बाबर) गीत में लगी है। धुन सीधी सपाट है पर उससे सुधा मल्होत्रा के स्वर का टोन निखर आया है। वे 'क़बूल कर लो' जिस अदा और मधुरता से कहती हैं कि अपने आप ही 'क्या बात है' दाद बरबस निकल जाती है। 'कर लो' पर एक हलकी सी हरक़त है और अनुनय है। अंतरे के अंत में 'हसीन लमहों को ढूँढ़ती है' पर एक ख़ूबसूरत 'जगह' है।

रफ़ी साहब की आवाज़ को तार सप्तक तक नहीं ले जाकर मध्य सप्तक के ही बहुत से रोमान्टिक गीत रोशन ने बनाए। 'जो बात तुझ में है' गीत में उनकी आवाज़ जैसे शहद में पगी है, और 'दिल जो ना कह सका' (भीगी रात) में उनका स्वर तीखा और ऊँचा है। दोनों स्वर भिन्न-भिन्न हैं। तलत साहब की आवाज़ मुलायम और रेशमी तो थी ही पर 'मैं दिल हूँ इक अरमान भरा' में इस क़दर खिलती है कि क्या कहने। आशा जी की नटखट आवाज़ में मध्य सप्तक के 'रे' से तार सप्तक के 'रे' तक की सुंदर सरगम गवाने के लिए 'निगाहें मिलाने को जी चाहता है' जैसी रचना का सृजन रोशन जी ने किया है। सुमन जी की अनुराग में डूबी आवाज़ में 'शराबी शराबी ये सावन का मौसम' (नूरजहाँ) गीत जादू सा जगाता है।

रोशन जी के मुख्य सहायक अरेंजर श्यामराव काम्बले से बातचीत के दौरान उन्होंने बहुत सी बातें बताईं। रोशन जी खुद दिलरुबा बेहतरीन बजाया करते थे। ओ.पी. नैयर के अलावा सारंगी का इतना बेहतरीन उपयोग अपनी धुनों में किसी और संगीतकार ने शायद ही किया हो। रोशन जी वाद्यवृंद में वाद्यों के संयोजन के प्रति बहुत सजग रहते थे। उन्हें दिलरुबा, सारंगी और बाँसुरी विशेष प्रिय थी। वे खुद दिलरुबा बेहतरीन बजाया करते थे सो वह 'टोन' उनकी धुनों से झलकती है। रोशन जी के गीतों में सितार और सारंगी का बढ़िया मेल देखा जा सकता है। सितार और सारंगी की गीत के बोलों से आत्मीयता सी झलकती है। 'जुल्मे उल्फ़त में हमें लोग सज़ा देते हैं' में देखा जाए तो अंतरा है ही नहीं। सितार और सारंगी जैसे हुंकार भरती हुई लता जी के साथ चलती है। 'जो बात तुझमें है' में भी सितार और सारंगी हर बोल के साथ 'बोलती' सी लगती हैं। 'जो बात तुझमें है' पंक्ति का जहाँ अंत

होता है वहीं सितार का एक सुंदर 'पीस' आरंभ होता है। ऐसा मालूम होता है जैसे किसी चित्रकार ने चित्र फलक पर अपनी तूलिका से हलका सा रंग भर दिया हो। 'बेजान हुस्न में कहाँ, रफ़्तार की अदा' तुम्हारी निर्जीव छवि में आवेग कैसे उकेरा जा सकता है... चित्र में तुम्हारी छवि है पर तुम नहीं हो... तुम में जो लोच है वह मेरी तूलिका में कहाँ से लाऊँ...? मन की इस भावना व्यक्त करने में रफ़ी साहब की आवाज़ पूरी तरह सक्षम है ही पर सुरीले सितार और सारंगी का भी इसमें पूरा सहयोग है। 'फिर एक बार सामने आ जा, किसी तरह' में रफ़ी साहब बेहद ख़ूबसूरत हलका सा विराम लेते हैं। प्रेम में पूरी तरह डूब जाने की विवशता कितने सुंदर तरीक़े से व्यक्त की है। यहाँ सारंगी बेचैन दिल को सहलाती सी लगती है। कोई आश्चर्य नहीं कि यह गीत सुनने को बार-बार जी चाहता है। पंडित रामनारायन की बजाई सारंगी, पंडित हरिप्रसाद चौरासिया की बाँसुरी और जयराम आचार्य के सितार को इस गीत में सदा के लिए अमर माना जा सकता है। फ़िल्म 'नूरजहाँ' के गीत 'रात की महफ़िल सूनी सूनी' में भी बाँसुरी के बेहतरीन 'पीस' हैं।

एक ही गीत में या कहिए स्थायी में ही ताल रिद्म के अलग-अलग पैटर्न दिखाना भी रोशन जी की महत्त्वपूर्ण विशेषता रही है। 'छुन छुन छुन बाजे पायल' (हम लोग) गीत अवश्य सुनिए। 'पायल' तक गीत एक ही लय में है लेकिन लता जी 'पायल' को कुछ ऊपर उठाकर जिस तरह गाती हैं बहुत ख़ास है। और 'बाजे' के बाद तो पूरा ताल जिस तरह से बदल जाता है, उसे क्या कहा जाए... ढोलक एकदम से द्रुत लय पर बजने लगती है। इस गीत में एकॉर्डियन भी श्रवणीय है। ढोलक के लिए ख़ास तौर से रखी गई चार मात्रा के लिए और ढोलक का आनंद लेने के लिए फ़िल्म 'आरती' का गीत 'बार-बार तोहे क्या समझाए' जितनी भी बार सुना जाए दिल नहीं भरता। गीत तेज़ लय से शुरू होता है – 'ए हे बहार बहार' असली देसी रंग लिए... साथ है लाजवाब हार्मोनियम, ढोलक और वायलिन। गीत के ताल के साथ हम मन ही मन झूमने लगते हैं। गीत के अंत में 'क्या' के साथ मीठी सी बाँसुरी... गीत के बोल ही बाँसुरी बन जाते हैं। अब्दुल क़रीम और लाला गंगावणे जैसे पारंगत वादकों द्वारा बजाए ये ठेके सिद्ध कर देते हैं कि ढोलक भी बोल सकती है।

रोशन जी ने सामान्यतः बजाए जाने वाले तालों को ज़रा अलग ढंग से बजाते हुए अनेक प्रयोग किए। पंडित अशोक रानडे का विचार है कि गीत 'दिल जो ना कह सका' में रफ़ी साहब द्वारा गाई पंक्तियाँ भारतीय शैली के ताल से सजी हैं वहीं वाद्यों के साथ पश्चिमी ढंग का ताल या ठेका है। 'बहारों ने मेरा चमन लूट कर' गीत में ताल झपताल से मिलती-जुलती है, पर अलग ढंग की है। 'सलामे हसरत क़बूल कर लो' गीत में कहरवा भी अलग ही ढंग का है।

रोशन जी की धुनों में वाद्यों के 'फ़िलर' इतनी ख़ूबसूरती से पिरोए होते हैं कि गायक आवाज़ से घुल-मिल से जाते हैं। 'तुम अगर मुझ को' गीत में 'अब अगर

मेल *नहीं है तो जुदाई भी नहीं'* के तुरंत बाद ग रे ग सा का 'पीस' इस सफ़ाई से आया है कि 'नहीं' का ही विस्तारित रूप मालूम होता है। ज़रा गुनगुना कर देखिए... आप तुरंत जान जाएँगे। 'ख़यालों में किसी के' गीत में *'हसीं फूलों के दो दिन, चाँदनी भी चार दिन की है'* के बाद जो वायलिन है वह ऐसा लगता है जैसे 'है' के अंदर से निकल रही है।

फ़िल्म 'ममता' का गीत *'रहें ना रहें हम'* सुन कर अनुभव होता है कि इस तरह के गीत सदी में एक या दो ही रचे जाते हैं। पहले ही उल्लेख किया जा चुका है कि इस गीत की धुन 'ठंडी हवाएँ' गीत से प्रेरणा लेकर बनाई गई है। इंट्रो पीस से ही यह गीत श्रोताओं के दिल को छू लेता है। दिव्य प्रेम की भावना से गीत ओतप्रोत है। लता जी ने *'रहें ना रहें हम'* में 'हम' का उच्चारण इस क़दर अर्थपूर्ण किया है कि गीत का भाव पूरी तरह व्यक्त हो जाता है। *'बन के कली बन के सबा'* के साथ-साथ जलतरंग की मधुर ध्वनि श्रोताओं का मन मोह लेती है। गीत का हर बोल बाँसुरी और वायलिन से प्रतिध्वनित होता है। ढोलक की सुंदर ताल हौले से गीत को थामे रहती है। गीत सुनकर श्रोता स्तब्ध रह जाते हैं।

जब हम ना होंगे, जब हमारी खाक पे तुम रुकोगे चलते चलते
अश्कों से भीगी चाँदनी में, एक सदा सी सुनोगे चलते चलते
वहीं पे कहीं हम, तुमसे मिलेंगे, बन के कली, बन के सबा,
बाग़े वफ़ा में

स्नेहमय परिवार
रोशन ने अपनी संगीत विरासत राजेश रोशन को सौंपी और
राकेश रोशन को फिल्म जगत को सौंप दिया

जब मेरा यह नश्वर तन नहीं रहेगा, तब मेरी याद में तुम ठिठक कर थम जाओगे। आँसुओं से भीगी चाँदनी में तुम्हें मेरे दिल की पुकार ज़रूर सुनाई देगी। वहीं कहीं हमारा मिलन होगा। मैं तुम में ही समाई हुई हूँ। शारीरिक अस्तित्व का हमारे प्रेम में कोई महत्त्व नहीं है। हम एक दूसरे के दिल में ख़ुशबू की तरह समाए हैं।

इस गीत के बोल समाप्त हो जाने पर भी वायब्रो और जलतरंग बजते रहते हैं। क्योंकि यह मिलन जन्म-जन्मांतर का है। हम हमेशा से मिलते रहे हैं और मिलते रहेंगे। यदि आप शांतिपूर्वक, आँखें बंद करके यह गीत सुनें तो भावविभोर होकर कब आँसू बहने लगते हैं, पता ही नहीं चलता। मुझे तो यह गीत अलौकिक मालूम होता है। जन्म-मृत्यु के पार लगता है। फ़िल्म के साउंड ट्रैक पर यह गीत रफ़ी साहब और सुमन कल्याणपूर की भी आवाज़ में है।

'छुपा लो यूँ दिल में प्यार मेरा' (ममता) गीत सुनिए। हिंदी फ़िल्म संगीत में ऐसे पवित्र भाव से भरे गीत गिने-चुने ही हैं। यह युगल गीत पवित्र समर्पण भाव और अद्वैत के आध्यात्मिक अर्थ से ओतप्रोत है। हेमंत कुमार और लता जी की आवाज़ के कमाल से ही ऐसे दिव्य गीत जन्म लेते हैं।

छुपा लो यूँ दिल में प्यार मेरा,
कि जैसे मंदिर में लौ दिए की
तुम अपने चरणों में रख लो मुझको
तुम्हारे चरणों का फूल हूँ मैं
मैं सर झुकाए खड़ी हूँ प्रीतम,
कि जैसे मंदिर में लौ दिए की

प्रेम को मंदिर में जलते दीए की उपमा दी जाए इस से बढ़कर क्या हो सकता है? ऐसे दिव्य और सात्विक भाव से भरे गीत इने-गिने ही हैं।

फ़िल्म 'दिल ही तो है' के गीत *'तुम अगर मुझको ना चाहो'* गीत में साहिर जी की लेखनी से एक अलग ही व्यावहारिक विचार प्रकट हुआ है। प्रेमी के मन में यह आशंका तो सदा ही रहती है कि प्रेमिका किसी दूसरे की नहीं हो जाए। प्रेमी चाहता है कि प्रेमिका यदि उसे ना चाहे तो तो ना सही, किसी और को भी ना पसंद करे। प्रेमिका ने स्वीकृति भले ही ना दी हो पर इनकार नहीं किया है, इसी बात से प्रेमी आश्वस्त है। पर तुम अगर मुझे छोड़कर किसी और को चाहने लगो तो ज़रूर मुसीबत हो जाएगी। मुकेश जी ने गीत पूरे दिल से गाया है और गीत को न्याय दिया है। मुकेश के गाए प्रेम गीतों में यह गीत महत्त्वपूर्ण है ख़ासकर इस गीत की लय तेज़ है। इस गीत में मुकेश जी की आवाज़ इतनी 'फ्रेश' और विनोदपूर्ण है कि गीत का असर दोगुना हो जाता है। कहरवा ताल की चौखट में ज़रा अलग ढंग से गीत के

बोलों को सजाया गया है साथ में बाँसुरी, वायलिन और एकॉर्डियन एक अलग ही जादू जगाते हैं। मुकेश जी 'तुम अगर मेरी नहीं हो तो पराई भी नहीं' गाते हुए 'मेरी' पर हलका सा विराम लेते हैं जिससे गीत के भाव पूरी तरह व्यक्त करने की मुकेश जी की लाजवाब क्षमता परिलक्षित होती है।

फ़िल्म 'बरसात की रात' का गीत *'ज़िंदगी भर नहीं भूलेगी'* क्या कभी भुलाया जा सकता है? सुंदरता के हर मापदंड से परे मधुबाला के सौंदर्य, बेहद मधुर बोल और सरल सहज धुन ने इस गीत को अविस्मरणीय बना दिया है। रफ़ी साहब की रोमान्टिक आवाज़, बरसात में हुई पहली मुलाक़ात से घायल प्रेमी की ही आवाज़ है। पहली मुलाक़ात, जो कभी भुलाई नहीं जा सकती। गीत में जैसा प्रेमिका की सुंदरता का वर्णन है, मधुबाला हू ब हू वैसी ही थीं। *'फूल से गालों पे रुकने को तरसता पानी'* में ताल पल भर को थम जाती है। जलतरंग कितनी कोमलता से बजाया है इस गीत में। गीत बेहद तरल है और लता जी की आवाज़ में भी उतना ही मधुर लगता है।

फ़िल्म 'रागरंग' 1952 का गीत *'किसी नज़र का मस्त इशारा'* अपने समय से कहीं आगे का गीत था। *'ज़िंदगी'* पर महीन हरक़त है। *'क्या कश्तियाँ रहेंगी लहरों से होशियार'* पंक्ति में ध्यान से सुनिए, आप महसूस कर सकते हैं कि किस तरह नाव लहरों पर हिलोरें लेती है। अंतरे के बाद गीत का ताल दादरा से कहरवा हो जाता है। अगले अंतरे में *'जीना उसी का है'* पंक्तियों के साथ वायलिन का पीस, स्पेनिश गिटार का रिद्म सुनिए, बहुत ख़ास है। फिर गीत हौले से वापस दादरा ताल में आ जाता है। अंतरे की अंतिम पंक्ति स्थायी के समान आसानी से बनाई जा सकती थी पर *'दरिया का एक बहता किनारा'* को रोशन जी ने बड़ी कुशलता से एक अलग ही धुन में बाँधा है। यही बात उन्हें एक श्रेष्ठ कंपोज़र सिद्ध करती है।

हिंदी फ़िल्म संगीत के बेहतरीन गीतों के बीच जिसे 'मुकुटमणि' कहा जाए, वह गीत है फ़िल्म 'ताजमहल' का *'जो वादा किया वो निभाना पड़ेगा'*। इस गीत में रोशन जी की एक ख़ासियत दिखाई देती है। इस युगल गीत को नायक–नायिका समानांतर स्तरों पर गाते हैं फिर भी दोनों की आवाज़ें कब एक दूसरे की आवाज़ में घुल जाती हैं पता भी नहीं चलता। मधुर वायलिन, सितार और बाँसुरी का सुंदर मेल और चुस्त ताल और लय गीत की मधुरता में वृद्धि करते हैं। रफ़ी साहब के अंतरे के बाद संगीत का कोई पीस नहीं है। सीधे लता जी की आवाज़ में अंतरा आरंभ हो जाता है। तीसरा अंतरा दोनों मिलकर गाते हैं। गीत की रचना हटकर है, और बेहद असरदार है। उत्कट और प्रवाहपूर्ण है।

'पाँव छू लेने दो' भी फ़िल्म 'ताजमहल' का ही गीत है। वैसा ही तरल और सुकोमल भावनाएँ व्यक्त करता हुआ। बहुत ही मुलायम सा... देखो, ये फूल तुम्हारे पैरों को छूने के लिए आतुर हैं, प्रेमी ने प्रेमिका के स्वागत में फूल बिछाए हैं। पर

प्रेमिका उन फूलों पर पैर रखकर उनका और प्रेम का अपमान नहीं करना चाहती। इस बेहतरीन शायरी का और गीत की धुन का जवाब नहीं है। 'शर्म हमसे भी करोगी' को गाने में रफ़ी साहब ने बहुत ही 'ख़ास' आवाज़ का इस्तेमाल किया है, इतनी तरल कि कलेजे में एक थरथराहट सी होने लगती है। 'शर्म हमसे' के बाद रफ़ी साहब एक हलका सा विराम लेते हैं, लगता है सौ–सौ सितार झनझना उठे हों। इस गीत में लता जी की जैसी आवाज़ लगी है या उन्होंने 'लगाई' है वह सामान्य से कुछ अधिक ही महीन है। आवाज़ में एक प्रकार का 'ब्रेक' है ख़ास कर 'होगी' के बाद…

फ़िल्म 'भीगी रात' का गीत 'दिल जो ना कह सका' अलौकिक स्वर रचना के लिए प्रसिद्ध और लोकप्रिय है। मुझे व्यक्तिगत रूप से इस गीत की स्वर रचना बेहद पसंद है। क्या स्वर रचना का कोई तर्क या लॉजिक हो सकता है? आइए इस दृष्टि से इस गीत का अंतरा सुनें।

> *नगमा सा कोई जाग उठा बदन में*
> *झनकार की सी थरथरी है तन में*
> *मुबारक तुम्हें किसी की लरजती सी बाँहों में*
> *रहने की रात आ... ई...*

अंतरे की ग म प नी सा... पंक्ति के बाद दूसरी पंक्ति का अंत शुद्ध निषाद पर होता है। उसे ही मधुर सा हलका घुमाव देकर, कोमल निषाद का स्पर्श देकर गंधार पर लाया गया है। 'मुबारक तुम्हें' ये पंक्ति बड़े सुंदर तरीक़े से धैवत पर लाकर फिर षडज छूकर सागरेरे रेमगग म ग रे सा 'रात आई' के फ़्रेज़ से जुड़ जाती हैं। लगता है एक सुंदर सी रेशम की डोरी बुनी गई हो। 'रात आई' के साथ बेहद ख़ूबसूरत मेंडोलिन है। नायक के मन का तूफ़ान रफ़ी साहब की दमदार आवाज़ के साथ साथ कॉन्गो, ढोलक और वायलिन ने थामे रखा है। इसी गीत को जब लता जी गाती हैं तो 'कहने की रात आई' एक अलग अंदाज़ में और एक साँस में गाती हैं।

गंभीर बोल, गंभीर धुन और अनोखे रहस्यमय समूह स्वर के हुंकार से सजा फ़िल्म 'अनोखी रात' का गीत है 'ओह रे ताल मिले नदी के जल में,' इस गीत में मुकेश की मासूम और अंतर्मुख कर देने वाली आवाज़ और बाँसुरी के बीच मानो संवाद है। गीत का आरंभ ही तार स्वर में बाँसुरी के साथ होता है जो बहुत ही अनोखा है।

> *सूरज को धरती तरसे, धरती को चंद्रमा*
> *पानी में सीप जैसे प्यासी हर आत्मा*
> *मितवा... रे... बूँद छुपी किस बादल में*
> *कोई जाने ना*

कितने अर्थपूर्ण बोल हैं गीत के, धरती को सूरज की चाह है तो चंद्रमा को धरती की। इस खेल के बीच हम हैं... प्यासे, अतृप्त... जैसे पानी में रहकर भी अंदर से सूखी सीप होती है। किस बादल में पानी की बूँद छिपी है, अंतिम लक्ष्य की प्राप्ति कब, कैसे और कहाँ होगी कोई नहीं जानता। बैलों के गले में बँधी घंटियों के स्वर क्या समाँ बाँधते हैं। 'ओह रे ताल' कोमल रिषभ और गंधार है पर *'कोई जाने ना'* में शुद्ध गंधार की झलक है। रोशन जी जैसे प्रतिभाशाली संगीतकार कितने परिश्रम से गीत की धुनें बनाया करते थे यह बात गीत सुनने मात्र से हम जान सकते हैं।

स्वप्न झरे फूल से, मीत चुभे शूल से
लुट गए सिंगार सभी, बाग के बबूल से
और हम खड़े खड़े, बहार देखते रहे
कारवाँ गुज़र गया, गुबार देखते रहे

साक्षात निराशा, विफलता और स्वप्नभंग से भरा यह गीत है फ़िल्म 'नई उमर की नई फ़सल' से जो मूलतः कविवर नीरज की कविता है। गीत की धुन भावानुकूल है और बेहद असरदार है। कोमल रिषभ कलेजा हिला कर रख देता है। इस गीत को हर श्रोता को अपने अपने अनुभवों के संदर्भ में सुनना होता है। हर व्यक्ति की एक न एक दुखती रग होती है, हृदय में एक फाँस होती है। उस जख्म को यह गीत कुरेद देता है। बर्बादी के जश्न का यह गीत है। असहायता में पूरी तरह डूब जाने का गीत है। *'और हम झुके झुके मोड़ पर रुके रुके उम्र के चढ़ाव का उतार देखते रहे।'* हाथ से रेत की मानिंद फिसलती ज़िंदगी को रोका कैसे जाए? धूल के गुबार को असहाय होकर देखते रहने के अलावा हम कर भी क्या सकते हैं? बेचैन कर देने वाले इस गीत को किस स्थिति पर फ़िल्माया गया है यह जानने की उत्सुकता थी सो यह फ़िल्म देखी। फ़िल्म में चुनाव के दौरान एक वोट से हार जाने पर नायक निराश होकर यह गीत गाता है। कविता के शब्द और धुन दोनों ही इतने असरदार हैं कि वे किसी कहानी के मोहताज नहीं। बिना किसी संदर्भ के भी कविता सशक्त है। अगर एक बार यह गीत कानों में पड़ जाए तो उस से उबरने में काफ़ी समय लगता है।

फ़िल्म 'चित्रलेखा' का एक गीत है जिस में साहिर के खरे-खरे बोल हैं, बैराग के ढोंग का, संसार को माया मोह कहने वालों का उन्होंने प्रखर विरोध किया है... *'संसार से भागे फिरते हो'*। *'ये भोग भी एक तपस्या है, तुम त्याग के मारे क्या जानो'*, या *'ये पाप है क्या ये पुण्य है क्या, रीतों पर धर्म की मोहरें हैं'* लता जी का स्वर तार सप्तक के 'सा' पर इतना सटीक लगा है, कि लगता है जैसे बंदूक से गोली छूटी हो। साहिर के खरे-खरे और स्पष्ट विचार हृदय को छू लेते हैं। *'भगवान को तुम क्या पाओगे'* पंक्ति में लता जी *'क्या'* का उच्चारण जिस तरह करती हैं, उपहास

की भावना स्पष्ट हो जाती है, उसे बार-बार सुनने को जी चाहता है।

'वो दिन दूर नहीं... जब ज़िंदगी मौत पर हँसेगी,' ऊँचे स्वरों में आशावाद व्यक्त करता सकारात्मक गीत है। फ़िल्म 'आरती' का गीत *'कभी तो मिलेगी, कहीं तो मिलेगी बहारों की मंज़िल राही'*। निराशा और उदासी पल भर में दूर कर देने वाली कोई तो बात इस गीत में है ज़रूर। *'मैली ना हो, धुंधली पड़े ना, देख नज़र की चाँदनी'* में लता जी *'पड़े ना'* का उच्चारण बहुत ख़ास तरीक़े से करती हैं। बहुत कुछ कह देती हैं वे। तुम अपनी आँखों की चमक, मन में दबी चिंगारी बुझने मत देना। फिर दुनिया तुम्हारे क़दम चूमेगी। *'राही'* शब्द को लंबा खींचना, ढोलक का चुस्त ठेका, *'डाले हुए है रात की चादर'* पंक्ति का जैसे किसी घाटी में गूँजना, कितनी विशेषताएँ गिनाई जाएँ इस गीत की...

'बरसात की रात' की *'ना तो कारवाँ की तलाश है'*, *'ये इश्क़ इश्क़ है'* क़व्वालियों ने तो रोशन जी के जीवनकाल में ही इतिहास रच दिया था।

असल में *'ये इश्क़ इश्क़ है'* यह क़व्वाली नुसरत फ़तेह अली के पिताजी मुबारक़ अली द्वारा गाई गई प्रसिद्ध क़व्वाली है। इस क़व्वाली का पहला भाग *'ना तो कारवाँ की तलाश है'* साहिर का बेहतरीन काव्य है और रोशन का स्वयं का अद्वितीय सृजन है। *'तेरा इश्क़ मैं कैसे छोड़ दूँ, मेरे उमर भर की तलाश है'* के साथ ही यह क़व्वाली *'ये इश्क़ इश्क़ है'* से जुड़ जाती है। आगे यह क़व्वाली अपने परमोच्च बिंदु तक पहुँच जाती है। *'इंतेहा है कि बंदे को ख़ुदा करता है इश्क़'* में रफ़ी साहब का तार स्वर, चढ़ती जाती, तेज़ होती लय, ढोलक और खंजरी, से एक अद्भुत रोमांचक 'ट्रांस' के अनुभव में श्रोता स्वयं को भूल जाते हैं। 'इश्क़ इश्क़' बोलों का नशा सा छा जाता है।

यह क़व्वाली फ़िल्म जगत की श्रेष्ठ क़व्वालियों में से एक है। इस क़व्वाली की कई दिन तक तालीम की गई थी। अभ्यास किया गया। रिकॉर्डिंग के लिए पूरे उनतीस घंटे लगे थे। गीत की धुन सरल नहीं थी, उतार-चढ़ावों से भरी थी। बहुत सोच-समझ कर बनाई गई थी। अनेक गायक-गायिकाओं ने इस क़व्वाली में भाग लिया था। अनेक पंक्तियाँ ओवरलैपिंग हैं, हर गायक हर पंक्ति को अलग-अलग ढंग से गाता है। किसी रचना को किस तरह स्वतंत्रता से गाया जा सकता है, इस बात का यह क़व्वाली बेहतरीन उदाहरण है। इस क़व्वाली ने रोशन को संगीतकार के रूप में अमर कर दिया।

कितने ही गीत हैं जो बिलकुल अलग हैं और बेहद मधुर हैं। *'हम इंतज़ार करेंगे'* (बहू बेगम) और *'तुम एक बार मुहब्बत का'* (बाबर) जैसी मधुर रचनाएँ रोशन जी ने हमें दी हैं। कार्यकाल के आरंभ में रोशन जी ने *'बोगी बोगी बोगी'* (हम लोग) जैसे रॉक ऐंड रोल शैली का गीत की रचना की और बाद में *'खनके*

तो खनके क्यों खनके,' वल्लाह क्या बात है गीत की रचना की जिसकी शैली ओ. पी. नैयर से मिलती-जुलती है। लता जी ने 'भैरवी' नामक एक संगीत प्रधान फ़िल्म के निर्माण की घोषणा की थी जिसके संगीत निर्देशन की ज़िम्मेदारी रोशन को सौंपी गई थी। दुर्भाग्य से यह फ़िल्म नहीं बन सकी और हम कुछ और अनुपम संगीत रचनाओं से वंचित रह गए।

जब मैंने रोशन जी के सुपुत्र संगीतकार राजेश रोशन से मुलाक़ात की तो उन्होंने अपने पिता के अंतर्मुखी, गंभीर स्वभाव के बारे में, उनकी संगीत शैली के बारे में दिल खोल कर कृतज्ञता पूर्वक बहुत बातें साझा कीं। हँसते-हँसते ज़ोर से खाँसी आने के कारण अंतर्मुखी और कुछ 'नर्वस' प्रवृत्ति के रोशन जी मात्र 50 वर्ष की आयु में अचानक इस दुनिया ए फ़ानी से विदा हो गए। वे अपनी संगीत की विरासत अपने पुत्र राजेश रोशन के हाथों सौंप गए। वह दिन था 16 नवंबर 1967। एक ही गीत उनके संगीत के जादू को बरक़रार रखने के लिए काफ़ी है...

रहें ना रहें हम, महका करेंगे
बन के कली, बन के सबा, बागे वफा में
रहें ना रहें हम...

अध्याय में उल्लेखित गीतों की जानकारी

गीत / फ़िल्म / गायक-गायिका / गीतकार / वर्ष

ज़ुल्मे उल्फ़त पे हमें / ताजमहल / लता मंगेशकर / साहिर लुधियानवी / 1963

सलामे हसरत क़बूल / बाबर / सुधा मल्होत्रा / साहिर लुधियानवी / 1962

तेरी दुनिया में दिल / बावरे नैन / मुकेश / केदार शर्मा / 1950

ख़यालों में किसी के / बावरे नैन / मुकेश, गीता दत्त / केदार शर्मा / 1950

सुन बैरी बलम / बावरे नैन / राजकुमारी / केदार शर्मा / 1950

मुझे सच सच बता दो / बावरे नैन / मुकेश, राजकुमारी / केदार शर्मा / 1950

गरजत बरसत सावन / बरसात की रात / कमल बारोट, सुमन कल्याणपूर / साहिर लुधियानवी / 1960

संसार से भागे फिरते हो / चित्रलेखा / लता मंगेशकर / साहिर लुधियानवी / 1964

काहे तरसाए जियरा / चित्रलेखा / आशा भोंसले, उषा मंगेशकर / साहिर लुधियानवी / 1964

एरी जाने ना दूँगी / चित्रलेखा / लता मंगेशकर / साहिर लुधियानवी / 1964

लागा चुनरी में दाग़ / दिल ही तो है / मन्ना डे / साहिर लुधियानवी / 1963

फूल गेंदवा ना मारो / दूज का चाँद / मन्ना डे / साहिर लुधियानवी / 1964

अब क्या मिसाल दूँ / आरती / मोहम्मद रफ़ी / मजरूह सुलतानपुरी / 1962

दुनिया करे सवाल / बहू बेग़म / लता मंगेशकर / साहिर लुधियानवी / 1967

बार बार तोहे क्या / आरती / लता मंगेशकर, मोहम्मद रफ़ी / मजरूह सुलतानपुरी / 1962

बहे अँखियों से धार / हम लोग / लता मंगेशकर / उद्धव कुमार / 1951

मन रे तू काहे ना धीर / चित्रलेखा / मोहम्मद रफ़ी / साहिर लुधियानवी / 1964

बड़े अरमान से रखा है / मल्हार / लता मंगेशकर, मुकेश / इंदीवर / 1951

समा के दिल में हमारे / अनहोनी / लता मंगेशकर, तलत महमूद / सत्येंद्र / 1952

मेरे लाड़ले है मेरी दुआ / राजा बेटा / लता मंगेशकर / राजेंद्र कृष्ण / 1958

मेरे दिल की धड़कन / अनहोनी / लता मंगेशकर, तलत महमूद / शैलेंद्र / 1952

मैं दिल हूँ एक अरमान भरा / अनहोनी / तलत महमूद / राजेंद्र कृष्ण / 1952

जो बात तुझमें है / ताजमहल / मोहम्मद रफ़ी / साहिर लुधियानवी / 1963

रात की महफ़िल सूनी सूनी / नूरजहाँ / लता मंगेशकर / शकील बदायूँनी / 1967

छुन छुन बाजे पायल / हमलोग / लता मंगेशकर / उद्धव कुमार / 1951

रहें ना रहें हम / ममता / लता मंगेशकर / मजरूह सुलतानपुरी / 1966

छुपा लो यूँ दिल में / ममता / लता मंगेशकर, हेमंत कुमार / मजरूह सुलतानपुरी / 1966

तुम अगर मुझको / दिल ही तो है / मुकेश / साहिर लुधियानवी / 1963

ज़िंदगी भर नहीं भूलेगी / बरसात की रात / मोहम्मद रफ़ी / साहिर लुधियानवी / 1960

किसी नज़र का मस्त इशारा / राग रंग / लता मंगेशकर / कैफ़ इरफ़ानी / 1952

जो वादा किया वो / ताजमहल / लता मंगेशकर, मोहम्मद रफ़ी / साहिर लुधियानवी / 1963

पाँव छू लेने दो / ताजमहल / मोहम्मद रफ़ी / साहिर लुधियानवी / 1963

दिल जो ना कह सका / भीगी रात / लता मंगेशकर / मजरूह सुलतानपुरी / 1965

ओह रे ताल मिले / अनोखी रात / मुकेश / इंदीवर / 1968

स्वप्न झरे फूल से / नई उमर की नई फ़सल / मोहम्मद रफ़ी / नीरज / 1965

कभी तो मिलेगी / आरती / लता मंगेशकर / मजरूह सुलतानपुरी / 1962

ना तो कारवाँ की तलाश है / बरसात की रात / आशा भोंसले, मन्ना डे, मो. रफ़ी, सुधा मल्होत्रा / साहिर लुधियानवी / 1960

सचिन देव बर्मन

आजा चल दे कहीं दूर

सचिन देव बर्मन को दादा संबोधित किया जाता था और वास्तव में वे 'दादा' अर्थात सशक्त कलाकार थे। फ़िल्म संगीत के लिए प्रसिद्ध इस हस्ती के बारे में बहुत कुछ लिखा और कहा सुना गया है। पर मुझे बर्मन दा पसंद हैं उनकी सदाबहार, ताज़ातरीन धुनों के लिए। उनकी धुनें कभी पुरानी नहीं होंगी, आज भी नई सी लगती हैं। किस-किस धुन के लिए उन्हें दाद दी जाए, उनकी तारीफ़ की जाए... कहाँ से शुरू करें समझ ही नहीं आता। 'छोड़ दो आँचल' के आरंभ में दिल छू लेने वाली 'आह' के लिए या 'जुल्फ शाने पे मुड़ी, एक ख़ुशबू सी उड़ी, खुल गए राज़ कई, बात कुछ बन ही गई,' पंक्ति के 'खुल गए राज़ कई' के तरल से कोमल धैवत की? या 'बात कुछ बन ही गई' में एक निश्चितता का भाव है उसकी? 'पलकों के पीछे से क्या तुमने कह डाला' तलाशे में 'रस्ता सजन मेरा छो... ड़ो' में एक अल्प सा अंतराल है उसकी? या 'ठंडी हवाएँ लहराके आये' में ठंडी हवा के खुशनुमा झोंके की तरह हवाइयन गिटार की मींड है जो लता जी की मधुर आवाज़ में घुल मिल जाती है उसकी?

बर्मन दा ने अपने आपको किसी ख़ास शैली की चौखट में नहीं बाँधा। वे अपनी संगीतशैली के रूप में सदा बहार रहे हैं। शायद इसी वजह ने उन्हें सदाबहार देव आनंद से बाँधे रखा हो।

'विविधता' या वेरायटी का सच्चा रूप देखना हो सचिन दा के गीत सुनिए। *'तुम ना जाने किस जहाँ में खो गए'* और *'अरे यार मेरी तुम भी हो ग़ज़ब'* के संगीतकार एक ही हैं यह ख़ासकर बताना पड़ता है अन्यथा विश्वास करना मुश्किल हो सकता है। एक ओर उन्होंने *'दिन ढल जाए हाय, रात ना जाए'* जैसा करुण गीत बनाया तो दूसरी ओर *'मैंने कहा फूलों से'* जैसा मस्ती भरा गीत बनाया जो बच्चों के बीच हँसती खिलखिलाती जया भादुड़ी पर फ़िल्माया गया है। *'गा मेरे मन गा'* लाजवंती नायिका के मन का द्वंद्व व्यक्त करता और नायिका के स्वभाव सा सरल गीत है तो दूसरी ओर *'मस्तराम बनके ज़िंदगी के दिन गुज़ार दे'* (टैक्सी ड्राइवर) मस्ती भरा गीत, दोनों गीत कितने अलग हैं, दोनों के भाव और अभिव्यक्ति बिलकुल अलग हैं। किस तरह के संगीत की किस समय लहर है, ट्रेंड है इस बात का उन्हें सही ज्ञान और समझ थी। तभी तो पचास के दशक में श्याम सुंदर, नौशाद, अनिल विश्वास के संगीत के साथ शोभायमान संगीत रचनाएँ उन्होंने कीं, जैसे – *'मेरा सुंदर सपना, नैन दिवाने'* और साठ के दशक में आधुनिक ऑर्केस्ट्रा से सजी *'आज फिर जीने की तमन्ना है'* और *'तेरे मेरे सपने'* जैसी मधुर धुनें उन्होंने बनाईं। इसके बाद रिकॉर्डिंग की आधुनिक तकनीक का उपयोग करते हुए उन्होंने 'मिली', 'अभिमान', 'चुपके चुपके' और 'प्रेमनगर' जैसी फ़िल्मों के लिए अलग ही तरह का संगीत दिया। समयानुकूल संगीत निर्देशन से सजा उनका कार्यकाल विस्मित कर देता है।

यदि हम उनके विलक्षण व्यक्तित्व कृतित्व के बारे में जानने का प्रयास करें तो अनेक आश्चर्यजनक बातें सामने आती हैं। सचिन देव बर्मन का जन्म 10 अक्टूबर 1906 को कोमिला अब बांग्लादेश के शासक नवद्वीपचंद्र बर्मन के शाही परिवार में हुआ। उनके पिता शास्त्रीय संगीत के ज्ञाता, ध्रुपद गायक और कुशल सितार वादक थे। बर्मन दा का बाल्यकाल त्रिपुरा के जंगलों में और असम की हरियाली के बीच बीता सो ईशान्य भारत का लोकरंग उनकी आत्मा में रच–बस गया था। उन्हें बादल ख़ाँ और भीष्म चंद्र चट्टोपाध्याय से शास्त्रीय संगीत की तालीम हासिल हुई। उससे भी बढ़कर, नदी किनारे गाए गाने वाले गीत, भटियाली और बाउल गीतों ने उनकी आत्मा को बाँध लिया। हर तरह के संगीत को घुट्टी में घोलकर पी चुके बर्मन दा को परिपूर्ण संगीतकार माना जाता है।

मुंबई आने के बाद उनकी पहली फ़िल्म थी 'शिकारी' (1946) पर उन्हें सफलता प्राप्त हुई सन् 1947 की फ़िल्म 'दो भाई' से। उस फ़िल्म के *'मेरा सुंदर सपना बीत गया'* और *'याद करोगे याद करोगे'* बहुत मक़बूल हुए। गीता दत्त राय को भी सफलता का स्वाद चखने का अवसर इन्ही गीतों के कारण प्राप्त हुआ। अचरज की बात, सुना है कि उस समय गीता राय मात्र पंद्रह वर्ष की थी। बर्मन दा ने उनकी अनोखी आवाज़ की ख़ासियत को शीघ्र ही पहचान लिया। उन्होंने गीता

राय से क्लब सॉन्ग से लगाकर मधुर तरल गीत गवा कर, उनकी आवाज़ को खरा सोना साबित कर दिया।

बर्मन दा संगीत पर बांग्ला संगीत का प्रभाव साफ़-साफ़ दिखाई देता है। रवींद्र संगीत, काज़ी नज़रुल इस्लाम के नज़रुल गीत, बंगाल की मिट्टी और प्रकृति के जुड़ा बंगाल का संगीत उनके संगीत में घुल-मिल गया है। वरिष्ठ गायक के. सी. डे का प्रभाव उनके आरंभिक संगीत में दिखता है।

बर्मन दा के सदाबहार ताज़ा संगीत का रहस्य शायद उनका प्रकृति प्रेम हो। उनके सहायक विभिन्न परिवेशों से संबंध रखते थे इसलिए अनेक रंग, प्रवाह उनके संगीत से आ मिले थे। पत्नी मीरा बर्मन, पुत्र राहुल से लगाकर जयदेव, एन. दत्ता, अनिल अरुण जैसे अनेक सहायकों के कारण नई-नई शैलियाँ उनके संगीत में समाती चली गईं। गीत की धुन एक बार बन जाए, फिर बाक़ी काम अपने सहायकों पर छोड़कर बर्मन दा सागर किनारे का एक चक्कर लगा आते थे। आने के बाद उस गीत पर अपनी 'छाप' लगाकर गीत की धुन निश्चित कर देने का उनका तरीक़ा रहा है। यदि कविता की दृष्टि से गीत के बोल भारी-भरकम हो तो वह गीत जयदेव को दिया जाना तय था। फिर यदि धुन कठिन बन जाए तो उसको कुछ सरल करना उनका काम होता था। इस सबके दौरान 'पान' तो ज़रूरी ही होता था।

गीता दत्त की आवाज़ का 'पॅथॉस' पहचानकर बर्मन दा ने उस का सटीक उपयोग गीतों में किया, साथ ही क्लब सॉन्स से लेकर प्रेमगीत गवाकर उन की अनोखी आवाज़ को सही अवसर दिया

जब संगीतकार स्वयं गायक भी होता है तो वह गायक/ गायिका से आवाज़ की फेंक, शब्दों पर ज़ोर देने और उच्चारण का पूरा अभ्यास करवाता है। जैसे मराठी में सुधीर फडके की बनाई धुनें अन्य गायक कलाकारों ने गाईं तो उन गीतों पर बाबूजी की गायन शैली का प्रभाव साफ़ दिखाई देता है। बर्मन दा की धुनें जब लता जी, आशा जी और गीता दत्त ने गाईं तो बर्मन दा की गायकी साफ़ झलकती है। 'सोच के गगन झूमे' गीत में 'अभी चाँद निकल आएगा' पंक्ति में 'चाँद' शब्द को हलका सा झुलाया गया है जो ख़ास बर्मन दा का 'स्टाइल' है।

उनकी अपनी गायन शैली कितनी अलग, ख़ास है। बिलकुल देशी खुरदरी सी आवाज़ है। उनकी आवाज़ में गाए गीत मुख्यतः स्त्री के मनोभावों को व्यक्त करते हैं। पुरुष स्वर में स्त्री की भावनाएँ व्यक्त करना अपने आप में एक अलग ही बात है। 'मेरे साजन हैं उस पार', 'सफल होगी तेरी आराधना' नायिका के मनोभाव हैं वहीं 'वहाँ कौन है तेरा मुसाफ़िर' में राजू गाइड के जीवन के अजीब से मोड़ की व्यथा को, बर्मन दा की आवाज़ पूरी तरह व्यक्त करने में सक्षम है। 'कोई भी तेरी, राह ना देखे, आँख बिछाए ना कोई' कोई राह देखने वाला नहीं है... कितनी गंभीर स्थिति है यह...

बर्मन दा ने किशोर कुमार की आवाज़ की मस्ती और चुहलबाज़ी का सही-सही उपयोग किया और देव आनंद की परदे पर जैसी छवि थी, उनकी आवाज़ देव साहब पर ख़ूब फबी। परंतु चमत्कार देखिए कि एक ही फ़िल्म में एक गीत में किशोर कुमार और दूसरे गीत में मोहम्मद रफ़ी की आवाज़ भी देव साहब पर ख़ूब जमी। 'हम हैं राही प्यार के' और 'आ जा पंछी अकेला है,' वे दो गीत हैं। सचिन दा ने एक साक्षात्कार के दौरान बताया था कि वे आवाज़ के 'मॉड्युलेशंस' के गीत में नवीनता लाने के लिए नए-नए प्रयोग करते रहते हैं। एक छोटा सा आलाप, एक धुन, कोई ख़ास टोन... बता सकता है कि परदे पर अभिनय कर रहे पात्र का चरित्र किस तरह का है, गीत हमें किस 'मूड' में ले जाएगा। उनके अनेक गीत अर्थ पूर्ण आलाप से आरंभ होते हैं। कभी दो अंतरों के बीच आलाप होते हैं। इन आलापों के द्वारा पूरा गीत हमारे सामने स्पष्ट हो जाता है। कुछ गीत उदाहरण के तौर पर यहाँ पेश हैं, कुछ आप स्वयं खोजिए, मज़ा आएगा आपको। 'आँखों में क्या जी', 'ये तनहाई हाय रे हाय,' 'नदिया किनारे', 'अब तो है तुम से,' 'पिया बिन' आदि। मैंने कहीं सुना है कि 'ठंडी हवाएँ' गीत के आरंभ की मधुर तान का सुझाव सी. रामचंद्र ने दिया था। कितना प्यारा योगदान है गीत की धुन में। 'ना तुम हमें जानो' गीत में आलाप और अंतरा एक साथ चलते हैं। यह स्टाइल गीत को नई ऊँचाई पर ले जाता है। आलाप परदे पर अभिनय कर रहे पात्र का चरित्र स्पष्ट करने में सहायक रहे हैं। फ़िल्म 'बाज़ी' के गीत 'तदबीर से बिगड़ी हुई तक़दीर बना ले, अपने पे भरोसा है तो एक दाँव लगा ले' में गीता दत्त की मस्ती भरी, बेफ़िक्र आवाज़ में 'हे

हे हे हे' कितना प्यारा लगता है। फ़िल्म में पात्र की अपने अलग ढंग से जीने की अदा इस 'ऑफ़ बीट' गीत से झलकती है। परदे पर गीता बाली ने इस गीत को आँखों और कंधों की हरक़तों से जिस तरह सजाया है, कि क्या कहा जाए। बहुत कम अभिनेत्रियों को ताल की ऐसी समझ होती है। *सच हुए सपने तेरे* गीत को परदे पर वहीदा रहमान ने कहानी के हिसाब से तनाव दूर हो जाने पर पर बेफ़िक्र और मस्ती भरे अंदाज़ में गाया है। इस गीत की 'आ... हा' तान आसमान को छू लेती है। *आज फिर जीने की तमन्ना है* में मटकी फोड़ कर पुराने रिश्तों से, दुनिया से किनारा कर लेने का भाव व्यक्त किया गया है। गीत में आलाप पहले और बोल उसके बाद हैं। *काँटों से खींच के ये आँचल* वह छोटा सा आलाप पूरा भाव व्यक्त करने में सक्षम है।

मींड एक स्वर से दूसरे स्वर पर लहराते हुए आराम से जाना बांग्ला संगीत की जान है और सचिन दा के गीतों में भी उसका असर देखा जा सकता है। वैसे भी बांग्ला घुमाकर बोली जाने वाली भाषा है। अतः सचिन दा को स्वरों को बड़े आराम से जोड़ने में महारत हासिल थी। 'तुम ना जाने किस जहाँ' गीत में *हम भरी दुनिया में तनहा हो गए* पंक्ति में *हम भरी* को गूँज भरी मींड से जोड़ा गया है। *लूट कर मेरा जहाँ* की आर्त पुकार दिल हिला देती है। 'छोड़ दो आँचल' से पहले 'आह' दीवाना बना देता है। फ़िल्म 'बाज़ी' के गीत *देख के अकेली मोहे बरखा सताए* में समूह स्वर में 'टिप टिप टिप टिप' कितना प्यारा लगता है। 'उई' सुनकर तो लगता है जैसे सचमुच बारिश की ठंडी बूँद छूकर सिहरा गई हो। सचिन दा ने आवाज़ की 'टोन' का बेहतरीन उपयोग किया है। हेमंत कुमार की आवाज़ के खर्ज में *सुन जा दिल की दास्ताँ* का 'दास्ताँ' ऐसे लगता है मानो सागर तल में मोती दिखाई दे गया हो। उसी तरह *चुप है धरती, चुप हैं चाँद सितारे* में 'सितारे' शब्द खर्ज में कितना मधुर लगता है। कभी चाँदनी रात में यह गीत सुनिए।

बर्मन दा ने अनेक अभिजात्य रागों की चौखट में अपने गीतों को सजाया। उदाहरण के लिए, नट बिहाग (*झन झन झन पायल बाजे*) शाहाना, काफी (*घायल हिरनिया*), खमाज (*नज़र लागी राजा*), अहीर भैरव (*पूछो ना कैसे मैंने*), मारू बिहाग (*अब आगे तेरी मरज़ी*) कलावती (*चल री सजनी*) आदि।

अनेक उप शास्त्रीय गायन शैलियों को उन्होंने अपने गीतों का आधार बनाया जैसे चैती (*ढलती जाए चुंदरिया*), टप्पा (*खाई है रे हमने क़सम*) साथ ही उन्होंने पूरबी लोकसंगीत (*शिवजी बिहाने चले*, *जानू जानू रे*), भटियाली (*सुन मेरे बंधू रे*), बाउल गीत (*आन मिलो आन मिलो श्याम साँवरे*) आदि लोकसंगीत की मिठास लिए कई गीत बनाए। कुछ गीतों से स्पष्ट झलकता है कि उनका उद्गम रवींद्र संगीत रहा है, उदाहरण के लिए *जाने क्या तूने कही*। परंतु *कैसी ये जागी*

अग्गन' गीत है तो रवींद्र संगीत पर आधारित पर इसकी सुंदर पृष्ठभूमि गोवा की है। ऐसा ख़ूबसूरत मेल करने के लिए संगीतकार का अपने आप पर विश्वास होना बहुत आवश्यक है जो इस गीत रचना से साफ़ झलकता है।

गीत के किसी बोल को ख़ास तरीक़े से झुलाना दादा की ख़ासियत रही है। 'रुला के गया सपना मेरा' में 'वो ही है गमे दिल, वो ही हम बेसहारे' में 'हम' को जिस तरह झुलाया गया है, सुनकर देखिए। 'दिल जले तो जले' गीत में 'किसी की ना सुन गाए जा' में 'सुन' को भी इसी तरह झुलाया गया है। 'फैली हुई हैं सपनों की बाँहें' में 'आ जा चल दें कहीं दूर' में 'दू...र' की मधुरता उसके झुलाने में ही है। 'दू...र' में एक सीटी बजती सी सुनाई देती है।

किसी ताल के सामान्य बोलों को एक अलग रूप में पेश करना बर्मन दा के बाएँ हाथ का खेल था। ऐसा करने से गीत के बोलों को एक अलग वज़न मिलता है। कहना तो आसान है पर ऐसी ताल की रचना करना, उसे गवाना और बजाना आसान नहीं है। बानगी के लिए कुछ गीत पेश हैं...

'जलते हैं जिसके लिए' में 'दिल में रख लेना। इसे। हाथों। से ये। छूटे ना कहीं। गीत नाजुक है मेरा। शीशे। से भी। टूटे ना कहीं।' ऐसे विभाजन करना या 'दी वा ना म स ता ना' ऐसे अक्षरों को अलग करना हो, या 'बागों में। कैसे। ये फूल। खिलते हैं।' ऐसा 'स्केनिंग' करने से गीत और भी मधुर और आकर्षक लगता है। 'मोरा गोरा अंग लई ले' में गोरा पर सम 'बीट' है और यही बात इस गीत को ख़ास बनाती है। 'हम आपकी आँखों में इस दिल को बसा दें तो' (प्यासा) में हम समझते हैं कि सम 'आपकी' पर होगी लेकिन सम 'हम' पर है। सुनने में तो यह गीत सरल मालूम होता है पर गाना आरंभ करने पर अनेक गायकों को मुश्किल में पड़ते देखा गया है। यही बात पंचम द्वारा निर्देशित 'मेरी भीगी भीगी सी' के साथ भी होती है। आप भी कभी कोशिश करके देखिए।

सबसे मधुर युगल गीत बर्मन दा के ही बनाए हुए हैं यदि ऐसा कहा जाए तो अतिशयोक्ति नहीं होगी। उनके द्वारा निर्देशित युगल गीत सही मायनों में युगल गीत होते हैं। गीत दो व्यक्तियों के सवाल–जवाब और संवाद से सजे रहते हैं। 'आँखों में क्या जी', 'हाल कैसा है जनाब का', 'इक घर बनाऊँगा' आदि कई उदाहरण हैं। 'इक घर बनाऊँगा' में तो बहुत मस्त संवाद हैं। 'मैं भी कुछ बनाऊँगा' के बाद प्रश्नवाचक हुंकार याद कीजिए। काँच के गिलास में छोटी सी नूतन और बर्फ़ के डल्ले गिरने पर उनका लाजवाब अभिनय ज़रा याद कीजिए इन युगल गीतों के बीच 'चुपके से मिले प्यासे प्यासे' और भी अलग है। गीता दत्त पहले गीत को बोल धीमी लय में बोलती हैं और फिर उसे धुन में गाती हैं तो बहुत प्यारा लगता है। बोलना और गाना दोनों ही इतना मद्धम और तरल है, मानो बोलने और गाने के बीच की

सीमा रेखा हो। '*ओ निगाहे मस्ताना*' में आशा जी केवल हुंकार से जो कह जाती हैं वह शब्दों से भी परे है। कहा जाता है कि यह गीत अचानक ही इस तरह से रिकॉर्ड किया गया। आशा जी की रिकॉर्डिंग थी कहीं, वह रद्द हो गई तो किशोर दा ने आशा जी को गीत में शामिल कर लिया, बर्मन दा का गीत तो तैयार ही था। उस में ना कोई पंक्ति जोड़ी गई ना कोई और बदलाव किया गया। केवल हुंकार और गुनगुनाना, मात्र इतने से ही आशा जी ने गीत को बेहद अर्थपूर्ण बना दिया।

गीत की धुन में प्राकृतिक ध्वनियाँ या स्वाभाविक ध्वनियों को गीत का एक भाग बना देने में बर्मन दा को महारत हासिल थी। '*वल्ला तुम्हारा जवाब नहीं*' के बाद साइकिल की घंटी, '*थकी हारी साँसों में खाँसी की ठन ठन*' के बाद खाँसने की आवाज़ श्रोता को बदनाम गली की याद दिला देती है। घुँघरू, तबला और यह हताश खाँसी... इन विसंगत आवाज़ों के माध्यम से भयानक वास्तविकता से श्रोता रूबरू हो जाता है। कितने सवाल? कला, जवानी और स्त्रीत्व, सभी कुछ बेचने और ख़रीदने को तैयार अभागा समाज... इस वास्तविकता से, इन वास्तविक ध्वनियों के कारण श्रोता बिना फ़िल्म देखे भी रूबरू हो सकता है। गीत को सुनकर श्रोता के हृदय में एक फाँस सी गड़ती है। जेल के सींखचों से बाहर झाँकती नूतन... '*ओ पंछी प्यारे*' गीत में उसकी साथी बंदिनियाँ सूपा लेकर अनाज फटक रही हैं। उसी की लय और ताल पूरे गीत में है। '*मैं खिड़की से चुपचाप देखूँ रुत बसंत की आई*'।

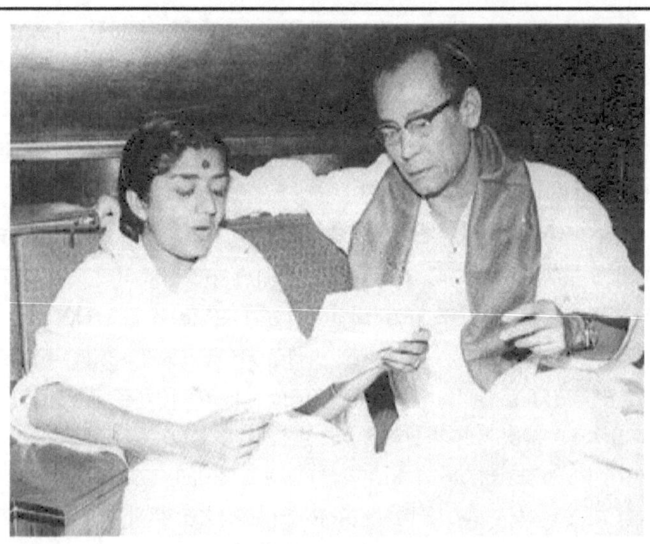

सचिन दा-लता जी
'लता है तो हम सेफ हैं' सचिन दा को पूरा विश्वास था

सचिन देव बर्मन ने साहिर लुधियानवी, मजरूह सुलतानपुरी, शैलेंद्र, नीरज, हसरत जयपुरी और गुलज़ार आदि भिन्न-भिन्न शैलियों के गीतकारों के साथ काम किया। बेहतरीन गीतों की रचना की। साहिर को पहले से तैयार धुन पर गीत लिखना नहीं भाता था और दादा काव्य से अधिक धुन को महत्त्व देते थे। जब इन दो महारथियों साथ काम किया तो अद्वितीय रचनाओं का जन्म लेना लाज़मी था। 'प्यासा' और 'बाज़ी' ये दो उदाहरण ही काफ़ी हैं। *'ये दुनिया अगर मिल भी जाए तो क्या है,'* एक बेहतरीन कविता है। *'मिल भी जाए'* पर रफ़ी साहब ने अति कोमल स्वर लगाकर क़माल कर दिया है। *'तुम्हारी है तुम ही सँभालो ये दुनिया'* की करुण पुकार आँख नम नहीं कर दे तो कहिए। यहाँ कवि, संगीतकार, गायक और अभिनेता सभी महत्त्वपूर्ण हैं। कोई कम-ज़्यादा नहीं है। नीरज हिंदी के प्रसिद्ध कवि रहे हैं। उन्होंने *'खिलते हैं गुल यहाँ'* और *'मेघा छाए आधी रात'* को अभिजात्य हिंदी की सुंदरता से सजाया। *'मोरा गोरा अंग लई ले'* गुलज़ार का पहला ही फ़िल्मी गीत था। *'लई ले'*, *'दई दे'*, *'तोहे राहु लागे बैरी'* जैसे देसी ग्रामीण मधुर शब्दों से गीत का श्रृंगार हुआ है। *'तदबीर से बिगड़ी हुई तक़दीर बना ले, अपने पे भरोसा हो तो एक दाँव लगा ले,'* वैसे देखा जाए तो साहिर साहब की ग़ज़ल है पर दादा के उसे पाश्चात्य संगीत के सुरों के रंगों से सजाया।

'दुल्हन बन के गोरी खड़ी है, कोई नहीं अपना कैसी घड़ी है,' इन शब्दों से अधिक विदाई का अर्थपूर्ण वर्णन क्या हो सकता है? मुकेश की दर्द भरी आवाज़ के साथ हुंकार का समूह स्वर गीत को और भी अधिक प्रभावशाली बना देता है।

कुछ गीतों की अपनी एक ख़ास खुशबू होती है। *'बचपन के दिन भी क्या दिन थे, उड़ते फिरते तितली बन'* के साथ कच्ची अमियों की खट्टीमिट्ठी खुशबू दौड़ी चली आती है। *'सो जा निंदिया की बेला है, आ जा पंछी अकेला है'* के साथ रातरानी की खुशबू का नशा छा जाता है।

कभी-कभी कुछ रचनाओं में संगीतकार की अपनी या किसी दूसरे संगीतकार की रचनाओं की कुछ स्वरावलियाँ गीत में झलकती हैं। *'ये तनहाई हाय हाय'* और *'तुझे जीवन की डोर से'* (असली नक़ली) शंकर-जयकिशन की धुन मिलती-जुलती है। 'असली नक़ली' 1962 की फ़िल्म है और पहले बनी थी। यहाँ धुन चुराने के बारे में बात करने का ज़रा भी उद्देश्य नहीं है बल्कि एक ही स्वरावलि दो प्रतिभाशाली संगीतकारों को किस तरह प्रभावित करती हैं, और किस तरह दो अलग तरह के गीत बन जाते हैं, यही बताने का प्रयास है। जानकारों का विचार है कि यह मेजर सेवंथ कॉर्ड है। सा ग प नी और इसी के आधार पर इन गीतों की रचना की गई है। *'ज़िंदगी के सफ़र में'* (पंचम – आपकी क़सम) भी इसी तरह का गीत है। *'तुझे जीवन की डोर से'* और *'ये तनहाई हाय हाय'* बिलकुल ही अलग ढंग के गीत हैं।

मज़े की बात यह है कि बर्मन दा की एक ही धुन का अनेक बार पुनर्जन्म हुआ। 'ठंडी हवाएँ' (नौजवान), 'रहें ना रहें हम'–रोशन, ममता), ('यही है तमन्ना'–मदन मोहन, आपकी परछाइयाँ), ('हमें रास्तों की ज़रूरत' – पंचम, नरम गरम), ('सागर किनारे' – सागर) एक गीत के मुखड़े ने इतना सफ़र तय किया है। 'मोसे छल किए जाए' और 'क्या से क्या हो गया' ये दो गीत लगातार फ़िल्म में आते हैं। मुखड़े की धुन वही है केवल आधार स्वर सा बदलता है।

कई बार बर्मन दा मुखड़े को ही अंतरे की तरह दोहराते हैं। मुखड़ा ही काफ़ी विस्तृत होता है। 'फूलों के रंग से, दिल की क़लम से' (प्रेम पुजारी) गीत में मुखड़े की धुन ही अंतरे की धुन है। 'लोगों ना मारो इसे' (अनामिका) में पंचम ने यही स्टाइल दोहराया। 'जियो और जीने दो' (टैक्सी ड्राइवर) यह गीत भी ऐसा ही है।

एक ही स्वरावली पर आधारित पूरा मुखड़ा तैयार करना और फिर भी उस से एकरसता नहीं हो, यह भी बर्मन दा की क़रामात है। 'पलकों के पीछे से क्या तुमने कह डाला' गीत में सा रे ग इन्हीं स्वरों का घुमा–फिरा कर गाया गया है, सा रे ग रे सा, सा ग रे । 'ये दिल दिवाना है' (इश्क़ पर ज़ोर नहीं) गीत में बोल और स्वर दोहराए गए हैं। सा ग सा रे नी सा यही फ़्रेज़ दोहराया जाता है। इसे ही शब्द स्वर अनुप्रास कहा जा सकता है।

'ए मेरी ज़िंदगी' का 'किसको पता है कल आए कि ना आए' और मराठी गीत 'तुफानापरी बेभान मी झाले' ('मी आले निघाले आले'...गम्मत जम्मत) का ग्राफ़ एक जैसा ही है। कई लोकगीतों में यह धुन सुनी जा सकती हैं। शायद काफ़ी पुरानी धुन है। मराठी गायक केशवराव भोले ने अपनी पुस्तक 'माझे संगीत' में लिखा है कि प्रभावशाली स्वर हमारे अंतर्मन के किसी कोने में छिपे रहते हैं। संगीतकार की स्वर रचना में आप उनकी झलक पा सकते हैं।

आवाज़ को एकदम धीरे, धीमी करना और फिर पूरी ताक़त से उसे 'लगाने' का चमत्कार दो गीतों में देखिए। 'रात अकेली है' गीत में 'आ के मेरे पास, कानों में मेरे, जो भी चाहे कहिए' गाते हुए परदे पर तनुजा की बेझिझक बेफ़िक्री और आशा जी की आवाज़ एकरूप हो गई है। ऐसे ही 'ओ निगाहे मस्ताना' में 'बस्ती के दियों को बुझ जाने दे' गाते हुए किशोर कुमार ने आवाज़ को धीमा करके एकदम से 'वॉल्यूम' बढ़ाया है जिससे गीत बहुत ख़ास बन पड़ा है।

जब लक्ष्मीकांत प्यारेलाल जी से सचिन दा के बारे में बात की गई तो उन्होंने जो बात कही बहुत महत्त्वपूर्ण है। उनके कथनानुसार सचिन दा हमेशा नएपन की खोज में रहते थे। 'ये दुनिया रूप की चोर' गीत में उन्होंने 'गोपीतरंग' नामक वाद्य का उपयोग किया। 'ये रात ये चाँदनी' गीत हेमंत दा से अलग ही टोन में गवाया। 'मस्तराम बन के ज़िंदगी' के लिए अलग ही 'पिच' का उपयोग किया। ये सभी

बर्मन दा की अनोखी कल्पना शक्ति के उदाहरण हैं। उन्होंने सैक्सोफ़ोन (*'तेरे मेरे सपने अब एक रंग है'*), एकॉर्डियन (*'रूप तेरा मस्ताना'*), स्पेनिश गिटार (*'हम आपकी आँखों में', 'दिल की उमंगें हैं जवाँ', 'रुलाके गया सपना'*), मेंडोलिन (*'खोया खोया चाँद', 'कोई आया', 'धड़कन कहती है'*), पियानो (*'बचपन के दिन भी क्या दिन थे'*) आदि वाद्यों की ख़ासियत और टोन का गीत के हिसाब से प्रयोग किया। ऐसे गीतों के अनगिनत उदाहरण दिए जा सकते हैं। 'कोई आया' गीत में शानदार मेंडोलिन लक्ष्मीकांत जी ने बजाया है। बर्मन दा जब बीमार थे तो पंचम उनके सहायक हुआ करते थे। 'आराधना', 'ज्वेलथीफ़' और 'मिली' आदि फ़िल्मों के गीतों पर पंचम की छाया है।

आइए, सचिन दा के कुछ सदाबहार, सदा जवाँ गीतों के बारे में बारीकी से चर्चा करें। इन गीतों की सफलता में बेहतरीन फ़िल्मांकन का भी हाथ है। गुरुदत्त, बिमल रॉय, देव आनंद और विजय आनंद जैसे संगीत के जानकार निर्देशकों के साथ बेहतरीन संगीत रचनाओं का निर्माण होना स्वाभाविक सी बात है।

'काली घटा छाए' बर्मन दा के गीतों में एक महत्त्वपूर्ण गीत है। सहनशील, समझदार, मन में 'बेटी जैसी होकर भी बेटी' ना होने का दुख और घुटन समेटे, परिश्रमी सुजाता, तो उसका गीत भड़कीला कैसे हो सकता है... दरवाज़ा बंद करके, मन की बात अपने आप से कहती, शर्मीली सी, मन की बात खुल कर कह देने के बाद ख़ुश होकर बगिया में झूमती-नाचती, सितार के स्वरों के साथ ही सीढ़ियाँ चढ़ती नूतन, अगर मुझे मेरा प्रिय मिल जाए तो दुनिया का क्या जाएगा? *'ऐसे में कहीं कोई मिल जाए रे'* का *'रे'* किसी मोती सा टपकता है, जैसे नायिका की गरदन शर्म से झुक गई हो। आशा जी ने गीत नीचे के स्वरों में गाया है। *'यूँ ही बगियन में डोलूँ'* को जितनी बार सुना जाए, मन नहीं भरता।

फ़िल्म संगीत के इतिहास में एक और गीत को बेहतरीन फ़िल्मांकन के लिए नवाज़ा जाना चाहिए। वह गीत है *'क्या हो फिर जो दिन रंगीला हो'*। इस गीत का हर शब्द, हर म्यूज़िक पीस परदे पर जिस तरीक़े से चित्रित किया गया है, वह देखते ही बनता है। गीत के आरंभ में एकॉर्डियन का एक पीस है तो परदे पर किसी स्त्री का हाथ यह वाद्य बजाते हुए दिखाई देता है। सिगरेट के धुएँ के भी छल्ले वायब्रोफ़ोन की धुन पर तैरते हुए दिखाई देते हैं। सिगरेट के धुएँ और सिगरेट पकड़े शशिकला के हाथ की गति में अनोखी लय है। शशिकला का ताल में ठुमकना, चलने और नाचने के बीच में कुछ है, पर बेहद आकर्षक है। शायद इसे ही बल खा कर चलना कहा जाता है। हेलन और शशिकला... दोनों ही बहुत ग्रेसफुल, शानदार हैं। उनकी आवाज़ बनी हैं दो दुधारी तलवारें, आशा जी और गीता दत्त... सवाल-जवाब हो रहे हैं दोनों के बीच... गीता दत्त ने हर बोल में लय गूँथी है। *'रेत चमके समुंदर नीला हो'* में गीता *'चमके'* पर जो ज़ोर देती हैं, सुनने के क़ाबिल है। *'क्या हो*

फिर जो दुनिया सोती हो,' पंक्ति ख़ास आवाज़ में गाई है। शशिकला के हर सवाल पर *'आहा, फिर तो बड़ा मज़ा होगा,'* कहते हुए हेलन नाचती-उछलती हैं, बेहद आकर्षक है। गीत में जो 'चेंज ओवर' है, बेहद मस्त है। आशा जी *'कोई कोई फिसल रहा होगा,'* गाती हैं तो आवाज़ मानो फिसलती जाती है। इस गीत में एक अनोखी ग्रेस है। यह ग्रेस तो वास्तव में सचिन दा, विजय आनंद, साहिर, गीता दत्त, आशा जी, शशिकला और हेलन सभी में है। इतनी बारीकी से गीत बनाने और उसे फ़िल्माने वाले, क्लब सॉन्ग के लिए भी इतना परिश्रम करने वाले सभी कलाकारों की दाद देनी चाहिए।

कहानी की सिचुएशन को गीत में सही-सही उतारने में बर्मन दा को महारत हासिल थी। 'दिल का भँवर करे पुकार' इसका बेहतरीन उदाहरण है।

कुतुब मीनार की चक्करदार सीढ़ियाँ, नूतन और देव आनंद का सीढ़ियाँ उतरते हुए प्यार का इज़हार करना। विजय आनंद का क़माल देखिए, पूरा गीत सीढ़ियाँ पर ही फ़िल्माया गया है। सचिन दा का क़माल देखिए कि पूरा गीत अवरोही स्वरों में बाँधा गया है, यहाँ तक की म्यूज़िक के पीसेस भी अवरोही स्वरों में हैं। यह कोई नहीं जानता कि पहले गीत की धुन बनी या गीत फ़िल्माने के बाद यह ख़ास धुन बनाई गई। जो भी हो, पर गीत बहुत शानदार बन पड़ा है। *'प्यार की ऊँचाई, इश्क़ की गहराई'* सीढ़ियाँ के संदर्भ में हसरत जयपुरी ने सटीक शब्दों का चयन किया है।

'अपनी तो हर आह इक तूफ़ान है,' गीत को परदे पर देखने में बहुत मज़ा आता है। पूरा प्रसंग बहुत ख़ूबसूरती से फ़िल्माया गया है। देव आनंद का का शरारत भरा

सचिनदेव बर्मन और देव आनंद
दोनों सच्चे सहयोगियों के सहयोग से अनेक अमर गीतों का जन्म हुआ

अभिनय देख के दर्शकों के चेहरे पर मुस्कान बरबस आ ही जाती है। ऊपर वाली बर्थ पर वहीदा रहमान और नीचे उनके माता पिता और देव आनंद... महाशय भजन के बहाने इश्क़ फरमा रहे हैं। 'ऊपरवाला जान कर अनजान है,' 'ऊपरवाला' भगवान है या सुंदरी नायिका वहीदा रहमान...? रफ़ी साहब ने 'अनजान' पर बेहद ख़ूबसूरत हरक़त ली है। ऐसी हरक़तें स्वरलिपि में नहीं लिखी जा सकतीं और ऐसा प्रयास नहीं करें तो बेहतर है। गुलाब की पंखुड़ियों तो तोड़कर, गिन कर फिर से जमाने से क्या हासिल होगा? रफ़ी साहब का 'ऊपरवाला' शब्द का हर बार अलग ढंग से, नशीला उच्चारण, रेलगाड़ी की सीटी और मात्र गिटार की संगत गीत को बहुत ख़ास बना देती है।

'फैली हुई हैं सपनों की बाँहें' गीत नहीं एक सुंदर सपना है। कोई गीत परदे पर किसी प्रसंग की किस तरह बेहतरीन पृष्ठभूमि तैयार कर सकता है इस बात का उदाहरण यह गीत है। प्राकृतिक सुंदरता, गीत के बोल और संगीत इस तरह परदे पर सजीव हो उठता है कि दर्शक अपने आपको उस गीत का एक हिस्सा बन जाता है।

गीत का आरंभिक आलाप एक मधुर वातावरण का निर्माण करता है। 'आ... जा चल दें कहीं दूर' प्यारा सा निमंत्रण है। इस पुकार को कौन अनसुना कर सकता है? अंतरे की दो पंक्तियाँ एक ही साँस में गाई गई हैं और अंतिम शब्द ऊँचे स्वरों पर हैं। 'दू...र' शब्द को इस मधुरता से झुलाया गया है कि वाह... सुनकर लगता है कि हम दूर कहीं हरियाली में विहार कर रहे हैं, ठंडी बयार बह रही है, कहीं दूर निकल जाने को जी करता है। मात्र पौने चार मिनट का गीत हमें यह जीवंत अनुभव करा देता है। चमत्कार और कैसा होता है?

'काग़ज़ के फूल' कहानी, फ़िल्मांकन, अभिनय और संगीत हर दृष्टि से एक श्रेष्ठ फ़िल्म थी। इस फ़िल्म का गीत 'बिछड़े सभी बारी बारी!' रफ़ी साहब की आवाज़ के दर्द, 'बिछड़े' शब्द के उच्चारण में जो निराशा की अभिव्यक्ति है, उसके लिए सुना जाना चाहिए। यह अनुभव करने की बात है। वह दर्द भरी आह दिल छू लेती है। 'एक हाथ से देती है दुनिया, सौ हाथों से लेती है' ये कैफ़ी आज़मी की शायरी मात्र नहीं, भावनाएँ हैं जिसे सचिन दा ने स्वरों में पिरोया है। दुनिया का दस्तूर बहुत क्रूर है यह भाव अनेक गीतों के माध्यम से व्यक्त किया गया है। पर 'काग़ज़ के फूल' सच के सबसे क़रीब है। एक प्रतिभाशाली कवि और शायर के हिस्से में आई निराशा और विफलता यह गीत पूरी शिद्दत से व्यक्त करता है। निर्देशक और अभिनेता, गीतकार और संगीतकार तीनों के सम्मिलित प्रयास और प्रतिभा का यह क़रिश्मा है।

'खोया खोया चाँद' एक बेहद मक़बूल गीत रहा है।

गीत सुनने मात्र से पूरा परिदृश्य आँखों के सामने साक्षात कर देने क्षमता इस गीत में है। चाँद, आसमान और इस पृष्ठभूमि पर नायक, नायिका और उनकी गूँजती आवाज़,... जितनी भी बार गीत सुनें, हर बार नया सा लगता है। वह षडज, सुंदर

लय, हर अंतरे पर बाँसुरी और मेंडोलिन का छोटा सा, सुरीला पीस... और नायिका को प्रेम करने पर मजबूर करने का इरादा कर निकले देव आनंद... इस गीत की सबसे प्यारी पंक्तियाँ हैं–

तारे चले, नज़ारे चले
संग संग मेरे वो सारे चले
चारों तरफ़ इशारे चले
किसी के तो हो जाओ

कितना कुछ है आसपास... और तुम किसी की हो जाना क्यों नहीं चाहती? ऐसे अकेली ना रहो, किसी की हो जाओ... यह भावना ही कितनी प्यारी है... मानो यह नशीला गीत चाँदनी में भीगते हुए ही रचा गया है।

'पिया तो से नैना लागे रे' फुरसत से, इत्मीनान से बनाया गया गीत है। इस गीत के दौरान फ़िल्म की कहानी आगे बढ़ती है, नए मोड़ लेती है। यह गीत राजू गाइड की सहायता से अपने अंदर छिपी कलाकार को ढूँढ़ने का प्रयास करती रोज़ी का सफ़र है जो एक साधारण स्त्री से प्रसिद्ध नर्तकी के रूप में परिणत हो जाती है। इस गीत में उस की विविध नृत्य शैलियों और वेशभूषाओं का चित्रण है। इस गीत में रोज़ी की नृत्य भंगिमाएँ देखें या सितार, बाँसुरी और वायलिन का अनोखा ऑर्केस्ट्रा सुनें, पंडित सामताप्रसाद जी के तबले का आनंद लें या लता जी की आवाज़ का वहीदा रहमान के साथ साधर्म्य का अनुभव करें, दर्शक इसी मीठी दुविधा में फँस जाता है। हर अंतरे के अंत में 'धिनक धिनक धिन धिन' के बाद 'पिया तो से' का प्रश्नार्थक विराम और सितार का मधुर पीस है। उसमें भी विविधता है। दो अंतरों में सितार है और एक में तबला है। आख़िरी अंतरे में हम उस टुकड़े की प्रतीक्षा करते हैं तो और भी अलग ही कुछ किया है बर्मन दा ने।

रात को जब चाँद चमके, जल उठे तन मेरा
मैं कहूँ मत कर ओ चंदा इस गली का फेरा
आना मोरा सैयाँ जब आए...
चमकना उस रात को जब मिलेंगे तन मन

इस अंतरे के बाद तो कुछ अलग होना ही था। तो वह विराम आता ही नहीं। उस पल नायिका मुग्ध होकर चुप हो जाती है और उसने गीत समूह स्वर के हवाले कर दिया। वह निशब्द हो गई है। फिर समूह स्वर और नायिका का एक संवाद 'पिया... हाँ... हाँ पिया, पिया... हो... हो.. पिया' होता है। एक मधुर सी तान के बाद गीत समाप्त हो जाता है।

कई धुनों में ना कोई उतार-चढ़ाव है ना कोई चमत्कार फिर भी वे धुनें हमारे मन में घर कर लेती हैं। उनके अंदर तीव्र, दाहक कुछ होता है, जो श्रोता को छूता है। 'प्यासा' फ़िल्म ख़ुद अपने आप में एक गहरे घाव के समान है। दर्द अनेक रूप धरकर इस फ़िल्म में हमारे सामने आता है। इसी पृष्ठभूमि पर एक गीत था, 'जाने वो कैसे लोग थे जिनके प्यार को प्यार मिला'। प्रेम ना मिल पाने की एक फाँस है, एक टीस है दिल में। हर चाहने वाला छोड़ कर चला ही गया है तो अब ग़म से क्या घबराना? '*ग़म से अब घबराना कैसा, ग़म सौ बार मिला*'। हेमंत कुमार की आवाज़ जैसे श्रोता को ख़ुद अपने अंदर ले जाती है। '*कलियाँ माँगी*' में '*गी*' का उच्चारण बहुत ख़ास है, और सीधी सी धुन है। '*हमको अपना साया तक अक्सर बेज़ार मिला*'... क्या बात है...

'*वक़्त ने किया...*' गीत श्रोता को बेचैन कर देता है। '*जाएँगे कहाँ, सूझता नहीं, चल पड़े मगर रास्ता नहीं,*' गीतकार ने क्या बोल लिखे हैं... कैसा मक़ाम है यह? ना पीछे कुछ है ना आगे... ना तुम तुम हो ना मैं मैं हूँ। कितना अजीब हाल है। इस गीत की ताल कुछ जुदा है। '*वक़्त ने*' के '*ने*' पर सम है। पर वह तो तकनीकी मुद्दा है। यह गीत तो गीता दत्त की आवाज़ की क़ातरता का अनुभव करने के लिए है। 'क्या तलाश है' में 'तलाश' के उच्चारण की बेचैनी कलेजा हिला देती है। 'तलाश' के उच्चारण में एक तीखापन, कटुता है और 'ला' पर एक श्रुति चढ़ी हुई लगती है, ध्यान से सुनिए।

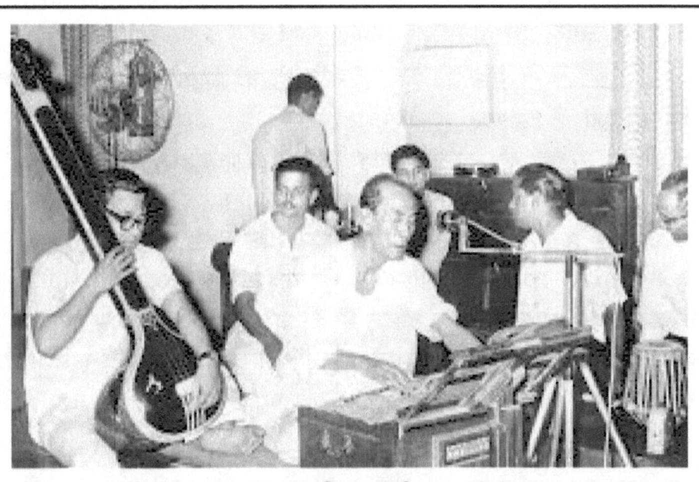

एसडी–आरडी
यों तो दोनों का संगीत बजाने का अंदाज़ जुदा-जुदा था फिर भी पिता-पुत्र ने एक साथ कई गाने बनाए

इसी तरह का एक और गीत है जो बेचैनी बढ़ा देता है... '*चाँद फिर निकला*' यह गीत बहुत गहराई से सोच-समझकर रचा गया है। मन की बेचैनी गीत के हर बोल से फूटकर निकलती है। '*सुलगते सीने से धुआँ सा उठता है*' के धुएँ में जी घबराने सा लगता है। '*जला गए तन को, बहारों के साए, मैं क्या करूँ हाए कि तुम याद आए*' धीमे से अवरोही होते-होते '*सा*' पर आकर थम जाता है। '*रसिक बलमा*' और '*चाँद फिर निकला*' की स्वरावलि एक सी है। पर आगे पूरा गीत भिन्न अभिव्यक्ति है। '*क्या करूँ हाय*' पर निछावर करने के लिए एक ही जान है इस बात का अफ़सोस होता है।

सचिन दा के संगीत की विविधता की सदा ही चर्चा रही है। अनेक प्रकार के भावों की अभिव्यक्ति करते गीत उन्होंने दिए हैं। गीत के बोलों की मिठास उनके संगीत से और भी निखर जाया करती थी।

यदि शुद्ध रोमांस की बात करें तो '*शोख़ियों में घोला जाए...*' का जवाब नहीं। किसी मिठाई की या पकवान की पाक विधि बताई जाए वैसे ही 'प्रेम' नामक अद्भुत अनुभूति की रेसिपी बताई गई है। ये प्रेम है क्या? कोई बेख़ौफ़, बेरोक नशा है शायद। प्रेम एक ऐसी शराब है जिस में नज़ाकत भी है और नशा भी है। जो इस मनोभाव को लेकर जी सका और उसे ऐसा ही साथी भी मिल जाए तो उस के भाग्य से देवता भी ईर्ष्या करेंगे। '*याद अगर वो आए*' के बाद एक विराम है। छोटी सी तान है। तनहाई में प्रिय की याद की सिहरन का अनुभव करने के लिए मानो वह विराम है। '*याद अगर वो आए, ऐसे कटे तनहाई, सूने शहर में जैसे बजने लगे तनहाई*' याद अगर साथ हो तो हम अकेले कहाँ रहते हैं?

बर्मन दा को हर गीत को भिन्न ट्रीटमेंट देने की महारत हासिल थी। कितनी अनोखी अरेंजिंग है इस गीत की। '*रंग में पिघले सोना, अंग से यूँ रस छलके, जैसे बजे धुन कोई, रात में हलके हलके*' गीत के शब्दों में एक मधुर सा नाद है। तन-मन को सुंदर अनुभूति से भर देती भावना है यह। एक सुनहरा निझर है, कभी ना उतरने वाला नशा है। '*उतरे कभी ना जो ख़ुमार, वो प्यार है!*' '*बस...! छेड़ो तो एक शोला है, छू लो तो बस शबनम है*'। ओस की बूँद को छूने से वह बिखर जाती है, प्रेम इतना नाज़ुक है, और उसी समय दाहक भी है। शोला भी है। नीरज ने क्या शब्द रचे हैं और बर्मन दा ने उन के साथ पूरा न्याय किया है। जब उदासी और निराशा घेर ले तो यह गीत सुनें, यक़ीन मानिए आप फिर से प्यार के रंग में रंग जाएँगे।

परदे पर प्रेमी जनों के लिए बर्मन दा ने एक से एक मीठे गीत रचे हैं। कहानी के वातावरण का निर्माण करते ये गीत अमर हो गए हैं। अभी पूनम का चाँद नहीं निकला। अभी आसमान को चाँद का इंतज़ार है। प्रेमी जन एक दूसरे के आगोश में बैठे हैं। प्रेमिका की आँखों में चाँद चमकता देख प्रेमी अनुरोध करता है कि आज

रात को तुम्हीं प्रकाशित करो। ऐसे समय *सोच के गगन झूमे* सुनिए। 'अभी चाँद' गाते हुए लता जी का ख़ास पंचम स्वर है और झिलमिल का अलौकिक उच्चारण सुनिए। 'तारे' पर ऐसी तान है जिसकी स्वरलिपि लिखी नहीं जा सकती, मंद्र पंचम की यह तान हृदय को छू लेती है। प सा रे ग *सोच के ये* लता जी लय में गाती हैं पर 'चमकेंगे' का उच्चारण ख़ास अंदाज़ से करती हैं। यह गीत बेहतरीन धुन का उदाहरण है। *रात देखो कितनी है काली* एक सुंदर पुल के समान है जो 'अभी चाँद' तक पहुँचाता है। वहाँ से स्थायी तक वही मधुर, प्रवाहमय यात्रा है। मन्ना दा ने *रात देखो कितनी है काली* के उच्चारण में एक सूक्ष्म से 'क' का भी उच्चारण किया है जो ध्यान से सुनने पर रसिक श्रोता को सुनाई देता है।

दादा के मस्ती भरे गीत श्रोता को ऊर्जा से भर देते हैं। *अरे यार मेरी तुम भी हो ग़ज़ब* में आशा जी और किशोर कुमार को धमाल मचाने के लिए खुला छोड़ा है दादा ने। *अहा मानो कहा अब तुम हो जवाँ, मेरी जान लड़कपन छोड़ो* किशोर कुमार ने बहुत ख़ास आवाज़ में गाया है और आशा जी ने रूपगर्विता की आवाज़ में बिंदास जवाब दिया है। *जब मेरी चुनरिया मलमल की, तब क्यूँ ना फिरूँ झलकी झलकी* इस 'स्टाइल' में सिर्फ़ आशा जी ही गा सकती हैं। इस अनोखे गीत की अरेंजिंग ग़ज़ब की है। *लिखा है तेरी आँखों में, किसका अफ़साना* भी ऐसा ही मस्ती भरा, दिलफेंक गीत है। सवाल-जवाब की धुन बनाने में बर्मन दा को महारत हासिल थी। नायिका के सवालों के जवाब, नायक *अगर इसे समझ सको* कहकर देता है। वाह, उसे अभी खुद नहीं पता कि दिल किसे देना है। नायक देव आनंद, निस्संकोच, बिंदास कहता है *थोड़ा सा हसीनों का सहारा लेके चलना है मेरी आदत रोज़ाना* क्योंकि उसका मन *यहाँ वहाँ फ़िज़ा में आवारा* फिरता है। किशोर दा की आवाज़ इतनी बढ़िया गूँजी है कि मन खुश हो जाता है। लता जी की आवाज़ नंदा पर कितनी सजी है, *तुझी को हमने पहचाना* पूरे मन से कहती हैं लता जी।

इस गीत के दूसरे अंतरे से पहले का संगीत एम 2 ध्यान से सुनिए। परदे पर देव महाशय अपनी पैन्ट में नायिका की ओढ़नी खोंस के उसके पीछे-पीछे चले जा रहे हैं। इस पृष्ठभूमि पर म्यूज़िक पीस भी एक दूसरे के उसी तरह पीछे जाते से लगते हैं।

किशोर कुमार ने इस गीत में, देव साहब का जैसा चंचल चरित्र दिखाया गया है, उसको उन्होंने आवाज़ के माध्यम से जीवंत कर दिया है। गीत की अरेंजिंग समय के हिसाब से बहुत आगे की लगती है, उस ज़माने में ऐसा गीत, ढोलक की कड़कती 'पिक अप' से गीत का मज़ा दोगुना हो गया है। क्या बात है...

मस्तमौला किशोर दा बर्मन के 'वीक पॉइंट' रहे हैं। उनके पसंदीदा रहे हैं, पर 'मिली' के किशोर दा एकदम अलग हैं। उनकी आवाज़ गहरी और अंतर्मुख है। उस समय बर्मन दा बीमार थे। सन् 1975 में इस फ़िल्म की धुनें स्पूल पर रिकॉर्ड कर

दी गई थीं। उन्हें पंचम ने अंतिम रूप दिया, ऐसा कहा जाता है। *'बड़ी सूनी-सूनी है जिन्दगी'* किशोर दा ने उदास, भारी और घायल सी आवाज़ में प्रस्तुत किया है।

कभी मैं ना सोया, कभी मुझसे खोया,
सुख मेरा ऐसे पता नाम लिख कर,
कहीं यूँ ही रखकर भूले कोई जैसे
अजब दुख भरी है ये बेबसी!

मेरे सुख पर नाम पता लिखा है फिर भी वह खो गया है। कितना अनोखा विचार है, योगेश के शब्द बहुत गहरा भाव व्यक्त करते हैं। *'आए तुम याद मुझे'* का 'मूड' कैसा है? अगर कविता के रूप में विचार किया जाए तो–

आए तुम याद मुझे, गाने लगी हर धड़कन,
ख़ुशबू लाई पवन, महका चंदन...

ये शब्द रोमान्टिक तो हैं, आगे देखिए–

जिस पल नैनों में सपना तेरा आए,
उस पल मौसम पर मेहँदी रच जाए
और तू बन जाए जैसे दुलहन

ये शब्द कितने सपनीले, कितने शुभ सूचक हैं। पर गीत की धुन कारुण्य से पूरी तरह ओतप्रोत है। क्योंकि इन रचनाओं को, इस मुग्ध कोमल प्रणय को मिली की असाध्य बीमारी का ग्रहण लग गया है। ख़ुशियाँ सामने खड़ी हैं पर उनके खो जाने का भय है। यदि इन गीतों को करुण धुनों से और अस्फुट ताल से नहीं सजाया जाता तो जो ख़ुशी और ग़म का विरोधाभास शेखर और मिली के जीवन में है, वह सही तरह से व्यक्त नहीं हो पाता। ख़ुशी भरे शब्द और करुण धुनों का यह मेल अनोखा है। सुख सामने है पर नहीं मिलने की आशंका है। सहजीवन आरंभ होने से पहले ही साथ छूट जाने का भय है। कैसी बेचैनी है...

किशोर कुमार मस्ती भरे गीत गाएँ तो आश्चर्य की बात नहीं, पर बर्मन दा ने रफ़ी साहब से *'सर जो तेरा चकराए, या दिल डूबा जाए'* गवाया तो बड़ा मज़ा आया। यह गीत पूर्णतः सिचुएशन पर आधारित है। ख़ास जॉनी वॉकर स्टाइल की आवाज़ में रफ़ी साहब ने गाया है। *'मालिश... तेल मालिश... चम्पी...'* तेल थपथपाने की आवाज़ें... ऐसे गीत लिखना, संगीतबद्ध करना और फ़िल्माना, तीनों ही कठिन काम हैं। जॉनी वॉकर का चेहरा और भाव परदे पर देखना बड़ा मज़ेदार था। 'प्यासा' जैसी गंभीर फ़िल्म में यह गीत कितनी राहत देता होगा दर्शकों को।

बर्मन दा के गीतों में लता जी की आवाज़ के परिष्कृत, परिपक्व होने के सफ़र का अनुभव किया जा सकता है। 'तुम ना जाने किस जहाँ में खो गए' और 'ठंडी हवाएँ' में उनकी आवाज़ बहुत ही मासूमियत लिए, कोमल हुआ करती थी। सत्तर के दशक में 'चुपके चुपके', 'मिली', और 'अभिमान' के गीतों में लता जी का आवाज़ तंत्र शुद्ध और झिलमिलाता सा है। प्रकाशमान आवाज़ है उनकी। इन गीतों की धुनें भी आधुनिक हैं। तकनीकी रूप से तब तक फ़िल्म संगीत काफ़ी परिष्कृत हो चुका था। 'अब के सजन सावन में' गीत कितना ऊर्जामय है। 'इश इश' या 'चुक चुक' की आवाज़ गीत को नयापन देता है। यह गीत शब्दों की अपेक्षा धुन और संगीत के वर्चस्व का गीत है। शब्द छंदबद्ध नहीं हैं।

अब के सजन सावन में
आग लगेगी बदन में
घटा बरसेगी
मगर तरसेगी नज़र
मिल ना सकेंगे दो मन एक ही आँगन में

पढ़ते ही हम समझ जाते हैं कि *'मगर तरसेगी नज़र'* के बाद विराम होना चाहिए क्योंकि *'मिल ना सकेंगे दो मन एक ही आँगन में'* एक जुदा वाक्य है। पर गीत में इसे एक साथ गाया गया है फिर भी खटकता नहीं। इसी तरह का गीत है *'सुन री पवन, पवन पुरवैया, मैं हूँ अकेली अलबेली तू सहेली मेरी बन जा साथिया'*। आवाज़ की फेंक, टोन 1970 के दशक में, कानों को कितना ताज़गी भरा महसूस हुआ होगा। *'जैसे राधा ने माला जपी श्याम की, मैंने ओढी चुनरीया तेरे नाम की...'* और *'चुपके चुपके चल री पुरवैया'* गीत बर्मन दा की सदाबहार प्रवृत्ति के साक्षी हैं। *'नींद उड़ाए, चैन चुराए, डाका डाले तेरी बंसी'* लोकगीत पर आधारित है और मांदल के स्वरों के कारण अनोखा महसूस होता है। *'नींद चुराए'* और *'अब के सजन सावन में'* के सुरों में समानता है। शायद दोनों ही गीत किसी लोकगीत पर आधारित हों। *'नींद चुराए, चैन चुराए'* में मौसमी चटर्जी का अभिनय बहुत प्यारा है।

फ़िल्म *'तेरे मेरे सपने'* का गीत *'ए तूने क़सम ली'* आरंभिक संगीत के पीस और साइकिल की घंटी के कारण बहुत मधुर लगता है और यादगार बन गया है। उस ज़माने में जब पत्नी को साइकिल की अगली सीट पर बिठाना रोमांचक था, उस समय के बारे में मन में सोचिए और यह गीत सुनिए, तब मज़ा आएगा। नायिका से पीछे-पीछे *'ली...'* दोहराना कितना प्यारा लगता है, वही शपथ नायक भी दोहराता है जो नायिका लेती है। संगीतकार की सूझबूझ कितनी अनोखी है। सरसों का पीला खेत, उसकी बनीली महक, मुमताज़ और देव साहब के प्रसन्न मुख परदे पर क्या

खूब जमते हैं इस गीत में। '*नहीं होंगे जुदा*' पर ताल देखिए, दो बार होंगे पर बीट है, तीसरी बार बीट '*नहीं*' पर है। स्वर और ताल सभी प्रतिभा के दास हैं आख़िर, संगीतकार प्रतिभा संपन्न हो तो क्या नहीं हो सकता...

इसी फ़िल्म से '*जीवन की बगिया महकेगी*' एक सिचुएशनल युगल गीत है। गीत संवाद के माध्यम से खिलता जाता है। बर्मन दा ने एक ही एक पैटर्न के गीत कभी नहीं बनाए। गीत को अपने प्रवाह में बहने दिया है, स्वाभाविक रूप से। उन्होंने सिर्फ़ रास्ता बनाया गीत के प्रवाह के लिए। संवाद के माध्यम से गीत की रचना की गई है। नन्हे मेहमान के आगमन के समाचार से नायक-नायिका बेहद ख़ुश हैं। दोनों एक दूसरे में घुल-मिल गए हैं। उनके विचार और संवाद भी एकरूप हो गए हैं। '*हम तुम कुछ और बँधेंगे*' का भाव गीत की धुन से स्पष्ट झलकता है। इतनी प्यारी संगीत रचना और 'आएगा फिर से बचपन हमारा' जैसे बोलों के लिए गीतकार को दाद दी जानी चाहिए।

'*अब तो है तुम से*' और '*नदिया किनारे हेराए आई कंगना*' गीतों में लता जी का स्वर बेहद परिष्कृत है। '*अब तो है तुम से*' एक गतिशील रचना है जिसमें कहानी के उतार-चढ़ाव स्पष्ट दिखाई देते हैं। '*तेरे प्यार में बदनाम दूर दूर हो गए, तेरे साथ हम भी सनम मशहूर हो गए। देखो कहाँ ले जाए बेख़ुदी अपनी!*' शब्दों में आगामी संघर्ष की सूचना है। '*पिया बिन पिया बिन बाँसिया, बाजे ना बाजे ना*' गीत का मिजाज़ ही अलग है। '*पिया ऐसे रूठे, कि होंठों से मेरे संगीत रूठा, कभी जब मैं गाऊँ*' नीचे के 'ध' पर है। दोहराने पर जब स्वर मध्यम को स्पर्श करता है तो मध्यम इस तरह चमक उठता है कि आँख नम हो जाती है। '*ऐसे बिछड़े*' के बाद का आलाप... एक बार पंचम से तो एक बार षडज से आता है। '*पिया बिना बाँसिया बाजे ना*' की चुभन तो है ही, बाँसुरी फिर भी साथ नहीं छोड़ती, क्योंकि वह मन की बंसी है। वह इस क़दर एकरूप हो चुकी है कि बाँसिया शब्द के अंदर से ही शुरू हो जाती है। चैन से बैठ कर सुनने का गीत है यह।

वास्तव में, बर्मन दा पर एक पुस्तक लिखी जा सकती है। '*होंठों में ऐसी बात*' जैसा भव्य गीत हो, या '*दिल पुकारे आ रे आ रे*' जैसा तरल युगल गीत हो, '*दिन ढल जाए*' गीत में वास्तव में देव आनंद अपराधी हैं फिर भी हमारी सहानुभूति उन्हीं के साथ हो जाती है। यह रफ़ी साहब की गायकी और गीत की धुन की सफलता है। बहुत से ऐसे गीत हैं जिन्हें सुनकर हम बुद्धि की नहीं मन की बात मानने लग जाते हैं। बर्मन दा रिकॉर्डिंग से पहले, सुबह लता जी की सिर्फ़ 'हलो' सुनकर आवाज़ कैसी है पता लगा लेते थे। वे कहा करते थे कि 'लोता है तो हम सेफ़ हैं'। गीत अगर मनमाफ़िक रिकॉर्ड हो जाए तो वे खुश होकर पान खिलाया करते थे। वे सबको बताया करते थे कि 'आज टिफ़िन में मैं मस्त फ़िश लाया हूँ' पर खाते हमेशा

अकेले ही थे। उनके व्यक्तित्व के अनेक आयाम थे, तो स्वभाविक ही था कि गीत भी अनोखे ही बनते। इतने शानदार कृतित्व के स्वामी बर्मन दा 31 अक्टूबर 1975 को इस दुनिया से विदा हो गए... पर ऐसे अमर गीतों की विरासत छोड़ गए हैं... जो आपको किसी भी उदास पल में फिर से जीने की उम्मीद जगाने में सक्षम हैं।

अध्याय में उल्लेखित गीतों की जानकारी

गीत / फ़िल्म / गायक-गायिका /   गीतकार / वर्ष

छोड़ दो आँचल / पेइंग गेस्ट / किशोर कुमार, आशा भोंसले / मजरूह सुलतानपुरी / 1957

जाने क्या तूने कही / प्यासा / गीता दत्त / साहिर / 1957

पलकों के पीछे से / तलाश / मो. रफ़ी, लता मंगेशकर / मजरूह सुलतानपुरी / 1969

ठंडी हवाएँ / नौजवान / लता मंगेशकर / साहिर / 1951

तुम ना जाने / सज़ा / लता मंगेशकर / साहिर / 1951

अरे यार मेरी / तीन देवियाँ / किशोर कुमार, आशा भोंसले / मजरूह सुलतानपुरी / 1965

दिन ढल जाए / गाइड / मो. रफ़ी / शैलेंद्र / 1965

मैंने कहा फूलों से / मिली / लता मंगेशकर / योगेश / 1975

गा मेरे मन गा / लाजवंती / आशा भोंसले / मजरूह सुलतानपुरी / 1958

मस्तराम बन के / टैक्सी ड्राइवर / मो. रफ़ी और कोरस / साहिर / 1954

मेरा सुंदर सपना / दो भाई / गीता दत्त / साहिर / 1947

नैन दीवाने / अफ़सर / सुरैया / नरेंद्र शर्मा / 1950

आज फिर जीने की / गाइड / लता मंगेशकर / शैलेंद्र / 1965

तेरे मेरे सपने / गाइड / मो. रफ़ी / शैलेंद्र / 1965

याद करोगे याद करोगे / दो भाई / गीता दत्त / राजा मेहँदी अली ख़ान / 1947

सोच कि ये गगन / ज्योति / मन्ना डे, लता मंगेशकर / आनंद बक्षी / 1969

मेरे साजन हैं उस पार / बंदिनी / सचिन देव बर्मन / शैलेंद्र / 1969

सफल होगी तेरी आराधना / आराधना / एस. डी. बर्मन / आनंद बक्षी / 1969

वहाँ कौन है तेरा / गाइड / एस. डी. बर्मन / शैलेंद्र / 1965

हम हैं राही प्यार के / नौ दो ग्यारह / किशोर कुमार / मजरूह / 1957

आ जा पंछी अकेला / नौ दो ग्यारह / मो. रफ़ी, आशा भोंसले / मजरूह / 1957

आँखों में क्या जी / नौ दो ग्यारह / किशोर कुमार, आशा भोंसले / मजरूह / 1957

ये तनहाई हाय हाय / तेरे घर के सामने / लता मंगेशकर / हसरत जयपुरी / 1963

नदिया किनारे हेराए / अभिमान / लता मंगेशकर / मजरूह / 1973

अब तो है तुम से / अभिमान / लता मंगेशकर / मजरूह / 1973

पिया बिन पिया बिन / अभिमान / लता मंगेशकर / मजरूह / 1973

ना तुम हमें जानो / बात एक रात की / हेमंत कुमार, सुमन कल्याणपूर / मजरूह / 1973

तदबीर से बिगड़ी हुई / बाज़ी / गीता दत्त / साहिर / 1951

सच हुए सपने तेरे / काला बाज़ार / आशा भोंसले / शैलेंद्र / 1960

देख के अकेली मोहे / बाज़ी / गीता दत्त / साहिर / 1951

ये रात ये चाँदनी / जाल / हेमंत कुमार, लता मंगेशकर / साहिर / 1952

चुप है धरती चुप है / घर नंबर 44 / हेमंत कुमार / साहिर / 1955

झन झन झन झन पायल / बुज़दिल / लता मंगेशकर / शैलेंद्र / 1951

घायल हिरनिया / मुनीम जी / लता मंगेशकर / शैलेंद्र / 1955

नज़र लागी राजा / काला पानी / आशा भोंसले / मजरूह / 1958

पूछो ना कैसे मैंने / मेरी सूरत तेरी आँखें / मो. रफ़ी / शैलेंद्र / 1963

अब आगे तेरी मर्ज़ी / देवदास / लता मंगेशकर / साहिर / 1955

चल री सजनी / बंबई का बाबू / मुकेश / मजरूह / 1960

ढलती जाए चुंदरिया / नौ दो ग्यारह / आशा भोंसले / मजरूह / 1957

खाई है रे हमने / तलाश / लता मंगेशकर / शैलेंद्र / 1969

शिव जी बिहाने चले / मुनीम जी / हेमंत कुमार / शैलेंद्र / 1955

जानू जानू री / इंसान जाग उठा / गीता दत्त, आशा भोंसले / शैलेंद्र / 1959

सुन मेरे बंधु रे / सुजाता / एस. डी. बर्मन / मजरूह / 1960

आन मिलो श्याम साँवरे / देवदास / गीता दत्त, मन्ना डे / साहिर / 1955

कैसी ये जागी अगन / जाल / लता मंगेशकर / साहिर / 1952

रुला के गया सपना / ज्वेल थीफ़ / लता मंगेशकर / साहिर / 1967

दिल जले तो जले / टैक्सी ड्राइवर / लता मंगेशकर / साहिर / 1954

फैली हुई है सपनों / घर नंबर 44 / लता मंगेशकर / साहिर / 1955

जलते हैं जिसके लिए / सुजाता / तलत महमूद / मजरूह / 1959

दीवाना मस्ताना हुआ दिल / बंबई का बाबू / मो. रफ़ी, आशा भोंसले / मजरूह / 1960

बाग़ों में कैसे ये फूल / चुपके चुपके / मुकेश, लता मंगेशकर / आनंद बक्षी / 1975

मोरा गोरा अंग / बंदिनी / लता मंगेशकर / गुलज़ार / 1963

हम आपकी आँखों में / प्यासा / मो. रफ़ी, गीता दत्त / साहिर / 1957

हाल कैसा है जनाब का / चलती का नाम गाड़ी / किशोर कुमार, आशा भोंसले मजरूह / 1958

इक घर बनाऊँगा / तेरे घर के सामने / मो. रफ़ी, लता मंगेशकर / हसरत जयपुरी / 1963

चुपके से मिले प्यासे प्यासे / मंज़िल / मो. रफ़ी, गीता दत्त / मजरूह / 1960

ओ निगाहें मस्ताना / पेइंग गेस्ट / किशोर कुमार, आशा भोंसले / मजरूह / 1957

माना जनाब ने पुकारा / पेइंग गेस्ट / किशोर कुमार / मजरूह / 1957

जिन्हें नाज़ है हिंद पर / प्यासा / मो. रफ़ी / साहिर / 1957

ओ पंछी प्यारे / बंदिनी / आशा भोंसले / शैलेंद्र / 1963

ये दुनिया अगर मिल / प्यासा / मो. रफ़ी / साहिर / 1957

खिलते हैं गुल यहाँ / शर्मीली / किशोर कुमार, लता मंगेशकर / नीरज / 1971

मेघा छाए आधी रात / शर्मीली / लता मंगेशकर / नीरज / 1971

बचपन के दिन भी / सुजाता / गीता दत्त, आशा भोंसले / मजरूह / 1959

मोसे छल किए जाए / गाइड / लता मंगेशकर / शैलेंद्र / 1965

क्या से क्या हो गया / गाइड / मो. रफ़ी / शैलेंद्र / 1965

फूलों के रंग से / प्रेम पुजारी / किशोर कुमार / नीरज / 1970

जीने दो और जियो / टैक्सी ड्राइवर / आशा भोंसले / साहिर / 1954

ये दिल दीवाना है / इश्क़ पर ज़ोर नहीं / लता मंगेशकर, मो. रफ़ी / आनंद बक्षी / 1970

ए मेरी ज़िंदगी / टैक्सी ड्राइवर / लता मंगेशकर / साहिर / 1954

रात अकेली है / ज्वेल थीफ़ / आशा भोंसले / मजरूह / 1967

ये दुनिया रूप की चोर / शबनम / शमशाद बेग़म / कमर जलालाबादी / 1949

रूप तेरा मस्ताना / आराधना / किशोर कुमार / आनंद बक्षी / 1969

दिल की उमंगें हैं / मुनीम जी / हेमंत कुमार, गीता दत्त, प्राण / शैलेंद्र / 1955

खोया खोया चाँद / काला बाज़ार / मो. रफ़ी / शैलेंद्र / 1960

कोई आया धड़कन / लाजवंती / आशा भोंसले/ मजरूह / 1955

काली घटा छाए / सुजाता / आशा भोंसले / मजरूह / 1960

क्या फिर जो दिन / नौ दो ग्यारह / आशा भोंसले, गीता दत्त / मजरूह / 1957

दिल का भँवर करे / तेरे घर के सामने / मो. रफ़ी / हसरत जयपुरी / 1963

अपनी तो हर आह / काला बाज़ार / मो. रफ़ी / शैलेंद्र / 1960

बिछड़े सभी बारी बारी / काग़ज़ के फूल / मो. रफ़ी / कैफ़ी आज़मी / 1959

पिया तोसे नैना / गाइड / लता मंगेशकर / शैलेंद्र / 1965

जाने वो कैसे लोग / प्यासा / हेमंत कुमार / साहिर / 1957

वक़्त ने किया / काग़ज़ के फूल / गीता दत्त / कैफ़ी आज़मी / 1959

चाँद फिर निकला / पेइंग गेस्ट / लता मंगेशकर / मजरूह / 1957

शोखियों में घोला जाए / प्रेम पुजारी / किशोर कुमार, लता मंगेशकर / नीरज / 1970

सोच के गगन झूमे / ज्योति / मन्ना डे, लता मंगेशकर / आनंद बक्षी / 1969

अरे यार मेरी तुम / तीन देवियाँ / किशोर कुमार, आशा भोंसले / मजरूह / 1965

लिखा है तेरी आँखों / तीन देवियाँ / किशोर कुमार, लता मंगेशकर / मजरूह / 1965

बड़ी सूनी सूनी है / मिली / किशोर कुमार / योगेश / 1975

आए तुम याद मुझे / मिली / किशोर कुमार / योगेश / 1975

सर जो तेरा चकराए / प्यासा / मो. रफ़ी / साहिर / 1957

अब के सजन सावन / चुपके चुपके / लता मंगेशकर / आनंद बक्षी / 1975

सुनरी पवन / अनुराग / लता मंगेशकर / आनंद बक्षी / 1972

जैसे राधा ने माला / तेरे मेरे सपने / लता मंगेशकर / नीरज / 1971

नींद चुराए / अनुराग / लता मंगेशकर / आनंद बक्षी / 1972

ए मैंने क़सम / तेरे मेरे सपने / किशोर कुमार, लता मंगेशकर / नीरज / 1971

जीवन की बगिया / तेरे मेरे सपने / लता मंगेशकर / नीरज / 1971

अब तो है तुमसे / अभिमान / लता मंगेशकर / मजरूह / 1973

पिया बिना पिया बिना / अभिमान / लता मंगेशकर / मजरूह / 1973

होंठों में ऐसी बात / ज्वेल थीफ़ / लता मंगेशकर, कोरस / मजरूह / 1967

शुद्ध, सात्विक विमल स्वरों का निर्झर

वसंत देसाई

तेरे सुर और मेरे गीत

जैसा ताज़गी भरा उनकी कलाई में बँधा मोगरे का गजरा हुआ करता था, वैसा ही उनका स्वभाव था। अभिजात्य संगीत और मधुरता, कलाकारी और सहजता के मिलाप से सजे सांगीतिक सृजन का ही दूसरा नाम था... स्वर वसंत... बनाम...वसंत देसाई। वसंत राव के *'तेरे सुर और मेरे गीत'* पर जिस का मन डोला नहीं हो और *'दिल का खिलौना हाय टूट गया'* पर जिसके दिल से आह नहीं निकली हो ऐसा रसिक श्रोता बिरला ही होगा। आमतौर पर सामान्य श्रोता शास्त्रीय संगीत के नाम से ही भय खाते हैं फिर भी जिनके शास्त्रीय संगीत पर आधारित गीत श्रोता बिना गुनगुनाए नहीं रह सकते। ऐसे आदरणीय संगीतकार नौशाद साहब के साथ जिनका नाम उतने ही आदर के साथ लिया जा सकता है, वे हैं वसंत देसाई। उस अनादि अनंत, सर्वशक्तिमान, सर्वसाक्षी ईश्वर की प्रार्थना करने हेतु जिन्होंने *'ऐ मालिक तेरे बंदे हम'* जैसी अद्वितीय धुन बनाई... वे वसंत देसाई। *'हमको मन की शक्ति देना'* गीत के साथ हमारी पीढ़ी की विद्यालय से यादें जुड़ी हैं। तब तो वसंत देसाई के नाम का महत्त्व भी पता नहीं था। पर यह गीत सुनते ही ऐसा समाँ बँध जाता है कि बरबस स्कूल का वार्षिकोत्सव आँखों के सामने आ जाता है।

वसंत राव के सात्विक संगीत का रहस्य शायद उनके स्वभाव और व्यक्तित्व में छिपा है। कई लोग यह समझते हैं कि शास्त्रीय संगीत पर आधारित गीतों की धुन बनाने के लिए संगीतकार को कम परिश्रम करना पड़ता है या ना के बराबर श्रम करना पड़ता है। अगर ऐसा होता तो हर संगीत विशारद संगीतकार होता। यह सच है कि राग-रागिनियों का ज्ञान, उनकी स्वर रचनाएँ हमने परंपरागत रूप से विरासत में पाई हैं। परंतु उन स्वर रचनाओं के सटीक उपयोग करने हेतु, किसी राग की सभी संभावनाएँ आज़माने के लिए संगीतकार में सृजनात्मक प्रतिभा होना ज़रूरी है। दृश्य-श्रव्य माध्यम का, परदे पर गीत के प्रस्तुतिकरण का गहरा ज्ञान आवश्यक है। गीत के बोलों के भाव के अनुसार राग की स्वराकृति में परिवर्तन की क्षमता संगीतकार में होना आवश्यक है। इन सभी पहलुओं का अनुभव हमें वसंत देसाई के संगीत में होता है। ऐसा प्रतिभाशाली संगीतकार फिर मात्र फ़िल्मी गीतों के संगीत निर्देशन तक ही सीमित नहीं रहता। वह पार्श्वसंगीत, संगीत नाटक, वृंदगान, नृत्य नाटिका आदि विधाओं में भी कुशलता का परिचय देता है। मेलोडी और मधुरता को साथ लेकर संगीत निर्देशन की दिशा में नए-नए प्रयोग करना आसान नहीं होता। गीत सिर्फ़ मिठास से भरपूर होने से काम नहीं चलता, उसमें कोई ख़ासियत, चमत्कार होना भी ज़रूरी है। एक छोटी सी स्वर माला उस गीत को राग से भिन्न बनाती है, वह गीत एक स्वतंत्र रचना का रूप धारण कर लेता है। वसंत देसाई ने राग के बंधन, नियमों के भीतर रहकर भी गीत की मधुरता में वृद्धि को प्रमुखता दी। फिर वह राग बिहाग हो, मिया मल्हार हो या भैरवी। *'तेरे सुर और मेरे गीत'* राग बिहाग पर आधारित है पर वह एक स्वतंत्र बंदिश, मेलोडी का रूप ले चुकी है। वसंत देसाई ने इस तरह का संगीत दिया जो उनकी स्वतंत्र प्रतिभा का परिचायक है। कई बार उन्होंने मूल बंदिश का ताल बदल कर उसे सरल बनाया – *'बोले रे पपीहरा।'* लोक संगीत की ग्रामीण मिठास को बरक़रार रखते हुए उसका सटीक उपयोग सिचुएशन के हिसाब से किया और उसे परिष्कृत रूप में प्रस्तुत किया– *'सैयाँ झूठों का।'*

वसंत देसाई के गीतों की चर्चा बिना रागों के हो ही नहीं सकती। मालगुंजी (*'नैन सो नैन'*), केदार (*'हमको मन की शक्ति'*), भैरवी (*'जो तुम तोड़ो पिया'*, *'दिल का खिलौना, 'मेरे ऐ दिल बता'*), अडाणा (*'झनक झनक पायल बाजी'*), मियाँ मल्हार (*'बोले रे पपीहरा'*) आदि कई उदाहरण हैं। 'डॉ. कोटनीस की अमर कहानी' के संगीत के लिए वसंत देसाई ने चीनी संगीत से साधर्म्य रखते 'भूप' राग का प्रयोग किया, जो कहानी के हिसाब से सही था। *'झनक झनक पायल बाजे'* गीत को वे राग दरबारी से अडाणा में आसानी से परिवर्तित कर सके क्योंकि दोनों रागों में समानता है। शांताराम जी ऊर्जापूर्ण रचना चाहते थे; अडाणा उत्तरांग प्रधान राग है सो उनकी मुराद भी पूरी हो गई और गीत शानदार बन सका।

वसंत देसाई का जन्म 9 जून सन् 1912 को सिंधुदुर्ग जिले के 'सोनावडे' नामक ग्राम में हुआ था। उन्हें अभिनय का शौक था। इस कारण वे शांताराम जी के पास पहुँचे। शांताराम जी ने उनकी सामान्य क़द-काठी और लंबे बालों पर दृष्टिपात किया और कहा कि जो भी काम कहा जाए करना पड़ेगा। यह बात एक साक्षात्कार के दौरान वसंत देसाई ने बताई थी। उन्होंने शास्त्रीय संगीत की शिक्षा उस्ताद आलम ख़ाँ, इनायत ख़ाँ से प्राप्त की। ध्रुवपद धमार गायकी की शिक्षा सीधे डागर बंधु से प्राप्त करने का सुअवसर उन्हें मिला। संगीत गुरुओं का प्रभाव उनकी बनाई सुव्यवस्थित धुनों और स्वरों के 'लगाव' से स्पष्ट प्रतिबिंबित होता है। सन् 1932 की फ़िल्म 'अयोध्या का राजा' में उन्होंने 'सकल जगत में छत्रपति' गीत भी गाया था। कुछ एक फ़िल्मों में उन्होंने अभिनय भी किया था। इन्हीं दिनों उन्होंने 'प्रभात' कंपनी की कई फ़िल्मों में संगीत निर्देशन किया पर कंपनी से अनुबंध के कारण उनका नाम संगीत निर्देशक के रूप में नहीं आया। वाडिया ब्रदर्स की फ़िल्म 'शोभा' (1942) में उन्होंने पहली बार स्वतंत्र रूप से संगीत निर्देशन किया। शांताराम जी ने उन्हें गुरुमंत्र दिया था कि 'जो भी काम हो करना होगा', सो फ़िल्म निर्माण से संबंधित सभी तकनीकी कामों की उन्हें जानकारी हो गई थी। गोविंद राव टेंबे, केशव राव भोले और मास्टर कृष्णराव जैसे दिग्गज शास्त्रीय गायक जो कि फ़िल्म संगीत के क्षेत्र में आ गए थे, उनके संस्कार वसंत देसाई के संगीत पर दिखाई देते हैं। उन दिनों शास्त्रीय संगीत और नाट्य संगीत से प्रभावित फ़िल्म संगीत अपना स्वतंत्र अस्तित्व बनाने के लिए प्रयत्नशील था, जैसे प्रभावशाली माता पिता की छाया से कोई स्वतंत्र विचारों वाला बच्चा अपनी खुद की छवि बनाना चाहता है। उस ज़माने में फ़िल्म संगीत को लोकप्रिय बनाने में वसंत देसाई का महत्त्वपूर्ण योगदान है।

कुछ संगीतकार ऐसे भी हैं जिन के गीतों में सस्तापन, अर्थहीन, फूहड़ शब्द आपको ढूँढ़े नहीं मिल सकते। फ़िल्म संगीत का प्रमुख उद्देश्य व्यवसाय या बिज़नेस है। जिस तरह की माँग हो वैसी ही पूर्ति करना संगीतकार की मजबूरी हो जाती है। परंतु ख़ैयाम, जयदेव, मदन मोहन, वसंत देसाई के गीत शब्द और अर्थ दोनों ही दृष्टि से संपन्न हैं। वसंत देसाई को संस्कृत प्रचुर हिंदी में लिखने वाले कवि भरत व्यास का साथ मिला। उनके शब्दों से वसंत देसाई का अभिजात्य संगीत निखर उठा। भाषा संस्कृत प्रचुर होने पर भी धुन की मधुरता से समझौता नहीं किया गया। 'पिया ते कहाँ' गीत में एक पंक्ति है – 'बिरह समुद्र में छाँड़ि गयो पिव'। बिरह समुद्र कोई आसान या कोमल शब्द नहीं है। पर वसंत देसाई जैसे संगीतकार ऐसे शब्दों को चुभने नहीं देते, उसे मधुरता की चाशनी में लपेट देते हैं। 'निर्बल से लड़ाई बलवान की' जैसा गीत बनाना ज़रा साहस का काम है क्योंकि उपदेश देता गीत बोरियत पैदा कर सकता है। परंतु वसंत देसाई की स्वर योजना के कारण गीत बहुत श्रवणीय बन पड़ा है। गीत राग मालकौंस पर आधारित है और उसे मन्ना दा ने खुली, ठोस

आवाज़ में गाया है फिर भी सामान्य श्रोता ने गीत को गुनगुनाना चाहा क्योंकि गीत की धुन उसके मन को छू गई।

लोक संगीत पर आधारित गीतों की धुन बनाते समय वसंत देसाई ने उनकी ग्रामीण मिठास को बरक़रार रखते हुए अनोखी धुनें बनाई। जैसे जंगली सुगंधित फूलों को चुनकर हम अपनी बैठक के गुलदस्ते में सजा दें कुछ वैसे ही... *मुरलिया बाजे रे जमुना के तीर* और *सैयाँ झूठों का बड़ा सरताज निकला* इसके उदाहरण हैं। गीत और मन से निकले सहज उद्गार के बीच जो कुछ होता है, उसे कम्पोज़ करना बड़ा कठिन होता है। *सैयाँ झूठों का बड़ा* में *परदेसी की प्रीत बड़ी होती बुरी* के बाद एक विराम है, वह ज़रा ध्यान से सुनिए। यह गीत और संवाद के बीच का कुछ है। इस गीत के आलाप भी ऐसे ही हैं जैसे किसी ग्रामीण स्त्री के हों... खुले, मासूम और मधुर... *बड़ा तीखा वो* में एक विस्मय का भाव है, शिकवा है जो स्वर को ज़रा सा ऊँचा उठाने के कारण है। ज़रा ध्यान से सुनिए... कवि भरत व्यास ने अनुप्रास का क्या खूब प्रयोग किया है... *मुख मोड़ चला... दिल तोड़ चला... मुझे छोड़ चला...* प्रसिद्ध निर्देशक विकास देसाई ने कहा है... *बड़ा तीखा वो* के बाद संध्या जो खिलौना गाड़ी लेकर जा रही थी वह अटक जाती है, ठीक अगली बीट पर *तीरंदाज़ निकला* पर संध्या उसे छुड़ा लेती है। गीत के साथ ही इस फ्रेम की भी दाद देनी होगी।

कोरस या समूह स्वर के महत्त्व को जानने वाले संगीतकार अनिल बिस्वास, नौशाद और सलिल दा के साथ ही वसंत देसाई का भी नाम भी जोड़ा जाना चाहिए। उनके कई गीतों की पृष्ठभूमि में समूह स्वरों का विशाल परदा सा है। उस पृष्ठभूमि पर वह गीत झिलमिलाता है। कोरस की पंक्तियाँ, आलाप संगीतबद्ध करते हुए वसंत देसाई ने विविध ससकों और कॉन्ट्रा मेलोडी का गंभीरता पूर्वक विचार किया है। युगल गीतों के साथ कोरस का प्रयोग कम ही किया जाता है। पर *नैन सो नैन* में इसका प्रयोग सफलता पूर्वक किया गया है। *ऐ मालिक तेरे बंदे हम* गीत जितना लता जी का है उतना ही कोरस का भी है। कई गीतों में कोरस का प्रयोग म्यूज़िक पीस के स्थान पर किया गया है। *नैन सो नैन* में कोरस संवाद के रूप में है। कभी ध्यान दें। *पिया ते कहाँ* का स्त्री समूह स्वर वायलिन के साथ जिस तरह गूँथा गया है, प्रशंसनीय है।

स्वरों के सेतुओं से होकर अंतरे से फिर हौले से मुखड़े पर लौटने में वसंत देसाई को महारत हासिल थी। *टिम टिम टिम तारों के दीप जले* गीत में *चाँद किरनों की डाली पे है झूमता, चाँदनी ले रही देखो अँगड़ाइयाँ* यह पंक्ति हवा में कोई पंख लहराता हुआ धरती छुए ऐसा मालूम होता है। रेगम, सारेग, धनिरेगनीसा ऐसे षडज को छूते हैं। *टिम टिम टिम* सा ग प, खुले हुए स्वरों पर हैं जो वास्तव में जगमगाते हैं। ऐसी ही स्वर योजना *सन सनन सनन सनन जा री ओ पवन* गीत में

है। राग चंद्रकंस का शुद्ध नी ठंडी पवन सा चुभता है। अंतरा षडज पर जाकर एक छोटे से आलाप के साथ नीसानीधम, गमगसा ऊपर के सा से नीचे के सा पर झूलता सा आता है। 'ओ *दिलदार, बोलो इक बार*' ज़रा याद कीजिए। '*तो फिर आओजी, मेरा दिल बड़ा है बेक़रार*' की तान भी ऐसी ही मधुर लिंक है।

अपनी स्वाभाविक प्रवृत्ति से अलग भी कुछ गीत वसंत देसाई ने बनाए। '*मैं सागर की मस्त लहर*' और '*आ गई बहार*' गीतों में पियानो, पाश्चात्य कॉर्ड्स और हार्मनी का अनोखा रंग दिखाई देता है। अगर इस तरह के कुछ और गीत बनाते तो शायद शास्त्रीय संगीत पर आधारित गीत बनाने वाले संगीतकार की छवि को मिटा पाते। शायद क़िस्मत ने उनके जीवन की छवि ही अचानक धूमिल कर दी जिससे उन्हें अवसर ही नहीं मिला हो। अपने कार्यकाल का एक बड़ा हिस्सा उन्होंने वी. शांताराम के साथ बिताया इसलिए भी उन्हें ऐसे गीत बनाने का अवसर नहीं मिला हो। '*आ गई बहार*' और बीस वर्ष बाद राजेश रोशन के गीत '*होंठों पे गीत जागे*' के बीच काफ़ी समानता है। शायद दोनों की ही प्रेरणा कोई पाश्चात्य हार्मनी रही हो। वसंत देसाई के बनाए हलके-फुलके गीतों की संख्या भी काफ़ी है। 'ओ दिलदार', '*झुक झुक झोला खाए*' और '*तेरा ख़त ले के सनम*' आदि गीतों के माधुर्य और घुमावों से हम विस्मित हो जाते हैं। '*ओ दिलदार*' में '*बोलो*' का उच्चारण इतना प्यारा है।

वसंत देसाई
फिल्मी गीतों में अभिजात शास्त्रीय संगीत का कुशलता से प्रयोग करने वाले सृजनशील संगीतकार

'रेलगाड़ी', 'नानी की नाव चली' जैसे कथात्मक गीतों के साथ ही 'इक था बचपन' जैसा अंतर्मुख करता गंभीर गीत भी उन्होंने बनाया। राग गुजरी तोड़ी का करुण भाव उन शब्दों को अँगूठी में नगीने सा सजा गया। '*इक था*' शब्द बीते समय को दर्शाता है इसलिए देर तक खींचा गया है। इस गीत में सामान्यतः जैसे अंतरे होते हैं वैसे नहीं होकर उन्हें अलग ही 'ट्रीटमेंट' दिया गया है जिससे गीत श्रोता को हिला कर रख देता है। इस गीत का कोरस स्वर बहुत कुछ कह जाता है, संवाद करता है। '*जीवन के लंबे बंधु*' में लंबे... स्वर को लंबा खींचा गया गया है जिससे यह सत्य स्पष्ट हो जाता है कि जीवन समाप्त हो जाता है पर रास्ता ख़त्म नहीं होता।

वी. शांताराम जी के साथ वसंत देसाई ने 'शकुंतला', 'जीवनयात्रा', 'डॉ. कोटनीस की अमर कहानी', 'मतवाला शायर राम जोशी', 'अंधों की दुनिया', 'मौसी', 'दहेज', 'झनक झनक पायल बाजे', 'तूफ़ान और दिया, 'दो आँखें बारह हाथ', आदि कई फ़िल्में कीं। 'गूँज उठी शहनाई', 'स्कूल मास्टर', 'अर्धांगिनी', 'प्यार की प्यास', 'संपूर्ण रामायण', 'रामराज्य', 'आशीर्वाद', 'गुड्डी' तथा 'रानी और लालपरी' आदि फ़िल्मों के गीत बहुत सराहे गए।

'*तेरे सुर और मेरे गीत*' इस गीत का नशा इतने समय के बाद भी उतरने का नाम नहीं लेता। आरंभ के गुनगुनाने से लेकर पूरा गीत बेहद मीठा है। '*दोनों मिलकर बनेगी प्रीत*' में दोनों शब्द गमपनी, धनीसांधप फ्रेज़ के कारण बहुत प्यारा लगता है। दो प्रेमी अगर एक स्वर में गा सकें तो क्या ही अद्भुत अनुभव होगा... यह उत्कंठा इस फ्रेज़ के कारण स्पष्ट हो जाती है। दादरे की सुंदर लय में मीठे शब्दों को गूँथा गया है। एक भी शब्द कहीं चुभता नहीं। एक अंतरे के पहले आलाप है पर दूसरे में नहीं है। शायद दूसरे अंतरे में प्रेमिका अपने प्यार की पूरी शक्ति दाँव पर लगा कर कहती है...

मुझको अगर भूल जाओगे तुम
मुझसे अगर दूर जाओगे तुम
मेरी मुहब्बत में तासीर है (यहाँ आलाप है)
तो खिंचके मेरे पास आओगे तुम

यह तासीर... यह शक्ति आलाप के कारण और भी प्रभावशाली लगती है। 'खिंचके' शब्द को जिस तरह खींचा गया है... सुनिए... अब बिहाग तो है ही नहीं... जैसे कानों को कोई मयूरपंख से सहला रहा हो! इतना प्यारा प्रेम गीत बन गया है यह।

आमतौर पर दुख भरे गीत धीमी गति के होते हैं पर 'दिल का खिलौना' (गूँज उठी शहनाई) कुछ तेज़ गति का फिर भी बेहद करुण गीत है। टूट, लूट, छूट... को कुछ खींचा गया है जिस से व्यथा एक क्षण में स्पष्ट हो जाती है।

दिल का खिलौना टूट गया
कोई लुटेरा आ के लूट गया

शायद मूल गीत ऐसा ही रहा होगा। 'हाय' संगीतकार का सृजन हो सकता है। 'हाय' में भी अंतर है। पहली बार ऊपर के स्वर पर है तो दूसरी बार हताश उच्छ्वास की तरह है जैसे आँख से आँसू टपका हो।

तेरा इंतज़ार करके, हाय एतबार करके
खुशियों के बदले ग़म की दुनिया बसाई

हाय का उच्चारण इस क़दर स्वाभाविक है। भैरवी के स्वरों को शब्दों के अनुसार समायोजित किया गया है। 'उल्फ़त का तार तोड़ा' में 'ता...र' को झुलाया गया है।

हुआ क्या क़ुसूर ऐसा सैयाँ हमारा
जाते हुए जो तूने हमें ना पुकारा

क़ुसूर शब्द ऊपर के सा पर रखकर वसंत राव ने गीत में जादू जगाया है। मैंने ऐसा क्या गुनाह किया था कि जाते हुए तुमने मुझे पुकारा तक नहीं... इस दिल से खेले और इसे तोड़ डाला।

हिंदी फ़िल्मी युगल गीतों में बेहतरीन गीतों की श्रेणी में *'जीवन में पिया तेरा साथ रहे'* ऊपरी क्रमांक का हक़दार है। फ़िल्मी गीतों में इतनी जलद लय कम ही देखी जाती है। गीत की आरंभिक पंक्तियाँ *'रोक सके ना राह हमारी दुनिया की दीवार'* गीत को एक अलग ही ऊँचाई पर पहुँचाती हैं। विराम के बाद लता जी और रफ़ी साहब की तानों और आलापों की जुगलबंदी आरंभ होती है। तानें मानो एक दूसरे से संवाद करती सी शब्दों के पार हो जाती हैं। रफ़ी साहब की सधी आवाज़ में तार सप्तक का षडज सुनना परमानंद की अनुभूति कराता है। पूरा गीत ही जैसे सुंदर संवाद है। मन आनंद से डोलने लगता है, ऐसा जादू इस गीत की धुन में है। अंतरों की धुन में समानता है, लेकिन *'रहे तब तक प्रीत अमर अपनी'* पंक्ति अलग है, 'तब तक' कोमल निषाद पर है जिससे गीत कालातीत हो गया है। धुन में थोड़ा सा भी बदलाव किया जाए तो वह क़माल कर सकता है। *'सरगम की सदा बरसात रहे'* के बाद विराम है और तबले की मस्त थाप के बाद गीत आगे बढ़ता है। दो पंक्तियों के बीच बॉन्गो है, अंतरे के लिए ज़बरदस्त उठान के बाद ढोलक और तबला मस्त समाँ बाँध देता है। स्वर और लय नृत्य करती जाती है। तेज़, दूधिया झरने की तरह है यह गीत, साँसें थम जाती हैं सुनते हुए।

मन के भाव और प्रकृति को सुंदर शब्दों और मनोहर धुन के माध्यम से एकरूप होते हुए सुनना है तो 'संपूर्ण रामायण' का गीत 'बादलों बरसो नयन की कोर से' सुनना होगा। नयन की कोर शब्द का प्रयोग बिरले ही हुआ है पर यह शब्द मन को भा जाता है।

बादलों, बरसो नयन की कोर से,
बिजलियाँ कड़को हृदय की ओर से
'बादलों' शब्द को सुंदर तरीक़े से झुलाया गया है।
ऐ घटाओं गर्जना को थाम लो,
आज मेरे करुण स्वर से काम लो
बँध गया सावन नयन की डोर से

बादलों मेरी आँखों की कोर से बहो, मेरे प्राणों की बेचैनी में बिजली की कड़कड़ाहट एकरूप हो जाए, मेरी करुण पुकार के आगे तुम्हारी गर्जना कुछ भी नहीं। कितनी अनोखी कल्पना है... 'प्राण तड़पे भाग्य की झकझोर से, बादलों, बरसो नयन की कोर से...' झकझोर मधुर शब्द तो नहीं पर वह भी कितना नाद मधुर हो गया है इस धुन में।

एक और मधुर, तरल प्रेमगीत है, मालगुंजी राग पर आधारित 'नैन सो नैन नाही मिलाओ' (झनक झनक पायल बाजे)। 'नैन सो नैन नाही मिलाओ' में जो भाव अभिप्रेत है, मुग्ध भाव और मधुरता है वह इस धुन से पूर्णतः व्यक्त हो जाती है। मुखड़ा खर्ज में बाँधना साहस का काम है जो आम तौर पर नहीं होता। इसी से प्रणयालाप बहुत संयत हो गया है। उद्यान में नृत्य की सहायता से मन के भावों की अभिव्यक्ति के साथ कोरस बेहद प्रभावशाली है। दृश्य के साथ एकरूप, जैसे कोई मस्त फुहारा हो। 'ध सा...' स्वरों का कोरस मस्त समाँ बाँधता है।

नीले गगन पे झूमेंगे आ...
बादल का प्यार देखेंगे आ...

गगन शब्द पर षडज दिव्य आभास की अनुभूति कराता है।

लता जी की ऊँची आवाज़ की तीव्रता को वेदना में परिणत कर दिया है गीत 'मेरे ऐ दिल बता'।

प्यार तूने किया, पाई मैंने सज़ा
क्या करूँ... क्या करूँ

'क्या' पर जो मींड है, उससे यह मात्र प्रश्न नहीं रह जाता, विरहिणी के हृदय की करुण पुकार बन जाता है। अगर ध्यान से सुनें तो आपको रुदन का आभास होगा। अंतरे में छोटा सा आलाप है जिसमें शुद्ध कोमल स्वर हैं जिससे भय का भाव भी अनुभव किया जा सकता है। 'नी ध ध प' फ़्रेज़ करुण रस का निर्माण करती है... वाह... क्या कहना...

गुलज़ार के शब्दों को मिया मल्हार राग के मधुर स्वरों से सजाया है गीत *'बोले रे पपीहरा'* में। गुड्डी अर्थात जया भादुड़ी, जिन्होंने एक स्कूली छात्रा की भूमिका की थी, उन पर वाणी जयराम की आवाज़ बेहद जँची थी। जिस क्षण वाणी जी *'नित मन प्यासा नित मन तरसे...'* को खींच कर विराम लेती हैं वह क्षण बहुत मधुर होता है।

पलकों पर इक बूँद सजाए
बैठी हूँ सावन ले जाए
जाए पी के देस ये बरसे

पलकों की कोर पर सजी यह आँसू की बूँद प्रिय के देस में बरसे तो कितना अच्छा हो... वाणी जी ने *'बोले रे...'* को बहुत मधुरता से झुलाया है। वाणी जयराम की अपनी मौलिक आवाज़ और शैली में गाया गया यह गीत बहुत मक़बूल हुआ। कोई आश्चर्य नहीं, वाणी जी के पूजागृह में वसंत देसाई की तसवीर हो। सफलता के सुनहरे क्षण उन्हें वसंत राव के कारण ही मिले थे।

राग खमाज और गौड़ मल्हार का अनोखा मिश्रण हमें *'झिर झिर बरसे सावनी अँखियाँ'* में देखने को मिलता है। *'सावनी अँखियाँ'* जैसे शब्द गुलज़ार की विशेषता हैं। आँखों को *'सावनी'* का विशेषण सब कुछ कह जाता है। 'घर ...आ ...' में दोनों निषादों का प्रयोग बहुत ही मधुर है। अंतरों को बहुत ख़ास तरीक़े से बाँधा गया है। संतूर की रेशमी रिमझिम से वर्षा ऋतु जीवंत हो उठती है। अंतरे और मुखड़े की पंक्तियाँ भिन्न-भिन्न हैं पर एक ही स्थान पर आ मिलती हैं। जैसे दो पगडंडियाँ पहाड़ी की चोटी पर एक ही जगह आकर मिल जाएँ।

लता और गीता, दोनों का गाया शरारत भरा गीत *'अँखियाँ भूल गई हैं सोना'* में दोनों गायिकाओं की आवाज़ की ख़ासियत का सही-सही उपयोग किया गया है। स्त्री समूह स्वर ने अनोखी भूमिका निभाई हैं। गीता दत्त *'सोना'* और *'जादू टोना'* को हौले से छोड़ती हैं जिससे छेड़छाड़ का माहौल जमता है।

शहनाई वाले तेरी शहनाई रे करेजवा को
चीर गई चीर गई ची...र गई।

यह आख़िरी 'ची...र' बहुत प्यारा गाया है।

सखियाँ ना मार मोहे ताने,
जिसको ना लागी वो क्या जाने...

इन पंक्तियों से लता जी गायन आरंभ करती हैं। उनकी मधुर, मृदु आवाज़ पूर्व में गाई गई गीत की पंक्तियों की पृष्ठभूमि पर ख़ास तौर से खिल उठती है।

कैसे बच के रहोगी, आहें भर के कहोगी
मैं तो हार गई हार गई हा...र गई

यह पूरी पंक्ति लता जी एक ही साँस में इतनी कुशलता से गाती हैं कि हमारी साँस रुकने लगती है। आख़िरी 'हा...र गई' के बाद मीठा सा रहस्य खुल जाने के भाव से आश्वस्ति का अनुभव होता है।

फ़िल्म 'दो आँखें बारह हाथ' का भरत व्यास द्वारा रचित गीत अनोखे नादमय अनुप्रास से सजा है। 'उमड़ घुमड़ कर आई रे घटा' की बात ही कुछ और है। गीत का आरंभ ही ठेठ देसी स्वर में है।

सन सनन सन पवन का मदन तीर
बादल को चीर निकला रे नीर
सर सर सर सर धार झरे
हो धरती जल से माँग भरे
नन्ही नन्ही बूँदनिया की सनन सनन सन बंसरी बजाती आई
बजाती आयी, देखो भाई बरखा दुल्हनिया

ये बोल केवल पढ़े जाने से भी रोमांच भर देते हैं। 'उमड़ घुमड़' होते ही ठेका बदल जाता है और लता जी गहरे दम से अंतरा आरंभ करती हैं। 'का...री का...री...' के बाद ताल थम सी जाती है और फिर आरंभ होता है मानो ताल ने बोलों को थाम लिया हो। एक ही गीत की जितनी भी विशेषताओं को दाद दी जाए, कम है।

दो अंतरों के बीच 'सरगम' का उपयोग बहुत ही सुंदर तरीक़े से म्यूज़िक पीस के रूप में किया गया है... एक अनोखे गीत 'आई परी रंग भरी' में। मंद्र धैवत गीत को संतुलित करता है। 'पुकारा' पर मध्य धैवत है। गीत जैसे दोनों धैवतों के बीच संतुलित है। समूह स्वर भी 'पुकारा' बड़े मधुर तरीक़े से गाता है। 'प ग सा' फ्रेज़ आशा जी और समूह स्वर एक के बाद एक गाते हैं तो बहुत मधुर लगता है। गीत कम सुना जाता है पर बेहद मीठा है।

'कल्पना के घन बरसते' (अमर ज्योति) और *'देखा है सपना कोई'* (यादें) भी अनोखे और मधुर गीत हैं।

संगीत सहायक वसंत राव आचरेकर, वाद्यवृंद संयोजक सेबेस्टियन, इनॉक डेनियल, सनी कस्टेलिनो आदि का महत्त्वपूर्ण सहयोग इन गीतों की सफलता में है। वसंत आचरेकर और माधव पवार के बजाए तालवाद्य सुनना, उनके बजाए शानदार, साफ़ ठेके सुनना परमानंद की अनुभूति के क्षण थे। वसंत देसाई ने सामान्य ताल भिन्न ढंग के ठेके से पेश किए। सामान्य कहरवा को उन्होंने धिन त्रक धिनधा। त्रिंतक तिंता। के रूप में *'ऐ मालिक तेरे'*, *'ये कहानी है दीये की'* और, *'पिया ते कहाँ'* और मराठी गीत *'ऋणानुबंधाच्या जिथुन'* में पेश किया। कुछ गीतों में मुखड़े और अंतरों में भिन्न-भिन्न ताल का प्रयोग किया। उदाहरण *'टिम टिम टिम तारों के दीप'* में अंतरे में 6–8 का ठेका और मुखड़े पर आते हुए बॉन्गो का 2–4 का ठेका प्रस्तुत किया। यही गीत को आकर्षक बनाता है।

गीतों में ख़ास ध्वनियों का सटीक प्रयोग करने में वसंत देसाई को महारत हासिल थी। एको प्रतिध्वनि का सर्वप्रथम उपयोग जो दर्द बनके आया उन्हीं ने किया। बैलों के गले की घंटियों की आवाज़ जीवन के लंबे बंधु, पेड़ों की डालियों के सरसराने और हवा से दरवाज़े के बंद हो जाने की आवाज़ *'मैं गाऊँ तू चुप हो जा'* का उन्होंने उपयोग किया। यह ध्वनि जल तरंग पर निकाली गई थी, यह बात घटवादक वसंत सामंत ने बताई। *'उमड़ घुमड़'* और *'सैयाँ झूठों का बड़ा'* में प्रयुक्त ग्रामीण वाद्य 'कोका' ज़रा याद कीजिए। वसंतराव फ़िल्म निर्माण से संबंधित सभी विधाओं के जानकार थे, सो पार्श्वसंगीत देने में भी वे निष्णात थे। 'सुबह का तारा' और 'गीत गाया पत्थरों ने' में संगीत निर्देशन अन्य संगीतकारों का था परंतु पार्श्व संगीत वसंत देसाई का था। फ़िल्म 'अचानक' ज़रा हट के थी, गीत विहीन थी परंतु वसंत देसाई ने प्रभावशाली पार्श्वसंगीत दिया था।

मराठी संगीत नाटकों की विधा मृतप्राय सी हो चली थी पर वसंत देसाई ने संगीत संजीवनी से 'पंडितराज जगन्नाथ', 'जय जय गौरी शंकर', 'प्रीति संगम', 'देव दीना घरी धावला' आदि नाटकों को पुनर्जीवित किया। उन्होंने कुमार गंधर्व से *'उठी उठी गोपाला'*, *'ऋणानुबंधा च्या'* अविस्मरणीय गीत गवाए। यह गीत छोटी-छोटी तानों से सजा है जिसमें वाणी जयराम को भी गायकी दिखाने का अवसर मिला।

'लोक शाहीर राम जोशी', 'अमर भूपाली', 'साखरपुडा', 'श्याम ची आई', और 'मोलकरीण' आदि मराठी फ़िल्मों के संगीत ने मराठी फ़िल्म संगीत को नई ऊँचाई तक पहुँचाया। इन फ़िल्मों का संगीत मील का पत्थर साबित हुआ। 'झनक झनक पायल बाजे' के संगीत निर्देशन के समय वसंत देसाई और उनके सहायकों को जिस हद तक मेहनत करनी पड़ी होगी हम उसके बारे में सोच भी नहीं सकते। कथक

के तोड़े, तबले के बोल और गीत के शब्द संगीत में पिरोना कठिन अभ्यास और कुशलता के बिना संभव नहीं। *'मुरली मनोहर'* गीत में गीत के शब्दों के अनुसार तबले के बोल, लयबद्ध नृत्य, दर्शकों की साँस थम सी जाती है। नायिका नीला का गिरिधर को देखकर शर्माना, उसका ध्यान बँटना, गुरुजी का डाँटना, परदे पर सब कुछ स्वाभाविक लगता है, परंतु इस सबका फ़िल्मांकन आसान नहीं रहा होगा।

वसंत देसाई का नाम एक देशभक्त संगीतकार के रूप में आदर के साथ लिया जाता है। उन्होंने अपनी कार्य प्रवणता से इसे प्रमाणित भी किया। 'एक सुर एक ताल' योजना के अंतर्गत उन्होंने असंख्य बच्चों को देशभक्ति गीत सिखाए। ये गीत उनके मुकुट की मणि समान हैं। मराठी देशभक्ति गीत 'जिंकू किंवा मरू' आज भी उसी जोश के साथ गाया जाता है। वसंत देसाई ने आख़िरी साँस तक देश के प्रति कर्तव्य की पूर्ति की।

22 दिसंबर 1975 तक ईश्वर का अस्तित्व था। ईश्वर ने खुद ही अपना अस्तित्व इस दिन मिटा डाला। उत्साह से भरपूर, स्वस्थ, सुरीले शानदार व्यक्तित्व के धनी वसंत देसाई का शरीर लिफ़्ट में फँस जाने से, एक क्षण में पुर्ज़े-पुर्ज़े हो गया। उनके ऐसे अंत पर ईश्वर शायद शर्मिंदा हो, खुद को सज़ा देना चाहता हो। उनकी अकाल मृत्यु से आज भी हृदय में टीस उठती है। यह जख़्म कभी नहीं भर सकता।

वसंत देसाई ने ना कभी शराब छुई, ना पुरस्कारों की दौड़ में शामिल हुए, ना बिनाका गीतमाला की परवाह की, ना प्रसिद्धि हेतु टोटके-हथकंडे आज़माए, फिर भी मराठी हिंदी फ़िल्म संगीत पर अपनी अमिट छाप छोड़ी। ऐसे संगीतकार को शत-शत प्रणाम।

अध्याय में उल्लेखित गीतों की जानकारी

गीत / फ़िल्म / गायक-गायिका / गीतकार / वर्ष

तेरे सुर और मेरे गीत / गूँज उठी शहनाई / लता मंगेशकर / भरत व्यास / 1959

बोले रे पपीहरा / गुड्डी / वाणी जयराम / गुलज़ार / 1971

सैयाँ झूठों का / दो आँखें बारह हाथ / लता मंगेशकर / भरत व्यास / 1957

नैन सो नैन / झनक झनक पायल बाजे / लता मंगेशकर, हेमंत कुमार / हसरत जयपुरी / 1955

हमको मन की शक्ति / गुड्डी / वाणी जयराम, कोरस / गुलज़ार / 1971

जो तुम तोड़ो पिया / झनक झनक पायल बाजे / लता मंगेशकर / मीराबाई / 1955

दिल का खिलौना / गूँज उठी शहनाई / लता मंगेशकर / भरत व्यास / 1959

मेरे ए दिल बता / झनक झनक पायल बाजे / लता मंगेशकर, मन्ना डे / हसरत जयपुरी / 1955

झनक झनक पायल बाजे / झनक झनक पायल बाजे / उ. अमीर ख़ाँ / हसरत जयपुरी / 1955

पिया ते कहाँ आ गयो / तूफ़ान और दिया / लता मंगेशकर / मीराबाई / 1956

निर्बल से लड़ाई / तूफ़ान और दिया / मन्ना डे / भरत व्यास / 1956

मुरलिया बाजे रे / तूफ़ान और दिया / लता मंगेशकर / मीरा बाई / 1956

ए मालिक तेरे बंदे / दो आँखें बारह हाथ / लता मंगेशकर, कोरस / भरत व्यास   1958

टिम टिम टिम तारों / मौसी / लता मंगेशकर, तलत महमूद / भरत व्यास / 1958

सन सनन सनन सनन / संपूर्ण रामायण / लता मंगेशकर / भरत व्यास / 1961

ओ दिलदार / स्कूल मास्टर / लता मंगेशकर, तलत महमूद / कवि प्रदीप / 1959

मैं सागर की मस्त / धुआँ / लता मंगेशकर / राजेंद्र कृष्ण / 1953

आ गई बहार / नई तालीम / लता मंगेशकर / एस.आर. चोपड़ा / 1949

झुक झुक झोला / दो बहनें / लता मंगेशकर, महेंद्र कपूर / कवि प्रदीप / 1959

तेरा ख़त ले के सनम / अर्धांगिनी / लता मंगेशकर / मजरूह सुलतानपुरी /   1959

रेलगाड़ी / आशीर्वाद / अशोक कुमार / हरींद्रनाथ चट्टोपाध्याय / 1968

नानी की नाव / आशीर्वाद / अशोक कुमार / हरींद्रनाथ चट्टोपाध्याय / 1968

एक था बचपन / आशीर्वाद / लता मंगेशकर / गुलज़ार / 1968

जीवन से लंबे बंधु / आशीर्वाद / मन्ना डे / गुलज़ार / 1968

जीवन में पिया तेरा / गूँज उठी शहनाई / लता मंगेशकर, मो. रफ़ी / भरत व्यास / 1959

बादलों बरसो नयन / संपूर्ण रामायण / लता मंगेशकर / भरत व्यास / 1961

झिर झिर बरसे सावनी / आशीर्वाद / लता मंगेशकर / गुलज़ार / 1968

ऑखियाँ भूल गई हैं / गूँज उठी शहनाई / गीता दत्त, लता मंगेशकर, कोरस / भरत व्यास / 1959

उमड़ घुमड़ कर आई / दो आँखें बारह हाथ / मन्ना डे, लता मंगेशकर / भरत व्यास / 1957

आई परी रंग भरी / दो फूल / आशा भोंसले / हसरत जयपुरी / 1958

कल्पना के घन बरसते / अमर ज्योति / लता मंगेशकर, महेंद्र कपूर / भरत व्यास / 1967

जो दर्द बनके ज़माने पे / पर्बत पे अपना डेरा / जोहरा बाई अम्बालेवाली / दीवाण शरर / 1944

मैं गाऊँ तू चुप हो जा / दो आँखें बारह हाथ / लता मंगेशकर / भरत व्यास / 1957

उठी उठी गोपाला / देव दीना घरी धावला / पं. कुमार गंधर्व / बाल कोल्हटकर

ऋणानुबंधांच्या जिथून पडल्या / देव दीना घरी धावला / पं. कुमार गंधर्व, वाणी जयराम / बाल कोल्हटकर

घड़ी घड़ी अरे मनमोहना / अमर भूपाली / लता मंगेशकर, पंडित राव नगरकर / होनाजी बाला / 1951

सुंदरा मना मध्ये भरली / शाहीर राम जोशी / जयराम शिलेदार / लोक शाहीर राम जोशी / 1947

घनश्याम सुंदरा / अमर भूपाली / पंडित राव नगरकर, लता मंगेशकर / शाहीर होनाजी बाला / 1951

लटपट लटपट / अमर भूपाली / लता मंगेशकर / शाहीर होना जी बाला / 1951

सांगा मुकुंद कुणी / अमर भूपाली / आशा भोंसले, पंडित राव नगरकर / शाहीर होनाजी बाला / 1951

तुझ्या प्रीतिचे / अमर भूपाली / लता मंगेशकर / शाहीर होनाजी बाला / 1951

बड़े भोले हो / अर्धांगिनी / लता मंगेशकर / मजरूह सुलतानपुरी / 1959

भरजरी गं पीतांबर / श्याम ची आई / आशा भोंसले / प्रल्हाद केशव अत्रे / 1953

आई म्हणोनी कोणी / श्याम ची आई / आशा भोंसले, जी. एन. जोशी / यशवंत / 1953

मुरली मनोहर / झनक झनक पायल बाजे / मन्ना डे, लता मंगेशकर / दिवाण शरर / 1955

जिंकू किंवा मरू / छोटा जवान / महेंद्र कपूर / ग. दि. माडगूलकर / 1963

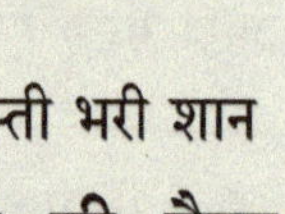

ओ. पी. नैयर

कैसा जादू बलम तूने डारा

ज़रा सोचिए... बोरियत भरी सुस्त सी दोपहर हो, पेड़ का एक पत्ता भी हिलने का नाम नहीं ले रहा हो, मन कुछ भी करने का ना हो, हवा का एक झोंका भी कहीं से नहीं आ रहा हो, मन स्तब्ध, शून्य हो जाए, दिमाग़ काम करना जैसे बंद कर दे,... तभी एक चुस्त सा ठेका और एक देसी तान कानों में पड़े, तरुणाई का प्रतीक गिटार छेड़ दिया जाए, एक खनकदार मनभावन आवाज़ आपके तन-मन पर छा जाए... बोरियत का एक क्षण में नामो-निशान मिट जाए... जैसे जादू की छड़ी किसी ने घुमा दी हो... इस जादूगर का नाम है ओंकार प्रसाद नैयर... यानी ओ.पी.।

ओ.पी. नैयर का संगीत वह नहीं जो घुमा-फिरा कर, अबोध, अव्यक्त सा कुछ कहना चाहे, तरल, अबूझ सा कुछ कहे, वह सीधे-सीधे मन में जो कुछ हो, साफ़-साफ़ ठेठ देसी तरीक़े से शब्दों और स्वरों के माध्यम से कह देता है। उनका संगीत बिंदास तरीक़े से प्रेम को प्रेम और आकर्षण को आकर्षण कहने की हिम्मत रखता है। नैयर जी के संगीत में शब्दों को झुलाकर, वातावरण बनाकर फिर अभिव्यक्ति नहीं की जाती, जो कुछ है साफ़-साफ़ कह दिया जाता है। तभी तो उनके संगीत की अपनी एक शान है, रौब है।

किसी तथाकथित पंडित ने एक बार प्रसिद्ध मराठी गायक वसंत राव देशपांडे से पूछने की हिमाक़त की कि आपका घराना कौन सा है तो उन्होंने दो टूक उत्तर दिया कि मेरा घराना मुझसे शुरू होता है। यह उत्तर जिस रौब से दिया गया होगा, वैसा ही रौब ओ.पी. नैयर में था। आर या पार। सौम्यता, सफ़ेदपोश मानसिकता, हर समय मध्यमवर्गीय मान्यताओं के टूटने का भय उन्हें छू तक नहीं गया था।

'उड़े जब जब ज़ुल्फें तेरी, कुँवारियों का दिल मचले' ओ.पी. के गीत की नायिका बिंदास घोषणा करने की हिम्मत रखती है। मैं तो ऐसी ही हूँ। 'लोग कहे मैं बावरी मेरे उलझे उलझे बाल, मेरा काला काला तिल है, मेरे गोरे गोरे गाल'। तुम इन से बच सको तो बचो। वह बेधड़क कहती है। 'अजी हमसे तुम्हें इक लगावट तो है, तुम्हें हमसे मुहब्बत नहीं' साफ़-साफ़ कहती नायिका यहीं आप देखेंगे। 'सुनिए मिस्टर चालबाज़, बनिए ना बड़े तीरंदाज़, और कोई घर देखिए, दिल को यहाँ मत फेंकिए' यहाँ गीता दत्त 'फेंकिए' जिस अदा से फेंकती हैं कि बस सुनते रहिए। 'किस का जला आशियाँ, बिजली को ये क्या ख़बर' मैं तो बिजली हूँ, किस का क्या नुक़सान हुआ इससे मुझको क्या? 'आइए मेहरबाँ' जिस अदा से गाया गया है वह ओ.पी. की प्रवृत्ति का आईना है। यह रौब, शान लेकर ही ओ.पी. जिए और वही शान और रौब उनके संगीत में झलकती है।

उनका दुख भी किसी योद्धा का दुख है। हताश, पराभूत और मेरुदंडहीन दुख उनके गीतों में भी दिखाई नहीं देता। 'दिल की आवाज़ भी सुन' में 'राह में छोड़ के साया भी चला जाता है' यह वास्तविकता स्वीकार करने के बाद 'मेरी नज़रों की तरफ़ देख, ज़माने पे ना जा' कहने की हिम्मत नायक रखता है। 'हो गई है किसी से जो अनबन, थाम ले दूसरा कोई दामन' यही सच है। प्यार करना गुनाह तो नहीं। ओ.पी. ने इसी अदा से अपने आप से प्रेम किया। क़माल की अदा और क़माल का रौब... इस रौब-दाब के साथ सामान्य आदमी जीने की हिम्मत नहीं करता। परंतु ओ.पी. ने अनेक बुज़दिल, डरपोक लोगों को अपने रौब-दाब से चमत्कृत किया।

हम परदे पर मारपीट के दृश्य देखते हैं भले ही हम खुद ऐसा काम नहीं कर पाएँ। ओ.पी. और आशा जी के गीतों में जनसामान्य को बिंदास जीने और प्रेम करने के अंदाज़ की कल्पना करने का मौक़ा दिया। उनके गीतों में हम अपने आपको रखकर देख सकते हैं और रोमांच का अनुभव तो कर ही सकते हैं। व्यक्ति की जैसी प्रवृत्ति होती है उसे दुनिया वैसी ही नज़र आती है। हर कोई अपने नज़रिए से किसी ख़ास घटना को देखता है, तभी तो हर व्यक्ति उस घटना का वर्णन अपने तरीक़े से करता है। ओ.पी. कम से कम शब्दों में अपने गीतों के माध्यम से भावनाएँ व्यक्त करते हैं। छोटे-छोटे वाक्य हैं और शब्द का आख़िरी अक्षर खींचा नहीं गया है या कहिए उसे स्टकटो ट्रीटमेंट दिया गया है। ताल की चौखट में शब्द फ़िट बैठना

चाहिए। 'आइए...' भले ही खींचा गया है पर 'मेहरबाँ' का 'बाँ' ठेके में सही बैठता है। 'बा...बू...जी...धी...रे...च...ल...ना...' में हर बोल ताल के साथ सही बैठता है। 'बा...बू...जी... धीरे चलना' में किसी भी अक्षर को झुलाया नहीं गया है। 'चलना' ठेठ ढोलक की थाप पर पड़ता है, पड़ता क्या है आपको नाचने के लिए प्रेरित करता है। 'प्या...र में, ज़रा...सँभलना...' हम फिर ताल पर लौट आते हैं। ओ.पी. को रिद्म किंग कहा जाता है यह अर्धसत्य है, क्योंकि उनके संगीत में मेलोडी भी मौजूद है। फिर भी उनके गीतों में रिद्म को अधोरेखित अवश्य किया गया है। निश्चय ही रिद्म की शक्ति का अनुभव उन्होंने कराया है।

16 जनवरी 1926 को लाहौर में जन्मे ओ.पी. नैयर जीवन भर लाहौरी मस्ती में रहे। लाहौर के उस मस्ती भरे वातावरण का आजीवन उन पर प्रभाव रहा। वहाँ की हवा में रोमांस था, साँस-साँस में संगीत था। नृत्य था। वहाँ के लोग शौकीन तबीयत के हुआ करते थे। ऐसे वातावरण में पले-बढ़े ओ.पी. को लाहौर से इस कदर लगाव था कि अगर अभी वहाँ जाने का अवसर मिला तो उन्हें खुशी से मर जाने का डर लगा करता था। बँटवारे के कारण ना जाने कितने जीवन बरबाद हुए, कितने दिल टूटे कोई गिनती ही नहीं है। रिश्ते-नाते, परिचित और सगे-संबंधियों से बढ़कर प्यारी जन्मभूमि का त्याग करते हुए कितना कष्ट हुआ होगा... कलात्मक संस्कारों की विरासत साथ लिए ओ. पी. जैसे ना जाने कितने कलाकार भारत आए, निखरे और समय के परदे पर अपने अमिट निशान छोड़कर गए।

ओ.पी. की धुनों में ऐसा क्या है कि श्रोता के हृदय की धड़कन से, मन की रिद्म से वह गीत जुड़ जाता है? यह लय बाहरी नहीं अंदरूनी होती है। ओ.पी. के गीत हमें हमारी खो गई लय से मिला देते हैं। हृदय की धड़कन तालबद्ध होती है। नाड़ी की गति और हमारी चाल भी लयबद्ध होती है। हमारा सारा जीवन लयबद्ध है, ओ.पी. के गीत फिर से हमें उस लय से जोड़ देते हैं। गीत के बोल कैसे लयबद्ध हो जाते हैं? ओ. पी. की ख़ास शैली उन शब्दों को ऊपर की ओर हलका सा धक्का देती है। उस झटके के कारण शब्दों को लय प्राप्त होती है और गीत बन जाता है। 'आइए मेहरबाँ' में 'आ...इ...ए' नीचे से ऊपर उठाया गया है। 'कभी आर कभी पार' में 'कभी आर' नीचे से ऊपर उठाया गया है। वह तीर की तरह लगता है तभी तो 'आर पार' की फ़ीलिंग आती है। 'उधर तुम हसीं हो इधर दिल जवाँ है' गुनगुनाकर देखिए। 'उधर' शब्द का ज़ोर आगे की लय बाँध देता है। 'आओ हुज़ूर तुमको' में सा ग प... कॉर्ड का आरोही स्वर एक ख़ास भाव का निर्माण करता है। अगली पंक्ति 'दिल झूम जाए ऐसी' में 'झूम' को भी ऐसे ही ऊपर उठाया गया है। इससे गीत शानदार बन पड़ा है, और रिद्म के तो क्या कहने। कंठ स्वर में लय हो तो वह वाद्यवृंद से भी गूँजने लगती है। ओ.पी. के गीतों की गति, सधे हुए गीत के बोल और आकर्षक मुखड़े इन्हीं से 'ओ.पी.' नामक स्कूल या घराना बन गया है।

ओ. पी. के गीत गाने की एक ख़ास शैली है, अनोखा तरीक़ा है। आप वह धुन बिना किसी उतार-चढ़ाव के सपाट स्वर में गुनगुनाकर देखिए। धुन आपको सामान्य सी लगेगी। पर शब्दों का उच्चारण ओ.पी. स्टाइल से करना ही उन गीतों की माँग है। तभी गीत में जान आ जाती है। आशा जी की खनकदार आवाज़ किसी तलवार की तरह चमचमाती है। यह आवाज़ श्रोताओं का क़त्लेआम करने के लिए काफ़ी है। उनकी आवाज़ को तराशकर ओ.पी. ने अपनी खुद की शैली विकसित की। आशा जी से पूर्व शमशाद बेग़म और गीता दत्त ओ.पी. की प्रमुख गायिकाएँ रही हैं। शमशाद की ठसकेदार और गीता दत्त की नशीली आवाज़ में कई बेहतरीन गीत ओ.पी. ने दिए हैं। परंतु अपने कार्यकाल के आरंभ में ओ.पी. ने बंगाली स्टाइल का गीत 'प्रीतम आन मिलो' बनाया था।

बचपन में ओ.पी. शरारती शैतान बच्चे के रूप में ही जाने जाते थे। परिवार के सदस्यों ने उनमें सुधार की आशा छोड़ दी थी। फ़िल्मों और संगीत का जादू उनके सिर चढ़ चुका था। लाहौर रेडियो में छोटे-मोटे कार्यक्रम करने के दौरान उन्हें 'दूल्हा भट्टी' नाम फ़िल्म में गोविंदराम के संगीत निर्देशन में गाने का अवसर मिला। मात्र सत्रह वर्ष की आयु में एच.एम.वी. ने उनकी गाई कबीरवाणी का रिकॉर्ड ज़ारी किया। परंतु सफलता अभी भी दूर थी। परंतु सी.एच. आत्मा का गाया 'प्रीतम आन

ओ.पी.नैयर-आशा भोसले
दो क्रांतिकारी कलाकार एक हुए और उन के गीतों ने इतिहास रच दिया

मिलो' बेहद मक़बूल हुआ। इस सफलता ने ओ.पी. के आत्मविश्वास में इज़ाफ़ा किया। निर्माता दलसुख पंचोली ने एक फ़िल्म का अनुबंध भी किया पर बँटवारे ने सब चौपट कर दिया। कुछ समय के लिए ओ.पी. ने पटियाला में संगीत शिक्षक के रूप में नौकरी भी की। पंचोली की फ़िल्म 'आसमान' में उन्हें संगीत निर्देशन का अवसर प्राप्त हुआ जिसका उन्होंने सही उपयोग किया। 'आसमान' के गीत सी.एच. आत्मा, गीता दत्त और राजकुमारी ने गाए थे। इस फ़िल्म के दौरान लता जी गीत गाने के लिए समय नहीं दे सकीं। ग़लतफ़हमियाँ बढ़ती गईं और फिर इन दोनों ने कभी साथ काम नहीं किया। असल बात क्या हुई कोई नहीं जानता। *'मोरी निंदिया चुराए गयो'* गीत, गीत की मेलोडी से अनुमान लगाया जा सकता है, मानो लता जी के लिए बनाया गया हो, पर यह अनुमान ही रहा। गीता दत्त का गाया गीत *'नैना जादू भरे'* भी काफ़ी मक़बूल हुआ। 'आसमान', 'बाज़ी', 'छम छम छम' से अपेक्षित सफलता नहीं मिलने के कारण ओ.पी. नैयर ने वापस जाने का मन बनाया पर तभी गुरुदत्त ने अपनी आगामी फ़िल्म के लिए एडवांस देकर आर्थिक तंगी से कुछ समय के लिए निज़ात दिलाई। ओ.पी. ने इरादा बदल दिया और इस पार या उस पार यह इरादा कर के संगीत निर्देशन किया। गुरुदत्त के परामर्श पर उन्होंने बिंग क्रॉस्बी के संगीत को आधार बनाया। ये गीत मस्ती भरे और पंजाबी ढंग के थे। मोहम्मद रफ़ी और गीता दत्त की शरारत, शमशाद का नखरा था इन गीतों में। 'आरपार' के गीत वास्तव में श्रोताओं के दिल के आरपार हो गए। *'ये लो मैं हारी पिया'* में गीता ने अपने लहराते स्वर में सबको लपेट लिया। *'सुन सुन सुन जालिमा'* में रफ़ी साहब की आवाज़ किस क़दर खुशगवार और मधुर है मानो ख़ास ओ.पी. के लिए इस आवाज़ का जन्म हुआ हो। *'मुहब्बत कर लो जी भर लो'* की गिटार, *'टकरा के नैन मिलता है चैन'* में गीता की तीखी सी आवाज़, सारे ही गीतों में निराली मस्ती थी, अनोखा अंदाज़ था। मानो अंदर से झरना फूट पड़ा हो। उस ज़माने में इन गीतों ने क्या धूम मचाई होगी... गीतादत्त ने, सुना है गुरुदत्त से ओ.पी. के लिए सिफ़ारिश की थी और वह कामयाब रहे।

इसके बाद तो जैसे फ़िल्म उद्योग में ओ.पी. नामक तूफ़ान आ गया। क़ामयाबी के मायने बदल गए। इस तूफ़ान में कई लोग समा गए। कई लोगों को इस तूफ़ान ने बरबाद भी कर दिया। आज की भाषा में कहें तो ओ.पी. यूथ आयकॉन बन गए। उस ज़माने की तरुणाई ने ऊर्जावान, मस्ती भरे, प्यार के इज़हार को स्वीकार कर लिया। शंकर-जयकिशन की लोकप्रियता को टक्कर देना ओ.पी. के लिए आसान नहीं रहा होगा। 'श्री 420', 'सीमा', 'पतिता' जैसी फ़िल्मों को ओ.पी. का संगीत टक्कर देता रहा। सफल होता रहा। ओ.पी. सचमुच ही अपने नाम का एक घराना स्थापित करने में सफल रहे।

मुखड़े में ही गीत के ताल को बदलना, उसमें कुछ चमत्कार करना आरंभ से ही ओ.पी. की विशेषता रही है। 'नीले आसमानी' में 'बूझो तो ये नैना बाबू' अलग ही ठेके में, द्रुत लय में है और फिर वापस आरंभिक लय में लौट आती है। ऐसे ही 'जाता कहाँ है दीवाने, सबकुछ यहाँ है सनम' में झूठे हैं तेरी क़सम के बाद फिफी, 'कुछ तेरे दिल में फिफी' के बाद ठेका बदल जाता है, और फिर मुखड़े पर फिर मूल ताल में लौट आता है जो गीत को आकर्षक बनाता है। 'उड़े जब जब जुल्फें तेरी' में भी दोहराने पर गीत दुगुनी लय पकड़ लेता है तो नृत्य जीवंत हो उठता है। 'बलमा खुली हवा में, महकी हुई फ़िज़ा में दिल चाहता है मेरा, बहकना इधर उधर' ड्रम्स का मस्त ठेका है। इसी गीत में 'पग पग चलूँ बल खाती' में फिर ठेका बदल जाता है। अंतरे और मुखड़े के बीच 'ओ हो हो' बहुत प्यारा सा पुल बनाता है। इस ढंग के बहुत से गीत ओ.पी. ने बनाए हैं। 'जाइए आप कहाँ जाएँगे', 'आइए मेहरबाँ', 'बाबू जी धीरे चलना' आदि। 'ये रेशमी जुल्फों का अँधेरा' में तो अंतरे के अंतर्गत ही लय बदल जाती है। और वह मस्त हँसी... क्या कहना। ठेका परिवर्तित होता है तब झटका नहीं महसूस हो इसलिए आहा, ओहो आदि जोड़ा गया है। 'आँखों ही आँखों में इशारा हो गया' रफ़ी सिर्फ़ मुखड़ा ही गाते हैं। अंतरा ढोलक की दुगुनी लय में गीता दत्त की शोख़ आवाज़ से सजता है। 'अच्छा तो ये दिल हमारा हो गया...' के बाद रफ़ी साहब 'आ... आँखों ही आँखों में' गाकर गीत को मुखड़े पर ले आते हैं।

'नाज़नीं बड़ा रंगीं है वादा तेरा' मस्ती भरे ठेके के कारण बेहद लोकप्रिय हुआ। गीत 'दूर बहुत मत जाओ' से बड़े इत्मीनान से शुरू होता है। नाज़नीं बड़ा पर ढोलक धड़ाक से गीत उठाता है कि क्या बात है... इस गीत में कितनी बार रिद्म पैटर्न बदलता है। यह ख़ास ओ.पी. स्टाइल है... इस गीत में क्या नहीं है। पहले इत्मीनान से एक शेर है। फिर ऊर्जा से भरा गीत। फिर लय और रिद्म को दोगुना करने का चमत्कार... हर बार अलग ढंग से, स्कैनिंग से गाई गई पंक्तियाँ... 'हमदम मेरे खेल ना जानो... चाहत के इक़रार को... जाने जहाँ याद करोगे... इक दिन मेरे प्यार को...' आगे 'छाए हो' पर छोटी सी मीठी तान है। हर बात आकर्षक है इस गीत की। अगर यह गीत धुन बनाने के बाद रचा गया हो तो कवि को दाद देनी होगी। तैयार धुन पर अर्थपूर्ण गीत रचना का बढ़िया उदाहरण है यह गीत। ओ. पी. की धुन का ठसका, मस्ती भरा ठेका, 'हमदम मेरे' पर ताल में बदलाव, इन सब ख़ास बातों के बावजूद इस गीत की शब्द रचना क़ाबिले तारीफ़ है। तुम्हें मुझसे लगाव तो है पर शायद वह प्रेम नहीं है, कितना अनोखा ख़याल है... हमसफ़र तू ही मेरा है, लेकिन सनम, साथ में हैं किसी अजनबी के क़दम... थोड़ा सा डर है मन में... शब्दों को समझ-बूझ कर किया गया अभिनय... प्रेमी से इक़रार करवाने की

ज़िद, उससे कहना कि तुम्हें प्यार है ही नहीं और फिर उस का एतबार दिलाना...
कितने प्यारे भाव हैं मन के... गीत और संगीत से सजे...

ओ.पी. के गीतों में, हर शब्द में ताल का हिसाब है। उस हिसाब से गीत
गाया जाए तभी वह धुन प्रभावशाली मालूम होती है। आप यदि काग़ज़ पर नोटेशन
लिख कर सपाट तरीक़े से गीत गाएँ, तो धुन असामान्य नहीं लगेगी। पर ठसक के
साथ, शब्दों पर सही ज़ोर और वज़न देकर गाया जाए तो वही गीत ख़ास लगेगा।
ओ.पी. गीत जैसा चाहते थे, उन्होंने गायकों से उसी अंदाज़ में गवाया। रफ़ी साहब,
गीता दत्त और आशा जी ने कई संगीत निर्देशकों के निर्देशन में गाया पर ओ. पी.
के साथ वे अनोखे, ख़ास लगे।

सारंगी, सितार, शहनाई और क्लेरिनेट का प्रयोग ओ.पी. के गीतों में बहुतायत
से होता है, सभी जानते हैं। पर सितार और सारंगी का प्रयोग उन्होंने बहुत सोच-
समझ कर किया। 'दीवाना हुआ बादल' के दूसरे अंतरे में शहनाई का पीस सुंदर
प्रेमिका के आगमन का द्योतक है। उसके स्वागत का माहौल शहनाई बजने से
बनता है और जब वह गाती है 'जीवन में मची हलचल और बजने लगी शहनाई'
तो शहनाई का प्रतिबिंब उसके गीत में दिखाई देता है।

ओ.पी. को अपनी ख़ुद की संगीत शैली से बहुत प्रेम था, यह बात साफ़
झलकती है। जब संगीतकार अपनी शैली को महत्त्व देता है तो शब्द गौण हो जाते

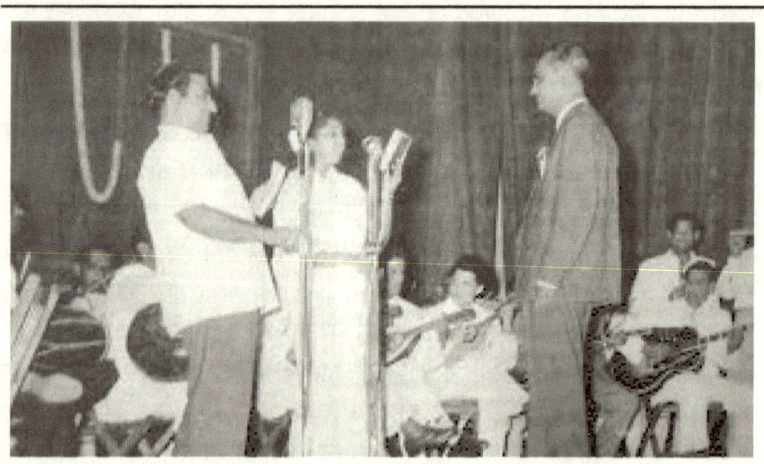

रफ़ी-आशा

इस जोड़ी को ओ.पी. के जादूभरे संगीत ने छू लिया और
उन के गीतों से अनोखी स्वर लहरियाँ निकल पड़ीं

हैं। शायद उनकी शैली ही उनकी सीमा थी। जब ओ.पी. ने अपनी टिपिकल रिद्म को किनारे रखकर काम किया तो गीत बेहद मधुर बन पड़े हैं। '*दिल की आवाज़ भी सुन,*' '*आँचल में सजा लेना कलियाँ,*' और '*आना है तो आ राह में*' इस बात के उदाहरण हैं। '*दिल की आवाज़ भी सुन*' में '*मेरी नज़रों की तरफ़ देख*' जिस तरह उठाया गया है, उसमें हक़ का भाव है जो प्रेम के कारण मिलता है, वहाँ अनुरोध नहीं है। उसमें दीनता नहीं आत्मविश्वास है। '*वक़्त इनसान पे ऐसा भी कभी आता है*' के बाद '*राह में छोड़ के*' पर कोमल निषाद है और '*साया भी चला जाता है*' पर शुद्ध निषाद है। भावनाओं की सच्चाई व्यक्त होती है। इस गीत में ठेका नहीं बदला गया है इसलिए एक सा समाँ बँधा रहता है। प्रवाहमयता बनी रहती है।

आँचल में सजा लेना कलियाँ
जुल्फों में सितारे भर लेना
ऐसे ही कभी जब शाम ढले
तब याद हमें भी कर लेना

प्रणयातुर आवाज़ में गाए गए इस रोमान्टिक गीत को सुनकर वह क़ातर शाम आँखों के आगे मूर्त हो जाती है। गीत को ध्यान से सुनें, '*चल दूँगा कहीं बेगाना सा*' पर ज़ोर दिया गया है, दूर जाने का भाव है इसमें। अगली पंक्तियाँ फिर शांत संयत आवाज़ में हैं। '*तब याद हमें भी कर लेना*' से चिंता, अनुनय, आकर्षण सभी भाव व्यक्त हो जाते हैं। अगर रफ़ी साहब नहीं होते तो गीत इस ऊँचाई पर नहीं पहुँचता, यह बात तो निश्चित है।

'*मैं सोया अँखियाँ मीचे*' अलग ही प्रकार का गीत है। ओ.पी. ठेठ देसी संगीतकार थे पर वे भी किस क़दर भावना प्रधान हो सकते हैं, इस गीत से पता चलता है। इस गीत को उनके बनाए तरल कोमल गीतों का मुकुटमणि कह सकते हैं। वासनाहीन एकांत में हैं प्रेमी जन। एक दूसरे का साथ ही स्वर्ग सुख है। सुख की चरम सीमा है। आँखें मुँदी जाती हैं। दुनिया के झगड़ों से दूर, एक दूसरे का साथ... और क्या चाहिए...? इस गीत को रफ़ी साहब गाते नहीं, कानों में गुनगुनाते हैं। अस्फुट स्वर में मन की बात कहते हैं। प्रेमिका की जुल्फों के साए में बैठा शांत तृप्त प्रेमी... प्रेमिका हुँकार से अपने मन की बात कहती है। '*ये मेरे नैन कँवारे तेरी अँखियाँ देख के हारे*' कँवारे नैन... कितनी प्यारी कल्पना है, आँखों को पराई नज़र ने भी नहीं छुआ है... कितनी गहरी संवेदना है... क़मर जलालाबादी ने दो शब्दों में बहुत कुछ कह डाला है।

ओ.पी. कहा करते थे कि उनके संगीत पर बांग्ला गीत माधुर्य और पंजाबी मस्ती का प्रभाव है। वे गुलाम हैदर, न्यू थियेटर्स के तिमिर बरन, कमल दासगुप्ता,

सहगल, और काननबाला का नाम आदर के साथ लिया करते थे। कभी मन सोचता है कि हम कितने भाग्यशाली हैं कि हमारे देश में इतने सारे प्रांत हैं, विविधता है। लाहौरी मस्ती यदि बांग्ला गीत माधुर्य से नहीं सजी होती तो हमें ओ.पी. का अनोखा संगीत कैसे सुनने को मिलता? ओ.पी. के गीतों की ख़ासियत है कट नोट्स, यानि स्वर को नहीं खींचना, वहीं समाप्त करना। इसी से ताल में चुस्ती आती है। ओ.पी. के गीतों की चुस्ती, मस्ती इन्हीं कट नोट्स के कारण है। एक-एक बीट पर एक-एक अक्षर रखना। जैसे... *'बाबू जी धीरे चलना'* में हर मात्रा पर एक अक्षर है। कट नोट्स में उच्चारण बहुत महत्त्वपूर्ण होता है। *'तुम जो हुए मेरे हमसफ़र'* भी इसका उदाहरण है। *'मैं खो गया यहीं कहीं'* को *'मैं...खो...गया... यहीं... कहीं...'* ऐसे गाइए, मज़ा ही नहीं आएगा। उसे गया। यहीं। कहीं। ऐसे तोड़ के ही गाना होगा। *'देखो क़सम से क़सम से'* ढीले उच्चारण से जमेगा ही नहीं। जो तेज़ गति के गीत में भी स्पष्ट, साफ़ और सुरीले उच्चारण कर सकें उन्हीं गायकों को ये गीत गाना चाहिए। आइए अब देखें कि कट नोट्स और बांग्ला संगीत से ओ.पी. का संगीत कैसे बना। कट नोट्स से सिर्फ़ ताल स्थापित होती है पर मेलोडी से स्वर को गोलाई प्राप्त होती है। ओ.पी. ने अपने गीतों में दोनों का सुंदर सुसंगत मेल किया।

'मैं खुद नहीं बता सकता कि मैंने ऐसा क्यों किया। ये सब मालिक की देन है,' ओ.पी. कहा करते थे। ओ.पी. ने स्वरों को गोलाई और मींड देकर अनेक ख़ूबसूरत गीत बनाए हैं। *'मेरी जान तुम पे सदके'*, *'चैन से हमको कभी'*, *'हर टुकड़ा मेरे दिल का'*, *'है दुनिया उसी की'* आदि कई उदाहरण हैं। ऐसे भी कई गीत हैं जिन में कट नोट्स और मींड की सुंदरता का एक साथ आनंद लिया जा सकता है। *'उधर तुम हसीं हो'* गीत में *हसीं हो, जवाँ है* कट नोट्स हैं पर अंतरे में *'मेरे घर में आई हुई है बहार'* कुछ मींड और गोलाई लिए मेलोडी है। *'पिया पिया पिया मोरा जिया पुकारे'* गीत की मधुरता *'पिया'*, *'पिया'*, *'छाया'* और *'डोलूँ'* कट नोट्स हैं, पर आशाजी *'पिया...आ...आ...'* कहकर, इतराकर मुखड़ा समाप्त करती हैं, वहाँ गीत की मधुरता और भी बढ़ जाती है। यह असली गीत माधुर्य या मेलोडी है। *'कभी आर कभी पार लागा तीरे नज़र'* में आर और पार स्ट्रेट नोट्स हैं जो वास्तव में तीर की तरह हैं, ताल का खटका और कोमल गंधार के कारण आरपार शब्द सही मायनों में आरपार हो जाता है। ऐसे गीतों में म्यूज़िक पीस भी कट नोट्स में होने से मज़ा और भी बढ़ जाता है।

जिन गीतों की तेज़ गति है, हलचल है उन गीतों में म्यूज़िक पीस के कट नोट्स आवश्यक होते हैं। *'कभी आर कभी पार'* में वायलिन के पीस नीसारे गमपप, पमगपप पर टूटते हैं और बाँसुरी का पीस आता है। इस के कारण परदे पर शकीला का छोटे बच्चों को चिढ़ाना, गुरुदत्त का पीछे-पीछे जाना, मज़दूर महिला का काम करना, यह सब स्पष्ट हो जाता है। *'बूझ मेरा क्या नाँव रे'* गीत की सुंदरता उस

की चुस्ती में है। यह चुस्ती शमशाद के उच्चारण में समाई है। 'नाँव' का वज़न, वायलिन, बाँसुरी और मेंडोलिन के कट नोट्स को जैसे ढोलक के ठेके से जोड़ा गया है, यही इस चुस्ती का कारण है। आरंभिक संगीत का मुखड़े को जोड़ने वाला पीस कितना चंचल और ऊर्जावान है।

गीत सारंगी के शांत पीस से आरंभ होता है। किसी गाँव की शांत सुबह के समय शकीला नींद से जाग रही है। तभी कुछ युवतियाँ पानी भरने के लिए आती हैं। गीत को गति देने के लिए सारंगी के बाद वायलिन और बाँसुरी के कट नोट्स आरंभ होते हैं और मेंडोलिन के मधुर आवर्तन रे सा ध प के साथ समाप्त होते हैं। अंतरे में वायलिन के पीछे बहुत मीठी टोन का मेंडोलिन है। गीत की धुन, वाद्यवृंद और फ़िल्मीकरण का परदे पर बेहतरीन नमूना देखना हो तो यह गीत बार-बार देखिए। हर बार आप कुछ नया पाएँगे। सही और ख़ास समय पर बजते कस्टानट्स कितने साफ़ और स्पष्ट हैं। युवतियों का पानी में मटकियाँ छोड़ना, उनके हावभाव, उनका लयबद्ध चलना, एक साथ गूँथा गया है। बाँसुरी के पीस के रुकने पर उनके पैर भी रुक जाते हैं। अपनी एक नज़र से शकीला को घायल करते देव आनंद... पूरा गीत रोमांस, जवानी की मस्ती और वेग से सराबोर है।...वाह ...क्या बात है...

ओ.पी. जैसी आवाज़ अपने गीतों के लिए चाहते थे, उन्होंने खुद ही तैयार की। लता जी से नहीं गवाने का भी वे यही कारण बताते रहे हैं। ओ.पी. कहा करते कि उनकी बारीक threadlike (यह भी उन्हीं का शब्द है) आवाज़ है, मेरे गीतों के लिए सही नहीं थी। उन्हें sensuous (यह भी उन्हीं का शब्द है) वज़नदार आवाज़ की ज़रूरत थी। शमशाद बेग़म की किसी मंदिर की घंटी सी खनकदार और गीता दत्त की ख़ास अनोखी आवाज़ में उन्होंने शुरू में गीत गवाए। 'हूँ अभी मैं जवाँ ए दिल' और 'ठंडी हवा काली घटा' में गीता दत्त की आवाज़ अनोखी लगती है। 'मुझको बहक जाने दे, बातें ना कर होश की, होश कैसा यहाँ ए दिल' गाते हुए गीत की अनोखी को भावना को गीता दत्त सही-सही अभिव्यक्त करती है। मुखड़ा छोड़ते हुए गीता दत्त तीव्र मध्यम स्वर के लरजते काँपते स्वर से कलेजा छू लेती हैं। 'मेरी नींदों में तुम, मेरे ख़्वाबों में तुम' गीत में शमशाद बेग़म की आवाज़ के वज़न से रोंगटे खड़े हो जाते हैं। 'मन की बीना की धुन' गीत में 'बी...ना' में जो मींड है, उसके टोन और गूँज का जवाब नहीं। 'पीपल झूमे मोरे आँगना, ठंडी ठंडी छाँव रे' में 'छाँव' पर जो वज़न है, खटका है वह शमशाद बेग़म की ही आवाज़ में हो सकता है। 'मन ही मन में लड्डू फूटे' शमशाद के अलावा कौन गा सकता है? उनकी आवाज़ का टेक्स्चर, गीता की आवाज़ का दर्द और नशे की ही ओ.पी. को अपने गीतों में दरक़ार थी। आशा जी की आवाज़ को भी उन्होंने अपने तरीक़े से तराशा।

ओ.पी. का विचार था कि प्लेबैक में कोई गायकी नहीं होती। हम कंपोज़र ही तय करते हैं कि हमें कैसी आवाज़ चाहिए। उन्होंने अपने तरीक़े के शब्दों की

फेंक, उच्चारण और आवाज़ की तकनीक ढूँढ़ी । *'वो हसीन दर्द दे दो, जिसे मैं गले लगा लूँ'* सुनिए या गाइए तब पता चलता है कि विशेष तरीक़े से बोलों के उच्चारण के कारण ही गीत प्रभावशाली हो पाया है। *वो निगाह मुझ पे डाले* में *'निगाह'* की फेंक देखिए, कितनी सटीक है। ताल की हर मात्रा पर शब्दों का उच्चारण इस गीत की ख़ासियत है। *'दे दो'* पर स्वर काँपता है, जिससे दर्द की नज़ाकत बढ़ जाती है।

रफ़ी साहब की आवाज़ में ओ.पी. जैसी चाहते थे, वैसी ही मस्ती और ठेठ देसी अंदाज़ था। रफ़ी साहब की आवाज़ से ओ.पी. ने रोमांस को बाहर खींचा। *'जवानियाँ ये मस्त मस्त बिन पिये'* और *'तारीफ़ करूँ क्या उसकी'* की मस्ती एक तरफ़ और *'दिल की आवाज़ भी सुन'* की कोमलता दूसरी तरफ़ है। यह रफ़ी साहब की आवाज़ में ही संभव है। *'सभी हसीं, सभी जवाँ, कहाँ पे दिल को हारिए, सभी हैं दिल की मेहमाँ, किसे किसे पुकारिए'* में *दिल* शब्द की फेंक अलग ही वॉइस रजिस्टर की है। यहाँ स्वर खड़ा नहीं लगाकर अस्वाभाविक स्वर लगाया गया है जो मन के अंदर सीधे पहुँच जाता है। *'मस्त मस्त बिन पिये'* का मदभरा उच्चारण रफ़ी साहब जैसा कौन कर सकता है... रफ़ी साहब के विवाद हो जाने पर इसे महेंद्र कपूर से गवाया गया, पर दोनों में फ़र्क़ रहा, रफ़ी साहब की शरारतें कभी खटकती नहीं।

मुकेश जी की अन्य संगीतकारों के साथ काफ़ी रीटेक्स देने के बाद रिकॉर्डिंग की जाती रही है। ओ.पी. ने *'चल अकेला'* गीत एक ही टेक में ओके कर दिया तो मुकेश बहुत ख़ुश हुए। ओ.पी. का विचार था कि अंतर्मन से, आंतरिक प्रेरणा से जो धुन एक बार बन जाए वही धुन फ़ाइनल होती थी। वे कहा करते कि धुन एक घंटे में बन जाती है। उसे बार–बार सुधारने, ठीक करने को वे 'मोची का काम' कहा करते थे। रात बे रात उठकर धुनें बनाना आदि कलाकारों वाले ठाठ ओ.पी. को मंज़ूर नहीं थे। अपनी कला के प्रकाश पुंज को छोड़कर वे आसानी से सामान्य मानव हो जाया करते थे। 'पैसा आया, गाना तैयार है, बाजा उठाया, तर्ज़ बनाई' इस क़दर सीधा सादा काम था उनका। कई संगीतकारों को धुनें बनाने के काम में कितनी मशक्कत करनी होती है किसी से छिपा नहीं है।

पंजाबी ढंग के गीतों को बनाने में ओ.पी. की प्रतिभा बखूबी निखरी इस बात में दो राय नहीं। उन गीतों की मस्ती और रोमांस श्रोता को नाचने पर मजबूर कर देता है। खून तेज़ी से रगों में दौड़ने लगता है जो बूढ़ों को भी जवान बना देता है, तो जो जवान हो उनके तो क्या कहने... बोरियत भरे, ऊबे हुए सुस्त लोगों को ओ. पी. के गीत दिन में सौ बार यार दोस्तों की सोहबत में सुनने का नुस्खा दिया जाए तो शायद वे भी जीवंत हो उठेंगे। कुछ गीतों का मज़ा एकांत में शांति से सुनने पर आता है। हेमंत कुमार के गाए *'चुप है धरती'*, या *'तुम पुकार लो'* एकांत में सुनने के गीत हैं। पर ओ.पी. के गीत अपने प्रिय साथियों के साथ नाचते हुए सुनने के गीत हैं। ओ. पी. के गीतों में प्रेम शांत सौम्य नहीं, सोडे की बोतल से फुहारे की

तरह बाहर आते सोडा वॉटर की तरह है। भांगड़ा नृत्य के ठेठ पंजाबी मस्ती से भरे गीतों को चरम गति तक ले जाना ओ.पी. की ख़ासियत रही है। उन गीतों की तेज़ गति, धमाल श्रोता को सुस्त बैठने ही नहीं देगी। पत्थर से बेजान चेहरों पर भी ये गीत मुस्कराहट की रेखा खींच ही देते हैं। *'हाय रे हाय, ये तेरे हाथ में मेरा हाथ, नये जजबात, मेरी जा बल्ले बल्ले'* परदे पर ध्यान से देखिए कभी। नृत्य की गति, शम्मी और शर्मिला के हावभाव, चेहरे जितने ही ख़ूबसूरत शर्मिला के हाथ, साथी कलाकारों का लयबद्ध नृत्य और आशा जी की दिव्य तान, ऐसे गीत बनाए नहीं जाते, बन जाते हैं। गीत का विस्तार करके, ऊपर ले जाना ओ. पी. ही जाने... उनकी तारीफ़ में सलाम... ऐसे गीत अंतर्मन की प्रेरणा से बनते हैं, उनके बारे में कोई तर्क नहीं किया जा सकता।

नैयर साहब कहा करते थे कि मैं शास्त्रीय संगीत नहीं जानता ना ही मैंने उसकी तालीम ली है फिर भी शास्त्रीय रागों पर आधारित अनेक गीत उन्होंने दिए हैं। शास्त्रीय संगीत की औपचारिक शिक्षा नहीं लेने के बावजूद वह उनके ख़ून में ही रहा हो। तभी तो राग की चौखट में क़ैद नहीं होने के बाद भी वे उसमें मुक्त विहार करते रहे। डॉ. अशोक रानडे का विचार है कि ओ.पी. के गीत किसी राग विशेष कर आधारित नहीं होकर उस राग से बाहर होते हैं, यह वर्णन ज़्यादा सही है। *'छोटा सा बालमा'* राग बागेश्री पर आधारित नहीं होकर उससे 'ढला' या हटा है यह कहें तो उचित होगा। *'रतिय...न नीं...द ना आ....आ...ए'* में कोमल धैवत है जो बागेश्री में नहीं होता पर वही दर्द को उभार रहा है। *'किस बैरन के जाल में फँस के'* में शुद्ध निषाद है जो राग में नहीं है पर वह नायिका के भय को सही तरीक़े से व्यक्त करता है। 'फागुन' के सारे गीत राग 'पीलू' पर आधारित हैं पर ओ.पी. कहा करते कि वे अनजाने में बन गए हैं। पीलू (*'पिया पिया ना लागे मोरा जिया'*, *'इक परदेसी मेरा दिल ले गया'*), गौड़ सारंग (*'देखो जादू भरे'*- आसमान), सारंग (*'जब बादल लहराया'*- छू मंतर), ललत (*'जोगिया मेरे घर'* - रागिनी), (*'तू है मेरा प्रेम देवता'*- कल्पना), केदार (*'आप यूँ ही अगर'* - एक मुसाफ़िर एक हसीना), किरवाणी (*'पुकारता चला हूँ मैं'*- मेरे सनम), पहाड़ी (*'इशारों इशारों में'*- कश्मीर की कली), देस (*'बेकसी हद से जब गुज़र जाए'*- कल्पना), तिलंग (*'मन मोरा बावरा'* - रागिनी), जोगिया (*'रात भर का है मेहमाँ अंधेरा'*- सोने की चिड़िया, 'देखो बिजली डोले बिन बादल') आदि अनेक रागों का उपयोग ओ.पी. ने किया पर स्वतंत्रतापूर्वक। उस्ताद अमीर ख़ाँ साहब को विश्वास नहीं हुआ करता था जब ओ.पी. कहा करते थे कि उन्होंने शास्त्रीय संगीत नहीं सीखा। ओ. पी. सच ही कहा करते थे पर अनजाने ही उनकी आत्मा पर शास्त्रीय संगीत के संस्कार हुए होंगे।

सारंगी को कोठों पर बजाया जाने वाला वाद्य माना जाता रहा है पर ओ.पी. ने उसे प्रेम का प्रतीक बनाकर प्रतिष्ठा दिलाई, यह कहना अतिशयोक्ति नहीं होगा।

सारंगी की आवाज़ में एक अजीब सी मिठास है, उसका तीखा टोन और मीठी सी मींड के साथ सितार ने गीतों को जैसे शहद में पाग दिया। सारंगी की आवाज़ ने गीतों को स्त्रीत्व प्रदान किया। ओ.पी. स्त्री को ईश्वर का सुंदरतम रचना मानते थे। उन्होंने अपने गीतों स्त्रीत्व और पुरुषत्व का सही मेल किया। मस्ती और शरारत भरे गीत 'तारीफ़ करूँ क्या उसकी' में संतूर और सितार की नाजुक आवाज़ यही तो दर्शाती है। *'तारीफ़ करूँ क्या'* में इलेक्ट्रिक गिटार और संतूर के पीस एक ही नोटेशन के हैं फिर भी अलग क्यों लगते हैं? दूसरे अंतरे का संतूर का पीस बीट पर आरंभ होता है पर गिटार का पीस ऑफ़ बीट आरंभ होता है। संतूर का पीस स्त्रीत्व का प्रतीक है तो गिटार पुरुषत्व, शम्मी कपूर की शरारत भरी मस्ती का प्रतीक है। इसीलिए संतूर बीट पर शालीन, मधुर टोन पर सुनाई देता है और गिटार ऑफ़ बीट होने से उन्मुक्त, मस्ती भरा है।

'दीवाना हुआ बादल' का कोडा आख़िरी पीस सारंगी के बेहद मधुर और रोमान्टिक पीस से सजा है। कुछ गीत बाँसुरी और सैक्सोफ़ोन से सजे, गायक से जैसे संवाद करते हैं। *'है दुनिया उसी की'* में बाँसुरी और सैक्सोफ़ोन गायक की आवाज़ जितने ही महत्त्वपूर्ण हैं।

गीतों को खटकेदार बनाने के लिए कस्टानट्स का प्रयोग ओ.पी. की ख़ासियत रही है। ओ.पी. ने कस्टानट्स का प्रयोग इतना सटीक किया कि किसी ख़ास पंक्ति में ख़ास जगह पर यह वाद्य बजेगा, पर पूरे गीत में सुनाई नहीं देगा। *'ये चाँद सा रोशन चेहरा'* इस पंक्ति में और *'तू बलखाती इक नदिया'* पर कस्टानट्स बजता है, *'नदिया'* और *'रोशन चेहरा'* पर विराम है, वहाँ नहीं बजता। पूरे समय भी बजता नहीं रहता। ओ.पी. के गीतों की अरेंजिंग सेबेस्टियन और जी. एस. कोहली जैसे दिग्गजों ने की। रामनारायण (सारंगी), हजारा सिंह (गिटार), सुमंतराज, हरिप्रसाद चौरासिया (बाँसुरी), गजानन कानाड (सैक्सोफ़ोन), रईस ख़ाँ (सितार) और मनोहारी सिंह (सैक्सोफ़ोन) जैसे खरे सोने से वादकों ने गीतों को रूहानी स्पर्श दिया। वादक से सही पीस बजवा लेना भी आसान नहीं होता, क्योंकि माँग के अनुसार बजाते-बजाते वे अनजाने ही कलाकार से मज़दूर हो जाते हैं। ऐसे वादकों से भावपूर्ण पीस निकलवाना मुश्किल हो सकता है। कुछ गीत तो एक ही वाद्य पर आधारित हैं जैसे *'है दुनिया उसी की'* सैक्सोफ़ोन पर आधारित है। *'पिया पिया ना लागे मोरा जिया'* बाँसुरी की संगत से खिला है। ओ.पी. कहा करते कि वे साठ से अधिक वादक नहीं लिया करते थे और किसी ख़ास वाद्य की ज़िद भी नहीं किया करते। वे कहा करते कि मेरी धुन का महत्त्व सबसे अधिक है। ओ.पी. अपने गीतों की स्पष्टता और संतुलन का श्रेय उदारता पूर्वक अपने रिकॉर्डिस्ट को दिया करते थे। ईशान घोष, मुकुल बोस, रॉबिन चटर्जी और मीनू कात्रक ने मात्र एक माइक्रोफ़ोन का प्रयोग करके, माइक्रोफ़ोन से ख़ास दूरी बनाते हुए जो रिकॉर्डिंग्स की हैं, उनकी कुशलता

से आश्चर्य होता है, क्योंकि तब तकनीकी सुविधाएँ इतनी नहीं थीं जितनी अब हैं।

ओ. पी. ने डबल बेस, टेनर, अल्टो और बैरिटोन, सभी तरह के सैक्सोफ़ोन और वाइब्रोफ़ोन का गीत के भाव को निखारने के लिए सटीक प्रयोग किया। वाइब्रोफ़ोन तो इतनी सही जगह बजता है कि बहुत कुछ कह जाता है। जैसे... *'यूँ तो हमने लाख हसीं देखे हैं'* में *'जाने किस किस की आएगी सदा'* में वाइब्रोफ़ोन पंचम स्वर में बजता है जिसके बिना गीत अधूरा है। *'मुहब्बत कर लो, जी भर लो अजी किसने रोका है'* में डबल बेस बहुत सही बजता है। ऐसे कई उदाहरण हैं।

ओ.पी. को मात्र रिद्म किंग कहना उसी तरह अन्यायपूर्ण है जैसे मदन मोहन को मात्र ग़ज़ल सम्राट कहना। ओ.पी. ने गीतकारों को सबसे अधिक महत्त्वपूर्ण माना है।

ओ.पी. कहा करते थे, *'अल्फ़ाज़ तो नग़मे की रूह होते हैं, उनका जिस्म होती है नज़्म, उनको लिबास पहनाती है आवाज़'*। ओ.पी. ने अनेक नए शायरों और गीतकारों के साथ काम किया। उन्हें स्वतंत्रता से काम करने का मौक़ा दिया। पहले से धुन बनाकर फिर गीत की रचना करना ओ.पी. को सही नहीं लगता था। *'मुर्दे का कफ़न पहले बना के फिर उसके नाप में मुर्दे के हाथ पैर काटने जैसी बात है ये तो'* ओ.पी. कहा करते। शेवन रिज़वी, एस. एच. बिहारी, मजरूह सुलतानपुरी, अज़ीज़ कश्मीरी, साहिर लुधियानवी, प्रेम धवन, पी.एल. संतोषी और वर्मा मलिक आदि भिन्न-भिन्न मनोवृत्तियों के कवियों के साथ काम किया। *'लाखों हैं निगाह में'* गीत में ना बड़े-बड़े शब्द हैं ना ही भारी-भरकम काव्य परंतु आँखों के सामने चित्र खींचकर रख देने के क्षमता कवि की प्रतिभा में है। *'भीगी भीगी रुत की छाँव तले, मान लो कहीं वो आन मिले'* के बाद *'कैसे पहचानूँ के नाम नहीं जानूँ'* ही अगली पंक्ति हो सकती है यह हम मन ही मन मान लेते हैं, क्योंकि हम इस गीत के भावों को आँखों के सामने ही देख रहे होते हैं। यह सामर्थ्य मजरूह की प्रतिभा का है। *'आँखों से उतरी है दिल में'* सीधे-सादे शब्दों में कही गई, ज़िंदगी की महत्त्वपूर्ण और रोमान्टिक घटना है। आँखों से होकर दिल में उतर जाना कितनी सहजता से व्यक्त किया गया है। आशा जी *'ब्बात'* का उच्चारण कितना प्यारा करती हैं... *'जब तुझसे ना सुलझे तेरे उलझे हुए धंधे, भगवान के इंसाफ़ पे सब छोड़ दे बंदे'*। साहिर ने *'आना है तो आ'* लिखा... ईश्वर सब जानता, तुम कुछ ना कहो। तुम उसके द्वार पर आकर सिर झुकाते हो तो तुम्हारी पुकार उस तक पहुँच जाती है। जो तुम नहीं कर पाओगे उसे ईश्वर करेगा। सीधी सी बात है। मानव की अपनी सीमाएँ हैं, यही इस गीत में कवि ने कहा है। रफ़ी साहब की आवाज़ में अनोखी श्रुतियाँ झलकती हैं। *'बंदे तेरे हर हाल पे मालिक की नज़र है'* हाल शब्द पर जो कोमल निषाद है, वह किसी स्वरलिपि में नहीं लिखा जा सकता। साहिर की कविता और यह दिव्य

धुन... यहाँ कहाँ है रिद्म किंग? कितनी मधुर मेलोडी है यह... *'माँग के साथ तुम्हारा मैंने माँग लिया संसार'* सीधा-सादा प्रेमगीत है यह... पर 'नया दौर' देखने के बाद पता चला कि 'माँग के' शब्द के पीछे कितना प्यारा संदर्भ है। गीत के पहले कुछ संवाद हैं जिनसे यह गीत आरंभ होता है।

एस.एच. बिहारी ने ओ. पी. के लिए बेहतरीन गीत लिखे। *'यही वो जगह है यही वो फिजा है'* किसी स्तरीय काव्य से कम नहीं है और *'चैन से हम को कभी'* गीत अंतर्मुख कर देता है। कभी उन्होंने *'हाय रे हाय, ये तेरे हाथ में मेरा हाथ'* तो कभी *'सुभानल्ला हसीं चेहरा'* की रचना की। वे ओ.पी. की तबीयत के अनुसार लिखा करते थे।

ओ.पी. के गीतों में विराम का प्रयोग कम ही स्थानों पर हुआ है। वे टांगा बीट्स का प्रयोग ज़्यादातर करते थे तो उसमें विराम अवरोध सा होता। पर जब भी विराम का प्रयोग हुआ वह बेहद अर्थपूर्ण हुआ है। दो उदाहरण ही काफ़ी हैं। *'रोका कई बार मैंने दिल की उमंग को'* में रोका के बाद विराम है। आशा जी और रफ़ी साहब का रोका कहने का अंदाज़ लाजवाब है। *'बूझ मेरा क्या नाम रे'* में 3 मात्रा का विराम है। *'लोग कहे मैं बावरी, मेरे उलझे उलझे बाल, मेरा काला काला तिल है, मेरे गोरे गोरे गाल'* के बाद 3 मात्रा ख़ाली हैं। फिर *'मैं चली'* में ढोलक शुरू हो जाती है। पर उन तीन ख़ाली मात्राओं के तिल में श्रोता गुम हो जाता है।

ओ.पी. ने आशा जी की गायकी पर अपने संस्कार किए। आवाज़ की सहायता से भावनाएँ व्यक्त करने के उनके अनोखे सामर्थ्य और फिरत को ओ.पी. ने निखार दिया। ओ.पी. के अनेक गीतों में बेहद कठिन तानें हैं, जो सुरीले होने की कसौटी ही हैं। आशा जी की आवाज़ की फिरत किसी भी संगीतकार के लिए ऐसी तानों की रचना करने की प्रेरणा बन सकती हैं। आशा जी और ओ.पी. की जोड़ी को तो ज़बरदस्त संयोग ही कहा जाएगा। *'आओ हुज़ूर तुमको'* के आलाप और नशीली आवाज़ में गाए जाने पर भी स्वरों पर क़ाबू को क्या कहा जाए... आलाप में जो म्यूज़िकल छटाएँ हैं, उन्हें बरक़रार रखते हुए गाने की जितनी भी तारीफ़ की जाए, कम ही है। *'जाइए आप कहाँ जाएँगे'* में तो फिरकनी की तरह तानें हैं। *'मैं प्यार का राही हूँ'* में *'आप ही की नज़र है दीवानी'* में दीवानी पर बहुत सुंदर, अचूक और सटीक तान है। *'बहुत शुक्रिया बड़ी मेहरबानी'* में *'कहीं दिल ये मेरा, ये तारीफ़ सुनकर तुम्हारा बने और मुझे भूल जाए'* में 'जाए' आशा जी ने जैसा गाया है, एक ही अंतरे में, एक ही पंक्ति में, एक ही शब्द में अपने दस्तख़त करके आशा जी बाज़ी मार ले जाती हैं।

ओ.पी. के मायने मात्र उछल-कूद ही नहीं है । यह सिद्ध करने के लिए उन्होंने गंभीर गीत नहीं बनाए होते तो कई लोग यह जान भी नहीं पाते कि ओ.पी. भी जीवन के प्रति गंभीर दृष्टिकोण रखते हैं। ओ.पी. कहा करते कि पहाड़ों में शांति

है और समुद्र मुझे बेचैन कर देता है। मसूरी के शांत वातावरण में उन्होंने 'यही वो जगह है, यही वो फिजा हैं, यही पर कही आप हमसे मिले थे...' की धुन बनाई थी और ठहराव और स्थिर स्वरों की सुंदरता को अधोरेखित किया था। 'सुन सुन सुन जालिमा' का उन्होंने जब 'जा जा जा बेवफ़ा' रूपांतर किया तो जैसे भावनाओं के रूपांतरण के अपने सामर्थ्य को अधोरेखित किया था। गीता दत्त की आवाज़ का दर्द, 'कैसा प्यार कैसी प्रीत रे...' की मींड कितनी प्यारी है। लय को कम कर के और स्वरों को खींच कर एक ही धुन को खुशनुमा और उदास, रोमान्टिक और दुखभरी दोनों ही बना पाने वाले भग्न हृदय मस्तराम थे ओ.पी.। 'रातभर का है मेहमाँ अंधेरा, किसके रोके रुका है सवेरा' भैरव राग पर आधारित है, चर्च के कॉयर के स्वर गीत को एक अलग ही ऊँचाई पर पहुँचा देते हैं। 'आ कोई मिल के तदबीर सोचें, सुख के सपनों की ताबीर सोचें' में रफ़ी साहब का स्वर क़ातर हो जाता है। 'जो तेरा है वही ग़म है मेरा' में रफ़ी साहब ग़म शब्द पर ज़रा सा ज़ोर देते हैं, पर यह दिलासा कितना भला लगता है। कोमल धैवत की यह श्रुति दुर्लभ है। 'प्यार पर बस तो नहीं है' में तलत साहब और आशा जी का संवाद कितना भावपूर्ण और मनोहर है। ओ.पी. के गंभीर गीतों का सरताज है 'चैन से हम को कभी'। चैन क्या है? जिसे हम चाहें वह क़रीब रहे तो चैन मिल जाता है। उसका अहसास भी चैन है। अगर प्रिय क़िस्मत में नहीं हो तो ज़हर पीने की स्वतंत्रता तो हो... पर वह भी नहीं मिले तो...? इस अजीब से भाव को व्यक्त करने के लिए 'चै...न' शब्द पर पंचम है जो निश्वास के रूप में है। ये बेचैनी कैसे सही जाए? मर कर भी चैन नहीं है। जीते जी दूरियाँ कैसे सहीं जाएँ? रिद्म किंग का यह सब से ज़्यादा मेलोडियस गीत है। प्रेम में एक पल का चैन नसीब नहीं होता। यह धुन, ये शब्द और आशा जी की घुटती सी आवाज़, जिससे पता चलता है कि उन्होंने कितना कुछ सहा होगा। इतना दुख सह कर भी यही कहा गया है कि प्रिय, आपने जो दिया वह तो किसी नहीं दिया। तुम्हारा नहीं होना मेरे लिए मौत से समान है। यह गीत आत्मा का रुदन है। ऐसे गीत सुनकर दिल बेचैन हो जाता है कि प्रेमी का नहीं होना दर्द है या होकर भी दूर होना दर्द है? बेचैन मन शांति कैसे पाए और कौन इन प्रश्नों के उत्तर देगा? मानव रिश्तों की सुरक्षा चाहता है, उन्हें महफ़ूज़ रखना चाहता है। वही चैन और शांति है, स्थिरता है। ओ.पी. और आशा जी के बीच के भावनामय रिश्ते को ऊँचाई पर पहुँचाता है यह गीत, जैसे उन्हीं की आवाज़ है। 'ज़हर...भी...चाहा... अगर...' गाते हुए जैसे कलेजा बाहर को आता है। यही इस गीत का मर्म है। रिद्म किंग का सबसे मधुर गीत है यह...

आख़िर ओ.पी. है क्या? रसपूर्ण और जीवंतता... सुस्ती का तो कहीं नामो-निशान नहीं है। हमेशा सातवें आसमान पर रहने वाले ओ.पी. को भी बदक़िस्मती के खेल देखने पड़े थे।

यह ज़िंदादिल संगीतकार 28 जनवरी 2007 को इस फ़ानी दुनिया से विदा हो गया। *'वक़्त इंसान पे ऐसा भी कभी आता है, राह में छोड़ के साया भी चला जाता है'* को उन्होंने स्वयं अनुभव किया था। *'इस दुनिया से निराला हूँ मैं'* यह बात तो वे जानते ही थे। ख़ुद्दार लोगों को ख़ुद्दारी की जो क़ीमत चुकानी पड़ती है, उन्हें भी चुकानी पड़ी। उन्होंने जो ग़लतियाँ अपने जीवन में की उसका दर्द उन्हें सहना पड़ा। जो घाव उन्हें मिले, उन्होंने ख़ुशी से सहे। गीता दत्त से और आगे ना गवाने का दुख उन्हें सदा रहा। वे जान गए थे कि गीता जैसे दिल लगा कर गाती थी, उसकी क़दर नहीं हो सकती थी। वे गीता दत्त की गायकी के कारण ही अपनी शैली स्थापित कर सके थे। गीता की 'उन' भावनाओं को अस्वीकार करके उन भावनाओं का अपमान करना पड़ा इस बात दर्द लेकर ही वे विदा हो गए। पर उन्होंने ख़ुद्दारी से इस बात को स्वीकार किया। जीना हो तो अपनी मस्ती में। धुनें वैसे ही बनेंगी जैसे वे चाहें। प्रेम उसी से करना है जिसे मन चाहे और अपने ही तरीक़े से। तबाह होना है तो अपनी मर्ज़ी से। नकारना है तो अपनी स्टाइल से और स्वीकारना तो भी अपने तरीक़े से। ऐसे मस्त कलंदर थे ओ.पी. ...जीना है हो ख़ुद से प्रेम करके मस्ती में जीना है। वह ग़ुरूर, शान और एटीट्युड ही ओ. पी. थे।

ग़ुरूर करने की उनकी क़ाबिलियत को, प्रतिभा को, जी जान से हर काम करने के तरीक़े को और मस्त तबीयत को हज़ारों सलाम...

अध्याय में उल्लेखित गीतों की जानकारी

गीत / फ़िल्म / गायक–गायिका / गीतकार / वर्ष

उड़ें जब जब जुल्फें / नया दौर / आशा भोंसले, मो. रफ़ी / साहिर लुधियानवी / 1957

चल दिए बंदा नवाज़ / मि. ऐंड मिसेस 55 / मो. रफ़ी, गीता दत्त / मजरूह सुलतानपुरी / 1955

आइए मेहरबाँ / हावड़ा ब्रिज / आशा भोंसले / क़मर जलालाबादी / 1958

दिल की आवाज़ भी / हमसाया / मो. रफ़ी / शेवन रिज़वी / 1968

बाबू जी धीरे चलना / आरपार / गीता दत्त / मजरूह सुलतानपुरी / 1954

उधर तुम हसीं हो / मि. ऐंड मिसेस 55 / मो. रफ़ी, गीता दत्त / मजरूह सुलतानपुरी / 1955

आओ हुज़ूर तुम को / क़िस्मत / आशा भोंसले / नूर देवासी / 1968

मोरी निंदिया चुराए गयो / आसमान / राजकुमारी / प्रेम धवन / 1955

देखो जादू भरे नैन / आसमान / गीता दत्त / प्रेम धवन / 1955

ये लो मैं हारी पिया / आरपार / गीता दत्त / मजरूह सुलतानपुरी / 1954

सुन सुन सुन जालिमा / आरपार / मो. रफ़ी, गीता दत्त / मजरूह सुलतानपुरी / 1954

मुहब्बत कर लो / आरपार / मो. रफ़ी, गीता दत्त / मजरूह सुलतानपुरी / 1954

नीले आसमानी / मि. ऐंड मिसेस 55 / गीता दत्त, मो. रफ़ी / मजरूह सुलतानपुरी / 1955

जाता कहाँ है दीवाने / सी.आई. डी. / गीता दत्त / मजरूह सुलतानपुरी / 1956

बलमा खुली हवा में / कश्मीर की कली / आशा भोंसले / एस.एच. बिहारी / 1968

जाइए आप कहाँ / मेरे सनम / आशा भोंसले / मजरूह सुलतानपुरी / 1965

ये है रेशमी / मेरे सनम / आशा भोंसले / मजरूह सुलतानपुरी / 1965

आँखों ही आँखों में / सी. आई. डी. / मो. रफ़ी, गीता दत / जाँ निसार अख़्तर / 1956

हम दम मेरे / फिर वही दिल लाया हूँ / मो. रफ़ी, आशा भोंसले / मजरूह सुलतानपुरी / 1963

दीवाना हुआ बादल / कश्मीर की कली / मो. रफ़ी, आशा भोंसले / एस.एच. बिहारी / 1964

आँचल में सजा लेना / फिर वही दिल लाया हूँ / मो. रफ़ी / मजरूह सुलतानपुरी / 1964

आना है तो आ / नया दौर / मो. रफ़ी / साहिर लुधियानवी / 1957

मैं सोया अँखियाँ मीचे / फागुन / मो. रफ़ी, आशा भोंसले / क़मर जलालाबादी / 1958

तुम जो हुए मेरे / 12 ओ क्लॉक / गीता दत्त, मो. रफ़ी / मजरूह सुलतानपुरी / 1958

मैं खो गया था यहीं / 12 ओ क्लॉक / मो. रफ़ी, आशा भोंसले / मजरूह सुलतानपुरी / 1958

देखो क़सम से / तुम सा नहीं देखा / मो. रफ़ी, आशा भोंसले / मजरूह सुलतानपुरी / 1958

मेरी जान तुम पे सदक़े / सावन की घटा / आशा भोंसले / एस.एच. बिहारी / 1966

चैन से हमको कभी / प्राण जाए पर वचन ना जाए / आशा भोंसले / एस. एच. बिहारी / 1974

हर टुकड़ा मेरे / ये रात फिर ना आएगी / आशा भोंसले / अज़ीज़ कश्मीरी / 1965

है दुनिया उसी की / कश्मीर की कली / मो. रफ़ी / एस.एच. बिहारी / 1964

पिया पिया पिया / बाप रे बाप / आशा भोंसले, किशोर कुमार / जाँ निसार अख़्तर / 1955

कभी आर कभी पार / आरपार / शमशाद बेग़म / मजरूह सुलतानपुरी / 1954

बूझ मेरा क्या नाँव रे / सी.आई.डी. / शमशाद बेग़म, कोरस / मजरूह सुलतानपुरी / 1956

हूँ अभी मैं जवाँ / आरपार / गीता दत्त / मजरूह सुलतानपुरी / 1954

ठंडी हवा काली घटा / मि. ऐंड मिसेस 55 / गीता दत्त, कोरस / मजरूह सुलतानपुरी / 1955

मेरी नींदों में तुम / नया अंदाज़ / किशोर कुमार, शमशाद बेग़म / जाँ निसार अख़्तर / 1956

वो हसीन दर्द दे दो / हमसाया / आशा भोंसले / शेवन रिज़वी / 1968

जवानियाँ ये मस्त मस्त बिन पिये / तुम सा नहीं देखा / मो. रफ़ी / मजरूह सुलतानपुरी / 1957

तारीफ़ करूँ क्या उसकी / कश्मीर की कली / मो. रफ़ी / एस.एच. बिहारी / 1964

हाय रे हाय / कश्मीर की कली / मो. रफ़ी, आशा भोंसले / एस.एच. बिहारी / 1964

छोटा सा बालमा / रागिनी / आशा भोंसले / क़मर ज़लालाबादी / 1958

पिया पिया ना / फागुन / आशा भोंसले / क़मर ज़लालाबादी / 1958

इक परदेसी मेरा / फागुन / आशा भोंसले, मो. रफ़ी / क़मर ज़लालाबादी / 1958

जब बादल लहराया / छू मंतर / गीता दत्त / जाँ निसार अख़्तर / 1956

जोगिया मेरे घर आ / रागिनी / अमीर ख़ाँ / पारंपरिक / 1958

तू है मेरा प्रेम देवता / कल्पना / मो. रफ़ी, मन्ना डे / क़मर ज़लालाबादी / 1960

आप यूँ ही अगर / एक मुसाफ़िर एक हसीना / मो. रफ़ी, आशा भोंसले / राजा मेहँदी अली ख़ाँ / 1962

पुकारता चला हूँ मैं / मेरे सनम / मो. रफ़ी / मजरूह सुलतानपुरी / 1965

बेकसी हद से जब / कल्पना / आशा भोंसले / जाँ निसार अख़्तर / 1960

मन मोरा बावरा / रागिनी / मो. रफ़ी / जाँ निसार अख़्तर / 1958

रात भर का है / सोने की चिड़िया / मो. रफ़ी, आशा भोंसले / साहिर लुधियानवी / 1958

देखो बिजली डोले / फिर वही दिल लाया हूँ / आशा भोंसले, उषा मंगेशकर / मजरूह सुलतानपुरी / 1963

यूँ तो हमने / तुम सा नहीं देखा / मो. रफ़ी / साहिर लुधियानवी / 1957

लाखों हैं निगाह में / फिर वही दिल लाया हूँ / मो. रफ़ी / मजरूह सुलतानपुरी / 1963

आँखों से उतरी है / फिर वही दिल लाया हूँ / आशा भोंसले / मजरूह सुलतानपुरी / 1963

माँग के साथ तुम्हारा / नया दौर / मो. रफ़ी, आशा भोंसले / साहिर लुधियानवी / 1957

यही वो जगह है / ये रात फिर ना आएगी / आशा भोंसले / एस.एच. बिहारी / 1966

रोका कई बार मैंने / मेरे सनम / आशा भोंसले, मो. रफ़ी / मजरूह सुलतानपुरी / 1965

मैं प्यार का राही हूँ / एक मुसाफ़िर एक हसीना / मो. रफ़ी, आशा भोंसले / राजा मेहँदी अली ख़ाँ / 1962

बहुत शुक्रिया / एक मुसाफ़िर एक हसीना / मो. रफ़ी, आशा भोंसले / एस.एच. बिहारी / 1962

जा जा जा जा बेवफ़ा / आरपार / गीता दत्त / मजरूह सुलतानपुरी / 1954

प्यार पर बस तो नहीं / सोने की चिड़िया / तलत महमूद / साहिर लुधियानवी / 1958

मन डोले, मेरा तन डोले

सागर तल पर बिछे मोती सी गोल, शिव मंदिर के गर्भगृह में किसी तपस्वी साधु पुरुष के ओंकार नाद की गूँज सी घन गंभीर आवाज़, कुछ गंभीरता और गूढ़ता लिए व्यक्तित्व और अभिरुचि संपन्न धुनें बनाने की सृजन क्षमता इन सबके मिलने से बनता है – 'हेमंत कुमार मुखोपाध्याय' नामक व्यक्तित्व... वे असली बंगाली बाबू थे। बंगाल की उच्च मध्यमवर्गीय अभिरुचि, अंतर्मुखता, वैचारिकता और सुसंस्कारितता की शान थी उनके व्यक्तित्व में। उन्होंने विभिन्न भावनाओं को कुशलता पूर्वक गीतों में ढाला। क्लास और मास दोनों की वर्गों के चहेते संगीतकार के रूप में उनका नाम श्रेष्ठ संगीतकारों के रूप में लिया जाता है।

कुछ संगीतकार बहुत अच्छे कलाकार होते हैं। वे अपने सृजन से अपने काम को सजा देते हैं, फिर वह काम छोटा सा ही क्यों नहीं हो। पर कुछ संगीतकारों का सृजन इतना समृद्ध होता है कि बिना किसी कारीगरी के वह रसिकों के मन में सदा के लिए बस जाता है, उन्हें सोचने पर मजबूर कर देता है। हेमंत कुमार की धुनें ऐसी ही हैं। उनकी धुनें सजावट से और शोभायमान हो जाती हैं पर वे सजावट की मोहताज नहीं होती। उनकी धुनें किसी राग, स्वरावलि या ताल की चौखट में बंद नहीं हैं। उनकी धुनें भाव प्रवणता और चंचलता के बीच कहीं हैं। संयत और कोमल भावनाओं को प्रदर्शित करती हैं।

जहाँ चंचलता ज़रूरी है वहाँ वे *'भँवरा बड़ा नादान है'* कहती हुई नाचती हैं। *'जादूगर सैयाँ छोड़ो मोरी बैयाँ'* कहती हुई मचलती-इठलाती हैं। तो कभी *'कोई दूर से आवाज़ दे चले आओ'* या *'तुम पुकार लो तुम्हारा इंतज़ार है'* कहती हुई मन के अंदर से स्वर बाहर खींच लाती हैं। हृदय में समाई बेचैनी, भावना का अस्फुट उद्गार बनकर बाहर आती हैं।

जब हम *'कुछ दिल ने कहा'* या *'धीरे-धीरे मचल ए दिले बेकरार'* सुनते हैं तो हमारा मन गवाही देता है कि हम कुछ नया, अनोखा सुन रहे हैं। यदि हमारे मन की भावनाएँ संगीत का रूप ले पातीं तो वे इसी रूप में होतीं। भावनाएँ स्वर का रूप लें और परत दर परत खुलती जाएँ, ऐसा कुछ अनुभव हमें हेमंत कुमार की धुनें सुनकर होता है। उनकी धुनों में वातावरण का निर्माण करने की अद्भुत क्षमता होती हैं। *'कुछ दिल ने कहा'* सुनिए... आपकी आँख के सामने धूसर सी भोर, ओस की चमचमाती बूँदें और हरियाली, ठंडक आ जाती है। पक्षियों का कलरव, ओस की बूँदों सी मासूम मुस्कान और होंठों पर मन की बात लिए नायिका की तरल अवस्था... सब कुछ सामने साक्षात हो जाता है। उस ठंडक का अनुभव कीजिए और ऐसी भी बातें कैसी होती हैं, सोचते रहिए। यही संगीतकार श्रोता के सामने *'साकिया आज मुझे नींद नहीं आएगी'* गीत के बहाने ठेठ कोठा साक्षात खड़ा कर देता है। गीत के साथ ही वहाँ की मस्ती और नृत्य का जोश श्रोता को हरे कच्चे पान के बीड़े की रंगत के साथ रंगीन होती जाती रात में होश खोने और रतजगे का अनुभव करा देता है। मात्र चार मिनट में जो यह चमत्कार कर सके वही असली संगीतकार... हेमंत कुमार...

16 जून 1920 को बनारस में दादा जी के घर में जन्मे हेमंत कुमार के पिता कालिदास मुखोपाध्याय एक शिपिंग कंपनी में बाबू थे। सीधा-सादा मध्यमवर्गीय, नौकरी पेशा बंगाली परिवार था उनका। माछेर झोल खाना और सामान्य जीवन व्यतीत करना इससे अधिक उनके परिवार की महत्त्वाकांक्षा नहीं थी। अतः हेमंत कुमार की गीत-संगीत में रुचि परिवार को रास नहीं आ रही थी। स्कूल की पढ़ाई में उनका मन नहीं लगता था सो रोज़ ही शिकायतें आतीं। पिता ने व्यथित होकर मन की बात सुभाष मुखर्जी नामक एक रिश्तेदार से की। उन्होंने उत्सुकता के कारण तेरह वर्षीय हेमंत का गायन सुना। प्रभावित होकर उन्होंने हेमंत को ऑल इंडिया रेडियो भेजा। वहाँ स्कूली कार्यक्रम में हेमंत की सराहना की गई। आश्चर्य की बात, युवावस्था में, इस संघर्षरत कलाकार की आवाज़ को सभी म्यूज़िक कंपनियों ने नकार दिया था। इंजीनियरिंग की पढ़ाई अधूरी छोड़कर कुछ दिन उन्होंने साहित्य के क्षेत्र में भी भाग्य आज़माया। आख़िर में कोलंबिया कंपनी के शैलेन दासगुप्ता के संपर्क में आने पर संगीत क्षेत्र के द्वार उनके लिए खुले। रवींद्र संगीत के कुछ रिकॉर्ड उनकी आवाज़ में आए। शैलेन दासगुप्ता की सलाह पर उन्होंने शास्त्रीय संगीत

सीखने की कोशिश की पर उनका मन नहीं लगा। उन्होंने कुछ बांग्ला फ़िल्मों के लिए पार्श्वगायन भी किया। पंडित अमरनाथ के संगीत निर्देशन में उन्हें बांग्ला फ़िल्म 'इरादा' के लिए गाने का सर्वप्रथम मौक़ा मिला। वह वर्ष था 1944। सन् 1945 में हेमंत दा ने एक बांग्ला फ़िल्म का संगीत निर्देशन किया... नाम था 'पूर्वराग'। इसी वर्ष शिष्या बेला मुखर्जी से उनका विवाह हुआ। 'पूर्वराग' बुरी तरह असफल रही। उन्हें निराशा ने घेर लिया।

सलिल चौधरी के संपर्क में आने पर कम्युनिस्ट आंदोलन और 'इप्टा' के माध्यम से हेमंत दा ने उनके कई गीत गाए। बांग्ला 'आनंद मठ' का संगीत मक़बूल होने पर हिंदी 'आनंद मठ' के संगीत निर्देशन के लिए हेमंत दा मुंबई आए। 'आनंद मठ' के गीत, ख़ासकर 'वंदे मातरम्' और 'जय जगदीश हरे' बहुत पसंद किए गए, हालाँकि फ़िल्म ख़ास चली नहीं। हेमंत दा को अब गायन के काफ़ी अवसर मिले। *'ये रात ये चाँदनी'* (जाल) और *'जाग दर्दे इश्क़ जाग'* (अनारकली) बेहद लोकप्रिय हुए। पर संगीतकार के रूप में सिर्फ़ एक ही अवसर... 'शर्त' फ़िल्म में मिला। 'शर्त' में *'ना ये चाँद होगा'* और एक प्यारा युगल गीत 'देखो वो चाँद छुप के' था।

'शर्त' के कारण कुछ नाम तो हुआ था पर हेमंत दा सब छोड़कर कोलकत्ता जाने के विचार में थे। उन्हें एस. मुखर्जी ने रोका और उन्हें प्रेरणा दी। मन में उत्साह जगाया और तभी 'नागिन' के संगीत का सृजन हो सका। फ़िल्म सामान्य थी पर संगीत असामान्य था। किसी फ़िल्म के सभी गीत लोकप्रिय हो जाएँ ऐसा कम ही होता है, पर नागिन में यह चमत्कार कर दिखाया। आरंभ में इस फ़िल्म को देखने के लिए अधिक दर्शक नहीं गए, तब एस. मुखर्जी ने एक काम किया। एक हज़ार रिकॉर्ड्स ख़रीद कर छोटे-बड़े होटलों में बजाने के लिए मुफ़्त में दिए। आगे जो हुआ सभी जानते हैं। दर्शक मात्र गीत सुनने के लिए सिनेमाघर जाया करते। नागिन के बाद आज की भाषा में कहें तो 'अपनी तो अब चल पड़ी' ऐसा ही कुछ हेमंत दा के साथ हुआ। कल्याण जी की क्ले वायलिन पर बजाई गई 'नागिन' की धुन तो आज भी धनी-निर्धन सभी के विवाह समारोह यहाँ तक कि आदिवासियों के पाड़े में भी बजाई जाती है, इसी बात में सफलता की कहानी समाई है।

हेमंत दा के *'मन में मन डोले, मेरा तन डोले'* की धुन कैसे आई होगी, आज भी विस्मय होता है। इस धुन में एक नशा है जो श्रोता को झूमने पर मजबूर कर देती है। *'मन डो...ले'* में लता जी ने स्वर को झुलाकर *'तन डो...ले'* में पंचम का कण स्वर लगाया है कि श्रोता उस में डूब जाता है। कोई धुन सालों साल श्रोताओं के मन पर राज करती है तो अपने अनोखे स्वरों के कारण। ऐसा ही जादू, *'जादूगर सैयाँ'* में है। स्वरों की ज़्यादा करामात नहीं है, पास के स्वरों के आधार पर बेहद आकर्षक धुन बनाई गई है। *'अब घर जा...ने दो'* में दो का उच्चारण अत्यंत मधुरता

से करके फिर बाँसुरी और मेंडोलिन की सहायता से अगली पंक्ति को चपलता से छुआ गया है।

'नागिन' के बाद हेमंत दा को काम की कमी नहीं रही, ख़ासकर आर्थिक चिंताएँ दूर हो गईं। पचास के दशक में हेमंत दा ने अपना एक ख़ास मुक़ाम बनाया। 'नागिन' के संगीत की झलक उनकी आगामी अनेक फ़िल्मों में छाई रही।

हेमंत दा ने बहुत से गीत अलग हट के बनाए। वे किसी एक ख़ास शैली की चौखट में बँधे नहीं थे। शब्द किसी ख़ास छंद में हुए तो हेमंत दा ने उन्हें वैसी ही ख़ास धुन में बाँधा। *'कश्ती का ख़ामोश सफ़र है'* (गर्लफ्रेंड), *'ओ बेक़रार दिल'* (कोहरा), संगीत यात्रा के आरंभ में बनाए *'जय जगदीश हरे'* (आनंद मठ) हो या *'हमने देखी है इन आँखों की ख़ामोशी'* हो। कई उदाहरण हैं। *'कश्ती का ख़ामोश'* तो साहिर की बहुत प्यारी सी कविता है। उसे कुछ कहना है पर कैसे कहे? किशोर कुमार की शरारत भरी आवाज़ में यह बात इतने सुंदर तरीक़े से कही गई है और इंतज़ार से उकता कर नायिका कहती है कि कह भी दो। पूरी रामायण के बाद वह कहता है कि *'छोड़ो अब क्या कहना है'*। इस संवादात्मक गीत की धुन हेमंत दा ने बहुत प्यारी बनाई है। सुधा मल्होत्रा की आवाज़ इस गीत में बहुत खिली है। हेमंत दा की कुशलता के कारण गीत प्रवाहमय बन पड़ा है, ख़ास बात तो यह कि धुन बोलों पर भारी नहीं पड़ती, उन्हें निखारती है।

हेमंत कुमार
गम्भीर व्यक्तित्व, आवाज़ की स्वाभाविक गूंज और संगीत रचना की रहस्यमय गम्भीरता से अलग ही तरह के गीतों ने अपना खास मुक़ाम बनाया

'छुप गया कोई रे' या 'या दिल की सुनो दुनियावालों' जैसे व्यथित हृदय की पुकार से गीत सुने तो लगता है कि यह संगीतकार कुछ अंतर्मुखी प्रवृत्ति का होगा। भावनाओं के अत्यधिक प्रदर्शन या ताल स्वरों के चमत्कार की उन्हें कभी आवश्यकता ही नहीं रही। 'छुप गया' में 'हाय यही तो मेरे दिन थे सिंगार के' में 'यही' पर ज़ोर दिया गया है जिससे दुख और भी गहराई से प्रकट होता है। यह गीत वास्तव में लता जी और बाँसुरी की जुगलबंदी सी है।

'ओ रात के मुसाफ़िर, चंदा ज़रा बता दे' गीत की तो बात ही कुछ और है। मीना कुमारी के मासूम चेहरे, गोल-मटोल गाल और आँखों से रूठने-मनाने अभिनय देखते ही बनता है। तीनों अंतरे समान नहीं हैं। स्वरों में अंतर के कारण गीत की प्रवाहमयता को क़ायम रखना संगीतकार का सृजन है। 'दिल पे किसी को अपने, क़ाबू नहीं रहा है, ये राज़ मेरे दिल से आँखों ने ही कहा है' सीधे-सादे अर्थपूर्ण बोल हैं गीत के। लता जी ने 'दिल से' शब्द में जो आस दी है, ध्यान से सुनिए। दिल से और 'आँखों ने' इन दो शब्दों के बीच जैसे एक सुंदर पुल है। 'मिस मेरी' फ़िल्म का 'सखी री सुन बोले पपीहा उस पार' आशा जी और लता जी का गाया बहुत प्यारा गीत है। गीत की लय बढ़ने पर तो जैसे तानों की वर्षा हो जाती है। शास्त्रीय संगीत की महफ़िल को तीन मिनट में साकार करना तो चमत्कार ही है। ऐसे मधुर गीत और भी बनाए जाने थे, मन में यही विचार रह जाता है।

'ओ बेक़रार दिल, हो चुका है मुझको आसुओं से प्यार' बहुत ही अलग ढंग का गीत है। फ़िल्म की कहानी के अनुकूल। यह गीत आम गीतों की तरह नहीं है मुखड़ा, बीच के म्यूज़िक पीस, अंतरे ऐसा इस गीत का ढाँचा नहीं है। शायद फ़िल्म की रहस्यमय कहानी के कारण गीत कुछ बिखरा सा है। दूसरे अंतरे की शुरुआत कुछ भिन्न है। बीच के फ़िलर्स इस गीत को और भी अलग बनाते हैं। 'मिली चमन को बहार, हसीं फूल को मिली, गीत कोयल को मिले और मैंने पा ली ख़ामोशी' गीत के बोल, ताल, स्वर रचना अनोखी है और रहस्यमयता का अनुभव इस गीत को सुनकर होता है। गीत की लय उलझन भरी है पर यह गीत आकर्षक है। मंच पर यह गीत बहुत कम सुनने को मिलता है। यू ट्यूब पर इस गीत का मूल बांग्ला गीत 'ओ नोदी रे' हेमंत दा की आवाज़ में सुना जा सकता है।

हेमंत दा की शैली से रहस्यमयता जुड़ी हुई है। 'बीस साल बाद' हो या 'कोहरा' वे रहस्यमय संगीत देने में माहिर थे। 'कोई दूर से आवाज़ दे' से ही श्रोता अनुमान लगा सकते हैं। 'झूम झूम ढलती रात' के रहस्य से श्रोता थर्रा जाते हैं। हेमंत कुमार जी ने जो संपन्न बांग्ला संगीत की विरासत पाई, उसका और रवींद्र संगीत का उपयोग अपनी धुनें बनाने में किया। ख़ास बांग्ला मींड और शब्दों का घुमाव 'ना ये... चाँ...द हो...गा', या 'दिल... की... सुनो दुनिया... वा... लों...' से उनका

बंगाल से संबंधित होना स्पष्ट हो जाता है। हेमंत दा सौम्य प्रवृत्ति के संगीतकार थे। इस कारण उन्हें बड़ी संख्या वाले वाद्यवृंद या चमत्कार का शौक नहीं था। जहाँ ज़रूरी था, उन्होंने पाश्चात्य संगीत को स्थान दिया और पाश्चात्य वाद्यों का प्रयोग किया। तिलंग (*'सखी री सुन बोले'*), पहाड़ी (*'वृंदावन का कृष्ण कन्हैया'*), पीलू (*'ना जाओ सैयाँ'*), किरवाणी (*'मेरा दिल ये पुकारे'*), शिवरंजनी (*'कहीं दीप जले'*), तोड़ी (*'सुन रसिया मन बसिया'*), आदि रागों का उन्होंने प्रयोग किया। *'ये हवा ये फ़िज़ा'* जैसे कई गीतों में उन्होंने वेस्टर्न हार्मनी, कॉर्ड्स और पियानो का सुलझा हुआ प्रयोग किया।

संगीतकार होने का गायक हेमंत कुमार को नुक़सान ही हुआ। जैसे स्पर्धा बढ़ी अन्य संगीतकारों ने उन्हें प्रतिस्पर्धी समझा। उन्होंने जिन संगीतकारों के लिए गाया, वे गीत उन संगीतकारों के लिए महत्त्वपूर्ण रहे हैं। *'ये रात ये चाँदनी फिर कहाँ'* (एस. डी. बर्मन – जाल) में *'दिल की दास्ताँ'* का बेस, गहराई बार-बार सुनने को जी चाहता है। दिल की गहराई से निकली यह दिल की दास्ताँ कान और मन दोनों को सुख देती है। सलिल दा उनकी आवाज़ के बारे में कहा करते थे – 'अगर भगवान कभी गाता तो इसी आवाज़ में'।

हेमंत दा की आवाज़ में भारीपन और गूँज है इस कारण उन के गाए गीतों ने नई ऊँचाई छू ली। अगर आप उनकी आवाज़ सुन लें तो उसे टाल कर, इग्नोर करके आगे नहीं बढ़ सकेंगे। हमिंग, गुनगुनाना अगर सुनना है तो वह हेमंत दा की ही आवाज़ में हो। उनके गुनगुनाने के वायब्रेशन एक बेचैनी सी पैदा कर देते हैं। मन को गुदगुदा देते हैं। पुरुष स्वर का संयत, ख़ामोश, सुसंस्कृत रोमांस हेमंत दा के गुनगुनाने में साकार हो जाता है।

अब ज़रा उन गीतों की ओर देखें जिन्हें हेमंत दा ने अन्य संगीतकारों के लिए गाया। *'याद किया दिल ने'* (शंकर–जयकिशन), *'जाग दर्दे इश्क़'* (सी. रामचंद्र), *'जाने वो कैसे'* (एस.डी. बर्मन), *'गंगा आए कहाँ से'* (सलिल चौधरी), *'चंदन का पलना'* (नौशाद), *'मुझको तुम जो मिले'* (मुकुल रॉय), ये बहुत ही मधुर गीत हैं। *'तुम्हें याद होगा'*, *'नींद ना मुझको आए'* (कल्याण जी-आनंद जी) एक से बढ़कर एक गीत हैं। बर्मन दा के *'चुप है धरती'* और *'तेरी दुनिया में जीने से'* घर नंबर 44 जैसे मधुर गीतों में हम हेमंत कुमार के अलावा अन्य आवाज़ के बारे में सोच भी नहीं सकते। ऐसे मधुर गीतों की सूची लंबी है। *'तेरी दुनिया में'* में *'अरे ओ आसमाँ वाले बता इसमें बुरा क्या है'* को हेमंत दा जिस तरीक़े से ऊपर उठाते हैं, उस गोलाई और खिंचाव का क्या कहना... सी. रामचंद्र का युगल गीत *'उम्र हुई तुमसे मिले'* में हेमंत दा ने स्वर और आवाज़ लगाई है, उसका जवाब नहीं। यह गीत बेहद मधुर है। *'संग तुम्हारा मेरी ज़िंदगी को रास आ गया'* अंतरा बार-बार सुनने को जी चाहता

है। 'ऐसे लगे जैसे पहली बार मिले हैं' पंक्ति इतनी उत्कटता से गाई है कि लगता है यह लता जी और हेमंत दा का सर्वश्रेष्ठ युगल गीत है पर 'छुपा लू यूँ दिल में' को भी नज़र अंदाज़ नहीं किया जा सकता।

'बेक़रार करके हमें' और 'ज़रा नज़रों से कह दो' अपनी ही बनाई हुई इन दो धुनों में हेमंत दा की आवाज़ कुछ शरारत भरी है। 'या दिल की सुनो' या 'जाने वो कैसे' गीतों में उनकी आवाज़ व्यथित और 'है अपना दिल तो आवारा' में नटखट बन जाती है। 'ऐ दिल अब कहीं ना जा' में उनकी आवाज़ अपने आपको समझाती है कहीं... शब्द को बहुत ख़ास तरीक़े से गाया गया है, और 'छुपा लो यूँ' में दिव्य प्रेम की अनुभूति कराती है।

मराठी भाषा में उनके गाए मछुआरा गीत 'वल्हव रे नाखवा' और 'दरिया वरी र' में सागर का गर्जन और हेमंत दा की आवाज़ एकरूप हो गई है। उनकी आवाज़ से सागर का रौद्र रूप प्रकट हो गया।

हेमंत दा का संगीत श्रोताओं के मन में अंतर्तम तक पहुँच सका। संगीतकार के रूप में हेमंत दा के कुछ गीत अविस्मरणीय हैं। 'कुछ दिल ने कहा' उन गीतों में सर्वोपरि है।

इस गीत को उपमा दें तो ओस की बूँद की ही देनी होगी। इतनी तरल, मासूम और नाज़ुक... छूने से गुम हो, मैला हो जाए या टूट जाए। हलके से छुए और अनुभव करें।

'ऐसी' भी बातें होती हैं
'ऐसे' भी बातें होती हैं

हृदय की बात हृदय तक बिना शब्दों के पहुँच जाती है। शब्दों के माध्यम आवश्यक ही नहीं है। बिना कहे बात समझ आ जाती है।

लेता है दिल अँगड़ाइयाँ
इस दिल को समझाए कोई
अरमाँ ना आँखें खोल दे
रुसवा ना हो जाए कोई
पलकों की ठंडी सेज पर
सपनों की परियाँ सोती हैं

मन को समझाना होगा। सपने देखना चाहता है मन। सपनों का अपमान नहीं हो जाए। मुग्धा नायिका शर्मिला आँखों से सब कुछ कह देती हैं।

लता जी यह गीत अस्फुट से स्वर में गाती हैं। ऐसी आवाज़ में वे ही गा सकती हैं, यह कहें तो ग़लत नहीं होगा। '*कलियों से कोई पूछता, हँसती हैं वो या रोती हैं*' में वे आवेग को क़ाबू में करती हैं और '*ऐसी भी बातें होती हैं*' को फिर अस्फुट स्वर में गाती हैं, वह पल अनोखा होता है। अगर यह गीत नहीं होता तो हम भावनात्मक रूप से परिपक्व नहीं हो पाते। निचले स्तर पर ही रह जाते।

आज भी हॉन्टिंग, रहस्यमय गीतों का मुकुटमणि गीत है '*कहीं दीप जले कहीं दिल*' (20 साल बाद)। जादू सा करती मेंडोलिन की तर्ज़ और लता जी की लरजती आवाज़... '*तेरी कौन सी है मंज़िल*' गाते हुए '*कौ...न सी*' को दिया हुआ एक ख़ास फैलाव, '*दीप*' गाते हुए स्वरों की अचूक जगह, '*परवाने...*' की पुकार श्रोता को कँपा देती है। मेंडोलिन की तर्ज़ मात्र प, ध, ग इन तीन स्वरों पर सधी हुई है।

दीया बुझा बुझा, नैना थके थके...
पिया धीरे धीरे चले आओ...चले आओ
कोई दूर से आवाज़ दे (साहब बीबी और ग़ुलाम)

जैसे किसी खाई की गहराई से गूँजती हुई आवाज़। गीता दत्त की आवाज़ का नखरा और मस्ती तो हमने देखी थी। पर यह गूढ़ रहस्यमयता? युगों से, पथराई आँखें लिए प्रतीक्षारत वह छोटी बहू... उसकी कलेजा हिला देने वाली, मृत्यु के पार से आती पुकार... गिने चुने वाद्य... और गीता दत्त की घायल हिरणी के हृदय से उठती पुकार सी आवाज़... यह गीत और धुन आत्मा का रुदन है।

'ये नयन डरे डरे' नयनों में कैसा भय समाया है? आँखें नहीं मादक शराब के प्याले हैं... ये शराब पीकर एक रात में ही सारी ज़िंदगी जी लेंगे। 'ज़...रा... पी... ने दे' कहकर स्वर कुछ ऊपर होकर नीचे आता है। नशा तन-मन पर छा गया है। हर पंक्ति को जोड़ता वायलिन... क्या कहा जाए... इस गीत के बारे में?

रात हसीं ये चाँद हसीं
तू सबसे हसीं मेरे दिलबर

शर्माते हुए वह सब सुनती है... और '*तुझसे हसीं*' सुनकर आँखें सवाल पूछती हैं। '*तुझसे हसीं तेरा प्यार*' सुन कर शरमा कर झुक जाती हैं... जवाब नहीं।

इस दुनिया से दूर, सपनों की दुनिया में हमको ले जाता है गीत '*कहाँ ले चले हो*' (दुर्गेशनंदिनी)। हाथों में हाथ लिए हम चल तो पड़े हैं, पर कहाँ? मुझे मेघों से घिरी धरती दिखाई दे रही है। क्या स्वर्ग यही है?

कहाँ रह गए क़ाफ़िले बादलों के
जमीं छुप गई है तले बादलों के
है मुझको यकीं है जन्नत यही है
अजब सी फ़िज़ा है, अजब सा समाँ है...

'कहाँ रह गए' में लता जी का स्वर अनंत अवकाश में ले जाता है। वह दिव्य सुगंध, अनोखी हवा सब कुछ हम अनुभव करने लगते हैं। मन रुई के फूल की तरह हलका हो जाता है।

नज़र की दुआ का जवाब आ रहा है
मेरी आरज़ू पे शबाब आ रहा है
ये ख़ामोशियाँ भी हैं इक दास्ताँ
कोई कहता है मुझसे मुहब्बत जवाँ है

दूसरा अंतरा नीचे के स्वरों पर रखकर हेमंत दा ने जो धुन बनाई है वह श्रोता को अंतर्मुख कर देती है। ये लाजवाब गीत मनोरंजन से परे हमें कहीं दूर ले जाते हैं।

चाँदनी में नहाई रात है और मन में तुम्हारी याद है। अब तुम आओ। तुम्हारा साथ चाहिए। हम दोनों के मन में एक ही बात है पर वह तुम से धीरे से कहना है।

होंठ पर लिए हुए दिल की बात हम
जागते रहेंगे और कितनी रात हम
मुख़्तसर सी बात है तुमसे प्यार है
तुम पुकार लो, तुम्हारा इंतज़ार है

किसी से प्यार किया जाए और किसी को दिल दिया जाए तो इसी तरह... वह प्यारा सा घाव, वह तीर दिल में चुभे तो ऐसे, उन्हें याद किया जाए तो ऐसे जैसे इस गीत में किया गया है। 'मुख़्तसर सी बात है, तुमसे प्यार है...' गाते और सुनते हुए हर कोई रोमांचित हो जाता है। प्यार भी कितना प्यारा, नाजुक और मासूम है... वासना का स्पर्श तक नहीं है।

रात ये क़रार की, बेक़रार है
तुम्हारा इंतज़ार है

यह बेचैनी, आकर्षण कोहरे की चादर की तरह लपेट ली जाए और वह सीटी की आवाज़ श्रोता को क्षितिज के पार ले जाती है। हम मन ही मन गुलज़ार और हेमंत दा को दाद देते हैं। वाह... हेमंत दा... वाह... गुलज़ार।

'धीरे-धीरे मचल' भी बहुत मधुर गीत है। पियानो से हर पंक्ति को सजाया गया है। *'दिले बेक़रार'* और *'बार-बार'* की मींड बहुत ही अनोखी है। गीत की रचना ही बहुत प्यारी और नटखट है। 'मचलना' धीरे-धीरे कैसे हो सकता है? प्रिय के आगमन पर हृदय की गति तेज़ होगी, धड़कन बढ़ेगी ही। पर नायिका चाहती है कि यह सब धीरे-धीरे हो। *'धीरे-धीरे मचल, ऐ दिले बेक़रार'* क्या बात है... परदे पर है सादगी भरी सुंदरता, साड़ी पहने, एक चोटी किए, पियानो बजाती, नाराज़ होकर प्रिय के होंठों से सिगरेट निकाल कर फेंक देती नायिका और नायक सूट पहने, धीरे से आकर नायिका के कंधों पर हाथ रख देता है। शांत, संयत पर रोमान्टिक...

'मुझको करने दे करने दे सोला सिंगार' पंक्ति नीचे के सा से ऊपर के सा तक पहुँचकर 'धीरे-धीरे मचल' से मिल जाती है। लता जी बेक़रार, इख़्तियार आदि शब्दों के उच्चारण इतने ख़ास करती हैं कि *'क्या कहने... कोई आता है...'* में 'है' का उच्चारण सुनिए, बार-बार सुनने को जी चाहता है। वह आ रहा है... उसकी आहट, उसकी देह की सुगंध उसके आने की ख़बर दे रही है... यह उत्तेजना और अधीरता उस 'है' में समाई है। वो मनाए तो मैं रूठ जाऊँगी... क्या बात है कैफ़ी साहब...

कोई नाम ना दो इस रिश्ते को

दुनिया नहीं जानती इस चाँदनी को

गुलज़ार के गीत *'हमने देखी है इन आँखों की'* के यही भाव हैं। इस कविता को इस धुन के अलावा और किसी धुन में बाँधा ही नहीं जा सकता। *'रिश्तों का इल्ज़ाम ना दो'* कितनी प्यारी कल्पना है। रिश्तों को नाम क्यों दिया जाए? उसे ऐसे ही मासूम, निर्गुण और अमूर्त रहने दो। हर बात को एक चौखट में क्यों बाँधें? प्रेम तो नूर की बूँद है, प्रकाश बिंदु, सदा रहने वाला तेज़ है वह और यह शांति... यही तो सब कुछ कह जाती है। मन के किस प्रतल से ऐसे गीत फूटते हैं, पता नहीं। यह गीत नहीं साक्षात प्रकाश शलाका है। ऐसा चमत्कार है जो कभी-कभी ही हो सकता है।

सिर्फ़ अहसास है ये रूह से महसूस करो
प्यार को प्यार ही रहने दो कोई नाम ना दो

यह आत्मा से अनुभव करने की बात है। बहुत गहरी। 'रहने दो' का उच्चारण लता जी ऐसे करती हैं कि पूरी बात कह जाती हैं। *'सिर्फ़ अहसास'* को अस्फुट स्वर में कहती हैं। काँपते होंठों के अफ़साने और आँखों की चमक केवल अनुभव की बात है, उसे नाम क्या दिया जाए? 'गुलज़ार पंचम' एक बेमिसाल जोड़ी थी उसी तरह 'गुलज़ार हेमंत दा' भी बेमिसाल जोड़ी थी। राष्ट्रप्रेम से ओतप्रोत 'वंदे मातरम्' बहुत

ख़ास गीत था। इस गीत को साकार करने में संगीतकार हेमंत दा की प्रतिभा का क़माल देखा जा सकता है।

'वंदे...मातरम्' की आसमान को भेदती पुकार और बिजली से चमकदार तानें... हर भारतीय के मन में देशभक्ति की चिंगारी भड़काने वाला यह गीत देशप्रेम का संगीतमय प्रतीक है। लता जी की आवाज़ में 'वंदे मातरम्' बेहद प्रेरणादायी है। ऐसी ही आक्रामक आवाज़ की इस गीत में आवश्यकता थी। सा सा रे रे रे सा सा और सा सा ग ग ग सा सा मात्र इन दो स्वरावलियों में 'वंदे मातरम्' का कोरस है और उस कोरस की पृष्ठभूमि में 'वंदे मातरम्' की झिलमिलाती ललकार... आज तक वंदे मातरम् की अनेक धुनें बनाई गई हैं पर यह धुन बेहद प्रभावशाली है। हेमंत दा ने 'आओ बच्चो', 'दे दी हमें आज़ादी', 'हम लाए हैं तूफ़ान से क़श्ती' आदि कई देशभक्ति गीत बनाए। फ़िल्म 'जागृति' का 'चलो चलें माँ' बहुत आशावादी गीत है।

'वो शाम कुछ अजीब थी' गीत में 'वो शाम' और 'ये शाम' का फ़र्क़ किशोर दा अपनी क़ातर आवाज़ से स्पष्ट कर देते हैं। पाश्चात्य कॉयर के कारण यह गीत मन के किसी कोने में समा जाता है। 'सपने सुहाने लडकपन के' की चंचलता और 'भँवरा बड़ा नादान' का नटखटपन हमेशा ही जवाँ रहेगा। 'सपने' के बाद ज़रा सा विराम है जो बहुत कुछ कह जाता है। 'तुम और हम, भूल के ग़म', 'सारा मोरा कजरा', 'इतना तो कह दो' और 'गुम सुम सा ये जहाँ' आदि बहुत से युगल गीत हेमंत दा का स्पर्श पाकर खिल उठे। मक़बूल हुए। हेमंत दा का सृजन बांग्ला में अधिक है। रवींद्र संगीत के क्षेत्र में उनका नाम बहुत आदर के साथ लिया जाता है। बांग्ला जन के मन में वे उच्च स्थान पर प्रतिष्ठित हैं।

हेमंत दा के सृजन को अनुभव करना हो तो मन की तरल अवस्था को पाना होगा। संवेदनशीलता को बनाए रखना होगा। हेमंत दा के शांत सरल स्वभाव के कारण उन्हें गंदी राजनीति के दाँव-पेंच के कारण काफ़ी कष्ट सहना पड़ा। उनका बड़प्पन देखिए, प्रसिद्ध संगीतकार रवि, जो कभी उनके सहायक हुआ करते थे, उनको हेमंत दा ने स्वतंत्र रूप से संगीत निर्देशन के लिए प्रोत्साहित किया। स्वयं संगीतकार रवि जी ने कृतज्ञता पूर्वक यह बात मुझे बताई थी। हेमंत दा ने बांग्ला फ़िल्म संगीत निर्देशन के क्षेत्र में बहुत काम किया। एक समय ऐसा भी था कि मुंबई और कोलकता के बीच उनका इतनी बार आना-जाना हुआ कि इंडियन एयर लाइंस की ओर से उन्हें सम्मानित भी किया गया।

'70 के दशक के अंत तक हेमंत दा का तरल संगीत सृजन बुझने सा लगा। फ़िल्म निर्माण के तौर-तरीक़े भी बदल गए थे। अब हेमंत दा ने कोलकता वापस जाना ही उचित समझा। उन्हें कई बीमारियों ने घेर लिया था। 27 सितंबर 1989 के दिन उन्होंने आख़िरी साँस ली।

कभी रात के सन्नाटे में रहस्यमयता का अनुभव करना हो या किसी पर जान लुटना हो हेमंत दा के अलावा और किसके गीत सुनेंगे ?

हाल ये है मस्ती का, साँस लगी थमने
उतने रहे प्यासे हम, जितनी भी पी हमने
ग़म को बढ़ा गई, ग़म की रात

इन गीतों की *प्यास* ना बुझी है ना बुझेगी। प्यासे रहने का मज़ा ही कुछ और है। हैट्स ऑफ़ टु हेमंत दा...

अध्याय में उल्लेखित गीतों की जानकारी

गीत / फ़िल्म / गायक-गायिका / गीतकार / वर्ष

❋ *इसमें हेमंत कुमार के वैसे कुछ गीत हैं जो उन्होंने अन्य संगीतकारों के लिए गाए थे। इनकी फ़िल्मों के नाम के बाद संगीतकार का नाम दिया गया है।*

भँवरा बड़ा नादान / साहब बीबी और गुलाम / आशा भोंसले / शकील बदायूँनी / 1962

जादूगर सैयाँ / नागिन / लता मंगेशकर / राजेंद्र कृष्ण / 1954

कोई दूर से / साहब बीबी और गुलाम / गीता दत्त / शकील बदायूँनी / 1962

तुम पुकार लो / ख़ामोशी / हेमंत कुमार / गुलज़ार / 1970

कुछ दिल ने कहा / अनुपमा / लता मंगेशकर / कैफ़ी आज़मी / 1966

धीरे धीरे मचल / अनुपमा / लता मंगेशकर / कैफ़ी आज़मी / 1966

साकिया आज मुझे / साहब बीबी और गुलाम / आशा भोंसले / शकील बदायूँनी / 1962

ना ये चाँद होगा / शर्त / हेमंत कुमार / एस. एच. बिहारी / 1954

देखो वो चाँद छुप के / शर्त / हेमंत कुमार, लता मंगेशकर / एस. एच. बिहारी / 1954

मन डोले मेरा तन / नागिन / लता मंगेशकर / राजेंद्र कृष्ण / 1954

क़श्ती का ख़ामोश / गर्लफ्रेंड / किशोर कुमार, सुधा मल्होत्रा / साहिर लुधियानवी / 1960

ओ बेक़रार दिल / बीस साल बाद / लता मंगेशकर / कैफ़ी आज़मी / 1964

जय जगदीश हरे / आनंद मठ / गीता दत्त, हेमंत कुमार / महाकवि जयदेव / 1952

वंदे मातरम् / आनंद मठ / लता मंगेशकर, कोरस / बंकिमचंद्र चटर्जी / 1952

छुप गया कोई रे / चंपाकली / लता मंगेशकर / राजेंद्र कृष्ण / 1957

या दिल की सुनो / अनुपमा / हेमंत कुमार / कैफ़ी आज़मी / 1966

ओ रात के मुसाफ़िर / मिस मेरी / मो. रफ़ी, लता मंगेशकर / राजेंद्र कृष्ण / 1957

सखी री सुन / मिस मेरी / आशा भोंसले, लता मंगेशकर / राजेंद्र कृष्ण / 1957

झूम झूम ढलती रात / कोहरा / लता मंगेशकर / कैफ़ी आज़मी / 1964

वृंदावन का कृष्ण / मिस मेरी / मो. रफ़ी, लता मंगेशकर / राजेंद्र कृष्ण / 1957

ना जाओ सैयाँ / साहब बीबी और गुलाम / गीता दत्त / शकील बदायूँनी / 1962

मेरा दिल ये पुकारे / नागिन / लता मंगेशकर / राजेंद्र कृष्ण / 1954

कहीं दीप जले कहीं / बीस साल बाद / लता मंगेशकर / शकील बदायूँनी / 1962

सुन रसिया मनबसिया / नागिन / लता मंगेशकर / राजेंद्र कृष्ण / 1954

✻ **याद किया दिल ने** / पतिता / शंकर–जयकिशन / हेमंत कुमार, लता मंगेशकर / हसरत जयपुरी / 1953

✻ **जाग दर्दे इश्क़ जाग** / अनारकली सी. रामचंद्र / हेमंत कुमार, लता मंगेशकर / राजेंद्र कृष्ण / 1953

✻ **जाने वो कैसे** / प्यासा / एस.डी. बर्मन / हेमंत कुमार / साहिर लुधियानवी / 1957

✻ **गंगा आए कहाँ से** / काबुली वाला / सलिल चौधरी / हेमंत कुमार / गुलज़ार / 1961

✻ **चंदन का पलना** / शबाब / नौशाद / हेमंत कुमार / शकील बदायूँनी / 1954

✻ **मुझको तुम जो** / डिटेक्टिव / मुकुल रॉय / हेमंत कुमार, गीता दत्त / शैलेंद्र / 1958

✻ **तुम्हें याद होगा** / सट्टा बाज़ार / कल्याण जी-आनंद जी / हेमंत कुमार, लता मंगेशकर / गुलशन बावरा / 1959

✻ **नींद ना मुझको आए** / पोस्ट बॉक्स 999 / कल्याण जी-आनंद जी / हेमंत कुमार / पी.एल. संतोषी / 1958

❋ **चुप है धरती** / घर नंबर 44 / एस.डी. बर्मन / हेमंत कुमार / साहिर लुधियानवी / 1955

❋ **तेरी दुनिया में** / घर नंबर 44 / एस.डी. बर्मन / हेमंत कुमार, लता मंगेशकर / साहिर लुधियानवी / 1955

❋ **उम्र हुई तुमसे** / बहूरानी / सी. रामचंद्र / हेमंत कुमार, लता मंगेशकर / साहिर लुधियानवी / 1963

❋ **छुपा लो यूँ दिल** / ममतारोशन / हेमंत कुमार, लता मंगेशकर / मजरूह सुलतानपुरी / 1966

बेक़रार करके हमें / बीस साल बाद / हेमंत कुमार / शकील बदायूँनी / 1962

ज़रा नज़रों से / बीस साल बाद / हेमंत कुमार / शकील बदायूँनी / 1962

❋ **है अपना दिल** / सोलहवाँ साल / एस. डी. बर्मन / हेमंत कुमार / मजरूह सुलतानपुरी / 1958

❋ **ए दिल अब कहीं ना जा** / ब्लफ़ मास्टर / कल्याण जी-आनंद जी / हेमंत कुमार / राजेंद्र कृष्ण / 1963

❋ **वल्हव रे नाखवा** / सं. हृदयनाथ मंगेशकर / हेमंत कुमार, लता मंगेशकर / शांता शेलके / –

दरिया वरी रं / सं. प्रदीप विलास / श्यामा चित्तार, हेमंत कुमार / शांताराम नांदगावकर / –

ये नयन डरे डरे / कोहरा / हेमंत कुमार / कैफ़ी आज़मी / 1964

कहाँ ले चले हो / दुर्गेशनंदिनी / लता मंगेशकर / राजेंद्र कृष्ण / 1956

धीरे धीरे मचल / अनुपमा / लता मंगेशकर / कैफ़ी आज़मी / 1964

वो शाम कुछ अजीब / ख़ामोशी / हेमंत कुमार / गुलज़ार / 1969

सपने सुहाने लड़कपन के / बीस साल बाद / लता मंगेशकर / शकील बदायूँनी / 1962

तुम और हम भूलके / फ़ैशन / हेमंत कुमार, गीता दत्त / भरत व्यास / 1957

सारा मोरा कजरा चुराया / दो दिल / आरती मुखर्जी, मो. रफ़ी / कैफ़ी आज़मी / 1965

❋ **इतना तो कह दो** / सहेली / कल्याण जी-आनंद जी / हेमंत कुमार, लता मंगेशकर / इंदीवर / 1965

गुमसुम सा ये जहाँ / दुनिया झुकती है / हेमंत कुमार, गीता दत्त / राजेंद्र कृष्ण / 1960

सुख भरे गीतों के भंडार

जयदेव

कभी खुद पे, कभी हालात पे रोना आया

कुछ गीत सुन कर हमारे मन में उन गीतों के बारे में उत्सुकता जागती है पर कुछ गीत ऐसे होते हैं, जो हमें 'क्लीन बोल्ड' कर देते हैं। परंतु क्लीन बोल्ड हो जाने पर भी मन खुश हो जाता है ऐसा कुछ इन गीतों में होता है। कई बार ऐसा भी होता है कि 'स्लो पॉइज़निंग' जैसे ये गीत धीरे-धीरे हमारी नस-नस में समा जाते हैं। ये गीत कब आपको अपने इख्तियार में कर लेते हैं आप जान भी नहीं पाते। जयदेव द्वारा बनाए गए गीत ऐसे ही होते हैं। बेहतरीन संगीत से आपको मोहित कर देते हैं वे। उनके जादू के प्रभाव से आपका बाहर आना कठिन है।

ऐसा है क्या जयदेव जी के संगीत में? मेलोडी है? धुनें मुश्किल हैं? भावना प्रधान हैं? चकित कर देते फ्रेज़ेस हैं? या बेहतरीन काव्य है? देखा जाए तो ये सभी विशेषताएँ हैं उनके संगीत में फिर भी वे इन विशेषणों से भी बहुत परे हैं। यह तारीफ़ भी उनके लिए कम ही है।

अगर आप सोचते हैं कि वे शास्त्रीय संगीत पर आधारित धुनें ही बनाते हैं तो आप ग़लत हैं। तब आप जयदेव जी को जान नहीं पाएँगे। क्योंकि उनका संगीत रागों से परे, बुद्धि को चकरा देने वाला पर मन को संतोष और आनंद देने वाला है। उनकी रचनाएँ समय के बहुत आगे हैं।

मुझे जयदेव जी भाते हैं उनकी क्रांतिकारी शैली के लिए। बहुत कम संगीतकार ऐसे हैं जो गीत के मूल ढाँचे में परिवर्तन की क्षमता रखते हैं।

जयदेव जी उन में ऊपरी स्थान पर हैं। यह करने के लिए आवश्यक प्रतिभा और सौंदर्य दृष्टि उनके पास थी। क़िस्मत ने उनका साथ कभी नहीं दिया पर प्रतिभा ने उनका साथ हमेशा दिया। कई संगीतकारों की सृजन क्षमता में समय के साथ उतार देखा गया है पर एस. डी. बर्मन के बाद जयदेव ही हैं, जो अंतिम फ़िल्म तक उम्दा काम करते रहे। जैसे – 'अनकही', 'जुम्बिश' (1986) में भी जयदेव जी का प्रभाव कम नहीं हुआ।

जयदेव जी ने 'ये दिल और उन की निगाहों के साए', 'मैं ज़िंदगी का साथ' और 'अभी ना जाओ छोड़कर' जैसे बेहतरीन गीत दिए। उनका जन्म नैरोबी में हुआ और बचपन लुधियाना में बीता। मुंबई उनकी कर्मभूमि रही। फ़िल्मों में अभिनय से उन्होंने अपना कार्यकाल आरंभ किया। उन्होंने 'वामन अवतार' और 'काला गुलाब' आदि फ़िल्मों में बाल कलाकार के रूप में काम किया। पंद्रह वर्ष की आयु में वे मुंबई भाग आए थे परंतु पारिवारिक ज़िम्मेदारियों के चलते उन्हें कई बार लुधियाना जाना पड़ा। कुछ समय के लिए उन्होंने उस्ताद अली अकबर ख़ाँ साहब के पास सरोद की शिक्षा प्राप्त की। 'आँधियाँ' और 'हमसफ़र', नवकेतन की इन फ़िल्मों में ख़ाँ साहब ने संगीत निर्देशन किया था। तब जयदेव उनके सहायक थे। 'टैक्सी ड्राइवर' और 'काला पानी' में बर्मन दा का संगीत था, तब जयदेव उनके सहायक रहे। बर्मन दा जयदेव के उर्दू–हिंदी साहित्य के ज्ञान और अनोखी संगीत रचनाओं के सृजन की क्षमता के बारे में जानते थे। तभी वे इस तरह के काम जयदेव को सौंप दिया करते। प्रसिद्ध अरेंजर शामराव कांबले से बातचीत के दौरान पता चला कि 'हम बेखुदी में तुमको पुकारे चले गए' की रचना वास्तव में जयदेव ने ही की थी।

जयदेव जी के गीत सुनें तो हमें अहसास होता है कि ये धुनें जैसे संगीतकार के मन में आई होंगी वैसी की वैसी ही श्रोताओं के सम्मुख प्रस्तुत की गई हैं। उनमें सुधार या जोड़–तोड़ नहीं किया गया है। मानव जीवन की भावनाएँ और रिश्ते–नातों को जिस तरह काग़ज़ पर उतारना कठिन है, उसी तरह स्वरों में पिरोना भी उतना ही कठिन है। इसलिए जयदेव की बनाई धुनें कठिन हो जातीं तब बर्मन दा सरल धुनें बनाने की सलाह दिया करते। जयदेव की धुनें सदा से ही चैलेंजिंग रही हैं। जहाँ उन्हें सरल बनाया जा सकता था वहाँ भी नहीं बनाया गया। गायक के मन में यह प्यास उन धुनों को सुनकर जाग जाती है कि मैं इन्हें गाकर, सीख कर ही रहूँगा। गीत आरंभ में कठिन लगता है पर जब गायक उसे परिश्रम से साध्य कर लेता है तो वह संतोष ख़ुशी देता है। क्या ये धुनें जान–बूझ कर मुश्किल बनाई गई हैं? नहीं, उनका सृजन उसी तरह हुआ है। मन–मस्तिष्क से किस प्रकार का सृजन हो इसका कोई तर्क नहीं दिया जा सकता।

जयदेव जी के गीत ध्यान से सुनिए तो आप जान सकेंगे कि गीतों के प्रति उन का दृष्टिकोण स्वतंत्र है। वे एक ही पंक्ति को दो तरह से बनाते हैं। आप बहुत से ऐसे गीत देख सकते हैं।

'प्रभु तेरो नाम' सुनिए। उसकी दूसरी पंक्ति 'तेरी दया हो जाए तो दाता' दो तरीक़े से गाई गई है। 'कभी ख़ुद पे कभी हालात पे' पंक्ति भी दो तरह से है। 'ये दिल और उनकी' भी ऐसे ही दो तरह से गाकर फिर हलके से स्वरों के झूले से झूलकर अगली पंक्ति तक जाते हुए सुनना एक सुंदर अनुभव है।

जयदेव जी की धुनें गायक से ख़ास फिरत और तरलता की उम्मीद करती हैं। अगर तरलता और फिरत नहीं हो तो उनके गीतों से दूरी बनाए रखना ही बेहतर है। उच्चारण में भावों का प्रकटीकरण भी गायक की ज़िम्मेदारी है। गायकी, मन और बुद्धि, तीनों का परमोच्च स्तर तक समन्वय होना आवश्यक है जयदेव जी की बनाई धुनें गाने के लिए।

एक गीत है, ना सुना हो तो ज़रूर सुनिए। 'हर आस अश्क़ बार है' अश्रुपूर्ण है। अंतरे की पंक्ति है 'मैं जानती हूँ बेवफ़ा, तू लौटकर नहीं आएगा, फिर भी ना

जयदेव

गिनती की फ़िल्में, गिने चुने गीत, अनोखी धुनें, अनोखा संगीत, सुरीला मधुर ऑर्केस्ट्रेशन... लेकिन गीत आज भी लोकप्रिय हैं

जाने क्यूँ मुझे, तेरा ही इंतज़ार है'। 'मुझे' पर ना तान है ना मुरकी... फिर इसे क्या कहा जाए? जैसी दिव्य धुन है और वैसी ही गायकी। ऐसी एक 'जगह' 'ये दिल और उनकी' में 'उनकी' शब्द पर भी है।

यह गीत मैंने सबसे पहले कब सुना, याद नहीं आता। पर बचपन में जब भी बादल घिर आते ना जाने क्यों मैं यही गीत गुनगुनाती। मुझे लगता कि इस धुन से वातावरण और भी गहरा जाता जब कि मैंने यह गीत पूरा सुना भी नहीं था। जब पूरा गीत सुना तो...

लिपटते ये पेड़ों से बादल घनेरे
ये पल पल उजाले ये पल पल अंधेरे

इसे जयदेव के सृजन का चमत्कार कहा जाए या संयोग? मेरे लिए यह गीत बहुत ख़ास है, क्योंकि जयदेव शब्दों के बिना भी भावना व्यक्त कर पाए। ऐसा प्रतिभाशाली संगीत कर आसानी से श्रोताओं के अंतर मन तक पहुँच सकता है।

बाँसुरी इस गीत का श्रंगार है। *'लिपटते ये पेड़ों से बादल घनेरे'* के बाद बाँसुरी से स्वर वलय निकल कर आसमान छू लेते हैं और उसी गति से नीचे आकर षडज का स्पर्श कर लेते हैं। श्रोता सुनकर चकित हो जाते हैं। संतूर के बिना तो यह गीत अधूरा रह जाएगा। एक बेहद मधुर फ़्रेज़ बार-बार संतूर पर बजता रहता है। आरंभिक संगीत का पीस जिस इत्मीनान से बनाया गया है, गीत का आख़िरी पीस भी उसी तरह तबीयत से बनाया गया है। किसी छोटी सी पहाड़ी पर दोपहर की गुनगुनी धूप सेंकते हुए अचानक मेघ घिर आएँ, ऐसे अनोखे समय यह गीत सुनें, तो मज़ा आ जाए। संतूर और बाँसुरी के स्वर, बेहतरीन कविता और सुरीली धुन में बँधा यह गीत सुनकर स्वर्ग का सुख फीका लगेगा।

ताल से खेलते हुए, लय से ज़रा छुपन-छुपाई करते हुए गीत के बोलों का आनंद लेना जयदेव जी की ख़ासियत है। उनके बनाए ऐसे कई गीत हैं। 'एक मीठी सी चुभन' बेहद मीठा गीत है। गीत की एक पंक्ति है... *कंगना... पायल...* लेकिन दोहराते हुए कंगना 'कंगनवा' हो जाता है, जो बहुत मीठा लगता है। 'कंगनवा खनके, पायल छनके...' गीत आगे बढ़ जाता है।

कभी ऐसा भी होता है कि गीत दादरा या कहरवा, किसी ताल में चल रहा होता है और कोई पंक्ति अचानक ताल से विलग हो जाती है और फिर हौले से वापस उसी ताल में समा जाती है। ताल से विलग होना निमिष मात्र होता है पर गीत की मधुरता बढ़ जाती है। जैसे कोई जिमनास्ट भिन्न-भिन्न हरक़तों के बाद फिर से दोनों पैरों पर खड़ा हो जाए। *'तुम्हें हो ना हो'* में *'मगर फिर भी इस बात का तो यकीं है'* ज़रा घूम फिर कर फिर अपनी जगह पर आ जाता है। *'तू चंदा मैं चाँदनी'*

में भी 'अपने हाथों से पिया मोहे लाल चुनर ओढ़ा' दादरे से ज़रा हटकर फिर दादरे पर आ जाती है। यह भटकन लाजवाब है।

जयदेव जी को 'गंधार' स्वर से कुछ ज़्यादा ही लगाव है और कई गीतों के मुखड़ों में गंधार की प्रबलता है। गंधार रात में किसी पथ प्रदर्शक तारे की तरह चमकता रहता है। 'आपकी याद आती रही रात भर', 'अल्लाह तेरो नाम' और 'सीने में जलन' में आप सुन सकते हैं।

जयदेव उन गिने-चुने संगीतकारों में से हैं जो अपने संगीत में शास्त्रीय रागों का प्रयोग तो करते हैं पर उसे जटिलता से दूर रखते हैं। उनके गीतों में राग अनोखे परिधान में पेश किया जाता है कि राग नहीं, केवल मधुरता, गीत के बोल और भावनाएँ ही प्रमुख हो जाती हैं। रागों पर आधारित नहीं, अनेक रागों से प्रेरणा लेकर जयदेव जी ने गीत बनाए हैं। गौड़ सारंग ('अल्लाह तेरो नाम'), भीम पलासी ('रात भी है कुछ भीगी-भीगी'), पहाड़ी ('ये दिल और उनकी'), तिलक कामोद ('ये नीर कहाँ से'), मांड ('तू चंदा मैं चाँदनी'), शिव रंजनी ('तुम्हें देखती हूँ') आदि कई उदाहरण हैं।

जयदेव के गीत मुश्किल होते हैं तो शास्त्रीय संगीत के कारण नहीं, कठिन मुरकियों, लय की नाजुक बारीकियों और बुद्धिमत्तापूर्ण स्वराकारों के कारण। 'अल्लाह तेरो नाम' का मात्र राग गौड़ सारंग ही नहीं और भी कई पहलू हैं। शास्त्रीय संगीत में बढ़त का बहुत महत्त्व होता है। जयदेव जी के गीतों में ऐसी कई 'जगहें' होती हैं जिन्हें आप बोल आलाप की सहायता से सजा सकते हैं। गीत की धुन में ऐसी कई संभावनाएँ छुपी होती हैं। अगर आप 'अल्लाह तेरो नाम, ईश्वर तेरो नाम' गाएँ तो 'ईश्वर' शब्द को आप कई तरह से सजाकर पेश कर सकते हैं, ऐसी संभावना गीत की धुन में ही है। इस गीत में छुपी इस अनोखी संभावना की ओर पंडित उल्हास बापट ने इंगित किया। बातचीत के दौरान अल्लाह के बारे में कुछ चर्चा हुई तो पंडित जी ने कहा कि गीत के मुखड़े में जो स्वर हैं, वही स्वर सा बदल कर अंतरे में रखे गए हैं। ज़रा गुनगुनाइए। मात्र आधार स्वर के बदलने से अंतरे की धुन खुद ब खुद बन जाती है। यह है संगीतकार की प्रतिभा का नमूना... अब गौड़ सारंग कहाँ है? समूह स्वर का बेहतरीन प्रयोग इस गीत में है। गंभीर, आशावादी और सोचने को मजबूर करता है यह प्यारा गीत... हिंदी फ़िल्म संगीत के प्रपितामह अनिल बिस्वास ने मान लिया कि मैं ऐसी धुन कभी नहीं बना पाता। इससे बढ़कर प्रशंसा क्या होगी? परदे पर नंदा का मासूम चेहरा भुलाया नहीं जा सकता। हम दोनों का ही 'प्रभु तेरो नाम' गीत बनावट के हिसाब से बहुत ख़ास है। 'बस जाए मोरा सूना अँगना, खिल जाए मुरझाया कंगना' में 'मुरझाया' नीचे की ओर है तो 'जीवन में रस आए' की तान अवरोही है। गीत ही प्यारा और अनोखा है।

जीवन में झेले अनेक कड़वे प्रसंगों के कारण शायद जयदेव के गीत अधिक गहरे और आध्यत्मिक हो गए हों। वसंत पोतदार को दिए साक्षात्कार में जयदेव ने बताया कि उनकी अनेक रचनाएँ एस.डी. बर्मन के नाम से प्रसारित हुई हैं, क्योंकि जयदेव उनके सहायक रहे हैं। 'ना मैं धन चाहूँ, ना रतन चाहूँ' वास्तव में जयदेव का सृजन है, यह बात उन्होंने इसी साक्षात्कार के दौरान बताई। परदे पर इस गीत में भी अभिनेत्री नंदा का सात्विक चेहरा नज़र आता है।

मेरे दिल ने ही जाल फैलाऐं
अब किधर जाऊँ
मैं किधर जाऊँ

साथ है देव आनंद के मन का अंतर्द्वंद्व। गीत का क्लायमैक्स हो तो ऐसा हो। गीत बिना मुखड़े पर लौटे ही समाप्त हो जाता है। जयदेव इसलिए 'हटके' हैं कि हर गीत का अंत पारंपरिक हो इस बात के लिए वे आग्रही नहीं थे। उनके कई गीत इसी तरह अपारंपरिक रूप से समाप्त हो जाते हैं।

स्वरों के कुछ समूह या फ्रेज़ेस जयदेव को बहुत प्रिय रहे हैं और प्रेम गीतों में इनका बहुत सटीक प्रभाव रहा है। दो मध्यम और कोमल गंधार का मेल 'रात भी है कुछ भीगी भीगी' (मुझे जीने दो), 'प्यास थी फिर भी' (आलिंगन), 'जब से लगन लगाई' (रेशमा और शेरा) में जादुई प्रभाव जमाता है। सुनील दत्त की काम प्रेरित नज़रें, वहीदा की अद्भुत सुंदरता और यह स्वर समूह, ऐसी विस्फोटक सामग्री से भरा गीत है 'रात भी है कुछ भीगी भीगी'। मन्ना डे ने काम भाव से प्रेरित प्रेम गीत बहुत कम गाए हैं। उन्हीं में एक है 'प्यास थी फिर भी'। मन्ना दा की आवाज़ की वह टोन बहुत आश्चर्यजनक है। कोमल गंधार के साथ दो मध्यम यह मेल मराठी संगीतकार दत्ता डावजेकर के गीतों में भी है। इन दो संगीतकारों के बीच कुछ समानता अवश्य है।

जयदेव का परिवर्तनशील मन गीत की परंपरागत चौखट में क़ैद रहना कैसे पसंद कर सकता है? गीत के पहले अंतरे की पहली ही पंक्ति, नीचे के स्वरों में बाँधने का हौसला जयदेव का ही हो सकता है। यह काम इसलिए कठिन माना जाता है, क्योंकि इससे श्रोता का ध्यान गीत से हट जाने का भय होता है। उनके समकालीन संगीतकार ऊँचे स्वरों में मुखड़े, अंतरे बनाया करते थे, फिर भी उन्होंने यह जोखिम उठाया। देखिए... 'पहाड़ों को चंचल किरन चूमती है,' 'ये दिल और उनकी', 'अभी अभी तो आई हो अभी ना जाओ', 'इन भूलभुलैया गलियों में दो दीवाने शहर में...'

अंतरे की आख़िरी पंक्ति जिस तरह मुखड़े पर लौटती है, उसी पर पूरे गीत का संतुलन होता है। यही संगीतकार की कसौटी है। जयदेव जी के गीत की अंतिम

पंक्ति मुखड़े के साथ इस तरह सफ़ाई से बुनी होती है, बिना किसी अवरोध के, कठिन स्वरावलियों के बावजूद, आसानी से मुखड़े के साथ मिल जाती है। श्रोता के लिए सुनना तो आसान है पर संगीतकार के लिए यह बात कठिन होती है। यह गीत देखिए...

इन भूल भुलैया गलियों में अपना भी कोई घर होगा (एक साथ)
अंबर पे खुलेगी खिड़की या खिड़की पे खुला अंबर होगा (एक साथ)
असमानी रंग की आँखों में
असमानी, या आसमानी?
असमानी रंग की आँखों में बसने का बहाना ढूँढ़ते हैं, ढूँढ़ते हैं...
आबोदाना एक साथ ढूँढ़ते हैं इक आशियाना...

यह प्रवाहमयता चकित कर देती है।

जयदेव जी के गीतों में कोई वज़नदार काव्यात्मक विचार अवश्य होता है। कोई हलका-फुलका भी गीत हो, उसमें कोई बात होती ज़रूर है। हरिवंश राय बच्चन, बालकवि बैरागी, जाँ निसार अख़्तर, साहिर लुधियानवी, गुलज़ार आदि की रचनाएँ और जयदेव के संगीत के मेल से कई बेहतरीन गीतों का जन्म हुआ। उर्दू-हिंदी साहित्य का ज्ञान और शब्दों से पैदा होती ध्वनि के अभ्यास से ही यह संभव हो सकता है। 'आबोदाना' शब्द और किसी गीत में नहीं देखा गया है। 'अश्क़बार', अजीब 'सानेहा' (दुर्घटना), 'चश्मेनम' और 'सिगरेट का धुआँ' शब्द कहीं और, गीतों में सुने हैं?

सिगरेट शब्द क्या गीत में कानों को सुहाता है? 'ज़िंदगी सिगरेट का धुआँ' ज़रूर सुनिए। गीत इस क़दर अनौपचारिक है कि वार्तालाप ही गीत बन गया है। साहिर ने 'हर फ़िक्र को धुएँ में उड़ाता चला गया' लिखा, गुलज़ार ने 'आँसू की जगह आता है धुआँ' लिखा है। पर यहाँ तो ज़िंदगी को ही सिगरेट का धुआँ कहा गया है। बड़ा बेफ़िक्र सा गीत है, पर एक शान है उसमें। जयदेव का शुद्ध हिंदी कविता और उर्दू शायरी दोनों पर समान प्रभुत्व था। कहीं तो संस्कृत प्रचुर हिंदी शब्द हैं तो कहीं ठेठ उर्दू। मुझे एक गीत बहुत प्रिय है जिसमें पानी को जल नहीं कहकर नीर कहा गया है, और 'नी' का उच्चारण सही-सही किया गया है।

ये नीर कहाँ से बरसे है
ये बदली कहाँ से आई है

'गहरे गहरे नाले गहरा गहरा पानी रे' में 'पानी रे' शब्द खर्ज के हैं जो पानी की गहराई की ओर इंगित करते हैं।

आँखों में भरकर प्यार अमर
आशीष हथेली में भरकर
कोई मेरा सिर गोदी में रख
सहलाता, मैं सो जाता
कोई गाता, मैं सो जाता

ये बोल अच्छे हैं या धुन अधिक अच्छी है? इन प्रश्नों से बेहतर है शांति से इस सृजन का आनंद लिया जाए।

दिन ख़ाली ख़ाली बरतन है
और रातें हैं जैसे अंधा कुआँ
इन सूनी अंधेरी आँखों में
आँसू की जगह आता है धुआँ
जीने की वजह तो कोई नहीं
मरने का बहाना ढूँढ़ता है
एक अकेला इस शहर में...

अनमने से अमोल पालेकर, मुंबई की जीवन रेखा लोकल गाड़ी... इन उम्र से लंबी सड़कों को, मंज़िल पे पहुँचते देखा नहीं... निराशा... घोर निराशा।

घड़ी के काँटों के हिसाब से जीवन भर दौड़ना फिर भी मंज़िल नहीं पाना, फिर जीने का क्या मतलब? अब तो आँसू भी सूख चुके हैं। घुटन हद से पार हो जाए तो शायद ऐसा ही होता है। करुण रस में डूब जाने के लिए यह गीत समुद्र किनारे मुंबई की भीड़ में सुनिए... बचपन में जब दूरदर्शन पर यह फ़िल्म 'घरौंदा' देखी तब ज़रीना वहाब पर गुस्सा आया करता था। लगता था, पूछें कि उसको क्यों छोड़ दिया?

'अजीब सानेहा, सीने में जलन' इन गीतों का काव्य बेचैन कर देता है। शहरी वातावरण में रहकर भी उदासी, भीड़ के बीच अकेलेपन, को स्वरों के माध्यम से व्यक्त करने की क्षमता इन गीतों में है। '70 के दशक में जनमानस में व्याप्त बेचैनी सलिल चौधरी ने पहचान ली थी वही नस जयदेव ने भी थाम ली।

सामने दीवार थी खुद्दारियों की
वरना रस्ते प्यार के पुरखम नहीं थे टेढ़े मेढ़े
ज़िंदगी में जब तुम्हारे ग़म नहीं थे

अहंकार कितना विचित्र है, वरना तुम तक पहुँचती राह सीधी ही थी, पर मैं ही नहीं आ सका।

'बेसबब था तेरा मिलना राहगुज़र में' में 'बेसबब' का 'बे' खींचा गया है जिससे पराएपन का अहसास होता है। 'हम दोनों' के गीत भी बेहतरीन साहित्य का नमूना है। ख़ास बात तो यह है कि साहिर ने 'भगवद्‌गीता' के विचार अपने गीत में लिखे हैं।

बरबादियों का सोग मनाना फ़िज़ूल था
बरबादियों का जश्न मनाता चला गया
मैं ज़िंदगी का साथ निभाता चला गया

आइए, ध्वस्त हो जाने का ही उत्सव मनाएँ... 'ग़म और खुशी में फ़र्क़ ना महसूस हो जहाँ, मैं दिल को उस मक़ाम पे लाता चला गया' ...यही तो 'गीता' में कहा गया है। हम दोनों का ही गीत 'जहाँ में ऐसा कौन है जिसको ग़म मिला नहीं' अलग ही तरह का गीत है। 'सुख और दुख के रास्ते बने हैं सबके वास्ते' प्रेमिका को माँ रूप भी धारण करना होता है। स्नेहपूर्वक समझाइश देनी होती है। शायद यही वह पल है। तुम और मैं नहीं, हम दोनों एक ही हैं। साधना के सात्विक चेहरे से, आशा जी की आवाज़ से और इस प्यारी सी सौम्य तर्ज़ से सारी बात साफ़ हो जाती है। गीत सुनकर लगता है कि अगर कभी हम दुखी हो जाएँ तो जी चाहता है कि हमें भी कोई इसी तरह समझाए। यह गीत भी मुखड़े पर नहीं लौटता, अंतरे पर ही समाप्त हो जाता है।

तुमसे मैं जुदा नहीं
मुझसे तुम जुदा नहीं

प्यार से सहलाते, दुलराते यह गीत हौले से सो जाता है।

जयदेव के कुछ गीत 'फुरसत में बनाई हुई चीज़' कहलाने के हक़दार हैं। ये गीत नहीं, नगीने हैं। हर गीत केवल खुशियाँ ही देता है। जयदेव को सरोद बहुत प्रिय रहा है। सरोद केवल वाद्य के रूप में ही नहीं है, गायक स्वर भी सरोद के स्वरों का रूप ले लेता है। 'आपकी याद आती रही' ज़रा गुनगुनाकर देखिए। आपको एक झोल, सुंदर सी मींड का अनुभव होगा। यह सरोद का ही क़माल है। यह गीत हर क्षण आपको आनंद से भर देगा। गीत ताल के बिना ही आरंभ होता है। दूसरे अंतरे के बाद धीरे से ताल आरंभ होती है। डफ और टिपरी धीरे से गीत में प्रवेश करते हैं। साथ में सरोद तो है ही संवाद के लिए। 'चश्मेनम मुस्कराती रही' सुनकर सुख और दुख दोनों ही अनुभूतियाँ एक साथ होती हैं।

'तू चंदा मैं चाँदनी' अद्वितीय रचना है। सदियों में ऐसे गीत गिने-चुने ही बनते हैं, ऐसा कहें तो अतिशयोक्ति नहीं होगी। भले ही 'कोलावेरी डी' जितने लोगों

ने सुना है उसके अनुपात में मात्र कुछ प्रतिशत लोगों ने ही यह गीत सुना हो। पर यह गीत है खरा सोना... बहुत ही तबीयत से, फुरसत से यह गीत बनाया गया है तीनों ही अंतरे अलग-अलग तर्ज़ में बाँधे गए हैं। दादरा से कहरवा और कहरवा से दादरा, जैसे छुपन-छुपाई खेलते हैं। लता जी की तीव्र, भेदक आवाज़, बेहतरीन कविता, रेगिस्तान की पृष्ठभूमि और मांड राग से परे, मन मोह लेती यह स्वरावलि...

केसरिया धरती लगे, अंबर लालम लाल
अंग लगा कर सायबा, कर रे मुझे निहाल

हम केवल वाह...वाह... कहते रह जाते हैं।

'ज़िंदगी, ज़िंदगी... मेरे घर आना' यह गीत भी अलग हटकर है। अंतरों से शब्दों में काफ़ी समानता है लेकिन उनकी तर्ज़ अलग है, क्योंकि संगीतकार खुद की बनाई चौखट को भी नहीं मानता इस हद तक परिवर्तनशील है।

विराम गीत के अर्थ को बदल सकता है। *'तुम्हें हो ना हो मुझको तो इतना यकीं है, मुझे प्यार तुमसे नहीं है, नहीं है'* (घरौंदा) गीत में नहीं के बाद हलका सा विराम है जिससे प्यार *'है'* यही सच सामने आ जाता है। इस गीत में रूना लैला की तीखी, बिंदास आवाज़ बहुत सजी है। प्रसिद्ध कलाकार रूना लैला, पीनाज़ मसानी, हरिहरन, छाया गांगुली, सुरेश वाडकर इन सभी गायकों को जयदेव जी ने पहली बार गाने का अवसर दिया। विराम का मज़ा *'सुबह का इंतज़ार कौन करे'* और *'मीठी सी चुभन'* गीतों में भी लिया जा सकता है। *'तुम्हें देखती हूँ'* गीत में *'मुरलिया समझकर मुझे तुम उठा लो, बस इक बार होंठों से अपने लगा लो ना'* पंक्ति में *'ना'* इतना प्यारा है कि सारा गीत उसकी मधुरता से सराबोर है।

'माँग में भर ले रंग सखी री' गीत में आशा जी के साथ जो समूह स्वर है, किसका है मैं जानना चाहती हूँ। इतना सुरीला, और इतना लयबद्ध स्वर है कि उन गायिकाओं को सलाम करने को जी चाहता है। गीत कोरस से आरंभ होता है। आशा जी मधुर आवाज़ में फिरत के साथ सीधे ही अंतरा गाती हैं।

'बदरा छाए रे' की रचना जयदेव ने किस तरह की होगी? मुखड़ा ही बहुत विस्तृत है। सा सा, सा रे ग... यह फ्रेज़ बार बार दोहराई गई है, मितवा को पुकारती है। मन के मीत से आने का अनुरोध इस दोहराव से व्यक्त किया गया है। मुखड़े की बनावट को समझने में ही ज़रा देर लगती है, क्योंकि वह ज़रा हट के है। मात्र एक बार सुनने से काम नहीं चलता। अंतरे में चार पंक्तियाँ हैं जो जंजीर की तरह एक दूसरे में गुँथी हुई हैं, जो जयदेव जी का ख़ास स्टाइल है। *'आई मिलन की रुत मतवाली'* से अंतरा आरंभ होता है तो सीधे मुखड़े पर ही जाकर रुकता है। इस धुन को बनाने की प्रक्रिया के पीछे काफ़ी जटिल विचारधारा है।

पंडित भीमसेन जी के स्वर में *'रघुवर तुमको मेरी लाज'* और *'ठुमक ठुमक पद'* इन भजनों ने भक्त जनों को मोह लिया इस में कोई आश्चर्य की बात नहीं परंतु ये रचनाएँ साहित्य और संगीत की दृष्टि से भी श्रेष्ठ रचनाएँ हैं। मधुर बाँसुरी और सितार, घुँघरुओं का नाद, लय ऐसी की मन डोलने लगे और भीमसेन जी की वज़नदार आवाज़ से इन भजनों का सृजन हुआ है। अनुप्रासयुक्त शब्द रचना इन गीतों की सुंदरता में चार चाँद लगाती है। *'अमल कमल कर मुरली मधुर धर'* और *'निमिकी झिमिकी झिमी'* बेहद कर्ण मधुर हैं। बाँसुरी *'हरि'* का ही प्रतीक है। धीरे-धीरे स्वर ऊँचा होता जाता है। *'हरि आओ, हरि आओ'* के साथ बाँसुरी साक्षात हरि दर्शन करा देती है। अनुप्रास युक्त शब्दों के वज़न को और उन शब्दों के नाद को ध्यान में रखकर ही जयदेव ने धुन बनाई है।

भक्ति रस से परिपूर्ण एक और गीत है शर्मा बंधुओं की आवाज़ में जैसे *'सूरज की गरमी'* से गीत बहुत ही ख़ास और अलग है। पास-पास की स्वराकृतियों को दोहराने से मंत्र पठन का सा आभास होता है। इस तरह के समूह गीत गिने-चुने ही हैं। अंतरे में कुछ पंक्तियाँ एकल स्वर में हैं, उन्हें दोहराते हुए समूह स्वर उन्हें सीधे ऊपर के गंधार पर ले जाता है, श्रवणीय है। बाँसुरी का नाज़ुक सा फ़िलर है जो गीत को षडज पर ले आता है। सितार का भी मधुर फ़िलर है जो गीत में घुल-मिल गया है। सत्तर के दशक में तरुणाई को भी इस गीत ने मोह लिया था। एक अलग ही माहौल बना दिया था। संगीतकार की प्रतिभा देखिए... मात्र सारेग, मपध इन फ्रेज़ेस का प्रयोग कर के मुखड़ा बाँधा गया है। *'अल्लाह तेरो नाम'* के बारे में जो चर्चा की गई थी, वही बात यहाँ भी है। आधार स्वर को बदल कर उन्हीं स्वरों का प्रयोग यहाँ भी देखा जा सकता है। सारेग, सारेग, सारेग, सा प... और आगे मपध, मपध रे... से संतुलित किया गया है।

'चाँद ग्रहण' नामक फ़िल्म प्रदर्शित नहीं हो पाई पर गीत काफ़ी पहले रिकॉर्ड कर लिए गए थे। एक गीत *'संसार के सब सुख तेरे'* भी इसी तरह जटिल गीत है। मुखड़ा एक बार में श्रुति और बुद्धि की पकड़ में नहीं आता। एक ही शब्द, पर लय बदल जाने से अलग तरह से घुमाया जा सकता है। यह सब समझने के लिए और शब्दों को सही तरीक़े से जोड़ने के लिए, इतना कठिन गीत भी गाया जा सकता है, यह सिद्ध करने के लिए लता जी का होना ज़रूरी है। *'पलकों से मैं चुन चुन लूँगी'* बहुत भावपूर्ण जगह है, और *'काँटे हैं जो राहों में'* में स्वर एक दूसरे से मिले से हैं, उन्हें गाने के लिए अचूक श्रुतियों का इस्तेमाल ज़रूरी हैं, जो केवल लता जी ही कर सकती हैं। अन्य कलाकार इस गीत को गाने का प्रयत्न अवश्य करें, पर वह प्रयत्न ही रहने की संभावना अधिक है।

संसार के सब सुख तेरे
आ प्यार की बाँहों में
पलकों से मैं चुन चुन लूँगी
काँटे हैं जो राहों में

यह गीत नहीं है, बेहतरीन कविता है, साहित्य है। कवि ने अपनी ही मस्ती में रची है। अब यह संगीतकार की ज़िम्मेदारी है कि वह ऐसे मुक्त छंद को, गाई जा सकने वाली धुन में बाँधे। कैफ़ी आज़मी तो लिख गए पर जयदेव ने भी अपनी अनोखी प्रतिभा के बल पर इन बोलों को अनोखी धुन में बाँधा। दोनों ने भी ना सोचा कि यदि लता जी का स्वर नहीं होता तो इसे गाता कौन? *'जब ग़म तुझे घेरेंगे, जब दर्द सताएगा'* पर मध्यम पर ठहराव है जो कलेजा हिला देता है। इस दर्द को लेकर ही आगे गीत सुनिए। इस गीत का भाव ख़ैयाम के *'तुम अपना रंज़ो ग़म'* या जयदेव के ही *'सुख और दुख के रास्ते'* से मिलता-जुलता है। यह गीत गायिका के लिए भी आसान नहीं रहा होगा, पर एक बार इसे गाना आ जाए तो निश्चय ही परम आनंद की प्राप्ति होगी। *'पलकों से मैं चुन चुन लूँगी काँटे हैं जो राहों में'* इस पंक्ति को लता जी कितनी सरलता से गा लेती हैं। इतनी कठिन धुन गा सकती हैं, तो यह काम क्या कठिन है... एक ही स्वरावलि, *'मासूम'* और *'हँसने की'* इन शब्दों पर आती है, तो गायक के लिए परेशानी यह होती है कि मासूम में तो फिर भी ध्वनि उच्चारण सरल है पर *'हँसने की'* में चार अक्षर हैं, एक एकार है, एक ईकार है, और स्वर तो उतने ही हैं, और उतनी ही मधुरता से गाना है, तो संसार की एक ही आवाज़ इसे गा सकती है।

गायक स्वर का सही चुनाव जयदेव की विशेषता रही है। *'ज़हर देता है कोई मुझे'* ग़ज़ल में आशा जी की आवाज़ का दर्द पूरी तरह अनुभव किया जा सकता है और हमें लगता है कि आशा जी के अलावा इसे कोई गा ही नहीं सकता। *'एक अकेला इस शहर में'* गीत की कल्पना भूपेंद्र के बिना नहीं की जा सकती। भूपेंद्र की भारी, गहरी आवाज़ ने इस गीत को खरा सोना बना दिया। इस गीत के माध्यम से भूपेंद्र ने थकान, हताशा और निराशा को सही तरीक़े से व्यक्त किया है।

ज़िंदगी में जब तुम्हारे ग़म नहीं थे,
इतने तनहा थे कि हम ही हम नहीं थे
वक़्त पर जो लोग काम आए हैं अक्सर,
अजनबी थे, वो मेरे हमदम नहीं थे।

ये कैसी व्यथा है? यह चुभन, यह शूल कुछ अजीब है। तुम्हारे दिए दर्द भी मेरे लिए अज़ीज़ हैं। उनके बिना मैं अधूरा हूँ। उर्दू साहित्य में प्रेमी के दिए दर्द के बड़े चर्चे

होते हैं। *'मुझे ग़म भी उनका अज़ीज़ है, कि उन्हीं की दी हुई चीज़ है'* (*'है इसी में प्यार की आबरू'* – मदन मोहन) में भी यही भाव है। तुम्हारा दिया ग़म भी प्यारा है, पर मुसीबत में तुम ना काम आए, पराए काम आए। यह तकलीफ़ जयदेव की धुन से जीवंत हो जाती है। कभी किसी स्वर या स्वर समूह पर जयदेव विराम लेते हैं। यहाँ 'तनहा' शब्द पर विराम है, और एक मोहक आलाप है। भूपेंद्र की घन गंभीर आवाज़ और अनुराधा की मधुर आवाज़, गीत सिर्फ़ ख़ुशी देता है।

इसी फ़िल्म का एक और गीत है जो जयदेव जी की प्रतिभा को खुलकर उजागर करता है... *'ज़िंदगी... ज़िंदगी... मेरे घर आना...'* क्या ही आश्चर्य है कि उन्हीं शब्दों को कितने अलग-अलग ढंग से और वज़न से धुन में बाँधा जा सकता है, अंतरे कैसी भी धुन में बाँधे गए हों पर वे मुखड़े से मेल खाते हैं... कैसे संभव है यह? जीवन को जी भर कर जीने और सुख को आमंत्रित करना कितनी ख़ुशी देता है... नन्हे क़दमों की आहट... यह तो ज़िंदगी का ही एक रूप है। *ज़िंदगी... तेरा रूप है ये...* गीत सुनकर कितनी ख़ुशी होती है... संगीतकार की प्रतिभा ही है यह... रसपूर्ण सितार और उतना ही मधुर वायलिन... गीत मन को अंदर तक छू लेता है। अनुराधा की आवाज़ की मिठास और भूपेंद्र की आवाज़ के वज़न का सही संतुलन है इस गीत में। दोनों आवाज़ पूर्णतः अलग हैं फिर भी एक दूसरे के पूरक हैं। यह विरोधाभास ही गीत को ख़ास बनाता है।

श्रेष्ठ शास्त्रीय गायिका बेग़म परवीन सुलताना से मीनू पुरुषोत्तम के साथ लोक संगीत पर आधारित *'पीतल की मेरी गागरी'* सुनना श्रेष्ठ आनंद का विषय है। परवीन जी की महीन सुंदर आवाज़ के टिम्बर से पीतल की खनक सुनाई देती है। साथ है गागर पर निकाली गई ध्वनियाँ... आशा जी की आवाज़ में *'नदी नारे ना जाओ श्याम'* भी लोक संगीत पर आधारित था। इस गीत के अनेक प्रशंसकों में लालकृष्ण आडवानी भी हैं। लोक संगीत की मिठास और मासूमियत को बरक़रार रख कर उसे फ़िल्मी गीत के रूप में पेश करना निश्चय ही संगीतकार की प्रतिभा है। *'तेरे बचपन को'* और *'दिल जवाँ है आरज़ू जवाँ'* जिसमें एकॉर्डियन का प्रयोग है, सुनकर श्रोताओं के श्रवण का स्तर और ऊपर उठता है। ज़रूर सुनिएगा।

लिली कोर्ट चर्च गेट नामक एक इमारत में एक छोटा सा कमरा किराए से लेकर रहते जयदेव को सदा यह दुख रहा कि देव आनंद ने 'हम दोनों' की सफलता के बावजूद उन्हें कोई और फ़िल्म नहीं दी। जब लता जी और एस.डी. बर्मन के बीच विवाद हुआ तो जयदेव उनके मध्यस्थ हुआ करते थे। लता मंगेशकर पुरस्कार की धनराशि पाने से पहले ही दुर्भाग्य से जयदेव ने इस दुनिया को अलविदा कह दिया।

हम तो समझे थे कि हम भूल गए हैं उनको
क्या हुआ आज ये किस बात पे रोना आया?
कभी ख़ुद पे कभी हालात पे रोना आया...

सलाम जयदेव जी!

अध्याय में उल्लेखित गीतों की जानकारी

गीत / फ़िल्म / गायक-गायिका / गीतकार / वर्ष

ये दिल और उनकी / प्रेम पर्वत / लता मंगेशकर / जाँ निसार अख़्तर / 1973

मैं ज़िंदगी का साथ / हम दोनों / मो. रफ़ी / साहिर लुधियानवी / 1961

अभी ना जाओ / हम दोनों / मो. रफ़ी, लता मंगेशकर / साहिर लुधियानवी / 1961

प्रभु तेरो नाम / हम दोनों / लता मंगेशकर / साहिर लुधियानवी / 1961

कभी ख़ुद पे / हम दोनों / मो. रफ़ी / साहिर लुधियानवी / 1961

हर आस अश्क़बार / किनारे किनारे / लता मंगेशकर / न्याय शर्मा / 1964

एक मीठी सी चुभन / रेशमा और शेरा / लता मंगेशकर / उद्धव कुमार / 1971

तुम्हें हो ना हो / घरौंदा / रूना लैला / नक़्श लायलपुरी / 1977

तू चंदा मैं चाँदनी / रेशमा और शेरा / लता मंगेशकर / बालकवि बैरागी / 1971

आपकी याद आती / गमन / छाया गांगुली / मख़्दूम मोइनुद्दीन / 1979

सीने में जलन / गमन / सुरेश वाडकर / शहरयार / 1979

रात भी है कुछ / मुझे जीने दो / लता मंगेशकर, कोरस / साहिर लुधियानवी / 1963

ये नीर कहाँ से / प्रेम पर्वत / लता मंगेशकर / पद्मा सचदेव / 1973

तुम्हें देखती हूँ / तुम्हारे लिए / लता मंगेशकर / नक़्श लायलपुरी / 1978

प्यास थी फिर भी / आलिंगन / मन्ना डे / जाँ निसार अख़्तर / 1974

जबसे लगन लगाई / रेशमा और शेरा / आशा भोंसले / नीरज / 1971

दो दीवाने शहर में / घरौंदा / रूना लैला, भूपेंद्र / गुलज़ार / 1977

अजीब सानेहा / गमन / हरिहरन / शहरयार / 1979

ज़िंदगी सिगरेट का / फ़ासला / भूपेंद्र / कैफ़ी आज़मी / 1974

कोई गाता, मैं सो जाता / आलाप / येसुदास / हरिवंश राय बच्चन / 1977

एक अकेला इस शहर में / घरौंदा / भूपेंद्र / गुलज़ार / 1977

ज़िंदगी में जब तुम्हारे / दूरियाँ / भूपेंद्र, अनुराधा पौंडवाल / सुदर्शन फ़क़ीर / 1979

दुख और सुख के / हम दोनों / आशा भोंसले / साहिर लुधियानवी / 1961

ज़िंदगी मेरे घर आना / दूरियाँ / भूपेंद्र, अनुराधा पौंडवाल / सुदर्शन फ़क़ीर / 1979

माँग में भर ले / मुझे जीने दो / आशा भोंसले, कोरस / साहिर लुधियानवी / 1963

बदरा छाए रे / मान जाइए / लता मंगेशकर / नक़्श लायलपुरी / 1972

रघुवर तुमको / अनकही / भीमसेन जोशी / संत तुलसी दास / 1985

ठुमक ठुमक पद / अनकही / पंडित भीमसेन जोशी / पारंपरिक / 1985

जैसे सूरज की / परिणय / शर्मा बंधु / रामानंद शर्मा / 1974

संसार के सब सुख चाँद / ग्रहण / लता मंगेशकर / कैफ़ी आज़मी / 1977

ज़हर देता है मुझे / वही बात / आशा भोंसले / नक़्श लायलपुरी / 1977

पीतल की मोरी / दो बूँद पानी / बे. परवीन सुलताना, मीनू पुरुषोत्तम / कैफ़ी आज़मी / 1972

नदी नारे ना जाओ / मुझे जीने दो / आशा भोंसले / साहिर लुधियानवी / 1963

तेरे बचपन को / मुझे जीने दो / लता मंगेशकर / साहिर लुधियानवी / 1963

दिल जवाँ है / समंदरी डाकू / तलत महमूद / वी.एम. आदिल / 1956

ख़ैयाम

आप यूँ फ़ासलों से गुज़रते रहे

श्रोता के मन में ख़्यालों की खलबली को स्वरों में सही-सही ढालने की क्षमता जो संगीतकार रखते हैं, वे दिल के क़रीब होते हैं। किसी राग की चौखट या गीत का कोई ढाँचा उनकी राह में बाधा नहीं बन सकता। वे केवल गीत के बोल और उनसे अभिप्राय से मतलब रखते हैं। अर्थ साफ़-साफ़ हो या उसमें बारीकियाँ हों। ख़ैयाम... हमें महसूस होता कि 'फ़ासलों से गुज़रते रहे'... बहुत ऊँचे स्तर के संगीत से वास्ता रखने वाले संगीतकार... ख़ैयाम। ख़ैयाम साहब बहुत सी बातों में दूसरों से अलग हैं। वे ख़ुद्दार हैं, अपनी धुन और वाद्य संयोजन में किसी की दख़लंदाज़ी पसंद नहीं करते। गायक स्वर का चयन, वाद्य संयोजन और राग मिश्रण, उनकी सभी बातें ख़ास हैं। ऐसी कितनी ही बातें हैं जो सबसे जुदा हैं, जिनसे उनका संगीत निखरा है। उन्होंने जब ज़रूरी समझा, शबाना आज़मी, कब्बन मिर्ज़ा, जो कि गायक नहीं हैं, उनसे गवाया और आशा जी को उनकी इच्छा के विरुद्ध निचले सुर में गवाया। ये हैं उनकी ख़ास बातें...

मुहम्मद ज़हूर ख़ैयाम हाशमी... 18 फ़रवरी सन् 1927 को जालंधर के पास एक गाँव राहों में उनका जन्म हुआ। बचपन से ही यह कलाकार मस्जिद की अजान और मंदिर की आरती एक समान तन्मयता से सुना करता था।

बड़े होने पर क़िस्मत आज़माने के लिए वह मुंबई पहुँचा। पंडित अमरनाथ, हुस्नलाल भगत राम और चिश्ती साहब के पास शागिर्दी की। कुछ समय के लिए सेना में भी नौकरी की। मदन मोहन और ख़ैयाम सेना की नौकरी छोड़कर आ गए, यह संगीत के क्षेत्र के लिए सौभाग्य की बात रही कि जब वे चिश्ती साहब के सहायक थे, तब शर्मा जी के नाम से संगीत निर्देशन भी किया। 'बीवी' 1950 में मो. रफ़ी का गाया 'अकेले में वो घबराते तो होंगे' उनका पहला गीत कहा जा सकता है जो मक़बूल हुआ, पर तब उन्होंने शर्मा जी के नाम से संगीत निर्देशन किया था।

सन् 1953 में 'फ़ुटपाथ' नामक फ़िल्म में उन्हें स्वतंत्र रूप से संगीत निर्देशन करने का मनचाहा अवसर प्राप्त हुआ। ऐसा कहा जाता है कि चंदू लाल शाह अन्य संगीतकार को काम देना चाहते थे पर जद्दन बाई नर्गिस की माता जी की सिफ़ारिश पर उन्होंने ख़ैयाम की बनाई धुनें सुनीं। वे बहुत प्रभावित हुए और उन्होंने ख़ैयाम को संगीत निर्देशन का अवसर दिया। इसी फ़िल्म के गीत 'शामे ग़म की क़सम' ने इतिहास रच दिया। संगीत के जानकारों और ज्ञाताओं के कान खड़े हो गए और सामान्य श्रोता शामे ग़म में ख़ुद को भुला बैठे। वाद्य, गायन, बोल और तर्ज़... इस गीत का हर पहलू ख़ास था, अलग था और गीत सीधे दिल पर चोट करता था। अब ख़ैयाम साहब को अपनी राह मिल गई थी।

ख़ैयाम साहब की शैली, गले से अचूक निकलते, पास के स्वर लेकर, खटके के रूप में बँधी 'जगहों' से सजी है। रेगरेसा, गमगरे इस प्रकार के ये खटके होते हैं पर स्वर सही लगना ज़रूरी है। वरना बेसुरे होने का भय है। 'बहारों मेरा जीवन भी सँवारो' में 'जीवन' इसका उदाहरण है। यह आसान लगता है पर ऐसा है नहीं। 'है कली कली के लब पर' में भी 'तेरे हुस्न का' के 'का' पर भी ऐसी ही बारीक जगह है। ये नाज़ुक जगहें बेसुरा करने के लिए काफ़ी हैं। बातचीत के दौरान आए उतार-चढ़ाव, निश्वास, अचानक छूटी हँसी ख़ैयाम साहब के संगीत में स्वाभाविक रूप से आते हैं और गीत को जीवंत कर देते हैं।

'आप यूँ फ़ासलों से गुज़रते रहे' में हुंकार और गुनगुनाना ठीक 'गुन गुनाती रहीं मेरी तनहाइयाँ' के पहले आते हैं। यह गुनगुनाना एकांत का गुंजन है। हलकी सी हँसी में 'आप यूँ' शब्द गूँथे गए हैं। 'आपकी नर्म जानों पे सो जाएँगे' फ़ेड आउट होता जाता है। फिर 'मुद्दतों रात नींदें चुराती रही' फिर से मूल वॉल्यूम पर है। ऐसे ही 'रज़िया सुलतान' के गीत 'ख़्वाब बनकर कोई आएगा' में लता जी अस्फुट से स्वर में, फुसफुसाकर शरारत भरा माहौल बनाती हैं। रात की नीरव शांति, नौका में लेटी मलिका, आत्मीय हमराज़ सखी का साथ... 'ख़्वाब बनकर कोई आएगा' तक धीमी सी अंदरूनी आवाज़ है, जो 'तो नींद आएगी' में ज़बरदस्त मींड के साथ फ़ोकस करके लगाई गई है। आवाज़ फिर फ़ेड आउट हो जाती है। फिर हँसी फूट पड़ने की आवाज़ है। गीत में वाद्य बहुत कम हैं, इन आवाज़ों पर ही गीत सधा है। ऐसा ही

गीत कम से कम शब्दों में, कम वाद्यों के प्रयोग से पर भावनाओं को तीव्रता से व्यक्त कर पाता है। ख़ैयाम साहब के गीतों में स्वरों को मज़े से, ठहराव से लगाया जाता है, जिससे शब्द टूटे से, बिखरे से नहीं लगते। 'शामे ग़म की क़सम' में स्वर सुंदर तरीक़े से, लगातार लगाए गए हैं। 'बड़ी वफ़ा से', 'ये मुलाक़ात एक बहाना है' आदि कई ऐसे गीत हैं। मज़ा देखिए, पहली पंक्ति जिस स्वर पर समाप्त होती है, उसी स्वर से अगली पंक्ति आरंभ होती है।

सही जगह पर सटीक विराम ख़ैयाम साहब की ख़ासियत है। 'गुलाब का जिस्म यूँ ही नहीं खिला होगा... हवा ने पहले तुझे' के बाद विराम है, बाद में 'फिर मुझे छुआ होगा'। विराम बहुत कुछ अनकहा कह जाता है। मानो हवा के झोंके को 'उसे' छूने के लिए ही यह विराम दिया गया है। 'और कुछ देर ठहर' के बाद भी वाद्य रुक जाते हैं और 'ठहरना' जैसे जीवंत हो जाता है। 'बहारों मेरा जीवन भी सँवारो' एक सामान्य वाक्य होता अगर 'बहारों' के बाद विराम नहीं होता।

ख़ैयाम

शामे ग़म की क़सम, वो सुबहा कभी तो, आसमाँ पे है ख़ुदा,
दिल चीज़ क्या है, करोगे याद तो... तरलता, कातरता, काव्यात्मकता,
आशावाद और शाही अंदाज़ – संगीत से सभी भाव भावनाएँ
प्रभावशाली तरीके से अपने गीतों से व्यक्त करके अपना ख़ास मुक़ाम बनाया

ख़ैयाम साहब के संगीत में वाद्यों के फ़िलर्स बहुत ख़ास होते हैं। गीत के बोलों से लिपटा एक ना एक म्यूज़िक पीस अवश्य रहता है। 'बड़ी वफ़ा से' के साथ जुड़ी वायलिन की धुन, हम उस धुन को साथ लेकर ही यह गीत गाते हैं। 'ना जाने क्या हुआ' में मेंडोलिन का पीस भी हमें गुनगुनाना होता है। वायलिन और मेंडोलिन उन बोलों से जुड़े हुए हैं। कुछ पीस गायक स्वर के पहले आते हैं। 'ऐ दिले नादाँ' पहले संतूर पर है, फिर गायिका की आवाज़ है। सामान्यतः इसका उलटा होता है। धुन को मधुर बनाने के लिए ख़ैयाम साहब को, स्वरों को ऊटपटाँग नाच कभी नचाने नहीं पड़े। कम से स्वरों से उनके गीतों के मुखड़े सजे हैं। 'चीनो अरब हमारा' नीनीसारेसा, 'जीत ही लेंगे बाज़ी', 'जुस्तजू जिसकी थी', आदि कई गीत हैं। शब्दों को अर्थ के अनुसार आरोही या अवरोही दिशा देना भी उनकी ख़ासियत है। 'कहिए तो आसमाँ को ज़मीं पर उतार लाएँ' में स्वरावलि नीचे को उतर आती है। 'ये दिल कुछ ऐसे आप के क़दमों में झुक गया' में भी स्वर हौले से झुक जाते हैं। ख़ैयाम साहब ने गीतों के इंट्रो पीस भी बड़े इत्मीनान से बनाए। 'बहारों, मेरा जीवन' में बाँसुरी और सितार का विस्तार आरंभिक संगीत में है। 'जीत ही लेंगे' में पियानो पर इंट्रो पीस भावनाओं की हलचल पूरी तरह व्यक्त करता है। उस पीस के अंत में गीत कैसे लय पकड़ता है, देखिए।

ख़ैयाम साहब ने कमाल अमरोही, मुज़फ़्फ़र अली जैसे अपने तरीक़े से काम करने वाले, और निर्माण करते समय नुक्ताचीनी करने वाले निर्देशकों के साथ काम किया, पर अपनी शर्तों पर। किसी की नक़ल नहीं की। ख़ैयाम साहब से जब मिलना हुआ तो उनकी ख़ुद्दारी ने बरबस ध्यान खींच लिया। आँखें मींचकर, अँगुली नचाकर बात करना उनकी स्टाइल है। 'मृदुला जी, मैंने हमेशा ख़ुद की शर्तों पर काम किया। मैं म्यूज़िक डायरेक्टर नहीं कंपोज़र हूँ। साज़ मैं ही चुनता हूँ। मेरे गाने में लास्ट वर्ड मेरा ही रहता है'। नक़ल नहीं करने की वजह से उन्हें 'बरसात की रात' छोड़नी पड़ी। इस बात का उन्हें ज़रा भी मलाल नहीं है। वे 'इश्क़ इश्क़ है' क़व्वाली पर वैसी ही क़व्वाली नहीं बनाना चाहते थे। जब भी उन्हें संवेदनशील निर्देशकों के साथ काम करने का मौक़ा मिला, उन्होंने अपनी प्रतिभा दाँव पर लगा कर बेहतरीन धुनें बनाईं। कमाल अमरोही की 'रज़िया सुलतान' के लिए ख़ुद घूम-घूम कर रज़िया का इलाक़ा छान डाला। उस प्रदेश के कहवाख़ाने, भोजन, स्थानीय संगीत, ऊद, रबाब जैसे वाद्य और नृत्य का गहरा अध्ययन किया। तभी ख़ैयाम साहब एक मलिका के मन की बात कह पाए। सामान्य स्त्री और मलिका के प्रेम व्यक्त करने के तरीक़े समान कैसे हो सकते हैं? मलिका को अपनी भावनाएँ, मन की हलचल को व्यक्त करने की स्वतंत्रता नहीं है। यह भाव ख़ैयाम साहब ने इस कामयाबी से व्यक्त किया कि 'ऐ दिले नादाँ' मील का पत्थर बन गया है। ऐसा क्या था इस गीत में? एक रहस्यमय ख़ामोशी... जो मलिका के मन का घालमेल बताती है, विचारों की उधेड़बुन के

बाद थकान से यह ख़ामोशी छा जाती है। *'कैसी उलझन है, क्यूँ ये उलझन है'* के बाद यह किंकर्तव्यविमूढ होने की अवस्था आ जाती है। *'ये ज़मीं चुप है... आसमाँ चुप है... फिर ये धड़कन सी चाक सू क्या है...'* ज़मीन और आसमाँ निशब्द हैं तो यह धड़कन कैसी है? जब इस ख़ामोशी के बारे में ख़ैयाम साहब से पूछा तो 'यह क़माल मेरा नहीं, क़माल अमरोही का है' बड़ी मासूमियत से उन्होंने कह दिया। फ़िल्म के प्रदर्शित होने से पहले ही गीत के बहुत चर्चे होने लगे थे। अमिताभ को आधी रात को, जब यह गीत सुनने का शौक़ हुआ तो जया रात को ख़ैयाम साहब के घर जाकर यह गीत टेप करके ले गई थीं, यह क़िस्सा तो ख़ैयाम साहब की ज़बानी ही सुनने में मज़ा आता है।

ख़ैयाम साहब के संगीत में सारंगी, संतूर, वायलिन, पियानो, मेंडोलिन, एकॉर्डियन और हार्मोनिका आदि वाद्यों का स्वतंत्र अस्तित्व है। इन वाद्यों की मुख्य भूमिका है। वाद्य बोलों का हाथ थामकर उन्हें आगे की ओर ले जाते हैं। एकॉर्डियन (*'रुत जवाँ जवाँ'*), हार्मोनिका (*'ये मुलाक़ात इक बहाना है'*), मेंडोलिन (*'है कली कली के लब पर'*), सारंगी (*'फिर ना कीजे गुस्ताख़, ठहरए होश में'*), संतूर (*'ए दिले नादाँ'*) आदि कई उदाहरण हैं। सोलो वोक्स नामक वाद्य का प्रयोग सब से पहले ख़ैयाम साहब ने *'शामे ग़म की क़सम'* के लिए किया। स्पेनिश गिटार का रोमान्टिक टोन आप ख़ैयाम साहब के गीतों में पा सकते हैं। *'मुहब्बत बड़े काम की चीज़ है'* में बेस गिटार का आनंद लीजिए। इन सबके बीच ख़ैयाम साहब की धुनों की भारतीयता क़ायम है। अगर गीत उम्दा साहित्य की श्रेणी में आता है तो ही ख़ैयाम साहब उस की धुन बनाते हैं। उनका शुद्ध भारतीय संगीत में दृढ़ विश्वास रहा है, तभी तो *'तेरे भरोसे हे नंदलाला'* में उन्हें गिटार का प्रयोग करने में कोई संकोच नहीं हुआ। ख़ैयाम साहब की नज़र में भारतीयता क्या है? रागों का सोच-समझ कर किया गया चुनाव, बेहतरीन स्वर माधुर्य या मेलोडी, उच्च स्तरीय हिंदी-उर्दू, धुनों में वीभत्सता का अभाव यही भारतीयता है।

ख़ैयाम साहब ने जैसी गीत की और सिचुएशन की ज़रूरत रही, उसी के हिसाब से गायक स्वर का चुनाव, गायन क्षमता, टोन, यहाँ तक कि स्वर की पट्टी की ऊँचाई तय की। 'उमराव जान' के गीतों का आशा जी के सांगीतिक कार्यकाल में महत्त्वपूर्ण स्थान है, सभी जानते हैं। पर ये गीत उन्होंने आशा जी से नीचे के सुर में गवाए। ख़ैयाम साहब ने उमराव जान के बारे में जानकारी एकत्र की, तब उन्हें महसूस हुआ कि वे शायद नीचे के स्वर में गाती रही होंगी। उस हिसाब से आशा जी का कुछ नीचे के स्वर में गाना ज़रूरी था। आशा जी को उनकी इच्छा के विरुद्ध नीचे के स्वर में गवाना कितना कठिन था, यह क़िस्सा भी ख़ैयाम साहब बड़ी अदा से सुनाते हैं। ख़ैयाम साहब का यह निर्णय किस हद तक सही था, यह तो समय ने ही बता दिया। राष्ट्रपति पुरस्कार से तो नवाज़ा ही गया, परंतु 'उमराव जान' रेखा की

सुंदरता और अभिनय, गीतकार के शब्द, ख़ैयाम का संगीत, आशा जी की गायकी और आवाज़ का बेहतरीन प्रस्तुतिकरण था।

लता जी की आवाज़ में ख़ैयाम साहब की जितनी भी संगीत रचनाएँ हैं, उनमें बारीक जगहों को कुशलता पूर्वक गाना, आवाज़ को फ़ेड इन और फ़ेड आउट करने की क्षमता चरम अवस्था में दिखाई देती है। एक गीत है... *'अपने आप रातों में, चिलमने सरकती हैं'*... फ़िल्म की नायिका को नींद में चलने की आदत है और उसका व्यवहार भी रहस्यमय है... सो इस गीत का ख़ास होना लाज़मी था। क़माल अमरोही कुछ हट के, ख़ास चाहते थे। इस गीत का मज़ेदार वाक़या अनिता पाध्ये की मराठी पुस्तक 'इश्क़ा चा ज़हरी प्याला' में पढ़ा। किसी एक संगीतकार को यह गीत संगीतबद्ध करने के लिए दिया गया था। उसने इतने अधिक वाद्यों का प्रयोग किया कि क़माल अमरोही ने कहा कि इसे सुनकर तो नायिका की नींद ही खुल जाएगी। उन्होंने गीत को नकार दिया। जब यह गीत ख़ैयाम साहब को दिया गया तो उन्होंने गीत को किस ऊँचाई पर पहुँचाया... 'सरकती' शब्द पर वाद्यों की गतिविधि से वास्तव में सरकने का अहसास होता है। रहस्यमयता, रात के धुँधलके की चादर, आधी रात का सन्नाटा, सीधे कलेजे पर गिरती ओस की बूँदें जैसे दिल के परदों पर गिर रही हो शबनम सी, *'पाँव जाने किस जानिब, बे उठाए उठते हैं'* वह दिशाहीन भटकना... नायिका कुछ नहीं करती ...अपने आप सब हो जाता है... यह भाव... यह सब कुछ लता जी की तरल, धूमिल आवाज़ से नज़रों के सामने आ जाता है... क़माल है...

अगर सिचुएशन की ज़रूरत हो, तो लता जी की आवाज़ सदा की तरह मीठी और प्रेममय नहीं होकर तीखी, दिल के जख़्म से घायल होकर तीव्र, गंभीर भी हो सकती है, यह आप *'तू मेरे साथ रहेगा'* सुनकर अनुभव कर सकते हैं। यह गीत, जैसे आम तौर पर होते हैं, माँ बेटे के स्नेह का गीत नहीं है। *'मेरी बरबादी के ज़ामिन अगर आबाद रहे, मैं तुझे दूध ना बख़्शूँगी, तुझे याद रहे'* यह एक माँ की पुकार है जो बेटे को अन्याय के विरुद्ध उकसाती है। उसे याद दिलाती है प्रतिकार करने की। वास्तव में यह साहिर की शायरी है और उसे उसी तरह का ट्रीटमेंट दिया गया है, जैसा कि ज़रूरत थी। गीत मुखड़े पर नहीं लौटता और चरम सीमा को छूता है। लता जी की तीखी आवाज़ और ख़ैयाम साहब की दाहक तर्ज़, साहिर के कड़वे शब्द... अभी कुछ वाह... वाह... है।

मीर तकी मीर की पुरानी ग़ज़ल *'दिखाई दिए यूँ, के बेख़ुद किया'* फ़िल्म 'बाज़ार' में बेहद फ़िट बैठी और बहुत सराही गई। लता जी दिखाई का उच्चारण *'दिक्खाई'*, कुछ ज़ोर से करती हैं जिस से दिखाई देना एकदम साफ़ हो जाता है। यह दिखाई देना, सामान्य दिखाई देना नहीं साक्षात्कार है, दर्शन है, जो ख़ुदी को भुला

देता है, जो बहुत प्रभावशाली है। वज़नदार शब्दों को सुरीला बना देना तो ख़ैयाम साहब की ख़ासियत है। 'परस्तिश किया तक के ए बुत तुझे, नज़र में सभों की ख़ुदा कर चले' बेहतरीन शायरी है... तुम्हारी इबादत करते हुए मैंने तुम्हें ख़ुदा बना दिया... तुम सबके लिए ख़ुदा हो गए। इस गीत में स्वरों के फ्रेज़ का एक ख़ूबसूरत पैटर्न है। सा नी सा नी, ध नी, ध नी ध पधप ग... मानो अलंकार हो, स्वरों का विकास तात्विक है जो गंधार पर आकर रुक जाता है, क्योंकि फिर गंधार से ही 'दिखाई दिए' उठाना है। कितना प्यारा सांगीतिक तर्क है... ह... में... आ...प... से... भी... इन स्वरों के ठहराव म प ध... कितने स्पष्ट हैं... लता जी के आकार, एकार और ईकार के उच्चारण कितने सही हैं। जैसे कोई ख़ूबसूरत महल बनाया जा रहा हो। पहले नींव रखी जाए, फिर सुंदर दीवारें बनें, ऐसे ये स्वर हैं। 'यूँ' से लगा हुआ एक मेंडोलिन का पीस है, जो अलग नहीं किया जा सकता। हमें आप से भी 'जु...दा...कर चले...' में 'जु...दा' में जो दर्द समाया है, अगर कोई उसे महसूस नहीं कर सके तो बेहतर है वह ख़ैयाम साहब और लता जी के रास्ते नहीं जाए।

लता जी की आवाज़ में काम भाव से प्रेरित गीत गिने-चुने ही हैं। जो भी हैं उनमें 'जलता है बदन' ख़ास है। इस गीत में श्रृंगार रस का प्रदर्शन मादक तो है पर सौम्य है। गीत का पहला ही वाक्य छोटा सा है पर साफ़-साफ़ शब्दों में है। एक भावना व्यक्त की गई है, रे ग रे सा मात्र इतने ही स्वरों में ख़ैयाम साहब सब कुछ कह देते हैं। यह वाक्य आरंभ में 5 बार है, उसे ही भिन्न-भिन्न रूप से सजाकर पेश किया गया है। दादरा अपनी लय से चलता रहता है, कहीं भी टूटता नहीं। किसी गीत को कितने अलग ढंग से पेश किया जा सकता है, यह ख़ैयाम साहब ने साबित कर दिखाया है। 'ये मुलाक़ात एक बहाना है' इस ग़ज़ल को एक अलग ढंग से संगीतबद्ध किया है जिसमें उसके 'गीत तत्व' को उभारा है। हार्मोनिका के पीसेस के कारण इस ग़ज़ल में ताज़गी आई है। धुन कुछ चंचलता लिए है, जो इसे और भी ताज़ातरीन बनाती है। आरंभ में 'ये' शब्द जिस वज़न से गाया गया है, उसी से गज़ल ऊपर उठती है। 4 – 4 स्वरों का फ्रेज़ हर पंक्ति में है। मुलाक़ात के 'ला' पर जो फ्रेज़ है वही हर पंक्ति में दोहराया गया है। 'धड़कनें धड़कनों' में खो जाएँ में यही फ्रेज़ 'धड़कनों' पर है। जैसे-जैसे हम आगे बढ़ते हैं, हमें और ख़ुशी मिलती है। ऐसा ही एक और रोमान्टिक गीत है लता जी की आवाज़ में... 'ना जाने क्या हुआ, जो तूने छू लिया...' संतूर और मेंडोलिन का बहुत ख़ूबसूरत प्रयोग है इस गीत में। 'ना जाने क्या हुआ' के बाद एक पीस है वही पीस 'छू लिया' के बाद है। लगता है जैसे उसके गाल पर पड़ी लटों को किसी ने फूँक मार कर उड़ाने की कोशिश की हो। 'तूने छू लिया' लता जी कुछ लंबा खींचती हैं जो बहुत प्यारा लगता है। 'आ जा सनम ये हसीं आग हम लें दिल में बसा' यह पंक्ति सरलता सहजता से मुखड़े से मिल जाती है। ज़रूर सुनिएगा।

ख़ैयाम साहब की शैली हर शब्द पर चमत्कार करने की नहीं है, वे मात्र एक ही चमकदार फ़्रेज़ अपने गीत में रखते हैं। मुखड़े में एक ही फ़्रेज़ ख़ास रखा है। 'करोगे याद तो हर बात याद आएगी' में कोमल तीव्र स्वर एक के बाद एक लेने से सा ग ग ग रे ग गंधार की बेकली बढ़ जाती है। 'इन आँखों की मस्ती के मस्ताने हज़ारों हैं' में 'हज़ारों... हैं...' का ख़ास उच्चारण उस वाक्य को संतुलित करता है। 'ये क्या जगह है दोस्तों' में 'ये' को एक ख़ास तरीक़े से उठाने से 'ये' महत्त्वपूर्ण हो जाता है। सच, ख़ैयाम साहब जैसे संगीतकारों के संगीत का जितना भी अभ्यास किया जाए कम ही है।

ख़ैयाम साहब का संगीत मात्र लता जी स्वर से ही नहीं सजा, आशा जी, जगजीत कौर, सुलक्षणा पंडित, पामेला चोपड़ा आदि कई महिला स्वरों का उनके संगीत में महत्त्वपूर्ण स्थान है। जगजीत कौर की आवाज़, उनके उच्चारण का सबसे प्यारा प्रस्तुतीकरण, साहिर की शाही शायरी 'तुम अपना रंजो ग़म' में सुना जा सकता है। जगजीत कौर की अपनी ख़ास शैली है। 'तुम अपना रंजो ग़म, अपनी परेशानी मुझे दे दो', ऐसा कहने वाली प्रेमिका दुर्लभ है, देखूँ तुम्हें कौन सताता है? तुम्हारी सारी ज़िम्मेदारी मेरी है। तुम्हारा दिल मेरा था पर उसे किसी और ने पा लिया था, उस पर मेरा ही हक़ था। उसे मुझे दे दो। 'मैं देखूं तो सही, दुनिया तुम्हे कैसे सताती है? कोई दिन के लिए, अपनी निगहबानी मुझे दे दो'। जगजीत की आवाज़ की खनक आश्चर्यचकित कर देती है। गीत उनकी आवाज़ में धारदार और झिलमिलाते से लगते हैं। ख़ैयाम जी ने ख़ुद ही बताया कि व्यक्तिगत जीवन में भी जगजीत ने इसी तरह उनका साथ निभाया है। किसी ने जगजीत की आवाज़ को 'व्यक्तिगत या प्राइवेट' आवाज़ कहा है, जो सही भी है। तभी तो 'देख लो, आज हमको जी भर के' के लिए ख़ैयाम साहब को जगजीत की ही ज़रूरत महसूस हुई।

सुमन कल्याणपूर की आवाज़ में जो मासूमियत थी 'ठहरिए होश में आ लूँ' गीत में सार्थक सिद्ध हुई यह कहा जाए तो अतिशयोक्ति नहीं होगी। गीत में हुंकार कितनी प्यारी है... 'मुझको इक़रारे मुहब्बत से हया आती है' शरमाकर कहती प्यारी सी नंदा के लिए और कोई आवाज़ हो ही नहीं सकती थी। सुमन जी ने 'जो हम पे गुज़रती है तनहा किसे समझाएँ' कितने दिल से गाया है... 'बुझा दिए हैं ख़ुद अपने हाथों' (शगुन) भी बहुत मधुर गीत है।

सुलक्षणा पंडित को अपने भाग्य को सराहना चाहिए कि उन्हें ख़ैयाम साहब के पास इतनी सुंदर रचनाएँ गाने का अवसर मिला। 'तू ही सागर है तू ही किनारा' और 'माना तेरी नज़र में तेरा प्यार हम नहीं' उनकी पतली तीखी आवाज़ का टेक्स्चर श्रोताओं ने सराहा। 'माना तेरी नज़र में' गीत में 'तेरा प्या...र' शब्द का उच्चारण, वह षडज बहुत करुण है। अंतरे में 'धोखा दिया है ख़ुद को मुहब्बत के नाम से' में तार गंधार निश्चय ही ख़ैयाम साहब की सूझ-बूझ है। इसी गीत का एक अंतरे में

'*जिसको निखारा हमने तमन्ना के ख़ून से*' की तर्ज़ में परिवर्तन अनोखा है। खमाज और तिलंग रागों के मनोहारी मिश्रण से शायद यह हुआ है। खमाजी राग शायद यही है इन दोनों ही रागों में कोमल धैवत नहीं होता, जिसका प्रयोग यहाँ हुआ है। उसी चमत्कारी कोमल धैवत के कारण ही '*गुलशन में उस बहार के हक़दार हम नहीं*' की व्यथा गहराई से व्यक्त हो सकी है। ऐसे ही गीतों में संगीतकार की रचनाधर्मिता का परिचय होता है। जो वातावरण स्वरों के माध्यम से बनाया है, उसे बदलकर वातावरण को अन्य दिशा में ले जाने के लिए आत्मविश्वास आवश्यक है। अन्यथा कुछ नया करने की चाह में कुछ भी नहीं कर सके, ऐसे कई बहादुर देखे जा सकते हैं। '*जिस को निखारा हमने*' में बदली हुई तर्ज़, अगली बार फिर तिलंग में लौट आती है, क्योंकि मुखड़े पर लौटना था। वापस लौटने के लिए एक छोटी सी तान प नी सा ग रे सा है, जो फिर से पुराने वातावरण में लौटने में सहायक है। इसी का नाम कम्पोज़िशन है। '*तू ही सागर है तू ही किनारा, ढूँढता है तू किसका सहारा*' सुलक्षणा का गाया महत्त्वपूर्ण गीत है। गीत पर राग अहीर भैरव की छाया है। एक ही राग दो संगीतकारों को जीवन का मर्म स्पष्ट करने में सहायक हो सकता है। मसलन... कल्याण जी-आनंद जी के '*अपने जीवन की उलझन को कैसे मैं समझाऊँ*' पर भी अहीर भैरव की गहरी छाया है। हालाँकि दोनों गीतों को भिन्न-भिन्न तरीक़े से पेश किया गया है।

ख़ैयाम साहब ने मो. रफ़ी, मुकेश, तलत महमूद, भूपेंद्र, येसुदास और तलत अज़ीज़ आदि को अपने गीत गाने का अवसर दिया। कब्बन मिर्ज़ा गायक नहीं थे, पर कहानी की माँग के अनुसार, ऐसे ही स्वर की आवश्यकता थी। एक गुलाम का स्वर किसी सधे गायक सा कैसे हो सकता है? खुरदरी, देसी आवाज़ की ही यहाँ ज़रूरत है। हर जगह तो निर्माण के दौरान छूट नहीं ली जा सकती। यह सोचकर उन्होंने रेडियो से कब्बन मिर्ज़ा को ढूँढ़ निकाला। '*आई जंज़ीर की झनकार, ख़ुदा खैर करे*' सुनकर श्रोता अनुभव कर सकते हैं यहाँ सधे गले के गायक की दरक़ार नहीं थी। गीत का आरंभ, गीत के बीच से '*ख़ुदा खैर करे*' से होता है।

रफ़ी साहब ने ख़ैयाम साहब के साथ भिन्न-भिन्न मूड के गीत गाए। '*कहीं एक मासूम नाज़ुक सी लड़की*' रफ़ी साहब ने गाया नहीं, कहा है। धीमे स्वरों में यह गीत आप से कुछ कहता है। '*कसमसा, कसमसाकर*' का उच्चारण रफ़ी साहब बहुत ही सही करते हैं। गीत को परदे पर देखने की ज़रूरत ही नहीं रह जाती। '*जाने क्या ढूँढ़ती रहती हैं ये आँखे मुझमें*' गीत में कैफ़ी आज़मी के कलेजा चीर के रख देते बोलों को दाद दें, या रफ़ी साहब के '*राख़*' शब्द के बुझे हुए उच्चारण की तारीफ़ करें, या ख़ैयाम साहब की ऊँची चढ़ती जाती तर्ज़ की? '*जो बिक गया जो वो ख़रीदार नहीं हो सकता*' में बोल, तर्ज़ और आवाज़ तीनों ही चरम सीमा छू लेते हैं। यह गीत तो अनुभव करने की चीज़ है, मात्र सुनने की नहीं।

'रात बाक़ी है अभी रात में रस बाक़ी है, पा के भी तुझको, तुझे पाने की हवस बाक़ी है, और कुछ देर ठहर, और कुछ देर ना जा' में 'हवस बाक़ी है' के बाद एक विराम है, जो सब कुछ कह जाता है। वह जाने को है, प्रेमी उससे रुकने का अनुनय कर रहा है। एक बेचैनी, उत्कटता, अनुराग सभी कुछ है उस 'ठहर' में... यह सब रफ़ी साहब के अलावा और कौन गाकर कह सकता है? जो अनेक वाक्यों में नहीं कहा जा सकता मात्र 'ठहर' से व्यक्त हो जाता है...

तलत महमूद और ख़ैयाम साहब की जोड़ी को बेमिसाल तो होना ही था। उनकी आवाज़ और व्यक्तित्व की अदब और आभिजात्यपन ख़ैयाम साहब की प्रवृत्ति से मेल खाता था। 'ग़र तेरी नवाज़िश हो जाए' सुंदर वाक्यों की लय से सजा यह गीत तलत साहब की रेशमी आवाज़ में सुनना श्रेष्ठ आनंद है। 'हो... जा...ए...' को तलत साहब जिस तरह लेते हैं... वाह... लाजवाब... रेशमी रुई ही तरह कोमल जगह है यह... तारीफ़ करने के लिए इतने मुलायम शब्द कहाँ पाएँ? 'तूफ़ान' पर कोमल रिषभ बेहद ख़ूबसूरत है। 'किनारा' इस क़दर सहजता से गाया है कि क्या कहें...

'शामे ग़म की क़सम' को सुनना तो बेचैनी बढ़ाना है। उसका ठहराव, वह कारुण्य... 'आज ग़मगीं हैं हम' घायल कर देता है। 'आ भी जा...आ...भी... जा...' स्वर जैसे एक ही रेशम की लड़ी में पिरोए गए हैं, कहीं ना चुभते, ना टूटते स्वर...प्रेमी को इतना दुख देने वाली प्रेमिका को जीने का हक़ नहीं... 'चैन... कैसा... जो... पहलू... में... तू ही नहीं' का षडज जैसे ज़ख़्मी कलेजे की पुकार है... देख जा किस तरह आज तनहा हैं हम... एक साँस में, बिना स्वर तोड़े गाया है तलत साहब ने... जैसे पत्ते से पानी की बूँद धीरे से टपक जाती है। सहज, सरल, ज़रा सा भी झटका नहीं... मात्र दो ही अंतरे हैं और दूसरा अंतरा अलग है। 'ढूँढ़ती है नज़र...' से 'आया आँखों में दम...' तक दुख की परिसीमा पार हो जाती है। अंतरे अलग हैं पर उन्हें बड़ी कुशलता से जिस तरह जोड़ा गया है, 'ढूँढ़ती है नज़र' के बाद हम अनुभव कर सकते हैं। 'आया आँखों में दम' इतनी तरलता से तलत के अलावा कौन गा सकता है? उदास शाम, हवा में शाम की ठंडक और सुगंध, मन में एक याद और नज़र क्षितिज के पार... ऐसे समय 'शामे ग़म की क़सम' सुनिए... आँखें आँसुओं से नम हो जाती हैं और क्षितिज आँखों से ओझल हो जाता है। इस गीत को ऐसे ही दाद देना ही ठीक होगा।

'रुत जवाँ, रुत जवाँ... रात महरबाँ...' गीत में भूपेंद्र की आवाज़ और एकॉर्डियन का संवाद सा चलता है। भूपेंद्र से ही भविष्य में ख़ैयाम साहब ने 'करोगे याद तो' गवाया। 'कभी किसी को मुकम्मल जहाँ नहीं मिलता, कभी जमीं तो कभी आसमां नहीं मिलता' निदा फ़ाज़ली की शायरी भूपेंद्र की आवाज़ में वज़नदार मालूम

होती है। ख़ैयाम साहब के गीतों की वजह से तलत अज़ीज़ जैसी नई आवाज़ संगीत की दुनिया में आई। गायक की अपनी सीमा होने पर भी यदि संगीतकार सशक्त है तो वह उस आवाज़ का भी बेहतरीन उपयोग कर सकता है। *'ज़िंदगी जब भी तेरी बज़्म में लाती है हमें, ये जमीं चाँद से बेहतर नजर आती है हमे'* इस बात की मिसाल है। तलत अज़ीज़ की आवाज़ में यह ग़ज़ल क्या ख़ूब सजी है। *'चाँद'* की थरथराहट, और *'बेहतर'* के पहले एक विराम है। *'याद तेरी कभी दस्तक, कभी सरग़ोशी से'* में दस्तक अलग-अलग करके गाने से दस्तक महसूस होती है। अब तलत अज़ीज़ भी हमें अज़ीज़ हो गए... गीत की सबसे ख़ास बात है कम स्वरों का प्रयोग कर के मुखड़े में एक ही चमकदार फ्रेज़ रखने का ख़ैयाम साहब का कौशल...

ख़ैयाम साहब के बनाए कुछ युगल गीत बेहद मधुर हैं। *'वो सुबह कभी तो आएगी'* वैसे तो युगल गीत नहीं कहा जा सकता। दो स्वरों का आशावाद है कि कभी तो सुबह होगी। निराशा में आशा की एक किरण तो होगी। गीत की रचना आम गीतों से भिन्न है। आशा जी का गुनगुनाना बेहद स्वाभाविक है। मुकेश की आवाज़ में कोई नाटकीयता नहीं है, सीधे-सादे, सामान्य आदमी का प्रतीक है, उनकी आवाज़। साहिर की नज़्म ने इतना प्यारा रूप धर लिया। साहिर का व्यंग्य *'चीनो अरब हमारा'* और *'आसमाँ पे है ख़ुदा'* के रूप में सामने आया। *'आदमी हैं अनगिनत, देवता हैं कम'* वाक्य बहुत कुछ कह जाता है। ख़ैयाम और साहिर की जोड़ी के और भी गीत आते तो अच्छा होता।

ख़ैयाम साहब के रोमान्टिक युगल गीतों का ढंग ज़रा अलग है। प्रेम भावना भी सौम्य कोमल, परिपक्व है। *'फिर छिड़ी रात, बात फूलों की'* में सितार का स्वर उच्च कोटि का प्रणय प्रदर्शन है। इन गीतों में उतावलापन नहीं, गहराई और समझदारी है। तुम्हारा साथ ही फूलों की तरह प्यारा और सुगंधित है। रात फूलों से भरी है। इस गीत से बेला चमेली की ख़ुशबू आती है। प्रेमिका हर शब्द से फूल झरते हैं। नर्म, मुलायम सा, पर उत्कट प्रेम भाव है। आक्रामक नहीं गंभीर, गहरा है। आश्वस्ति है इस प्रेम भाव में, जिससे जीवन सार्थक हो जाता है। कुछ तेज़ लय का आशा जी और तलत अज़ीज़ का गाया गीत है... *'तुम्हीं से रोशन है रात मेरी'* याद आता है। इस गीत में एक फ्रेज़ के कारण सार्थकता का अनुभव होता है। *'हो ज़िंदगी का वही सवे... रा'* में सवेरा का गंधार हौले से षडज छूता है, उसी से आश्वस्ति का भाव उत्पन्न होता है। यह षडज पूर्णत्व का प्रतीक है। *'रोशन'* और *'जहाँ...भी'* पर कोमल निषाद की हलकी सी जगह है। आशा जी ने इस फ्रेज़ को ज़रा गोलाई से गाया है, ज़रा ध्यान से सुनिए, *'फिर छिड़ी'* और *'तुम्ही से रोशन'* के नायक हैं सौम्य शांत फ़ारूख़ शेख, उनकी फितरत पर ये गीत और तलत अज़ीज़ की आवाज़ बहुत सजती है। *'तुम्ही से रोशन'* में नायिका शबाना के गर्भवती होने का समाचार जानकर फ़ारूख़ ने बेहद प्यारा भाव प्रदर्शन किया है। उस प्रेम भाव को यह गीत नई

ऊँचाइयाँ देता है। प्रेम का अर्थ है परवाह करना, चिंता करना, जैसे कोई नर्म गुनगुनी चादर हो। यही भाव इस गीत में व्यक्त होता है। 'फिर छिड़ी' का प्रेम तो निर्मल अनुराग है, फूलों का ज़िक्र है, प्रेम पंखुड़ियों की तरह नाजुक और अनछुआ है।

इन युगल गीतों के बीच लता जी और किशोर दा के गीत अलग ही हैं। 'आँखों में हमने आपके सपने सजाए हैं' में किशोर दा का वज़नदार पौरुषयुक्त स्वर और लता जी की 'बस आप आप आप ही मुझ में समाए हैं' पूरी तरह फ़ोकस की हुई आवाज़ का संगम है। 'दोहराए जाएँगे ना ये लम्हात अब कभी' में धुन में ज़रा बदलाव है जो संगीतकार की प्रतिभा का परिचायक है। 'मिलती है ज़िंदगी, जब आप मुस्कराए हैं' में लता जी 'आ...प' जिस तरह से गाती हैं, सुनने की चीज़ है। 'ये दिल कुछ ऐसे आपके सजदे में झुक गया' में स्वर वास्तव में नीचे झुक आते हैं। 'स...ज...दे में' को इस तरह झुलाकर गाना तो लता जी के ही बस की बात है।

'चाँदनी रात में एक बार तुझे देखा है' किशोर-लता का गाया एक अलग ही तरह का युगल गीत है। कितना प्यारा वाक़्या है... 'एक रंगीन ग़ज़ल गाते हुए तुम्हें देखा है' वाह... 'चाँदनी रात में देखा है' जो लय है वह 'खुद पे इतराते हुए' में दोगुनी हो जाती है, और 'चाँदनी रात' में फिर मूल लय पर लौट आती है। लय के इस खेल से उस नाजुक वाक़्ये की मधुरता दोगुनी हो जाती है।

'हुए' शब्द लता जी कुछ अलग ही ढंग से गाती हैं। 'इक बार तुझे' के बाद विराम लेती हैं और 'देखा है' को अस्फुट स्वर में गाकर उस वाक़्ये को और भी तरल बना देती हैं।

लता जी और रफ़ी साहब के गाए 'सिमटी हुई ये घड़ियाँ, फिर से ना बिखर जाएँ' का प्रणय बिछड़े हुए तन-मन का मिलन सूचित करता है। विरह के बाद मिलन को शारीरिक प्रेम से सजाना स्वाभाविक है। पर यह प्रणय उत्कट होकर भी आक्रामक नहीं है। 'बिछड़ी हुई रूहों का ये मेल सुहाना है, इस मेल का कुछ अहसाँ, जिस्मों पे भी कर जाएँ'। गीत हौले से, तरलता से मन के और फिर तन के मेल की ओर इशारा करता है। 'इस रात के हर पल से, रातें ही उभर जाएँ' देखने से अधिक रुचिकर इस गीत को सुनना है। हर किसी का अपना, व्यक्तिगत सा यह गीत है।

'कभी कभी मेरे दिल में' मुकेश जी का आख़िरी गीत रहा है, इसलिए यह गीत दिल के कुछ ज़्यादा ही क़रीब है। लता जी की इस गीत में आवाज़, उसकी गोलाई, 'ख़...या...ल' पर ऊर्ध्वगामी मींड, 'उठेंगी मेरी तरफ़...' में नज़र के ऊपर उठने का अहसास... किस-किस बात की तारीफ़ की जाए? यह साहिर की पुरानी नज़्म थी जिसने गीत का रूप ले लिया। 'कभी-कभी मेरे दिल में ख़याल आता है के ज़िंदगी तेरी ज़ुल्फ़ की नर्म छाँव में गुज़रने पाती, तो शादाब भी हो सकती थी।'

यही वह नज़्म है.... 'ये होंठ और ये बाँहें मेरी अमानत है' मेरी के बाद एक सूक्ष्म विराम है। 'ख़याल आता है' पर पंचम तृप्त, शांत है कि उसके बाद और कुछ सुनने को जी नहीं चाहता। स्वरों की गोलाई किसे कहते हैं, यहीं हम जान सकते हैं। ताल को ज़रा पीछे छोड़कर, शब्द ज़रा देर से गाए गए हैं। 'मैं जानता हूँ कि तू ग़ैर है मगर यूँ ही, कभी-कभी मेरे दिल में ख़याल आता है'... मैं जानता हूँ तुम ग़ैर हो, पराई हो, पर मैं मन को कैसे समझाऊँ, यह भाव मुकेश जी की आवाज़ से और भी गहराई से व्यक्त होता है।

तलत-लता की 'राज़ सीने में मुहब्बत का' और 'बड़ी मुश्किल है' ये युगल गीत, आशा-मुकेश का 'देखिए आपने फिर प्यार से देखा मुझको' ये गीत अभिजात्य प्रणय को व्यक्त करते हैं। बाद में आया फ़िल्म 'नूरी' का नितिन मुकेश और लता जी का गीत 'आजा रे, आजा रे ओ मेरे दिलबर आजा' पूरी तरह लता जी ने अपने कंधों पर उठाया। 'झुकती घटा हम से कहे' जैसे हलके-फुलके गीत में महेंद्र कपूर और जगजीत कौर की आवाज़ ख़ूब खिलती है। 'गापुची गापुची गम गम' जैसे गीत बहुत कम ही बनाए हैं पर उनका झुकाव गंभीर गीतों की ओर ही रहा है। रफ़ी-सुमन का गाया 'पर्बतों के पेड़ों पर शाम का बसेरा है' में जैसा प्रकृति का सुंदर चित्रण है, वैसी ही सुंदर उसकी तर्ज़ है। साहिर के ख़यालात... सुरमई उजाला... चम्पई अंधेरा... वाह... संध्याकाल का धूमिल वातावरण आँखों के सामने आ जाता है। यह तर्ज़... ये बोल.... 'ठहरे ठहरे पानी में, गीत थरथराते हैं...' कितनी मोहक कल्पना है... रोशनी का झुरमट है... मस्तियों का घेरा है... ढलती हुई दोपहर और आती हुई शाम... इस संधिकाल का कितना प्यारा चित्रण है... कितना सुंदर...

क्षितिज इशारे कर रहा है कि आओ, दुनिया के झमेलों से दूर चलें, ना तुम तुम रहो ना मैं मैं... अद्वैत हो जाएँ... मिलने-बिछड़ने के पार हो जाएँ... किस स्तर का यह रिश्ता है... और प्रेम है... यह खेल हम हारने के लिए नहीं खेले, यह तो जन्म-जन्मांतर का रिश्ता है, यह खेल अधूरा ना छोड़ेंगे हम। 'जीत ही लेंगे बाज़ी हम तुम' ऐसी रचना है कि इसके बाद और कुछ सुनना ही कान गवारा नहीं करेंगे। आँखें बंद कर शांति से उसे याद करें, चाहे ईश्वर हो, या उसी का रूप, प्रेमी हो... सखा हो। अद्वैत, और सबके पार जा चुकी भावावस्था महत्त्वपूर्ण है। यह गीत दिव्य है। 'प्यार का बंधन, जनम का बंधन, जनम का बंधन टूटे ना...' आलाप, गुनगुनाना... अनोखा है... गायक स्वर रोमान्टिक नहीं, दिव्य मालूम होते हैं। हम सभी सामान्य जन हैं, विकारों के आधीन हैं, फिर भी हमें दिव्यत्व की चाह होती है। हमारे सफ़ेदपोश प्रेम को यह गीत 'लार्जर दैन लाइफ़' बनाता है। यह गीत ख़ैयाम साहब के युगल गीतों का मुकुटमणि है, सरताज है।

'*जब से देखा है तुम्हें या अब चिराग़ों का कोई काम नहीं*' (येसुदास–लता) जैसे गीतों के माध्यम से ख़ैयाम साहब अस्सी के दशक में अपनी शैली आज़माते रहे। राग पहाड़ी के भरपूर प्रयोग के कारण *वो तो पहाड़ से कभी उतरे ही नहीं* ऐसा कटाक्ष अक्सर उन पर किया जाता रहा है। पर यह बात भुलाई नहीं जा सकती कि उनकी अपनी स्वतंत्र शैली रही है जो कि अद्भुत स्वर माधुर्य और स्वर तर्क पर आधारित है। उनकी संगीत शैली की यह विशेषता रही है कि वह शब्दों में समाहित अर्थ को पूरी तरह व्यक्त करने में सक्षम है। वरना साहिर जैसे मनस्वी शायर के '*मैं पल दो पल का शायर हूँ*' का शायराना अंदाज़ किस तरह स्वरबद्ध हो पाता? कैफ़ी आज़मी, साहिर, मीर तक़ी मीर, मजरूह सुलतानपुरी, शहरयार, फैज़ जैसे शायरों की शायरी मानो शुभ्र, सफ़ेद वज़नदार मोतियों की लड़ियाँ हैं... अगर ख़ैयाम साहब अपने संगीत के रेशमी धागे में ये मोती नहीं पिरोते तो यह शायरी किताबों में ही धरी रह जाती! ख़ैयाम साहब को बेहतरीन साहित्य से सदा ही लगाव रहा है। अतः वे केवल फ़िल्म संगीत तक ही सीमित नहीं रहे। कई बेहतरीन ग़ैर फ़िल्मी गीत ख़ैयाम साहब ने दिए हैं। लोक धुनों पर आधारित विवाह गीत ख़ैयाम जी की ख़ासियत रहे हैं। जगजीत कौर और पामेला चोपड़ा ने उनके बनाए कई विवाह गीत गाए हैं। '*काहे को ब्याही बिदेस*', '*हरियाला बन्ना*', '*साडा चिड़िया दा चम्बा वे*', ऐसे गीतों की फ़ेहरिस्त लंबी है।

'स्वरयोग' संस्था के प्रदीप देसाई के साथ जब मेरा ख़ैयाम साहब के घर जाना हुआ, तब मुझे हिंदू देवी-देवता, भृगु संहिता उनके दीवानख़ाने में विराजमान मिले। उनके लिए संगीत ही एकमात्र धर्म था। सर्व शक्तिमान तत्व के आगे नतमस्तक एक दृढ़ व्यक्तित्व से मिलकर बहुत अच्छा लगा। मन की सर्वोच्च तरल अवस्था को पहुँच चुका कलाकार ही अपनी इस अवस्था को अपने संगीत में व्यक्त कर सकता है। 'कभी कभी', 'शंकर हुसैन', 'आख़िरी ख़त', 'शगुन', 'शोला और शबनम', 'उमराव जान', 'थोड़ी सी बेवफ़ाई', 'रज़िया सुलतान', ये सब मुझे 'ताजमहल' के ही रूप मालूम पड़ते हैं। ख़ैयाम साहब की धुनें जैसे मखमली परदे पर राजा रवि वर्मा की राजसी रेशमी तूलिका से उतरे अभिजात ज़रीदार चित्र ही हैं।

♪

अध्याय में उल्लेखित गीतों की जानकारी

गीत / फ़िल्म / गायक-गायिका / गीतकार / वर्ष

शाम ए ग़म की क़सम / फ़ुटपाथ / तलत महमूद / मजरूह सुलतानपुरी-सरदार अली जाफ़री / 1953

बहारों मेरा जीवन भी / आख़िरी ख़त / लता मंगेशकर / कैफ़ी आज़मी / 1967

आप यूँ फ़ासलों से / शंकर हुसैन / लता मंगेशकर / जाँ निसार अख़्तर / 1977

ख़्वाब बनकर कोई आएगा / रज़िया सुलतान / लता मंगेशकर / जाँ निसार अख़्तर / 1983

बड़ी वफ़ा से निभाई / थोड़ी सी बेवफ़ाई / लता मंगेशकर, किशोर कुमार / गुलज़ार / 1980

ये मुलाक़ात इक बहाना है / खानदान / लता मंगेशकर / नक़्श लायलपुरी / 1979

गुलाब का जिस्म यूँ ही / अंजुमन / शबाना आज़मी / भूपिंदर सिंह / शहरयार / 1986

और कुछ देर ठहर / आख़िरी ख़त / मोहम्मद रफ़ी / कैफ़ी आज़मी / 1967

ना जाने क्या हुआ / दर्द / लता मंगेशकर / नक़्श लायलपुरी / 1981

ए दिले नादान / रज़िया सुलतान / लता मंगेशकर / जाँ निसार अख़्तर / 1983

चीनो अरब हमारा / फिर सुबह होगी / मुकेश / साहिर लुधियानवी / 1958

जीत ही लेंगे बाज़ी / शोला और शबनम / लता मंगेशकर-मोहम्मद रफ़ी / कैफ़ी आज़मी / 1961

जुस्तजू जिसकी थी / उमराव जान / आशा भोंसले / शहरयार / 1981

दिल चीज़ क्या है / उमराव जान / आशा भोंसले / शहरयार / 1981

आँखों में हमने आपकी / थोड़ी सी बेवफ़ाई / लता मंगेशकर-किशोर कुमार / गुलज़ार / 1980

तेरे भरोसे हे नंदलाल / थोड़ी सी बेवफ़ाई / मोहम्मद रफ़ी / मधुकर राजस्थानी / 1980

अपने आप रातों में / शंकर हुसैन / लता मंगेशकर / कैफ़ भोपाली / 1977

तू मेरे साथ रहेगा मुन्ने / त्रिशूल / लता मंगेशकर / साहिर लुधियानवी / 1978

दिखाई दिए यूँ / बाज़ार / लता मंगेशकर / मीर तक़ी मीर / 1982

जलता है बदन / रज़िया सुलतान / लता मंगेशकर / कैफ़ी आज़मी / 1983

करोगे याद तो / बाज़ार / भूपेंद्र सिंह / बशर नवाज़ / 1982

इन आँखों की मस्ती के / उमराव जान / आशा भोंसले / शहरयार / 1981

ये क्या जगह है दोस्तों / उमराव जान / आशा भोंसले / शहरयार / 1981

तुम अपना रंजोग़म / शगुन / जगजीत कौर / साहिर लुधियानवी / 1964

देख लो आज हम को / बाज़ार / जगजीत कौर / मिर्ज़ा शौक़ / 1982

ठहरिए होश में आ लूँ / मुहब्बत इसको कहते हैं/ सुमन कल्याणपूर–मोहम्मद रफ़ी / मजरूह सुलतानपुरी / 1965

जो हम पे गुज़रती है / मुहब्बत इसको कहते हैं / सुमन कल्याणपूर / मजरूह सुलतानपुरी / 1965

बुझा दिए हैं / शगुन / सुमन कल्याणपूर / साहिर लुधियानवी / 1964

तू ही सागर है तू ही / संकल्प / सुलक्षणा पंडित, विनोद शर्मा / कैफ़ी आज़मी / 1974

माना तेरी नज़र में / आहिस्ता आहिस्ता / सुलक्षणा पंडित / नक़्श लायलपुरी / 1981

आई जंज़ीर की झनकार / रज़िया सुलतान / कब्बन मिर्ज़ा / जाँ निसार अख़्तर / 1983

कहीं एक मासूम नाजुक सी / शंकर हुसैन / मोहम्मद रफ़ी / क़माल अमरोही / 1977

जाने क्या ढूँढ़ती हैं / शोला और शबनम / मोहम्मद रफ़ी / कैफ़ी आज़मी / 1961

ग़र तेरी नवाज़िश / गुलबहार / तलत महमूद / शेवन रिज़वी / 1954

रुत जवाँ जवाँ / आख़िरी खत / भूपेंद्र सिंह / कैफ़ी आज़मी / 1966

कभी किसी को मुक़म्मल जहाँ / आहिस्ता आहिस्ता / भूपेंद्र सिंह / निदा फ़ाज़ली / 1981

ज़िंदगी जब भी तेरी / उमराव जान / तलत अजीज़ / शहरयार / 1981

वो सुबह कभी तो आएगी / फिर सुबह होगी / मुकेश, आशा भोंसले / साहिर लुधियानवी / 1958

आसमाँ पे है ख़ुदा / फिर सुबह होगी / मुकेश / साहिर लुधियानवी / 1958

फिर छिड़ी रात / बाज़ार / लता मंगेशकर, तलत अज़ीज़ / मखदूम मोईउद्दीन / 1982

तुम्ही से रोशन है / लोरी / आशा भोंसले, तलत अजीज़ / बशर नवाज़ / 1984

चाँदनी रात में एक बार / दिल ए नादाँ / किशोर कुमार, लता मंगेशकर / नक़्श लायलपुरी / 1982

सिमटी हुई ये घड़ियाँ / चंबल की क़सम / मोहम्मद रफ़ी, लता मंगेशकर / साहिर लुधियानवी / 1980

कभी कभी मेरे दिल में / कभी कभी / मुकेश, लता मंगेशकर / साहिर लुधियानवी / 1976

राज़ सीने में मुहब्बत का / हम हैं राही प्यार के / लता मंगेशकर, तलत महमूद / जाँ निसार अख़्तर / 1960

बड़ी मुश्किल है / हम हैं राही प्यार के / लता मंगेशकर, तलत महमूद / जाँ निसार अख़्तर / 1960

देखिए आपने फिर / फिर सुबह होगी / आशा भोंसले, मुकेश / साहिर लुधियानवी / 1958

आ जा रे मेरे दिलबर / नूरी / लता मंगेशकर, नितिन मुकेश / जाँ निसार अख़्तर   1979

पर्वतों के पेड़ों पर / शगुन / मोहम्मद रफ़ी, सुमन कल्याणपूर / साहिर लुधियानवी / 1964

जब से देखा है तुम्हें / दिल आख़िर दिल है / लता मंगेशकर, सुरेश वाडकर / निदा फ़ाज़ली / 1982

अब चिराग़ों का कोई काम / बावरी / लता मंगेशकर, येसुदास / माया गोविंद / 1982

मैं पल दो पल का शायर हूँ / कभी कभी / मुकेश / साहिर लुधियानवी / 1976

आप आए, बहार आई

एक शब्द हम अक्सर सुनते आए हैं – थिंक बिग। इसका असली अर्थ क्या है? कुछ लोग छोटे, संकुचित, किफ़ायती इन शब्दों से कोसों दूर होते हैं। उनकी सोच, क्षमता, क्षितिज बहुत विस्तृत होता है। असामान्य होता है। वे चाहकर भी अपना विस्तार समेट नहीं सकते। कुछ संगीतकारों का विचार करने का तरीक़ा, उनकी प्रवृत्ति को भव्य के अलावा और किसी विशेषण से वर्णित नहीं किया जा सकता। उन्हें सीधा–सादा वाद्य संयोजन रास ही नहीं आता। कम वाद्यों का उपयोग करने को वे अपने सृजन का अपमान समझते हैं। उनका संगीत मधुर होता है, फिर भी ऐसा प्रतीत होता है जैसे कोई उच्च कुल की कुलीन महिला, सज–धज कर, शानदार क़दमों से चली आ रही हो। हम उस सुंदरता और शान के आगे ठगे से रह जाते हैं। लक्ष्मीकांत प्यारेलाल नामक जादुई संगीतकार जोड़ी के गीतों के साथ ऐसा ही कुछ होता है। गीत सीधा–सादा सा क्यों नहीं हो, उसके लिए सैंकड़ों वायलिन, अनेक तबले, ढोलक, बाँसुरियाँ काम में लग जाती हैं। इन असंख्य वाद्यों का प्रभाव मूल गीत की सुंदरता से छेड़छाड़ नहीं करता, बल्कि सुंदरता में चार चाँद लगा देता है। इस संगीत की पृष्ठभूमि में अपने स्वर का प्रभाव जमाने के लिए लता जी, रफ़ी साहब, किशोर दा, आशा जी और मुकेश जी जैसी सशक्त आवाज़ों के बिना काम नहीं चल सकता।

एक-एक पंक्ति के लिए सैकड़ों हाथ काम में लगे होते हैं। माइक से वाद्ययंत्र कितनी दूरी पर रखे जाएँगे यहाँ से लेकर मिक्सिंग तक एक कुशल संगीतकार दीवानगी की हद तक जाकर अपना काम कर रहा होता है।

प्यारेलाल शर्मा नामक अरेंजिंग क्षेत्र के महामुनि, और श्रोताओं के मन में समा जाने वाली धुनें जिनके मस्तिष्क से लगातार झरने की तरह निकलती रहतीं... वे लक्ष्मीकांत, की जोड़ी समय के परदे पर अपनी छाप छोड़ सकी। हुस्न लाल भगतराम, शंकर-जयकिशन, कल्याण जी-आनंद जी आदि संगीत क्षेत्र के पूर्वजों को आदर्श मानते थे पर उन्होंने नक़ल कभी नहीं की। यह संगीतकार जोड़ी बहुत परिश्रमी थी। मेहबूब स्टूडियो में किसी कारख़ाने की तरह काम चलता रहता था। अनेक वादक काम करते थे। छह सौ से ज़्यादा फ़िल्में इन दोनों ने कीं। अनेक लोकप्रिय गीत... इस जोड़ी का काम लार्जर दैन लाइफ़ कहा जा सकता है। लता जी और रफ़ी साहब को ख़ास आवाज़ लगाने के लिए कहना आसान काम नहीं था। प्यारे भाई स्वर ज़रा भी बेसुरा हो जाए, उसे पकड़ने में माहिर थे। उनका वायलिन पर असाधारण अधिकार था। वे वाद्ययंत्रों की स्वरावलि के टोन और टेक्सचर के विषय में गहरा ज्ञान रखते थे। वे कुशल अरेंजर थे और लक्ष्मीकांत जी को ईश्वर ने त्वरित बुद्धि से नवाजा था। जैसे बिजली कौंधती है, ऐसी वे धुनें बनाया करते थे। कई बार दोनों मिलकर धुन बनाया करते और विचारों की एकरूपता से बेहतरीन धुनों का जन्म होता।

लक्ष्मी-प्यारे की एक ख़ास शैली है। उनके गीत एक सुंदर फ़्रेम में बने हुए होते हैं। भव्य वाद्यवृंद, गीत का मुखड़ा इस तरह तैयार किया जाता कि श्रोताओं के मन में बस जाए। *'बिंदिया चमकेगी'* है तो छोटा सा मुखड़ा, पर उसमें भी एक स्टेटमेंट है। गीत को हलका सा चढ़ाया गया है जो उसे रोचक बनाता है। एल.पी. का विश्वास था कि मुखड़े में कोई आकर्षक फ़्रेज़ होना ज़रूरी है जिससे श्रोता की गीत में रुचि बनी रहती है। कई उदाहरण हैं – *'इतना तो याद है मुझे'* गीत *'या...द'* के कारण ख़ास है। *'हाय हाय ये मजबूरी'* या *'आ...जा...ने...जाँ...'* बेहद आकर्षक हैं और श्रोता को बाँध लेते हैं। लक्ष्मी-प्यारे के गीतों में मुखड़ा और गीत का आरंभिक भाग बहुत ख़ास होता है। गीत के आरंभ में कुछ कहा जाता है, और कुछ आगे चलकर बात धीरे से पूरी की जाती है। *'शीशा हो या दिल हो, आखिर टूट जाता है'* गीत में *'टूट जाता है'* ख़ास बात है। *'दिल हो'* कुछ लंबा खींचा गया है। फिर एक विराम है, आख़िर में गीत रुक जाता है, *'फिर टूट जाता है'* में बात पूरी होती है। *'सावन का महीना, पवन करे सोर'* में *'जियरा रे झूमे ऐसे जैसे मनवा नाचे मोर'* बहुत सुंदर तरीक़े से बात पूरी की गई है। फ़िल्म 'अभिनेत्री' के गीत *सारेगमप प प प* के बाद *'गा रे मेरे संग मेरे साजना'* कितने साफ़ तरीक़े से स्पष्ट होता है। *'जब भी जी चाहे नई दुनिया बसा लेते हैं लोग...'* यहाँ तक तो ठीक है, लेकिन

'एक चेहरे पे कई चेहरे लगा लेते हैं लोग' यह कटु सत्य एक विराम के बाद, ताल के एक ख़ास उठान के बाद सामने आता है तो बहुत प्रभावशाली मालूम होता है।

जब भी लक्ष्मी-प्यारे ने टायटल सॉन्ग बनाए, उनका कौशल निखर कर सामने आया। 'ड्रीमगर्ल' और 'आए दिन बहार के' आदि गीतों में 'कहीं तो मिलेगी, कभी तो मिलेगी, आज नहीं तो क...ल... ड्रीमगर्ल' या 'रंग रूप लेती है वो बदल... कौन?...ड्रीमगर्ल' इस प्रकार से शीर्षक बार-बार प्रकट होता है। 'सुनो सजना, पपीहे ने, कहा सबसे, पुकार के सँभल जाओ, चमन वालों', यह सब कहने के बाद 'आए दिन बहार' के शीर्षक स्पष्ट रूप से प्रकट होता है। 'सत्यम् शिवम् सुंदरम्' शब्द मुखड़े में कितनी ही तरह से गाए गए हैं। कभी आलाप, कभी कोरस, कितनी ही तरह से शीर्षक स्पष्ट होता है।

लक्ष्मी-प्यारे ने बिना किसी अभिनिवेश के सामान्य श्रोताओं के लिए गीत बनाए। उनकी प्रमुख धारणा यही रही कि गीत श्रोताओं के मन को पकड़ ले, वे गीत को गुनगुनाना चाहें। ऐसे गीत बनाना आसान नहीं होता। संगीत शास्त्र की पूरी जानकारी हो, लोक संगीत, शास्त्रीय संगीत और पाश्चात्य संगीत के गहरे ज्ञान के बिना यह संभव नहीं हो सकता।

जब इतिहास रचा जाना हो, कोई बड़ा काम करवाना हो तभी दो विभिन्न परिवेशों से, कलाकारों को भाग्य एक साथ मिलाने की योजना बनाता है। लक्ष्मीकांत जी की आर्थिक स्थिति काफ़ी कमज़ोर थी। जैसा कि फ़िल्मों में दिखाया जाता है, बहुत परिश्रम से उन्होंने उन्नति की। विपरीत परिस्थितियों के बावजूद उन्होंने मेंडोलिन बजाना बालमुकुंद जी से सीखा। एक दिन लता जी ने उन्हें बजाते हुए सुना और मान्यवर संगीतकारों से उनकी सिफ़ारिश की। फिर लक्ष्मीकांत शंकर-जयकिशन, सचिन देव बर्मन और वसंत देसाई के साथ मेंडोलिन बजाने लगे। प्यारेलाल जी के पिताश्री पं. रामप्रसाद शर्मा बहुत प्रसिद्ध वायलिन वादक थे। उन्होंने अनेक शिष्यों को वायलिन वादन सिखाया और वायलिन के महागुरु कहलाए। पहले वायलिन वादन और नोटेशन बनाना क्रिश्चियन लोगों का ही काम माना जाता था। परंतु पं. रामनारायण जी ने अनेक वादकों और संगीतकारों की एक पूरी पीढ़ी तैयार की। प्यारेलाल जी सांगीतिक पृष्ठभूमि से थे और बेहतरीन वायलिन वादक थे। एक बार लक्ष्मी जी ने उन्हें बजाते हुए सुना। तब हृदयनाथ मंगेशकर जी ने युवा कलाकारों का एक वाद्यवृंद बनाया था। लक्ष्मी जी ने प्यारेलाल जी को इस वाद्यवृंद में शामिल किया। तब से यह सुरीली जोड़ी बनी। मित्रता गहरी होती गई। 38 वर्ष तक निरंतर वे साथ काम करते रहे।

लक्ष्मी-प्यारे को साथ काम करने का मौक़ा साठ के दशक के आरंभ में मिला। उनकी पहली प्रदर्शित फ़िल्म 'पारसमणि' (1963) थी।

वास्तव में यह बाबू भाई मिस्त्री की सी ग्रेड फ़िल्म थी। पर फ़िल्म का हर गीत बेहद मक़बूल हुआ। फिर तो इस जोड़ी ने शंकर-जयकिशन के नक़्शे-क़दम पर चलकर सिद्ध कर दिखाया कि किस तरह लोकप्रिय गीत बनाए जाते हैं। सबसे ज़्यादा मज़ा तो 'हँसता हुआ नूरानी चेहरा' गीत के दौरान आया! इस युगल गीत की दोनों गायिकाओं की आवाज़ों का टेक्स्चर बिलकुल अलग था। पर इस शानदार गीत ने एल.पी. के आगमन का डंका बजा दिया। क्रिकेट के खेल में यदि कोई नया बढ़िया खिलाड़ी बैटिंग करने आए, लेकिन वह आत्मविश्वास से भरपूर दिखाई देता है। वही आत्मविश्वास इस गीत में सुना जा सकता है। इस गीत का आरंभिक संगीत बेहतरीन ढंग से सँजोया गया है। इस गीत के दूसरे अंतरे का संगीत बेहद प्यारा है। ढोलक का ठेका पश्चिमी ढंग का है। एकॉर्डियन और मेंडोलिन की जुगलबंदी और बाँसुरी, वायलिन की शानदार संगत! यह संगीतकार जोड़ी पूरी तरह तैयार होकर ही मैदान में उतरी थी। तेज़ गति के नृत्य गीत में सब कुछ गवारा है, 'थोड़ा सा प्यार कर' गाते हुए लता जी गीत पर अपने हस्ताक्षर कर जाती हैं। तार स्वर में मुखड़ा बाँधा गया है पर बेस के वायलिन की पृष्ठभूमि अरेंजर की बुद्धिमत्ता की परिचायक है। 'पारसमणि' का ही गीत 'वो जब याद आए' पचास के दशक के गीतों की याद दिलाता है। गीत का आकृति बंध बहुत ख़ूबसूरत है। 'दिल सुलगने लगा, अश्क

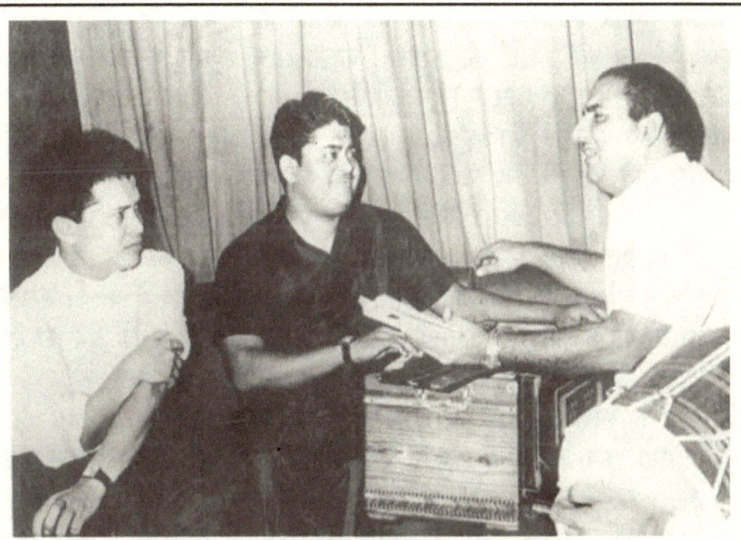

लक्ष्मीकांत-प्यारेलाल

स्वर-वाद्य-ठेका तीनों पर गजब की पकड़ और गीतों की मनमोहक धुनें –
इन विशेषताओं के चलते इस जोड़ी ने अपार लोकप्रियता प्राप्त की

बहने लगे, जाने क्या क्या हमें लोग कहने लगे' में लता जी ने जान डाल दी। हमें शब्द में तो अस्फुट सी रुलाई फूटती सी लगती है। 'कई बार ऐसा भी धोखा हुआ है, चले आ रहे हैं वो नज़रें झुकाए' में रफ़ी साहब के स्वर से कलेजे की वेदना फूट पड़ती है।

'पारसमणि' की चर्चा गीतों के कारण हुई। मेरे दिल में, हलकी सी, वो खलिश है, जो नहीं थी जैसा बिलकुल अलग ढंग का गीत लक्ष्मी-प्यारे ने कार्यकाल के आरंभ में ही दिया था। परदे पर गीत शायद रुचिकर नहीं भी लगे, पर गीत है बहुत अलग! 'खलिश' शब्द कुछ नीचे के स्वरों में है, उस ज़माने में यह बात ज़रा ख़ास थी। समय से आगे का यह गीत था तब। 'पारसमणि' के संगीत ने सिद्ध कर दिखाया कि प्रतिभा किसे कहते हैं। सफलता क्या होती है। फिर तो लक्ष्मी-प्यारे के नाम का घोड़ा तेज़ रफ़्तार से दौड़ने लगा। 'दोस्ती, 'आए दिन बहार के', 'मि. एक्स इन बॉम्बे', 'फ़र्ज़', 'शागिर्द' आदि फ़िल्मों के गीत बेहद लोकप्रिय हुए।

साठ के दशक में लक्ष्मी-प्यारे के संगीत का रंग अलग था। सत्तर के दशक में ऑर्केस्ट्रेशन और परिपक्व हुआ, अस्सी और नब्बे के दशक में आधुनिक तकनीक और सुरीलापन दोनों के संतुलन का है। साठ के दशक में 'ज्योत से ज्योत जगाते चलो' ने आशा की ज्योत जगाई थी। प्यारेलाल जी बताते हैं कि वे आलंदी, संत ज्ञानेश्वर की समाधि के दर्शन के लिए गए थे। वहाँ भोजन पका रही महिलाओं का गीतों को सुनकर इस गीत की धुन बनाई गई। भैरवी में बनी यह धुन, मानव के आदर्श व्यवहार की ऊँचाई को छूती है। काफ़ी सोच-विचार कर यह धुन बनाई गई लगती है। लता जी और मुकेश दोनों के गाए गीतों के बोल अलग-अलग हैं। दोनों का भावार्थ समान है। मनुष्य के आदर्श आचार और धरती को स्वर्ग बनाने का। 'बंद करो मत द्वार दया का' में परदे पर एक गृहिणी नन्हे ज्ञानेश्वर को देखकर दरवाज़ा बंद करती दिखाई गई है। 'मानव बन गया दानव' यह सत्य सामने आता है। फिर भी प्रेम बाँटते अनाथ ज्ञानेश्वर दिखाई देते हैं। गीता का सार जनसामान्य तक पहुँचाने वाले ज्ञानेश्वर भी यहीं पैदा हुए। मुकेश की आवाज़ से करुणा बरसती है। लता जी की आवाज़ की अनोखी श्रुतियों की बात ही निराली है। 'प्रेम की गंगा बहाते चलो' में 'बहाते,' शब्द के उच्चारण में लता जी 'ब' के गंधार को ज़रा सा शुद्ध रिषभ का स्पर्श देती हैं। मुकेश ऐसा नहीं करते। शायद प्रवाह का अनुभव कराने के लिए ऐसा किया गया हो। पर ऐसा करने से गीत एक अलग ऊँचाई छू लेता है।

लक्ष्मी-प्यारे के युगल गीत एक बड़ा और महत्त्वपूर्ण अध्याय है। संवादात्मक और ओवरलेपिंग पंक्तियाँ और संवादात्मक वाद्यवृंद ने लक्ष्मी-प्यारे के युगल गीतों को बहुत ख़ास बना दिया। लता जी के साथ मुकेश, रफ़ी साहब, मन्ना डे, किशोर कुमार आदि अनेक पुरुष गायकों के साथ गाए गए असंख्य गीतों में कुछ अपवाद छोड़ दें, पर लता जी के स्वर का वर्चस्व महसूस किया जा सकता है।

'पत्ता पत्ता, बूटा बूटा हाल हमारा जाने है' लता जी हलके धीमे स्वर में आरंभ करती हैं। साथ ही ख़ास तरीक़े से बजाया गया, भव्य ठेका आरंभ होता है जिस से गीत कब 'लार्जर दैन लाइफ़' हो जाता है पता नहीं चलता। अनेक तबले और ढोलक साथ बजाए गए हैं पर उनका समन्वय बेमिसाल है। उस विशेष ठेके के कारण गीत ऊँचाई प्राप्त कर लेता है। लता जी 'बू...टा बू...टा' पर महीन हरक़त लेती हैं। 'जाने ना जाने' षडज से धीरे-धीरे मंद्र धैवत पर आकर मुखड़ा विराम लेता है। है तो युगल गीत, पर लता जी ने जिस गहराई से धुन में डूबकर गाया है, श्रुतियों का प्रयोग किया है और सही टाइमिंग की वजह से गीत पर वे ही छाई हुई हैं। 'बेगाना आलम है सा...रा' में लता जी ने जो स्वर लगाया है, कलेजा घायल हो जाता है। 'यहाँ तो कोई हमा... रा... दर्द नहीं पहचाने है'... स्वर की माला लहराती सी धीरे से, सफ़ाई से लता जी धैवत पर लाकर छोड़ देती हैं। उनकी नफ़ासत और सहजता का वर्णन नहीं किया जा सकता।

एक गीत ऐसा भी है जिस में हम तय नहीं कर पाते कि कि गायक स्वरों ने हमें ज़्यादा रुलाया या वायलिन के करुण स्वरों ने! वह गीत है, 'मुझे तेरी मुहब्बत का सहारा मिल गया होता, अगर तूफ़ाँ नहीं आता, किनारा मिल गया होता' गीत का आरंभ रफ़ी साहब की आवाज़ में नायक के करुण क्रंदन से होता है 'दिल शाद था कि फूल' और फिर वायलिन के स्वर...लता जी की आवाज़ में 'मुझे तेरी...' आरंभ होता है, साथी एल.पी. का नामचीन ठेका... गीत किस तरह उठाया जाता है... आप अनुभव कर सकते हैं। वास्तव में गीत के बोल कुछ अनोखे हैं, दो-दो के जोड़े में हैं। 'मुझे तेरी। मुहब्बत का। सहारा मिल। गया होता। अगर तूफ़ाँ। नहीं आता। किनारा मिल। गया होता।' बोल दो के जोड़े में हैं, परंतु गायकों ने गीत का प्रवाह बख़ूबी बनाए रखा है। रफ़ी साहब ने 'मुझे... ते... री' को सुंदर तरीक़े से लंबा खींचा है जिससे दुख सही तरीक़े से व्यक्त होता है। लता जी के स्वर की तीव्रता 'ना था मंज़ूर क़िस्मत को, ना थी मर्ज़ी बहारों' की गाते हुए बढ़ती जाती है। 'नहीं तो इस गुलिस्ताँ में, कमी थी क्या नज़ारों की' में लता जी 'कमी...थी...' में एक ख़ूबसूरत हरक़त लेती हैं। दूसरे अंतरे में यही हरक़त 'फक़त' शब्द पर है जो कुछ रूखा सा है, पर हरक़त की मधुरता कम नहीं होने पाती। 'अग...र तू...फ़ाँ... नहीं आता' दोनों ही गायक बड़ी नफ़ासत से एक साथ गाते हैं, बोल बिखरते नहीं। 'मे...रे बदले तू हँस ले...ती, ते...रे... बदले मैं रो...लेता' केवल रफ़ी साहब ही गा सकते हैं। 'ब...दले' पर धैवत बेहद ख़ूबसूरत है। 'मुझे ए काश, तेरा दर्द सारा मिल गया होता' में 'सा...रा' शब्द रफ़ी साहब सपाट श्रुति में गाते हैं जिससे निराशा पूरी तरह व्यक्त हो जाती है। जैसे-जैसे गीत ऊपर की ओर जाता है, वायलिन बजते हैं। गीत के भाव को ऑर्केस्ट्रेशन किस तरह उभार सकता है, यह गीत इस बात का उदाहरण है। हर अंतरे के अंत में विराम है जिससे ठेका और स्पष्ट हो जाता है।

गीत में अनेक विशेषताएँ हैं। गीत निश्चित रूप से श्रोताओं के मन को छू लेता है।

अस्सी के दशक का फ़िल्म 'सरगम' का गीत *'कोयल बोली'* ज़रा अलग है। *'को...य...ल...'* साक्षात लता जी के स्वर में है। कोयल पंचम स्वर में गाती है, शायद इसीलिए पंचम स्वर से गीत आरंभ किया गया है। पंचम से गीत हौले से गंधार पर आ जाता है। कोयल का पंचम स्वर और लता जी का गंधार एकरूप हो गया है इस गीत में। कोयल का नाज़ुक स्वर कानों को गुदगुदा जाता है। फ़िल्म में जयप्रदा बोल नहीं सकती थीं, लेकिन आज मन की बात कहने जा रही हैं। परंतु नायक व्यावहारिक दुनिया की बात कह रहा है। *'दिल दुनिया में फ़र्क़ है कितना'* कह रहा है। लता जी की पंक्तियों को अलग ही उठान दी गई है। ठेका ही अलग है, जिससे स्पष्ट होता है कि दोनों की दुनिया अलग है। *'ऊपर अंबर नीचे ज़मीं है'* में स्वर ऊपर से नीचे के सप्तक में उतर आते हैं, आश्चर्य नहीं क्योंकि लक्ष्मी-प्यारे यह नहीं सोचें यह तो नहीं हो सकता। साथ-साथ चलते वायलिन और कॉन्ट्रामेलोडीज़ बेमिसाल हैं। *कोयल बोली* के बाद कोयल का स्वर कितना प्यारा लगता है! बहुत परिश्रम से, सोच-विचार कर कोई गीत बनाया जाता है तो उसमें अनेक विशेषताएँ अपने आप आ जाती हैं। चाइम्स की आवाज़ महीन है फिर भी साफ़ सुनाई देती है। *'इतना... ब...ड़ा... घर को...ई नहीं है'* लता जी गाती हैं तो बिना देखे ही घर की भव्यता साकार हो जाती है। भाषा बिना जाने भी भाव समझा जा सकता है। गीत के अंत में जयप्रदा गोल घूमती हैं और सब कुछ एकाकार हो जाता है। *'दुनिया डोली'* गाते हुए यह दुनिया, उनके पैरों की गति, उनकी भावनाएँ और आकर्षण सभी कुछ तीव्र होता जाता है। गीत परम बिंदु पर पहुँच जाता है। लता जी *'कोयल बोली'* ये दो शब्द कितनी अलग-अलग तरह, अलग लय में गाती हैं। प ध नी सा इन चार स्वरों के इर्द-गिर्द सभी स्वर लहरियाँ एकत्र हो जाती हैं। गीत नई ऊँचाई छू लेता है।

फ़िल्म *'एक दूजे के लिए'* के दो युगल गीत *'हम बने, तुम बने एक दूजे के लिये'* और *'हम तुम दोनों जब मिल जाएँगे'* बहुत मधुर हैं। 'हम तुम दोनों' का केनवास विस्तृत और गंभीर है। अपने प्रेम की सच्चाई सिद्ध करने की, अग्नि परीक्षा देने की हिम्मत, अपनी वफ़ा पर गहरा विश्वास और श्रद्धा इस गीत से प्रकट होती है। हम ना भी मिल सके, फिर भी हम इतिहास रचेंगे। यह विचार ही कितना महान है। इस गीत में सानीसारे, सानीसारे फ्रेज़ का उपयोग किया गया है, शुद्ध निषाद, षडज और कोमल रिषभ। ये स्वर एक दूसरे के निकट हैं पर गीत को शोभायमान कर देते हैं। तीनों अंतरे अलग-अलग धुन में बाँधे गए हैं। अंतरे की अंतिम पंक्ति का शब्द न्यास बहुत ख़ास है। गीत काफ़ी कठिन है और लता जी बखूबी गाती हैं। एस. पी. सुब्रमण्यम को गायन कौशल दिखाने का अवसर नहीं है। जहाँ नृत्य के बोल ख़त्म होते हैं, वहीं वायलिन की बहुत ख़ूबसूरत स्वर लहरियाँ हैं। उसके बाद जो वायलिन की स्वर लहरी है, वह आरोही है साथ-साथ अवरोही भी है।

'मेघा रे मेघा रे' गीत में ऑरकेस्ट्रेशन, धुन और गायकी, तीनों हर कसौटी पर खरे उतरे हैं। ऑरकेस्ट्रेशन भव्य है, अंतरों की धुन में विविधता है और साथ है बहुचर्चित एल.पी. ठेका! परदे पर यह गीत बहुत भव्य मालूम होता है। परदे पर ना भी देखें फिर भी गीत से ज़ाहिर है कि यह बरसात चारदीवारी में बंद होकर आनंद लेने की चीज़ नहीं है। अंतिम अंतरा बहुत ख़ास है। 'मन का मयूरा आज मगन हो रहा है' सुरेश वाडकर के स्वर में है, और लता जी कुछ नीचे के स्वर में उनका साथ देती हैं... 'मुझे आज ये क्या सजन हो रहा है'... इन पंक्तियों में वाद्यवृंद बहुत धीमा हो जाता है। एक ओर नायक किसी दूसरी दुनिया की ओर आकर्षित कर रहा है, 'बाबुल का आँगन बिछड़ने लगा है' की मीठी व्यथा है। यह द्वंद्व बहुत ख़ूबसूरती से व्यक्त हुआ है। 'मीठे नश्तर,' का उच्चारण तो बहुत ही प्यारा है।

एक ही गीत के दौरान होती घटनाएँ और परिवर्तन जिस संगीत के माध्यम से प्रकट हो वही असली सिचुएशनल संगीत कहलाता है। वैसे तो इंटरल्यूड्स को दोहराया भी जा सकता है, परंतु लक्ष्मी-प्यारे ऐसा नहीं करते। गीत बहुत सीधा-सादा है 'सारेगमप प ध म रे गा रे मेरे संग मेरे साजना' इस गीत में दायाँ और बायाँ का संतुलन और गूँज लाजवाब है। ताल कहरवा है, पर ज़रा अलग, एक समान वज़न से बजाई गई है। गीत में, हेमामालिनी और शशि कपूर के बीच जो संवाद ज़ारी है, वाद्यवृंद उसके साथ पूरी तरह मेल खाता है। जब नायिका नायक को नृत्य सिखाने लगती है तो गिटार के फ्रेज़ हैं, यही नहीं, अंतिम अंतरा, पहाड़ों और झरने के बीच है, तब अलग तरह का संगीत है। एक ही गीत में कितनी विविधता! लता जी आलाप अधूरा छोड़ती हैं तो किशोर कुमार उसे तुरंत उठा लेते हैं, तब परदे पर हेमामालिनी गिरने लगती हैं और शशि कपूर उन्हें थाम लेते हैं। कितनी बारीकी से, कितने ध्यान से काम किया गया है! किशोर कुमार ने शत-प्रतिशत शशि कपूर के मूड के हिसाब से गाया है, मानो वे खुद ही गा रहे हों! *ध म ध, पागल से, म रे म, फिरते हैं, ले के तेरा ढंग तेरे साजना* बेमिसाल गाया है किशोर दा ने, और शशि कपूर का जीवंत अभिनय... शब्दों का उच्चारण। वाह...कमाल है!

लक्ष्मी-प्यारे के युगल गीत केवल युगल गीत नहीं होते, तीसरी महत्त्वपूर्ण बात है ऑरकेस्ट्रेशन! 'ये दिल तुम बिन कहीं लगता नहीं, हम क्या करें' थोड़ा लता जी का, थोड़ा रफ़ी साहब का और उतना ही ऑरकेस्ट्रेशन का भी गीत है। वायलिन समूह को इस गीत से अलग किया ही नहीं जा सकता। जितनी बार इस गीत को याद किया जाता है, उतनी ही बार उन वायलिंस को भी किया जाता है। गीत के आरंभ से ही लता जी की आवाज़ में एक प्रकार का आग्रह है, निश्चय है। अगर प्रेमिका को पहले प्रेम का इज़हार करना ज़रूरी हो जाए तो उसकी आवाज़ का कुछ अलग होना लाज़मी है। यह आवाज़ उसी तरह की है। प्यारेलाल जी ने कई बार कहा है कि उन्होंने लता जी, रफ़ी साहब, किशोर दा और मुकेश को आवश्यकता

के अनुसार अलग-अलग तरह की आवाज़ लगाने को कहा है, यह बात इस गीत से स्पष्ट हो जाती है। देखा जाए तो तबले पर सीधा सा दादरा है, पर कुछ इस अंदाज़ से बजाया गया है कि ...मुँह से निकल पड़ता है क्या बात है! 'तुम्हीं कह दो अब ए जाने वफ़ा हम क्या करें' क्या पर महीन सी तान है जिसकी टाइमिंग का पता लगाना मुश्किल है!

लता जी की शुरुआत ही इस गीत में ज़बरदस्त है जो रफ़ी साहब के हिस्से में आई भूमिका पर भारी पड़ती है। 'तुम', और 'हम' का उच्चारण लाजवाब है। 'तुम्हीं' पर महीन सी तान है। 'अब ए जाने वफ़ा' में 'ए' पर रिषभ को स्पर्श करती बहुत प्यारी स्वरावलि है। पहले अंतरे के बाद 'किसी के' के बाद एक विराम है और उसके बाद तबले की बहुत ख़ूबसूरत उठान है। इस गीत का उत्कर्ष बिंदु है एम 2 अर्थात दूसरे अंतरे के पहले वाला संगीत। यहाँ वायलिंस के जो पीस हैं, प्यारेलाल जी की जितनी तारीफ़ की जाए कम है। इस पीस की अंतिम दो मात्राओं में जिन कलाकारों ने अपनी कारीगरी दिखाई है, सभी प्रशंसा के हक़दार हैं। मुहब्बत कर तो लें लेकिन मुहब्बत रास आए भी। दिलों को बोझ लगते हैं कभी जुल्फ़ों के साए भी। दुनिया की वास्तविकता के बीच प्रेम करना कठिन है। जो इस प्रेम का मूल्य जान सके प्रेम उसी को समर्पित किया जाना चाहिए। और भी ग़म हैं ज़माने में, मुहब्बत के सिवा कुछ ऐसा भाव इस गीत में है।

व्यथित प्रेमी की आवाज़ की थरथराहट रफ़ी साहब ने सही सही व्यक्त की है। 'तुम्हारे दिल में क्या है, बस इतना पता दे दो' पंक्ति में 'दिल में' के उच्चारण में तीव्र मध्यम खनकदार और स्पष्ट है और उसके साथ ही शुद्ध मध्यम! स्वरों का स्वभाव नहीं होता, गायक कलाकार की आवाज़ और गायकी से स्वरों का स्वभाव समझ आता है। 'बुझा आग दिल की', में आ...ग का गंधार दाहक क्यों मालूम होता है? इसका कारण गायकी है। 'इसे खुलकर हवा दे दो' गाते हुए 'हवा दे दो' में 'ह' पर साँस तेज़ी से छोड़ी गई है। यह लता जी की कुशलता है कि वे श्रोता को हवा का अनुभव करा देती हैं। अन्य किसी के लिए ऐसा उच्चारण करना आसान नहीं है।

एल.पी. ने कुछ बेहद मीठे, तरल युगल गीत भी बनाए हैं ऐसे भावपूर्ण गीतों में पहली पायदान पर 'तुम गगन के चंद्रमा हो' है। किसी सुंदर साफ़ झील सा निर्मल, मासूम और समर्पित प्रेम का वर्णन है इस गीत में। पवित्र गायक स्वर और प्रवाहमय मीठी धुन! 'तुम ग...गन' पंचम से तीव्र मध्यम कितना मधुर लगता है। वायलिंस जैसे महासागर की गहराई का अनुभव करा देते हैं। 'तुम महासागर की सीमा, मैं किनारे की लहर' के बाद 'तुम क्षमा में' एक बारगी ऊपर का सा आसानी से आ जाता है। फिर मैं गंधार है और षडज पर हौले से पंक्ति पूरी हो जाती है। फिर वहीं से 'तुम ग...गन' आरंभ हो जाता है। कितनी सुंदर, सधी, धुन है। उसका अपना

एक आकार है, ठहराव है। दो मध्यमों की करामात है। चंद्रमा, धरा, सुधा, क्षमा आदि शुद्ध हिंदी के शब्दों के धन से गीत संपन्न हुआ है। गीत में दो ही अंतरे हैं। दूसरे अंतरे में लता जी के मधुर आलाप और वायलिंस का सुमधुर मेल है, सितार और बाँसुरी का अलौकिक टाइमिंग का टेल पीस है। रूपक ताल का अनोखा ठेका है। आँखें बंद कर यह गीत सुनें, आप इसमें खो जाएँगे। 'महा...सा...ग...र' को हौले से नीचे लाते हुए किन अलौकिक श्रुतियों का उपयोग किया गया है यह ना सोचें। आँसू बहें तो रोकिए मत।

इक प्यार का नग़मा है,
मौजों की रवानी है,
ज़िंदगी और कुछ भी नहीं,
तेरी मेरी कहानी है,

श्रोताओं के दिल को छू लेता, आँखें बरबस नम कर देता यह युगल गीत लक्ष्मी-प्यारे के गीतों के ख़ज़ाने का तेजस्वी रत्न है। आरंभिक वायलिंस के पीस से ही गीत ख़ास ऊँचाई छू लेता है। स्वरों में एक ठहराव है जो इनसान रिश्तों में भी चाहता है। गीत में एक सुकून मिलता है। सीधी सी धुन है और सौम्य ऑर्केस्ट्रेशन है। कहीं कुछ उलझन नहीं है, है तो एक वादा, ज़िंदगी सिर्फ़ हमारी कहानी है, हम एक दूसरे का सहारा हैं।

कुछ पाकर खोना है, कुछ खोकर पाना है
जीवन का मतलब तो, आना और जाना है

कितना कुछ कह जाती हैं ये दो पंक्तियाँ! '*दो पल के जीवन से, एक उम्र चुरानी है*' अगर चाहे तो इनसान दो पल में सारी ज़िंदगी जी सकता है, कभी क़िस्मत ऐसा भी खेल खेलती है कि पूरी ज़िंदगी में ऐसे दो पल भी नहीं मिल पाते! वायलिंस, कोरस और लता जी और मुकेश जी की दिल हिलाकर रख देती आवाज़ इस गीत को अनोखी ऊँचाई दे गए हैं। '*आँखों में समंदर है*' गाकर लता जी समंदर पार कर जाती हैं। हर शब्द सोच-समझ कर गाया गया है। '*ज़िंदगी औ...र कुछ भी नहीं*' में '*औ...र*' को ज़रा सा लंबा खींच कर कुछ ज़रा जल्दी लिया गया है। मेरी तुम्हारी प्रेम कहानी के अलावा इस दुनिया में और कुछ भी महत्त्वपूर्ण नहीं है, यह भाव उभर कर सामने आता है।

इसी दशक का एक और कुछ अलग पर बहुत लोकप्रिय युगल गीत है '*मैं ना भूलूँगा*'। आरंभ के दो अंतरे एक ख़ास धुन और लय में हैं। पर तीसरे अंतरे से एक विलंबित संवाद '*बरसता सावन हो*' से आरंभ होता है। कभी आगे-पीछे,

कभी एक दूसरे के साथ, कई तरह के कॉम्बिनेशन्स हैं, इन्हें लेकर अर्थपूर्ण मधुर गीत बनाना आसान नहीं रहा होगा। मुकेश जी की गाई पंक्तियाँ लता जी दोहराती हैं तो बहुत ख़ूबसूरती से।

गीत किस तरह फ़िल्माया जाना है इस बात की जानकारी संगीतकार को होना बहुत ज़रूरी है। लक्ष्मी-प्यारे के गीतों में उनका फ़िल्म माध्यम का ज्ञान साफ़ झलकता है। 'सुन जा, आ ठंडी हवा, आहा थम जा, ए काली घटा' युगल गीत का आनंद परदे पर देखें, और सुनें तब अधिक आता है। परदे पर राजेश खन्ना और तनूजा पेड़ पर बँधे हेमक में झूलते हुए यह गीत गाते हैं। आराम से लेटकर! कि झूले की गति का अनुभव गीत में होना लाज़मी है। ताल का ढाँचा कुछ अलग और दमदार है। उसी से गीत की टोन बदल जाती है। 'सुन जा, आ ठंडी हवा' के उच्चारण में लता जी 'ठ' और 'ह' का उच्चारण कुछ ज़ोर से साँस फेंक कर करतीं हैं जिसकी ठंडक से श्रोता सिहर उठते हैं। उच्चारण का कमाल है सब। लता जी और किशोर दा की जोड़ी इस गीत की मौज-मस्ती और बिंदासपन के लिए ख़ूब जमी है। किशोर दा की तो आवाज़ में ही मौज-मस्ती भरी थी! कमाल की आवाज़ थी उनकी। आरंभ में बजते वायलिंस मौज-मस्ती का वातावरण बना देते हैं। हेमक पर मस्ती से झूलते नायक–नायिका का प्रतिबिंब गीत में आसानी से देखा जा सकता है।

'हम आज दोनों अकेले हैं, सुन बावरी शोर यूँ ही मचाना ना तू' किशोर दा जिस स्वर पर छोड़ते हैं, लता जी ठीक वही स्वर पकड़ कर 'जो नींद आ जाए सैयाँ की बैयाँ में, तो ज़िंदगी भर जगाना ना तू' गाती हैं। जैसे झूला जितना इस पार जाए उतना ही उस पार जाए। दो बार किशोर दा की पंक्ति अलग स्वर पर ख़त्म होती है, उसी स्वर से, मानो झूले की डोर टूट नहीं जाए, लता जी अपनी पंक्ति गाती हैं। वे बोलों को भी झूला सा झुलाती हैं। ऐसा गीत कंपोज करना, ऐसा पैटर्न बनाना केवल प्रतिभाशाली संगीतकार ही कर सकते हैं। दूसरे अंतरे के म्यूज़िक पीसेस में भी और बदलाव हैं जैसी कि एल.पी. की प्रथा रही है। प्यारेलाल जी हर बार एक जैसे म्यूज़िक पीस रखें तो यह तो ऐसा ही हुआ कि प्रख्यात चित्रकार राजा रवि वर्मा हर बार एक ही स्त्री के चित्रों को दोहराएँ! उनकी तूलिका के लिए यह जितना अपमानजनक है, वैसे ही प्यारेलाल जी का एक जैसा संगीत दोहराना उनके सम्मान के ख़िलाफ़ है। 'पर याद रखना ये बातें किसी और से जा के बैरन तू' कहना नहीं पंक्ति 'बैरन' तक एक ही स्वर में है। यह षडज कैसा झिलमिलाता है! उसकी खनक कानों में गूँजती रहती है।

अच्छा तो हम चलते हैं युगल गीत ने संवादात्मक, वास्तविकतावादी गीतों की नींव रखी। स्वाभाविक संवाद, सवाल जवाब, गीतों में कितनी मधुरता से व्यक्त किए जा सकते हैं, यह गीत एक उदाहरण बन गया। उसके बाद तो यह स्टाइल

चल निकला। *'फिर कब मिलोगे? जब तुम कहोगे, ओ हो, मेरी तो घड़ी बंद है'* जैसे संवाद साहित्यिक तो नहीं कहे जा सकते, पर यह जन सामान्य की भाषा है। ये संवाद सीधे सादे, सच्चे हैं। *'सावन का महीना, पवन करे सोर'* गीत से अधिक आरंभ के *'अरे बाबा शोर नहीं, सोर'* संवाद बहुत पसंद किया गया।

लता जी की अलौकिक सुरीली आवाज़, उसका टोनल लचीलापन, आवाज़ को कम अधिक तीव्रता से फेंकने की क्षमता, इन सब विशेषताओं का उपयोग तो एल.पी. ने किया, साथ ही रिकॉर्डिंग की आधुनिक तकनीक का भी उपयोग करके उनकी आवाज़ की विशेषताओं को उभारा। फ़िल्म *'दाग़'* के गीत लता जी के अनुकूल बनाए गए थे। *'जब भी जी चाहे नई दुनिया'* गीत साहिर लुधियानवी की तेज़ तीखी शायरी थी, तो वैसी ही तीखी धुन भी लाजिमी थी। गीत में जो विचार रखा गया है वह भी तीखी वास्तविकता है, सो तीखी आवाज़ की भी दरकार थी। लता जी ने जिस तीखे लहज़े में यह गीत गाया है, कि सीधे कलेजे पर वार करता है। रिकॉर्डिंग की आधुनिक तकनीक का प्रयोग करके आवाज़ को और भी तीखा बनाया है। ऐसी कलेजे को चीरती शायरी, ऐसी आवाज़, भव्य पर सीमित ऑर्केस्ट्रेशन, सब सम्मिलित रूप से गहरा प्रभाव छोड़ते हैं।

जब भी जी... चा...हे में 'चा' का आकार, स्वर, पंचम, और दुनिया के बाद धैवत बहुत सटीक तरीक़े से लगाया गया है। इस गीत के मुखड़े से ही एल.पी. की शैली साफ़ झलकती है। मुखड़े की सबसे महत्त्वपूर्ण पंक्ति है *'एक चेहरे पे कई चेहरे लगा लेते हैं लोग'*। इसलिए इसे उठाते हुए ढोलक के एक ख़ास पिक अप का प्रयोग किया गया है। गीत की यह पंक्ति श्रोताओं के मन में समा जाती है, यही संगीतकारों का कौशल है। *'अब हैं पत्थर के सनम'* में लता जी आवाज़ की तीव्रता को कुछ संयमित कर लेती हैं। नायिका को अपनी भूल का और हार का अहसास हो रहा है। यह पंक्ति कुछ नीचे के स्वरों पर है, तभी उद्वेग और खीझ उफन पड़ती है। *'वो ज़माना अब कहाँ जो अहले दिल को रास था'* ऊँचे और आक्रामक स्वर में है। गीत श्रोताओं को बेचैन कर देता है।

कुछ गीतों के बोलों के ख़ास अर्थ को स्पष्ट करने के हिसाब से उनको कंपोज किया जाता है। *'जी... वन डो...र तुम्हीं संग बाँधी में डो...र...'* शब्द को एक ख़ास तरीक़े से खींचा गया है। *'बाँधी'* शब्द को षडज पर रखा गया है जिससे गाँठ पक्की बँधी सी लगती है। इस गीत के अंतरे की अंतिम पंक्ति *'तेरे चरण की मैं दासी रे'* में *'दासी'* बहुत सुंदर तरीक़े से नीचे की ओर आती है। *'बहुत दिन बीते'* गीत में *'ब...हु...त'* को खींचकर बहुत समय बीत जाने के भाव को प्रकट किया गया है।

'चलो सजना जहाँ तक घटा चले' एक शानदार गीत है। ठेका बहुत ख़ूबसूरत और शानदार है। *'च...लो...'* को सुंदर तरीक़े से झुलाया गया है। सफ़र ज़ारी रहना

है इसलिए गीत भी ज़ारी रहता है, हमेशा जिस तरह गीत समाप्त होते हैं वैसा यहाँ नहीं होता। कभी ध्यान से सुनिए।

गाँव के लोग कैसे बोलते हैं, बात करते हैं, उनका लहजा कैसा होता है इस बात का लक्ष्मी-प्यारे को गहरा अभ्यास था। *'दिल विल प्यार व्यार'* सुनिए। *'जानू तो जानू'* पर लता जी ख़ास ग्रामीण तरीक़े से ज़ोर देकर गाती हैं।

'जब भी जी चाहे' की तरह एक गीत और है जो श्रोताओं को हिला देता है, वह है – *'जाने क्यों लोग मुहब्बत किया करते हैं'*। गीत आरंभ होता है –*'इस ज़माने में, इस मुहब्बत ने, कितने दिल तोड़े, कितने दिल फूँके'* से। क्यों लोग सब कुछ जानकर भी दीवाने पतंगों की तरह खुद को शमा पर कुरबान कर देते हैं? क्यों लोग प्यार करके दर्द मोल लेते हैं? गीत की इसी पंक्ति को स्थापित किया गया है। पहले अंतरे की पहली पंक्ति है – *'तनहाई मिलती है, महफ़िल नहीं मिलती'* पर तनहाई अचानक नहीं आती! इससे पहले पूरी शांति है, एक भी म्यूज़िक पीस नहीं है। एक शांत लय में मेंडोलिन के स्वर हैं और लता जी के स्वर में मीठी गुनगुनाहट है। बस इतना ही एम 1 है। पूरे गीत में बड़े संयम से ऑर्केस्ट्रेशन को दूर रखा गया है। *'उलफ़त में लोगों का, यही अंजाम होता है'* के बाद जो सारंगी का पीस है, कलेजे को भेद जाता है। *'बे मुर्व्वत है, बेवफ़ा है वो जैसी बदनामियाँ'* लता जी की आवाज़, और सारंगी के स्वरों से श्रोताओं को बींध देती हैं। परदे है लीना चंदावरकर का सुंदर चेहरा, और लता जी की परिपक्व आवाज़, जो आपस में मेल नहीं खाते। वे निश्चय ही बहुत खूबसूरत लगी हैं। गीत में कड़वे अनुभव के कारण जो समझदारी आ जाती है, उसकी चर्चा है, दार्शनिक ज्ञान है, उसका और नायिका की चंचलता का कोई मेल नहीं बैठता।

फ़िल्म 'उपहार' में अल्हड़, चंचल और अबोध नायिका का चरित्र जया भादुड़ी ने बखूबी निभाया है। उसे स्त्री-पुरुष संबंधों के बारे में पता नहीं है। इस मयूर पंखी कोमल अनुभव से वह अनजान है। प्रिय के दूर चले जाने के बाद उसे प्रिय के अस्तित्व का अनुभव होता है। *'सूनी रे नगरिया, सूनी रे सजरिया, भये परदेसी, मोरे सँवरिया'* गीत को संगीत से सजाते हुए यदि व्याकरण की दृष्टि से छोटी-बड़ी मात्राओं का हिसाब किया जाता तो 'नगरिया' को 'नगरि...या' किया होता। पर तब नायिका अल्हड़पन स्पष्ट नहीं हो पाता। छोटे बालकों की तरह से इसे 'नग...रिया ' रखा गया है। ग को लंबा खींचा गया है। नायिका की उम्र और अपरिपक्वता इससे झलकती है। 'नग...रिया' के कारण गीत की मासूमियत बरक़रार रह पाई है। बाल सुलभ उच्चारण है। परंतु 'भये परदेसी मोरे साँवरिया' में अलग ही भाव बिंबित होता है।

'सुनो सजना, पपीहे ने' बहुत तबीयत से, बड़े इत्मीनान से गया, शानदार स्वरों का राजमहल है। आरंभ होता है पंछियों की चहचहाहट से। फिर सुरीला आलाप

है। यह शीर्षक गीत है, स्वाभाविक रूप से बहुत महत्त्वपूर्ण है। '*आए दिन बहार के*' के बाद वायब्रोफ़ोन और वायलिंस का सुरीला झोंका है। उन स्वरावलियों से सुंदर, रंग-बिरंगी बहार का आगमन स्पष्ट हो जाता है। अंतरे के तीनों ही म्यूज़िक पीसेस की रचना बहुत सोच-समझ कर की गई है। उनका अंत बेहद ख़ूबसूरत है। हरि जी के चार मात्राओं वाले अद्वितीय पीस के क्या कहने! साँस थम जाती है! अंतरे में, लता जी ऊपर के षडज पर थम जाती हैं, और उसी में एक षडज और जोड़ देती हैं। सा...सा ऐसे। सा को ऐसे ही खींचा जा सकता था पर एक सा और जोड़ने से सुंदरता दस गुना बढ़ जाती है। '*घड़ियाँ पिया मि...लन की*' में लता जी की तान दिव्य है। उस तान के तुरंत बाद नज़दीक शब्द ऊपरी सा पर है जिसे गाना बेहद मुश्किल है। तान के बाद भी नज़दीक का वज़न कम ज़्यादा नहीं होता। परदे पर भी यह गीत सुकून देता है। ख़ूबसूरत मौसम, फूलों का हिंडोला और प्रिय का साथ! क्यों ना ऐसा लगे के *जी चाहा यहीं रख दें, उमर सारी गुज़ार के।*

जहाँ कहीं भी भव्य पृष्ठभूमि हो, शानदार फ़ोटोग्राफ़ी हो, एल.पी. का संगीत खिल उठा है। जहाँ भी ऐसा मौक़ा मिला, एल.पी. ने पूरी क्षमता से अपना हुनर दिखाया है। ऐसे कई गीत हैं जिन्हें देखकर और सुनकर हमें लगता है कि यहाँ लक्ष्मी-प्यारे के अलावा और कोई हो ही नहीं सकता। फ़िल्म '*सरगम*' का '*परबत के इस पार*' धुन, गायकी, अरेंजिंग और फ़िल्मीकरण के हिसाब से लाजवाब है। नायिका जयप्रदा को ऐसा लगता है कि सारी कायनात उनके साथ गा रही है, नाच रही है पर यह सपना टूट जाता है। पूरे गीत में सितार, गिटार और फ़्लूट का क़माल है। डफ और घुँघरू तरंग का मेल है। सुरीले समूह स्वर के फ़्रेज़ेस हैं, और सबसे ऊपर है लता जी की आवाज़! '*पा...य...ल...की झनकार*' गाते हुए सा रे ग... तार सप्तक के हैं, परंतु पा का इकार, की का ईकार, झनकार का आकार साफ़, स्पष्ट और अचूक है। '*गूँज उठी छन छन छन*' गाना आसान नहीं है। साँस का तगड़ा होना ज़रूरी है । पूरी धुन को अरेंजिंग से और भी खिला दिया है। वायलिंस के रन्स तीनों सप्तकों में दौड़ते हैं, तो श्रोता खुशी से रोमांचित हो जाते हैं।

> *उड़ के पवन के, संग चलूँगी*
> *मैं भी तुम्हारे संग चलूँगी*
> *रुक जा ए हवा, थम जा ए बहार*

यह गीत भी बहुत इत्मीनान से बनाया गया था। गीत पूरे आठ मिनट का है, पर आरंभ में केवल तानपूरा सुनाई देता है। धीरे-धीरे जैसे प्रकृति की नींद खुले, ऐसे हौले-हौले वाद्य बजने लगते हैं। '*रुक जा*' की पुकार आती है। '*उड़ के पवन के संग चलूँगी*' में ताल ऐसी है मानो कोई उछल रहा हो। हर दो चार क़दम के बाद उछलना, चक्कर लगाना, '*मैं हिरनियाँ*' कहती सायरा बानो की अदा है। '*जो तेरी*

ताल में है, वही मेरी चाल में है' सायरा बानो बहार से कहती हैं। कुछ सपाट, पतली और शोख आवाज़ में लता जी ने इसे गाया जो सायरा बानो पर बिलकुल फ़िट बैठी। इस गीत में रिद्म कई बार बदलती है और कई विराम हैं। *'रुक जा ऐ हवा, थम जा ऐ बहार'* में हवा और बहार के बाद वायलिन की स्वरावलि का परदा सा है। झोंका सा है। क्या है ये? *'रुक जा'* का स्वर... वह षडज... कैसा है इसका उच्चारण? हम इन हिसाबों के चक्कर में नहीं पड़ें तो ही बेहतर है। लता जी कभी तो षडज सीधा लगाती हैं, कभी झुलाती हैं। कभी *'जा...जा...'* कहती हैं। स्वर तो उनके गुलाम हैं, वे जैसा चाहे उन्हें नचा सकने की हक़दार हैं।

लता जी के लिए ख़ास तौर से कैबरे साँग बनाना और उन्हें गाने के लिए राज़ी करने का चमत्कार भी लक्ष्मी-प्यारे ने कर दिखाया। *'आ जाने जाँ'* अलग ही ढंग का गीत है। लता जी को इस गीत के लिए अपनी कुलीनता को कम स्तर तक लाना पड़ा। *'ओ ज़ालिम आ जा ना'* के बाद शोरगुल के बीच से, अँधेरे से निकलते स्वर *'आ...जाने... जाँ'*! ये बोल और गिटार की संगत! बेहद प्यारा गीत है। किसी गीत का छोटा सा मुखड़ा भी गीत को कितना मधुर बना सकता है देखना है तो सुनिए... *'बिंदिया चमकेगी'*। *'गी'* को हौले से कैसे ऊपर उठाया गया है। देखिए। मुमताज का शोख अभिनय, लय और सम के विभ्रम का आनंद लीजिए।

ताल को कुछ अलग तरीक़े से पेश करने पर गीत की रंगत कुछ और बढ़ जाती है। *'भोर भई पनघट'* पर इसी तरह का अलग ही गीत है। इस गीत का ताल कुछ ख़ास है। *'नटखट'* शब्द का उच्चारण एक अलग ही खटके में किया गया है। इस वज़न से उच्चारण किया गया है कि और किसी के लिए नक़ल करना मुश्किल है। ताल कुछ टेढ़ी-मेढ़ी हो भी गीत को सरल कैसे बनाया जा सकता है, यहाँ देखा जा सकता है। शास्त्रीय संगीत में कोई राग बहुत कठिन होता है, कम गाया जाता है फिर भी कुशल गायक उस राग को अपने बस में कर लेता है, और श्रोताओं को लगता है कि ऐसा कठिन तो यह राग नहीं लगता! ऐसा ही यह गीत है। कठिन है पर लता जी की कुशलता ने इसे सरल बना दिया है। गीत में कठिनाई कहाँ है? *'उड़े पवन झकोरा'* यह तार पंचम स्वर में है। तुरंत ही नी ध ये स्वर मध्य सप्तक के हैं जो गाना कठिन है। उसके ठीक बाद पर्वत शिखर सी चढ़ाई है। *'चोरी चोरी चुपके चुपके, सब की आँखों से छुपके'* यह स्वरों की चढ़ाई कोमल गंधार से लेकर तार पंचम तक एक साँस में है। यदि कार्यकाल के इस पड़ाव पर ऐसा कठिन गीत ना भी बनाते और गाते, फिर भी लक्ष्मी-प्यारे और लता जी की शान में कोई फ़र्क़ पड़ने वाला नहीं था। परंतु कलाकारों को सृजन की लगन चैन नहीं लेने देती। वे सदा, लगातार बेहतर से बेहतरीन सृजन में लगे रहते हैं। *'सनम राह भूले, यहाँ आते-आते'* जैसे अलग ही पैटर्न का गीत जन्म लेता है तो कभी *'ये कैसा ग़म और दूरी ना रहे कोई'* जैसे गीत बन जाते हैं।

'*कोई नहीं है, फिर भी है मुझ को, क्या जाने किसका इंतज़ार*' गीत का रिद्म पैटर्न अलग ही है। पर पूरे गीत में उसी का उपयोग नहीं किया गया है। अंतरे में धुन अलग वज़न की है, तो रिद्म का पैटर्न दूसरा है। गीत की धुन उच्च स्तर की है। '*कोई नहीं है का*' तार गंधार, उसका वज़न, उसे कितने समय तक प्रोजेक्ट करना है, सभी कुछ अद्वितीय है। '*छुए जो डाली बहार की*' में स्वरों की फिरत ही संगीतकारों की प्रतिभा का परिचायक है। '*कौन है, ऐ हवा, ऐ बहार*' के स्वर संयोजन का अभ्यास किया जाना चाहिए। यही पंक्ति फिर मुखड़े पर लौट आती है। ताल की विविधता, बुद्धिमत्ता और गायिका की आवाज़ की क्षमता का पूर्ण उपयोग, यही इस गीत का वर्णन हो सकता है।

अस्सी के दशक में, '*एक दूजे के लिए*' का संगीत बेहद मक़बूल हुआ था। फ़िल्म तो हिट थी ही लेकिन गीत-संगीत भी बहुत लोकप्रिय हुआ। सपना और वासु, दो अलग-अलग भाषाएँ बोलने वाले और दो अलग प्रांतों के प्रेमी जीव थे। एल.पी. के संगीत ने उनके प्यार की भाषा को स्वर दिया। राग शिवरंजनी के स्वरों में '*तेरे मेरे बीच में, कैसा है ये बंधन*' अस्सी के दशक में भी लता जी के स्वरों और गायकी की क्षमता दर्शा गया। '*अं...जा...ना*' में तार गंधार की तान जैसी साफ़, गोल लता जी लेतीं हैं, कोई वाद्य उसे छू तक नहीं सकता। संगत करना तो दूर की बात है। '*मैंने नहीं जाना, तूने नहीं जाना*' जैसे आसमान से नीचे उतरती सीधे गंधार पर आ जाती है। तब ढोलक ज़रा मंद पड़ जाती है, फिर एक अनोखे आकर्षक पिक अप से फिर आरंभ होती है। वाद्यवृंद संयोजन में इस तरह भाव प्रदर्शन किया जा सकता है। परदे पर भी हर वाद्य उपयुक्त दृश्य में ही सुनाई देता है। दो चट्टानों के बीच फेनिल लहरें बाँसुरी के साथ दिखाई देती हैं। बाँसुरी खर्ज से आरंभ होती है, स्वर लहरियों के साथ ऊपर उठकर अंतरे में समा जाती है। हरि जी का यह तीन सप्तकों को छूता बहुत दुर्लभ पीस है। भगवान वामन ने तीन क़दमों में पूरी पृथ्वी नाप ली थी, ऐसी पौराणिक कथा है। यहाँ हरि जी तीन मात्राओं में तीन सप्तक नाप लेते हैं। यह पीस हिंदी फ़िल्मों के संगीत का अनुपम रत्न है। शुद्ध गंधार से कोमल गंधार में आना आसान नहीं है! अंतिम अंतरे में बाँसुरी के पीस की फिरत अलौकिक है। कठिन मेहनत और अभ्यास से ही ऐसा दैवी वरदान प्राप्त होता है। हम अवाक हो कृतज्ञता पूर्वक सुनते रह जाते हैं। वायलिंस भी क्रोमेटिक स्वर ले लेते हैं। इतना सब कुछ होने पर भी कंठ स्वर को कोई हानि नहीं पहुँचती। लता जी के शुद्ध कोमल गंधार और बाँसुरी के शुद्ध कोमल गंधार की जुगलबंदी सी सुनने का सौभाग्य प्राप्त होता है।

इसी फ़िल्म का एक और गीत बहुत लोकप्रिय हुआ था '*सोला बरस की बाली उमर को सलाम*'। प्रेमी जन केवल यादों के सहारे जीते हैं। प्यार के पल उनके लिए सब कुछ होते हैं। उन्हीं पलों में वे पूरी ज़िंदगी जी लेते हैं। उन्हें मौत का भी

भय नहीं होता। वे ज़िंदगी कुरबान करने के लिए तैयार होते हैं। जिस पल दिल दिया और लिया जाता है, मिलन और बिछड़ना होता है उस पल को, पहली नज़र को सलाम! जहाँ जवान हुए, बदनाम हुए, उन शहरों और गलियों को सलाम! प्रेम के दुश्मनों ने जिसे झुकाने की कोशिश की पर जो झुकी नहीं उस स्वाभिमानी नज़र को सलाम! हिम्मत को सलाम! अहीर भैरव पर आधारित यह गीत सुनकर आँखें नम हो जाती हैं। गीत की नायिका अल्हड़, चंचल भी है, और प्रेम को गंभीरता से भी देखती है। यह सफ़र मन से आरंभ हो कर वहीं ख़त्म भी होता है। यादगारों को सलाम करता है। राग अहीर भैरव के स्वर प्रेम को किस ऊँचाई पर पहुँचा देते हैं!

लता जी के एकल गीतों में, *'मैं तुलसी तेरे आँगन की'*, *'आँखियों को रहने दे'* और *'दिये जलाए प्यार के'* जो पियानो के स्वरों से सजाया गया है।

लक्ष्मी-प्यारे ने रफ़ी साहब को अनेक मधुर गीत दिए। शुरुआत के दिनों में, *'चाहूँगा मैं तुझे साँझ सवेरे'* और *'आने से उसके आए बहार'* आदि रफ़ी साहब के गाए गीतों ने लक्ष्मी प्यारे को स्थापित कर दिया। *'चाहूँगा मैं तुझे'* के अंतरे में *'देख मुझे सब है पता, सुनता है तू, दिल की सदा'* पंक्ति जब दोहराई जाती है तो जो कॉर्ड्स लगते हैं, प्यारेलाल जी की बुद्धिमानी की तारीफ़ किए बिना हम नहीं रह सकते। कोमल रिषभ के साथ वह कॉर्ड इस गीत का वैभव है। रफ़ी साहब की आवाज़ में क्या दर्द है! इस गीत को रफ़ी साहब ने आरंभ से ही क़ातर, व्यथित आवाज़ में गाया है। *'दिल की सदा'* के तो कहने ही क्या! पर पूरे गीत में जो *'फ़ील'* आया है, बहुत महत्त्वपूर्ण है। *'दर्द भी तू, चैन भी तू, दरस भी तू, नैन भी तू'* गीत की धुन से बहरी आँखों और मन की आँखों का संदर्भ पूरी तरह व्यक्त होता है। गीत का अंत *'आवाज़ मैं ना दूँगा'* भावपूर्ण गंधार से किया गया है... रफ़ी साहब ने जिसे बख़ूबी अंजाम दिया है। इसी फ़िल्म के *'राही मनवा दुख की चिंता क्यूं सताती है'* और *'जानेवालों ज़रा'* ने रफ़ी साहब के कार्यकाल के लिए भी बहुत महत्त्वपूर्ण योगदान दिया है। *'राही मनवा'* में रफ़ी साहब की आवाज़ उत्साहित, आशावादी और निश्चय से भरपूर है। गीत का ठेका भी अनुकूल, उमंग भरा है। सुख तो परछाई है, कभी भी छोड़कर जा सकता है। दुख ही सच्चा साथी है। अपना शब्द का इतना सही उच्चारण रफ़ी साहब ही कर सकते हैं। हमारा अपना कोई तो है। हमराह तेरे कोई अपना तो है... वाह क्या बात है! *'कोई जब राह ना पाए'* भी सकारात्मक सोच से भरा गीत है।

'तेरे ना...म का...दीवाना' में रफ़ी साहब के स्वरों का ठहराव, *'दीवाना'* पर जो निषाद है, बहुत मोहक है। रफ़ी साहब यही जगह सा ग नी, गंधार का कण स्वर लगा कर लेते हैं तो और भी मधुर लगता है। कविता की दृष्टि से बहुत प्रवाहमान, सिचुएशन के हिसाब से बिलकुल सटीक, पर सामान्य सा गीत जानकर इसे अधिक

महत्त्व नहीं दिया गया... वह सिचुएशनल सांग है 'बड़े मियाँ दीवा...ने... ऐसे न बनो!' बड़ा मज़ेदार सा गीत है। किसी सुंदरी को पटाने पर तुले बूढ़े आई.एस. जौहर और उन्हें लड़की पटाने का गुरु मंत्र सिखाते जॉय मुखर्जी...! 'उजले बालों को रंग डालो, बन जाओ गुलफ़ाम' में 'गुलफ़ाम' का उच्चारण कितना रंगीला है! गीत में वास्तविक ध्वनियों का, आई.एस. जौहर कसरत करते हुए लड़खड़ाते हैं, सभी आवाज़ों का, उसी तरह संगीत के पीस देकर सही उपयोग किया गया है। सिचुएशनल सांग बनाने के लिए एल.पी. सबसे कुशल संगीतकार रहे हैं। 'फन ये जादूगरी का है, अरमां तुम को परी का है, तो किबला, मारो मंतर, टेटी बनकर, निकलो वक्ते शाम' कितनी सहज, सीधी, सटीक भाषा है! जौहर साहब और जॉय मुखर्जी परदे पर धमाल मचाते हैं। गीत और अभिनय, दोनों ही धमाल हैं। रफ़ी साहब की शरारत भरी आवाज़ में 'ए दिलबर, तेरे लब पर, कब छलकेगा मेरे लब का जाम', क्या ख़ूब नक़ली रोमान्टिक आवाज़ में गाया है रफ़ी साहब ने! उस पर मन्ना डे की संगत! वो तुतलाने की स्टाइल! सभी कुछ बेहद मज़ेदार है, पर ऐसे गीत बनाना आसान नहीं होता।

'मेरे दुश्मन तू मेरी दोस्ती को तरसे' और 'खिलौना जानकर तुम तो' आदि गीतों में करुण रस बरसता है। रफ़ी साहब की आवाज़ से तो दर्दे दिल, दर्दे जिगर में प्यार का पक्का इज़हार है। इस गीत को ग़ज़ल की तरह का ट्रीटमेंट नहीं दिया गया है, बल्कि पाश्चात्य ठेके का प्रयोग किया गया है। 'परदा गिराया आपने' के बाद जैसे कोई विशाल जलप्रपात नीचे गिरने लगे, ऐसे अनेक वायलिंस एक साथ बज उठते हैं, तब बहुत प्यारा अनुभव होता है।

'ना जा, अब कहीं ना जा' गीत के बारे में तो रफ़ी साहब की खुली, रोमान्टिक आवाज़ के बारे में तो सोचा भी नहीं जा सकता। इस गीत में फ़िल्म के शीर्षक का कुशलतापूर्वक इज़हार किया गया है। गीत में ड्रम्स का जो रिद्म पैटर्न है, बहुत प्रभावशाली है। अंतरे में तार कोमल निषाद, बड़े सुंदर तरीक़े से 'ना... जा...' के षडज पर आकर रुक जाता है। एक चक्र पूरा होता है। इसे ही सशक्त धुन कहा जाता है। मुखड़े के धैवत से षडज पर पहुँचना और अंतरे में तार गंधार से षडज पर पहुँचना, इसी से संगीतकार का कौशल स्पष्ट होता है। पूरे गीत में वायलिंस का जादू है। अंतरे के म्यूज़िक पीस में वायलिंस के ताने-बाने बुनना, उन स्वर लहरियों से मानो एक ज़रीदार चादर बुनना प्यारेलाल जी जैसे कुशल कलाकार के लिए ही संभव है।

सत्तर-अस्सी के दशक तक रफ़ी साहब की आवाज़ का बेहतरीन उपयोग इस संगीतकार जोड़ी ने किया। 'परदा है परदा' क़व्वाली में तो लक्ष्मी-प्यारे ने क़माल कर दिया है। क़व्वाली का आरंभ ही ढोलक के वज़नदार ठेके से होता है। ऋषि

कपूर उसी ताल पर कूद के स्टेज पर एंट्री लेते हैं। सब कुछ जोश से इस तरह भरा है कि सुस्त व्यक्ति में भी जोश भर जाए। वह नाचने लगे। लक्ष्मी-प्यारे के संगीत की विशेषता खुलकर सामने आती है। इस तरह के गीतों में एक कोई आकर्षक, झिलमिलाता म्यूज़िक पीस ज़रूर होता है जो गीत को स्थापित कर देता है। श्रोताओं का ध्यान यह पीस बरबस खींच लेता है और वे गीत की ओर खिंचते चले जाते हैं, गीत में खो से जाते हैं। क्लेरिनेट का एक पीस जो ढोलक के साथ एक ख़ास वज़न के साथ आता है, वहीं पर यह क़व्वाली आपका दिल जीत लेती है। रफ़ी साहब का आलाप और शेर है, *'ये गुलाब फेंकूँगा'* के बाद जो म्यूज़िक पीस आता है वही इस क़व्वाली की शान है। पहले सारी सजावट है, फिर हाथी, घोड़े, पूरा लावलश्कर हो, सब आस लगाए बैठे हों, तब शहंशाह का आगमन हो, ऐसे में *'परदा है परदा है'* गीत आरंभ होता है। किसी सामान्य संगीतकार की तरह लक्ष्मी-प्यारे के गीतों के मुखड़े नहीं हुआ करते। बहुत परिश्रम से, सजावट करने के बाद, सजाधजा कर मखमली तश्तरी में कोई हीरा पेश किया जाए, ऐसे ही बड़ी नज़ाकत से गीत का मुखड़ा श्रोताओं के सम्मुख पेश किया जाता है। परदानशीं को बेपरदा करने के लिए परदे पर ऋषि कपूर ने धमाल मचाया है। परदा खुलवाने की चुनौती, आशिकाना मिजाज़, शरमाती हुई नायिका नीतू सिंह, अमिताभ बच्चन का वाहवाही करना, नोटों की माला पहनाना, सब कुछ एक धुन में होता जाता है। तभी नायिका परदा हटाती है, तब ऋषि कपूर का अभिनय देखकर मज़ा आ जाता है। *'किसी को शर्म आती है'* के बाद विराम है, जो संगीतकारों की बुद्धिमत्ता का परिचायक है। वरना *'किसी की जान जाती है'* की तरह यह पंक्ति भी गाई जा सकती थी। 'परदा है परदा है' की लोकप्रियता इन्हीं विशेषताओं के कारण है।

किशोर कुमार और लक्ष्मी-प्यारे के मेल से कुछ बहुत भावपूर्ण और कुछ बहुत ही मस्ती भरे, जोशीले गीतों का सृजन हुआ। भावपूर्ण तरल गीतों में पहला नंबर *'ये जीवन है, इस जीवन का यही है रंगरूप'* गीत का है। गीत गिटार के स्ट्रोक से आरंभ होता है और किशोर कुमार ने बहुत ही भावप्रवण आवाज़ में इसे गाया है। बहुत समझदारी है इस गीत में। किसी तरह परिस्थितियों से समझौता करते हुए एक दूसरे से प्रेम बनाए रखना है। घर में एकांत नहीं मिलता तब नवविवाहित प्रेमियों के दुख पर यह गीत मरहम रखता है। गीत की धुन, बोल और गायक स्वर सब जैसे ज़ख़्म पर फूँक जैसा, सहलाता सा है। कैसी जीत और कैसी हार! महानगरों में छोटे घरों में यह समस्या आम है, तो क्या इंसान जीना छोड़ दे? ऐसी स्थिति में प्यारे भाई का वाद्य संयोजन भी भावपूर्ण हो जाता है। नाज़ुक सी सीटी, गिटार और सितार के कोमल स्वर हैं। रात का समय और मुंबई की चाल में एक छोटा सा कमरा! उस समय का माहौल बनाना है। *'ये ना सोचो इसमें अपनी...'* में 'नी' को लंबा खींचा गया है जैसे किसी बच्चे को समझाया जाए। वही टोन किशोर दा ने भी पकड़ी है।

किशोर दा का गाया एक ख़ास रोमान्टिक गीत है 'मेरे दिल में आज क्या है' है। गीत में जो प्रेम व्यक्त किया गया है वह गंभीर क़िस्म का है। 'मुझे देवता बनाकर तेरी चाहतों ने पूजा, मेरा प्यार कह रहा है, मैं तुझे ख़ुदा बना दूँ'। प्रेमी जन एक दूसरे को देवत्व से नवाज़ रहे हैं। किशोर कुमार आवाज़ को फ़ेड आउट करते हैं और फिर पूरी पंक्ति गाते हैं। जैसे यह अंदर की, अंतर्मन की आवाज़ हो। 'मेरी बाजुओं में आकर तेरा दर्द चैन पाए, तेरे गेसुओं में छुपकर मैं जहाँ के ग़म भुला दूँ' कितने सुंदर बोल हैं! 'तेरे गेसुओं में छुपकर' में किशोर दा आवाज़ अस्फुट होती है तब तालवाद्य भी धूमिल हो जाते हैं।

प्यारेलाल जी मुझ से अक्सर कहते रहे हैं कि किशोर कुमार ने हमारे साथ गाया, तब अलग आवाज़ लगाकर गाया है। ख़ासकर 'मेरे महबूब क़यामत होगी' में। 'मि. एक्स इन बांबे' फ़िल्म का यह गीत समय से भी आगे का मालूम होता है। 'तेरी गली मैं आता सनम, नग़मा वफ़ा का गाता सनम, तुझ से सुना ना जाता सनम' गीत कुछ अलग, दुख भरे दिल की दास्तान है। हरदम शोर-शराबा और मौज-मस्ती करते किशोर दा ना परदे पर ना गीत में, कहीं दिखाई नहीं देते। गहरा दुख प्रकट करते इस गीत को किशोर दा ने अलग ही ऊँचाइयों पर पहुँचा दिया है। यही किशोर दा 'ग़म का फ़साना बन गया अच्छा' और 'ओ मनचली कहाँ चली' में अलग ही मूड में दिखाई देते हैं। 'ग़म का फ़साना' में जो संतूर है, वह प्यारेलाल जी की अरेंजिंग में संवेदनशीलता का नमूना है। प्यार की नाज़ुक बातें संतूर से सज गई हैं। 'देखो बातों बातों में, दो ही मुलाक़ातों में, दिल ये निशाना बन गया अच्छा' में ढोलक का पिक अप और लीना चंदावरकर की स्वाभाविक खिलखिलाहट बहुत प्यारी लगी है।

'ओ मनचली कहाँ चली' छेड़छाड़ भरे, शरारत भरे गीत का अच्छा नमूना है। छेड़छाड़ और शरारत की भी हद होती है। किसी को चिढ़ाना हो तो हम बार-बार कोई बात दोहराते हैं। 'देख देख देख मुझ से ना शरमा' या 'गोरी, चकोरी, ओ छोरी' जैसी बात सुनकर गोरी को गुस्सा आना स्वाभाविक है। सैक्सोफ़ोन का पीस भी शरारत से भरा है और किशोर कुमार की खुली आवाज़! सिचुएशनल सांग बनाने में शंकर-जयकिशन के बाद लक्ष्मी-प्यारे का नाम बड़े आदर के साथ क्यों लिया जाता है, इस बात का यह गीत उदाहरण है। किशोर कुमार स्वयं कुशल अभिनेता रहे हैं, उनके लिए सिचुएशनल गीत बेहतरीन ढंग से गाना सहज संभव था। इस बात का उपयोग लक्ष्मी-प्यारे ने बख़ूबी किया। 'डाकिया डाक लाया' गीत इस बात का बेहतरीन उदाहरण है। 'ख़ुशी का पयाम कहीं, कहीं दर्दनाक लाया' में 'दर्दनाक' पर ही कोमल गंधार रखने की सूझबूझ को क्या कहा जाए? इससे संदेश दर्दनाक हो जाता है। गीत में स्वाभाविक संवाद हैं। गीत के आरंभ में साइकिल की घंटी है। सुख-दुख का समन्वय इंट्रो पीस में स्पष्ट दिखाई देता है। डाकिए का

इंतज़ार करते गाँव के लोग और उनके सुख-दुख में शामिल होता डाकिया इस गीत में है। गीत के अंतरे ख़ास तरीक़े से बनाए गए हैं। किसी अनपढ़ को डाकिया पत्र पढ़कर सुनाता है। 'दादा तो... अरररर... दादा तो गुज़र गए' में स्वर नीचे आ जाता है। 'शादी का संदेसा तेरा... ए सोमनाथ' पुकारना कितना स्वाभाविक लगता है! यह तो संगीतकार का कौशल है कि वह फ़िल्म के माध्यम का किस तरह उपयोग करके गीत को प्रभावशाली बनाता है। संवाद गीत में गूँथना, और फिर भी मधुरता कम नहीं होने देना संगीतकार की ही निपुणता है। परदे पर जो चरित्र दिखाए जाएँगे, उनके बारे में भी सोचना होता है। बस, गीत भर बना देने से काम नहीं चलता। गाँवों में रहने वाले लोगों का तब परदेस में रहने वाले लोगों से संपर्क केवल डाक द्वारा ही संभव था। यह भावना, ग्रामीण जीवन का आईना, मात्र तीन मिनट के एक गीत में दिखाया गया है।

आशा जी और किशोर दा का गाया, एक बहुत मक़बूल सिचुएशनल गीत एल.पी. ने बनाया। गीत के माध्यम से एक कहानी कही गई थी 'इक हसीना थी, इक दीवाना था'। ज़बरदस्त मेहनत से यह गीत बनाया गया था। एक ख़ूनी औरत को उसी के जीवन की कहानी सुनानी थी : उसे अहसास दिलवाना है कि किस तरह उसने अपने पति का ख़ून किया था। मरते समय कार में जो धुन बज रही थी वही धुन अपने मस्तिष्क में लिए नायक का पुनर्जन्म हुआ है। वही धुन उसे पुरानी दुखद घटनाओं से बाँधे है। वह दग़ा, बेवफाई! प्रिय पत्नी ही मौत को अंजाम दे रही है और पृष्ठभूमि में बजती वह धुन! इन्हीं भावनाओं और दृश्य छवियों को आँखों में लिए ही उसे मौत आई थी। नए जन्म में भी वह कुछ भूला नहीं है। ऐसी सिचुएशन पर गीत बनाना एक चुनौती थी। गिटार की वह धुन इतनी ज़बरदस्त है कि एक बार सुनने से मन-मस्तिष्क पर अंकित हो जाती है। गीत का फ़िल्मीकरण भी बहुत प्रभावशाली है। नायिका सिमी का भावप्रदर्शन बहुत बढ़िया है। किशोर कुमार की आवाज़ में एक दर्द, जख़्म है, जिसका वर्णन नहीं किया जा सकता। 'क्या उमर थी...क्या समाँ... था' में किशोर कुमार सही लय और अंदाज़ में गाते हैं। कोरस 'धोखा... धोखा...' एक अजीब आक्रामक आवाज़ में गाया गया है और साथ में वायलिंस के झंझावात से एक अजीब समाँ बन जाता है। पैसे के लिए पति की हत्या करने वाली स्त्री की कहानी का पर्दाफ़ाश एक गीत के माध्यम से दिखाया गया है। पूरी कहानी एल.पी. एक गीत में रच देते हैं... लाजवाब!

फ़िल्म 'क़र्ज़' का ही 'ओम शांति ओम' में प्यारेलाल जी की ज़बरदस्त अरेंजिंग का क़माल है। ब्रास सेक्शन का क़माल का प्रस्तुतिकरण और किशोर दा की आवाज़! फ़िल्म में इसी गीत के माध्यम से ऋषि कपूर को एक डिस्को स्टार के रूप में स्थापित किया गया है। ऋषि के चाहने वालों का ज़बरदस्त क्रेज़, प्यार और उसके साथ सामूहिक गायन! ऋषि कपूर का अपने प्रशंसकों के साथ संवाद 'हे...

तुमने कभी किसी से प्यार किया?' बहुत जीवंत है। किशोर दा गीत में जितनी चाहे धमाल मचाएँ, पर वे कभी बेसुरे नहीं होते, इस गीत ने साबित कर दिया है। एक ओर बिंदास, खुली आवाज़ में चीख़ना, तो कभी *'वो हाँ कहेंगे तो भी ख़ुशी से मर जाऊँगा मैं यारों'* धीमे से फुसफुसाकर कहना, और अगले ही पल अपनी स्वाभाविक आवाज़ में गाने लगना... सच किशोर दा क़माल के थे। इस गीत के दूसरे अंतरे से पहले जो सैक्सोफ़ोन का पीस है, वह प्यारेलाल जी के मुकुट का मणि है। गीत क्लायमेक्स की ओर चढ़ता जाता है। वह उन्माद, वह चरम बिंदु, किशोर दा की आवाज़, ब्रास सेक्शन और कोरस की परिणति है। मात्र एक गीत के माध्यम से ऋषि कपूर का चरित्र, उसका पॉप स्टार होना दर्शकों को स्पष्ट हो जाता है। सिनेमा के माध्यम पर पकड़ होना, और उसके अनुसार संगीत निर्देशन यही होता है।

अस्सी के दशक की फ़िल्म 'उत्सव' लक्ष्मी-प्यारे के कार्यकाल की महत्त्वपूर्ण फ़िल्म है। लक्ष्मी-प्यारे ने यहाँ फ़िल्म के काल के अनुरूप संगीत दिया है। उनकी शैली की छाया इन गीतों पर नहीं है। लता जी और आशा जी की दिव्य आवाज़ों में गाया गया *'मन क्यों बहका रे बहका'* एक अनमोल नगीना है। अलग सी सिचुएशन है। वसंत सेना और अदिति! नायक चारुदत्त के जीवन में दो स्त्रियाँ हैं। एक उसकी पत्नी है और दूसरी उसे अनजाने ही मिली परम सुंदरी। दोनों ही उसे चाहती हैं। दोनों के बीच संवाद हो रहा है। दोनों एक ही पुरुष के बारे में अपने मन के भाव व्यक्त कर रही हैं। सुहानी मदहोश रात का समय है। दोनों सुंदरियाँ प्रणय मिलन के लिए एक दूसरे का श्रंगार कर रही हैं। जैसे एक-एक करके आभूषण पहने जाते हैं वैसे ही गीत आगे बढ़ता जाता है। *'मन क्यूँ बहका, री बहका'* का भाव है कि रात का अंधकार मन को बहकाता है। प्रेम भावनाओं को और खिलाने के लिए बेला-चमेली के फूलों की सुगंध की ज़रूरत महसूस होती है। रात्रि के गर्भ में ना जाने कौन से रहस्य छिपे हैं! क्योंकि रात तो आधी रात के बाद ही शुरू होती है। कितने सुंदर, सटीक शब्द हैं और सुंदर भावनाएँ हैं! गीत गा रही हैं दो दिव्य आवाज़ें! साथ है मटके का सुंदर ठेका! इस गीत ने ना जाने कितनी अनकही बातें कह दीं! सारी बातें दिन में नहीं की जातीं, उसके लिए रात की प्रतीक्षा करना होती है। तो ऐसा है यह आधी रात का गीत!

लक्ष्मीकांत-प्यारेलाल ने गीत की आवश्यकता के अनुसार अनेक गायक स्वरों का उपयोग किया। अनेक नए गायकों को अवसर दिया। 'प्रेमरोग' सुरेश वाडकर के कार्यकाल के लिए मील का पत्थर साबित हुई। अलका याज्ञिक, शोभा जोशी, अनुराधा पौंडवाल, मनहर उधास, मोहम्मद अजीज़ आदि अनेक कलाकारों ने एल.पी. के लिए गाया है। शैलेंद्र सिंह (*'मैं शायर तो नहीं'*), नरेंद्र चंचल (*'बेशक मंदिर-मस्जिद'*), रेशमा (*'लंबी जुदाई'*), इला अरुण (*'चोली के पीछे क्या है'*), कमल बारोट (*'हँसता हुआ'*), सुदेश भोंसले (*'चुम्मा चुम्मा'*) आदि कई विभिन्न

टेक्सचर और टोन की आवाज़ों का सही, सटीक प्रयोग लक्ष्मी-प्यारे ने किया। गायक स्वरों का चुनाव इस क़दर सही था कि गायकों को भी बहुत प्रसिद्धि प्राप्त हुई।

शास्त्रीय संगीत का प्रयोग भी एल.पी. ने बहुत मार्मिकता से किया। किसी भी एक ही राग को प्रधानता नहीं देकर अनेक रागों का प्रयोग किया। कलावती (*'मेघना गगन बीच झाँके'/'अगर दिलबर की रुसवाई'*), पहाड़ी (*'सावन का महीना'*), मांज खमाज (*'कान्हा, आन पड़ी मैं'*), बिलावल (*'सारेगमप पप'*), यमन कल्याण (*'जीवन डोर तुम्ही संग'*), बैरागी (*'मैं इक राजा हूँ'*), चारुकेशी (*'कैसे रहूँ चुप'*), खमाज (*'शाम ढले जमुना किनारे'*), शिवरंजनी (*'बहुत दिन बीते'*), तिलक श्याम (*'तुम बिन जीवन कैसे'*), कुकुंभ (*'कजरा लगा के'*) आदि अनेक रागों में गीत सृजित हुए। *'इक ऋतु आए'* के रूप में तो रागमाला ही प्रस्तुत की है जिसमें अहीर भैरव, बागेश्री, मल्हार, बसंत बहार आदि राग हैं। *'मेरी साँसों को जो महका रही है'* युगल गीत स्थायी में पूरिया कल्याण और अंतरे में पूरिया धनश्री की झलक लिए है। शुद्ध और कोमल धैवत का खेल हमें एक ही गीत में सुनने को मिलता है।

लक्ष्मीकांत-प्यारे लाल का संगीत बेहतरीन स्वर माधुरी और उच्च कोटि के ऑर्केस्ट्रेशन का सुंदर मेल था। प्यारेलाल जी संसार के सब से अच्छे अरेंजर्स में गिने जाते हैं। वाद्ययंत्रों का चुनाव, उनका एक दूसरे से अंतर, माइक से अंतर, जिसे वॉइसिंग कहा जाता है, उनके लिए निकाले गए स्कोर्स, इन सबके लिए आज भी प्यारेलाल जी से बेहतर कोई नहीं है। एक ओर गीत का अभ्यास किया जाए तो दूसरी ओर स्वतंत्र रूप से वाद्यवृंद का अभ्यास किया जाए, सभी कुछ महत्त्वपूर्ण है। प्यारेलाल जी ने पहले से प्रचलित कुछ धारणाएँ बदल दीं। पहले तबला, सितार, तुंबा वाद्यवृंद में एक एक ही रखे जाते थे। उन्होंने वाद्य यंत्रों की संख्या बढ़ा दी। वाद्य यंत्रों का एक साथ बजाया जाना (सिंक्रोनाइजेशन) बहुत महत्त्वपूर्ण होता है। इसी बात के लिए आज भी प्यारेलाल जी सिरमौर हैं। प्यारे लाल जीने ब्रास, मेंडोलिन और बाँसुरी के लिए अनोखे फ्रेज़ेस बनाए और वादकों ने इस चुनौती को स्वीकार किया। तभी इन स्वर लहरियों को सुनकर हमारे कान धन्य हुए। *'तारों में सजके'*, *'हवा चले कसे'*, *'मैं शायर तो नहीं'* आदि साठ-सत्तर के दशक के गीत, और *'चोली के पीछे क्या है'*, *'वन टू का फ़ोर'* जैसे अस्सी-नब्बे के दशक के गीत प्यारे भाई के लाजवाब अरेंजिंग के उदाहरण हैं। प्यारेलाल जी ने अनेक प्रकार के रिद्म पैटर्न बनाए और प्रचलित किए पर वे उन्हीं में उलझे नहीं रहे। इसीलिए लक्ष्मीकांत की धुनें सदा ताज़गी से भरी रहीं। फ़िल्म संगीत में जिसे टू टी सेक्शन कहा जाता है, क्लेरिनेट, बाँसुरी और स्ट्रोक, जिनके प्रयोग में प्यारेलाल जी की बात अंतिम मानी जाती है। प्यारेलाल जी ने फ़िल्म संगीत को एक बहुत महत्त्वपूर्ण देन दी है, वह है किसी भी एक वाद्ययंत्र पर आधारित थीम फ्रेज़ या थीम म्यूज़िक! ये फ्रेज़ेस उन फ़िल्मों की पहचान बन गईं। बाँसुरी (हीरो), डफली (सरगम), माउथ

ऑर्गन (दोस्ती), पियानो (मेरी जंग), गिटार (क़र्ज़), शहनाई (एक दूजे के लिए), वायलिन (शोर), मेंडोलिन (कर्मा), ऐसे कई उदाहरण हैं। ऐसे पीस बजाते हुए उन वादक कलाकारों से प्यारेलाल जी का इस क़दर समन्वय हो गया कि कई बार हरि जी बिना बताए ही समझ जाया करते थे कि किस तरह की धुन बजानी है।

अस्सी–नब्बे के दशक में 'प्रेमरोग', 'रामलखन', 'तेज़ाब', 'हम', 'हीरो', 'सौदागर' आदि कई फ़िल्मों में एल.पी. ने शानदार संगीत दिया। 'ख़ुदा गवाह' और 'मि. इंडिया' तक यह सिलसिला ज़ारी रहा।

25 मई 1998 के दिन लक्ष्मीकांत जी इस संसार से विदा हो गए। जिस जोड़ी ने इतिहास रचा, सृजन का क़माल दिखाया, उस जोड़ी का एक नगीना निकल गया। दूसरा नगीना एकाकी रह गया। परंतु प्यारेलाल जी अभी भी झिलमिला रहे हैं। एक हाथ ना रहे तो क्या, दूसरा हाथ तो है। प्यारेलाल जी अभी भी सृजनरत हैं। मार्गदर्शन कर रहे हैं। संगीत के क्षेत्र में उनका एकछत्र राज्य रहा है, उस सिंहासन पर एक स्थान ख़ाली हो गया है। पर वह सिंहासन है और सदा रहेगा। लक्ष्मी-प्यारे हिंदी फ़िल्म संगीत के इतिहास में स्वर्णिम अध्याय हैं और सदा रहेंगे। भव्य, संपन्न संगीत का भारतीय श्रोताओं से उन्होंने परिचय कराया। उन्होंने ही भव्य वाद्यवृंद से श्रोताओं को अभ्यस्त कराया। शंकर-जयकिशन की मधुर संगीत की परंपरा को लक्ष्मी-प्यारे ने ही आगे बढ़ाया। लक्ष्मीकांत-प्यारे लाल ने संगीत के संबंध में कभी कोई समझौता नहीं किया। ऐसे थे हमारे प्रिय संगीतकार लक्ष्मीकांत-प्यारेलाल! साठ, सत्तर और अस्सी के दशकों पर छाए रहे लक्ष्मी-प्यारे! वे 'सत्यम् शिवम् सुंदरम्' जैसे वज़न का गीत भी बना सकते हैं और 'चोली के पीछे क्या है' जैसा गीत भी बना सकते हैं। गीत के बोल सभ्यजन को फूहड़ लग सकते हैं, पर जैसे ही गीत का ठेका शुरू होता है, हर किसी का दिल झूमने और नाचने का होता है और यही है इस जोड़ी की सफलता! परदे पर गीत के आरंभ होते ही दर्शकों को उन की गाढ़ी कमाई के नोट फेंकने पर मजबूर करना आसान काम नहीं है। शास्त्रीय संगीत घोलकर पी लेने पर भी यह संभव हो सके या नहीं हो सके, कहा नहीं जा सकता। इसके लिए सामान्य श्रोताओं की नस पहचानने का कौशल आना ज़रूरी है। अगर यह आ जाए तो लक्ष्मी-प्यारे इतिहास बनाते हैं। उन्हें देखकर कहने को जी चाहता है *क्या उमर थी, क्या समाँ था, क्या ज़माना था...!* सलाम लक्ष्मी-प्यारे!

अध्याय में उल्लेखित गीतों की जानकारी

गीत / फ़िल्म / गायक-गायिका / गीतकार / वर्ष

बिंदिया चमकेगी / दो रास्ते / लता मंगेशकर / आनंद बक्षी / 1969

इतना तो याद है मुझे / मेहबूब की मेहँदी / लता मंगेशकर, मो. रफ़ी / आनंद बक्षी / 1971

हाय हाय ये मजबूरी / रोटी, कपड़ा और मकान / लता मंगेशकर / वर्मा मलिक / 1974

आ जाने जाँ / इंतक़ाम / लता मंगेशकर / राजेंद्र कृष्ण / 1969

शीशा हो या दिल हो / आशा / लता मंगेशकर / आनंद बक्षी / 1980

सावन का महीना / मिलन / लता मंगेशकर, मुकेश / आनंद बक्षी / 1967

सारेगमप, ... गा रे मेरे संग मेरे / अभिनेत्री / लता मंगेशकर, किशोर कुमार / मजरूह सुल्तानपुरी / 1970

जब भी जी चाहे / दाग़ / लता मंगेशकर / साहिर लुधियानवी / 1973

ड्रीमगर्ल, किसी शायर / ड्रीमगर्ल / किशोर कुमार / आनंद बक्षी / 1977

सुनो सजना, पपीहे ने / आए दिन बहार के / लता मंगेशकर / आनंद बक्षी / 1966

पत्ता पत्ता, बूटा बूटा / एक नज़र / लता मंगेशकर, मोहम्मद रफ़ी / मजरूह सुल्तानपुरी / 1972

परबत के इस पार / सरगम / लता मंगेशकर, मोहम्मद रफ़ी / आनंद बक्षी / 1979

हँसता हुआ नूरानी / पारसमणि / लता मंगेशकर, कमल बारोट / असद भोपाली / 1963

वो जब याद आए / पारसमणि / लता मंगेशकर, मोहम्मद रफ़ी / असद भोपाली / 1963

मुझे तेरी मुहब्बत का / आप आए बहार आई / लता मंगेशकर, मोहम्मद रफ़ी /आनंद बक्षी / 1971

कोयल बोली दुनिया डोली / सरगम / लता मंगेशकर, मोहम्मद रफ़ी / आनंद बक्षी / 1979

हम बने तुम बने / एक दूजे के लिए / लता मंगेशकर, एस.पी. बालसुब्रमण्यम / आनंद बक्षी / 1981

हम तुम दोनों जब / एक दूजे के लिए / लता मंगेशकर, एस.पी. बालसुब्रमण्यम / आनंद बक्षी / 1981

मेघा रे मेघा रे / प्यासा सावन / लता मंगेशकर, सुरेश वाडकर / संतोष आनंद / 1981

ये दिल तुम बिन कहीं / इज़्ज़त / लता मंगेशकर, मोहम्मद रफ़ी / साहिर लुधियानवी / 1968

तुम गगन के चंद्रमा / सती सावित्री / लता मंगेशकर, मन्ना डे / भरत व्यास / 1964

एक प्यार का नग़मा / शोर / लता मंगेशकर, मुकेश / संतोष आनंद / 1972

मैं ना भूलूँगा / रोटी, कपड़ा और मकान / लता मंगेशकर, मुकेश / वर्मा मलिक / 1974

सुन जा आ ठंडी हवा / हाथी मेरे साथी / लता मंगेशकर, किशोर कुमार / आनंद बक्षी / 1971

अच्छा तो हम चलते हैं / आन मिलो सजना / लता मंगेशकर, किशोर कुमार / आनंद बक्षी / 1970

तुम को भी तो / आप आए बहार आई / लता मंगेशकर, किशोर कुमार / आनंद बक्षी / 1971

मुझे कुछ कहना है / बॉबी / लता मंगेशकर, शैलेंद्र सिंह / आनंद बक्षी / 1973

जीवन डोर तुम्ही संग बाँधी / सती सावित्री / लता मंगेशकर / भरत व्यास / 1964

चलो सजना जहाँ तक / मेरे हमदम मेरे दोस्त / लता मंगेशकर / मजरूह सुल्तानपुरी / 1968

दिल विल प्यार व्यार / शागिर्द / लता मंगेशकर / मजरूह सुल्तानपुरी / 1964

जाने क्यूँ लोग मुहब्बत / मेहबूब की मेहँदी / लता मंगेशकर / आनंद बक्षी / 1971

सूनी रे नगरिया / उपहार / लता मंगेशकर / आनंद बक्षी / 1971

उड़ के पवन के / शागिर्द / लता मंगेशकर / मजरूह सुल्तानपुरी / 1967

तेरा साथ है तो / प्यासा सावन / लता मंगेशकर / संतोष आनंद / 1981

भोर भये पनघट पे / सत्यम् शिवम् सुंदरम् / लता मंगेशकर / आनंद बक्षी / 1978

सनम राह भूले यहाँ / लुटेरा / लता मंगेशकर / आनंद बक्षी / 1965

ये कैसा ग़म सजना / प्यासी शाम / लता मंगेशकर / मजरूह सुल्तानपुरी / 1969

दूरी ना रहे कोई / कर्तव्य / लता मंगेशकर / कैफ़ी आज़मी / 1979

कोई नहीं है फिर भी / पत्थर के सनम / लता मंगेशकर / मजरूह सुल्तानपुरी / 1968

तेरे मेरे बीच में / एक दूजे के लिए / लता मंगेशकर / आनंद बक्षी / 1981

सोला बरस की / एक दूजे के लिए / लता मंगेशकर / आनंद बक्षी / 1981

मैं तुलसी तेरे आँगन / मैं तुलसी तेरे आँगन की / लता मंगेशकर / आनंद बक्षी / 1978

अँखियों को रहने दे / बॉबी / लता मंगेशकर / आनंद बक्षी / 1973

दिये जलाए प्यार के / धरती कहे पुकार के / लता मंगेशकर / मजरूह सुल्तानपुरी / 1969

चाहूँगा मैं तुझे साँझ / दोस्ती / मोहम्मद रफ़ी / मजरूह सुल्तानपुरी / 1964

जानेवालों ज़रा / दोस्ती / मोहम्मद रफ़ी / मजरूह सुल्तानपुरी / 1964

राही मनवा दुख की / दोस्ती / मोहम्मद रफ़ी / मजरूह सुल्तानपुरी / 1964

कोई जब राह ना पाए / दोस्ती / मोहम्मद रफ़ी / मजरूह सुल्तानपुरी / 1964

आने से उसके / जीने की राह / मोहम्मद रफ़ी / आनंद बक्षी / 1969

आज मौसम बड़ा / लोफ़र / मोहम्मद रफ़ी / आनंद बक्षी / 1973

तेरे नाम का दीवाना / सूरज और चंदा / मोहम्मद रफ़ी / आनंद बक्षी / 1973

बड़े मियाँ दीवाने / शागिर्द / मोहम्मद रफ़ी, ओ.पी. रल्हन, मन्ना डे / मजरूह सुल्तानपुरी / 1967

मेरे दुश्मन तू मेरी / आए दिन बहार के / मोहम्मद रफ़ी / आनंद बक्षी / 1966

खिलौना जानकर तुम / खिलौना / मोहम्मद रफ़ी / आनंद बक्षी / 1970

दर्दे दिल दर्दे जिगर / क़र्ज़ / मोहम्मद रफ़ी / आनंद बक्षी / 1980

ना जा कहीं अब ना जा / मेरे हमदम मेरे दोस्त / मोहम्मद रफ़ी / मजरूह सुल्तानपुरी / 1968

परदा है परदा है / अमर अकबर एंथनी / मोहम्मद रफ़ी, कोरस / आनंद बक्षी / 1977

ये जीवन है / पिया का घर / किशोर कुमार / आनंद बक्षी / 1972

मेरे दिल में आज / दाग़ / किशोर कुमार / साहिर लुधियानवी / 1973

मेरे मेहबूब क़यामत / मि.एक्स इन बॉम्बे / किशोर कुमार / आनंद बक्षी / 1964

ग़म का फ़साना / मनचली / किशोर कुमार / आनंद बक्षी / 1974

ओ मनचली / मनचली / किशोर कुमार / आनंद बक्षी / 1974

डाकिया डाक लाया / पलकों की छाँव में / किशोर कुमार, वंदना शास्त्री / गुलज़ार / 1977

इक हसीना थी / क़र्ज़ / किशोर कुमार, आशा भोंसले / आनंद बक्षी / 1980

ओम शांति ओम / क़र्ज़ / किशोर कुमार / आनंद बक्षी / 1980

मन क्यूँ बहका / उत्सव / लता मंगेशकर, आशा भोंसले / वसंत देव / 1984

मेघवा गगन बीच झाँके / हरिश्चंद्र तारामती / लता मंगेशकर / भरत व्यास / 1963

अगर दिलबर की रुसवाई / खिलौना / लता मंगेशकर / आनंद बक्षी / 1970

कान्हा आन पड़ी मैं / शागिर्द / लता मंगेशकर / मजरूह सुल्तानपुरी / 1967

मैं इक राजा हूँ / उपहार / मोहम्मद रफ़ी, लता मंगेशकर / आनंद बक्षी / 1971

कैसे रहूँ चुप कि मैंने / इंतक़ाम / लता मंगेशकर / राजेंद्र कृष्ण / 1969

शाम ढले जमुना किनारे / पुष्पांजलि / लता मंगेशकर, मन्ना डे / आनंद बक्षी / 1970

बहुत दिन बीते / संत ज्ञानेश्वर / लता मंगेशकर / भरत व्यास / 1964

तुम बिन जीवन कैसे / अनीता / मुकेश / राजा मेहँदी अली ख़ान / 1967

कजरा लगा के बिंदीया सजा के / जल बिन मछली नृत्य बिन बिजली / लता मंगेशकर, किशोर कुमार / मजरूह सुल्तानपुरी / 1971

इक रितु आए / गौतम गोविंदा / किशोर कुमार / आनंद बक्षी / 1979

मेरी साँसों को जो / बदलते रिश्ते / लता मंगेशकर, महेंद्र कपूर / आनंद बक्षी / 1978

तारों में सजके / जल बिन मछली नृत्य बिन बिजली / मुकेश / मजरूह सुल्तानपुरी / 1971

हवा चले कैसे / दाग़ / लता मंगेशकर, कोरस / साहिर लुधियानवी / 1973

मैं शायर तो नहीं / बॉबी / शैलेंद्र सिंह / आनंद बक्षी / 1973

चोली के पीछे क्या है / खलनायक / अलका याज्ञिक, इला अरुण, कोरस / आनंद बक्षी / 1993

वन टू का फ़ोर / रामलखन / मोहम्मद अजीज़, अनुराधा पौंडवाल, नितिन मुकेश / आनंद बक्षी / 1989

सत्यम् शिवम् सुंदरम् / सत्यम् शिवम् सुंदरम् / लता मंगेशकर, कोरस / पं. नरेंद्र शर्मा / 1978

संगीत का अंग्रेज़ी–हिंदी लघु शब्दकोश

Composition : किसी विशेष आकार में निबद्ध रचना

Contra/counter : मूल स्वरावलि की पूरक या समांतर रचना

Humming : गुनगुनाना या हुंकार में गायन

Expression : भावाभिव्यक्ति

Fillers : दो संगीत रचनाओं के बीच का वाद्य संगीत

Phrases : स्वर समूह

Chord : कुछ ख़ास स्वरों का एक साथ प्रयोग

Linkage : जोड़ना

Music piece : संगीत का एक टुकड़ा, स्वर समूह

Chord progression : कॉर्ड का विकास

Temperament : प्रवृत्ति, झुकाव, मानसिकता

Sound : ध्वनि

Tone : स्वर का लगाव, लगाने का तरीक़ा

Plane : स्तर

Tonal dimension : स्वर को लगाने की दिशा

Feel : भावनात्मक संवेदना, अनुभव

Compose : संयत, स्थिर

Precise : चुस्त, कम शब्दों में अभिव्यक्ति

Musical distance : सांगीतिक अंतर

Volume :	तीव्रता
Octaval distance :	सप्तकीय अंतर
Contra melody/counter melody :	प्रमुख स्वरावलि के साथ प्रयुक्त पूरक स्वर रचना
Interlude :	दो अंतरों के बीच का वाद्य संगीत
Staccato :	स्वरों को तोड़कर गाना या बजाना
Laggatto :	स्वर या शब्दों को एक दूसरे से मिलाकर गाना या बजाना
Overlapping :	गीत की एक पंक्ति के साथ ही, या बिलकुल पीछे पीछे दूसरी पंक्ति का आरंभ
Intro piece :	गीत का आरंभिक वाद्य संगीत
Scanning :	वाक्यों में किया गया विशेष शब्द संयोजन
Coda music :	गीत के अंत में, समाप्ति का संकेत सूचक वाद्य संगीत
Vocal intricacies :	गायन की सूक्ष्म बारीकियाँ
Chorus :	समूह स्वर
Voice registers :	आवाज़ या ध्वनि के स्तर
Pause :	ठहराव, अंतराल
Pace :	गति, चलन
Range :	सीमा, दूरी, पल्ला
Intensity :	तीव्रता
Situational songs :	परदे पर, कहानी की माँग अनुसार बनाया गया गीत
Bridge piece :	योजक संगीत, जोड़
Tail piece :	वाद्य संगीत के प्रस्तुतिकरण में, अंतरे के आरंभ का संगीत
Development :	विस्तार
Pitching :	तारत्व, सटीक, अचूक स्वर-संधान
Rhythm factor :	ताल घटक

Vocal part :	गायन का भाग
Jerk :	संगीत का झटका, धक्का
Straight notes :	ठेठ स्वर
Movement :	दिशात्मक स्वर यात्रा
Falsetto register :	आवाज़ या ध्वनि का आंतरिक स्तर
Tonal quality :	स्वरों को लगाने का स्तर
Whispering feel :	फुसफुसाने की आवाज़
Land :	स्वरों का उतरना, ठहरना
Pick up :	ताल की उठान
Chimes :	मधुर घंटियों की ध्वनि वाला एक वाद्य यंत्र
Dance phrase :	नृत्य प्रधान स्वर समूह
Violins runs :	वायलिंस के लिए विशेष रूप से संयोजित स्वरावलियाँ
M1 :	प्रथम अंतरे से पहले बजने वाला वाद्य संगीत
M2 :	द्वितीय अंतरे से पहले बजने वाला वाद्य संगीत
Syncronisation :	गायन, वादन आदि सभी सांगीतिक घटकों का सही तालमेल, एकरूपता
Tone timing :	स्वरों के लगाव का लय तत्व

संदर्भ सूची

पुस्तक/ ग्रंथ

- संगीताचे सौंदर्यशास्त्र – डॉ. अशोक रानडे, मौज प्रकाशन
- Hindustan Music and Aesthetic Concept and Form – डॉ. अंजली मित्तल
- गीतयात्री – माधव मोहालकर, मौज प्रकाशन
- माइया जीवनाची सरगम (आत्मचरित्र) – सी. रामचंद्र
- Indian Cinema : Past and Present – फ़िरोज रंगूनवाला
- सात सुरों का साथ : शंकर जयकिशन – विश्वास नेरूरकर, गायत्री प्रकाशन
- माझे संगीत – केशवराव भोले, मौज प्रकाशन
- 75 years of Indian Cinema – फ़िरोज रंगूनवाला, इंडियन बुक कंपनी
- Indian Film Songs : Music Beyond Boundaries – डॉ. अशोक रानडे, Promilla and Co.
- धुनों की यात्रा (हिंदी) – पंकज राग, राजकमल प्रकाशन
- हिंदी फ़िल्म गीतकोश, Vol- 1,2,3,4,5 – हरमंदिर सिंह हमराज, कानपुर
- Madan Mohan : An Unforgettable Composer – विजय जोशी, सुरेश राव, B.A.R.C., मुंबई
- नादवेध – सुलभा पिशवीकर, अच्युत गोडबोले, राजहंस प्रकाशन
- Yesterday's Melodies, Today's Memories – माणेक प्रेमचंद, झरना बुक्स
- Khayyam : The Man, His Music – विश्वास नेरूकर, गायत्री पब्लिकेशन
- Cinema Vision - Vol- I, II
- सरगम की सफ़र – नई दुनिया, 1991

पत्रिकाएँ / विशेषांक

- Film India – 1950
- Filmfare - 1984
- Screen
- Deccan Herald – 2002 जून
- Sound – 1951 जनवरी
- रसरंग – एस.डी. बर्मन विशेषांक

लेखिका के बारे में

डॉ. मृदुला दादे-जोशी

एम.ए. पी.एच.डी

जन्म : 19 जनवरी 1969

पण्डित गजानन बुवा जोशी, पण्डित एस.के. अभ्यंकर,
पण्डित मधुकर जोशी, डॉ.आशा पारसनीस जोशी
से शास्त्रीय संगीत की शिक्षा प्राप्त।

उस्ताद इक़बाल गिल से उर्दू उच्चारण और ग़ज़ल
गायकी की शिक्षा प्राप्त।

मनोविज्ञान में विशेष योग्यता के साथ स्नातक।

संगीत विषय में एम.ए., विश्वविद्यालय में प्रथम।

हिंदी फिल्म संगीत की बारीकियों का वर्णन करते हुए
गायन के कई कार्यक्रम प्रस्तुत किए हैं।

अनेक फिल्मों में पार्श्व गायन, संजय लीला भंसाली
की फ़िल्म देवदास में शास्त्रीय संगीत के आलाप।

वे एक बेहतरीन अभिनय कलाकार भी हैं।

'हिंदी फ़िल्म संगीत के प्रयोगधर्मी संगीतकार' विषय
में एस.एन.डी.टी. विश्वविद्यालय से पी.एच.डी।

इसी विषय से संबंधित अनेक शोध लेख मान्यता
प्राप्त संगीत परिषदों में प्रस्तुत।

अंतरराष्ट्रीय स्तर पर शोध प्रबंध प्रसिद्ध हुए हैं।

वर्तमान में मुम्बई विश्वविद्यालय के संगीत विभाग में
प्राध्यापक के रूप में कार्यरत्।

- 2019 में रहें ना रहें हम (मराठी) को संगमनेर इतिहास संशोधन केंद्र द्वारा
  'शाहिर अनंत फंदी पुरस्कार' प्राप्त हुआ

- 2019 में पुणे के 'स्वरानंद प्रतिष्ठान' द्वारा ललित संगीत क्षेत्र में महत्वपूर्ण
  योगदान के लिए 'डॉ. उषा अत्रे वाघ पुरस्कार' प्राप्त हुआ

- 2019-20 में लेखिका ने मुंबई आकाशवाणी केंद्र अस्मिता वाहिनी पर
  मराठी संगीतकारों के अनूठे प्रायोगिक योगदान पर तेरह भागों की
  मालिका प्रस्तुत की जिसका संशोधन, लेखन तथा प्रस्तुतिकरण उन्होंने
  खुद किया था